青木 健
AOKI Takeshi

貿易からみる
「アジアのなかの日本」
自分の居場所を探る

日本経済評論社

目次 ※ 貿易からみる「アジアのなかの日本」──自分の居場所を探る

プロローグ　7

第1章　中国の台頭と世界貿易構造の変化………15
　第1節　中国の台頭に伴う主要国・地域間貿易構造変化　15
　第2節　太平洋を挟む日米東アジア3者の貿易構造変化　26
　第3節　中国の対東アジア域内貿易にみる「集中」と「分散」　33
　第4節　「歴史的中国機会」の活用　37

第2章　日本の産業構造変化とその対外的発現………43
　第1節　進む日本産業の高度化　44
　第2節　投入産出からみた産業構造変化　47
　第3節　対外貿易が産業構造に及ぼす影響　55
　第4節　高まる直接投資関連貿易　69

第3章　日本の貿易構造変化が東アジアに及ぼした影響………81
　第1節　日本の貿易構造変化　82
　第2節　進む東アジアの輸出構造高度化　88
　第3節　日本と東アジアの対米輸出規模の逆転　93
　第4節　東アジアにおける電気機械貿易の構造　96

第4章　少子化・高齢化・人口減少の経済への影響………107
　第1節　人口成長と経済成長の関係　110
　第2節　1人当り所得水準向上の方策　111
　第3節　技術革新　120
　第4節　投資効率改善の戦略性　123

第5章　急増する製品「逆輸入」とその含意………135
　第1節　高まる製品輸入比率　136
　第2節　東アジア経済「統合化」のメカニズム　144
　第3節　貿易収支の経済学　149
　第4節　財・産業・地域別貿易収支　154

第6章　東アジア経済統合のインフラストラクチャとしての貿易構造………167
　第1節　戦後世界貿易の発展と構造変化　168

第2節　域内貿易構造とその特徴　172
　　第3節　太平洋ＩＴ三角貿易　177
　　第4節　オープン・リージョナリズム　189

第7章　中国の対外貿易にみる「集中」と「分散」の構造変化とその含意………195
　　第1節　東アジアにおいて高まる中国の影響力　196
　　第2節　中国の機会　211
　　第3節　対ＡＳＥＡＮ・ＦＴＡ締結合意にみる中国の戦略　222
　　第4節　中国の鉄鋼貿易にみる域内分業促進効果　232
　　第5節　輸入の「二層」構造　250

第8章　日本の資産とその活用………269
　　第1節　高まる輸出依存度　270
　　第2節　日本の「資産」　288
　　第3節　中国との経済関係強化の含意　305

　初出一覧　311
　あとがき　313
　索引　315

プロローグ

　1973年に発生した第1次石油危機で、日本経済は全治3年といわれる大打撃を受けた。これを日本は産業のハイテク化で克服した。日本は1979年に2度目の石油危機に見舞われたが、容易に乗り切り、1980年前後から"Japan as No. 1"と称され、「世界のなかの日本」とみられるようになる。2つの石油危機を克服した日本は、自らが中核となり太平洋を挟み日米東アジアの3者で、「太平洋成長のトライアングル」という固有の経済空間を形成していた。それは経済的ダイナミズムを3者間で相互にトランスミットする貿易と経済の「好循環構造」である。これを分析したのが拙著『太平世の世紀と日本』(1985年) および同『太平洋成長のトライアングル』(1987年)で、いずれも日本経済の高揚と躍進する姿を世界全体の中で描写したものである。

　産業のハイテク化で2つの石油危機を乗り切った日本は、その後輸出競争力を格段に強化し、毎年ほぼ1000億ドルという世界最大の経常収支黒字を計上するにいたる。一方、米国は経常収支および財政収支の巨額の赤字という「双子の赤字」に苦しんでいた。世界第1位の経済大国米国と第2位の日本の対外不均衡の解消を目指したのが、1985年ワシントンのプラザホテルで開催されたG5での円高ドル安為替レート調整であった。それを契機に、日本企業は世界中に進出していった。日本企業が進出した地域で最も大きな影響を及ぼしたのが東アジアであった。輸出志向の強い日本企業を大量に導入したASEANを中心に東アジアは、輸出をテコにアジア通貨危機が発生した1997年まで10年以上にわたって高度成長を謳歌した。アジア通貨危機前の一時期ASEANは世界の「成長センター」とみなされたこともあった。その時日本との関係では「日本とアジア」と並立したとみられたものである。ASEANに代わって台頭してきたのが1979年の改革開放後、大量の外国投資を導入した中国である。外資をテコに、中国はこれまで2桁近い経済成長率を20年以上長期にわたって維持し、さらに2004年輸出入規模がともに世界

第3位となるという躍進振りをみせている。2004年世界貿易における日本の順位は輸出で第4位、輸入で第6位である。

　日本製造業企業の大量かつ継続的な東アジアへの進出は、同地域に濃密な国際生産ネットワークを構築し、事実上（de facto）の東アジア経済の統合を達成した。中国の台頭は東アジア域内貿易比率上昇のスピードを加速させ、日本企業によって構築された東アジア経済の統合を一段と強化した。東アジア域内貿易比率の高まりは、世界貿易における中国の順位が上昇するのと軌をいつにしている。中国は機械を中心に全世界に向けて輸出前線を拡大させており、それに必要な部品をはじめ中間財や資本財を東アジアから調達している。これは中国の貿易において、輸出で東アジア向けシェアを低下させ（「分散」）、一方で輸入では逆に同地域シェアの上昇（「集中」）という非対称という構造変化をもたらした。この中国の対東アジア貿易の構造変化は、表裏一体で日本企業が構築した同地域の経済的統合の強化を超えて、同域内外貿易に大きな影響を及ぼしている。それは東アジアを震源とする世界的に構造変化を誘発する大きなものである。

　中国は特に東アジア域内輸入で "hub & spoke" の役割を果たし、同域内輸入で最大のシェアを占めるにいたった。このため他の東アジア域内諸国の中国向け輸出シェアは急上昇している。特に日本について次のような変化がみられる。1）日本の貿易における東アジアの比重が輸出入とも半分近くになった。2）戦後日本経済発展のテコの役割を果たしてきた米国との関係は輸出入とも大きく低下した。3）これら2つは日本企業が構築した事実上の東アジアの経済統合に、今後自らそれに一層インボルブすることになる誘因となった。4）東アジアおよび米国の対日貿易シェアはともに低下した。5）日本を除く東アジア全体の対米貿易シェアは輸出入とも相対的に低下したが、1980年以降対米輸出規模自体は日本のそれを大きく上回っている。これら一連の日本を中心とする東アジアを巡る構造変化は、「太平洋成長のトライアングル」で中核的役割を担った日本の太平洋貿易におけるプレゼンスを低下させた。代わって中国がその主役に踊り出た。これを分析したのが拙著『変貌する太平洋成長のトライアングル』（2005年）である。

　中国の東アジア貿易における非対称構造変化の含意は、世界向けに機械を

中心とする輸出をテコに世界のグローバルパワーを目指す中国が、それに必要な部品や資本財を東アジア域内から調達するために、同地域を事実上インフラストラクチャとして構築したものであるといっても過言ではない。中国への機械部品や資本財の最大の供給国が日本である。日本にとって中国は最大の部品輸出先であり、日本は中国向けに部品や資本財の輸出比率を高めている。他の東アジア諸国も日本から大量の部品や資本財を輸入し、付加価値を高めて中国向けに輸出している。日本からの輸入で、部品や資本財で最大の比率を占めているのがIT関連電気機械である。日本が中国をはじめ他の東アジア諸国向けにIT関連電機中間財の主要な供給者になったのは、以下の理由によるものである。

　戦後エレクトロニクス技術はマイクロプロセッサーが発明され、アナログからデジタル化時代をつげるエポックを画する。この技術変化に最も効果的に対応したのが、産業ではアナログからデジタルへという転換に最もなじむ電気機械であった。デジタル化はモジュール化という技術を要素分解にでき、その特性が典型的に生かされる電気機械において発揮された。部品を単体としてではなく、ある特定のかたまり毎にブロック化し、それに固有の機能をもたせるように設計し製造するということである。パソコン（PC）はそうした特性を体現できる典型的な製品で、CPU（中央処理装置）やOS（オペレーティング・システム）、HDD、CD-RWなど中核的な機能を有ししかも標準化された部品より構成されており、それ故競争力の源泉は価格となる。こうした特性を持つ部品の生産ができる国・地域を擁しているのは世界的にみて直接投資を通じ日本から大量の電気機械を受け入れ、世界の電気機械貿易で日本や米国さらにEUを抜いて最大の輸出者となっていた東アジアであった。1990年代以降世界的なIT化の進展で、集積度を一段と強化させたIC・半導体は情報処理能力を飛躍的に高め、多くの電気機械のみならず一般機械や精密機械をIT関連財と変貌させ、中国を中心とする東アジアはそれの世界最大の生産と輸出者となった。中国のIT関連完成品総輸出のうち米国向けが約3分の1、EUを含めると5割を超える。この構造は他の東アジア諸国でもほぼ同じである。

　以上のように日本は東アジアの輸出拡大で大きく貢献し、日本の対東アジ

ア貿易比率はともに高まるものの、東アジア域内貿易では輸出入とも日本のプレゼンスは低下の一途を辿っている。これは先に指摘した中国の対東アジア貿易の「分散」と「集中」という構造を反映したものである。この典型が電気機械を中心とするIT関連財である。

　日本は中国を中心に、IT完成品の域外輸出を拡大する東アジア向けにそれに必要な部品供給を増加させる一方、同地域からの輸入では日本企業の進出による製品の「逆輸入」の拡大させている。一方東アジアは日本への依存関係を相対的に低下させている。つまり日本と東アジア間の依存関係は非対称であるということである。東アジアで現在進行中の貿易構造変化は日本経済の将来にどのような影響を及ぼすのであろうか。

　日本は世界と東アジア域内貿易における対外プレゼンスの低下に加えて、もうひとつの大きな課題に直面している。少子化・高齢化さらに人口減少という国内問題である。国内外2つの問題は同時進行中である。これらの主な対処策として2つある。第1は国内での産業ストックの縮小を図ることである。第2は東アジアとの関係である。日本の貿易において、東アジアのシェアは輸出入とも既に半分近く、今後さらに東アジアの比重が高まる可能性が強い。その方向は不可逆的で、日本は今後「アジアのなかの日本」として東アジアとともに進む以外に選択肢はない。国内の産業ストックを適切なる規模に向けて縮小すること並行して、今後東アジアとの間で適切なる分業構造の再構築は不可避である。両者の共通な狙いは「資源の効率的な配分」である。「資源の効率的な配分」とは資源（資本、労働）をより生産性の高い部門にシフトさせることであり、国民経済全体の生産性の向上をはじめ経済成長率を高める効果がある。ただし現在の日本経済の状況を考えた場合、当然のことながら、国内外一体でつまり東アジアを含め「地域単位」で行なわなければいけない。東アジア諸国と一連のFTA締結を巡る動きは、まさに日本の産業構造高度化を目指すための領域を一層拡大させるものである。産業ストックの縮小と東アジアとの分業構造の再編は表裏一体の関係にあるが、予定調和が先にあるわけではない。なぜなら太平洋貿易や東アジア域内貿易において、日本のプレゼンスを低下させている構造変化が依然進行中であるからである。日本はアジアの中に「自分の居場所」を探すことができるのであ

ろうか。

　日本は国内外の大きな問題に直面して現在たじろいでいる状況にあり、日本の将来展望は悲観的になりがちである。とりわけ人口の減少を重視した論説が多く展開されている。しかし日本が世界第2位の経済大国で、その対外的影響力が大きく東アジアへの急速なシフトにもかかわらず、内外の変化を視野に入れた前述の「資源の効率的配分」の対外的側面の分析は充分とは言い難い。それどころか日本経済再復活のテコとなり得る資産である日本発技術革新シーズを多く擁すると指摘するものの、これも外部との関係を踏まえた分析が少ない。日本経済再生のテコとなり得る資産である日本発次期技術革新のシーズは医療・健康、ユビキタス、安全、環境・エネルギーから教育支援技術など多くの領域に及んでいる。その多くはまだ顕在化していないが、世界シェアのほとんどを占める液晶TV、デジタルカメラ、DVDプレーヤーの「新3種の神器」の需要増大やそれに呼応した国内での設備投資の拡大は、日本発の技術が今後陸続として具体化される可能性を示す先行指標である。これは1960年代日本が高度成長を担った技術をほとんど全て米国からの導入し白黒TV、洗濯機、冷蔵庫、電子計算機、抗生物質、ストレプトマイシンなどを製品化したのと根本的に異なる。日本が現在開発中の技術を製品化し輸出財としたならば、日本自身の経済活性化のテコになり得るのみならず、中国の台頭と伴に東アジアの可能性という新しい地平を開くものである。

　本書は、日本が現在直面している2つの大きな課題つまり人口減少と対外プレゼンスの低下を関連させて、「資源の効率的配分」という観点から、日本の総輸出入のほぼ半分を占める東アジアの対世界貿易および東アジア域内において進行中の貿易構造変化の現状と方向を報告したものである。

　中国の貿易規模が世界第10位になったのが輸出で1997年、輸入で1999年であった。その後ほぼ毎年順位の階段を登り2004年にはともに世界第3位となった。この過程で中国は世界規模で大きな影響を及ぼす構造変化を引き起こしていた。2つある。第1は「太平洋成長のトライアングル」の主役に踊り出たことであり、第2は東アジア域内貿易でもプレゼンスを高めたことである。中国にとって東アジア域内貿易の比重は、総輸出では低下を一方総輸入

では上昇という「非対称」傾向を強めている。2つの構造変化は表裏一体の関係にある。つまりこれは中国が世界的規模で輸出拡大前線をさせるために、東アジアを部品などの中間財調達の後背地化を目指したものである。これらを論じたのが第1章「中国の台頭と世界貿易構造の変化」である。中国の台頭に呼応して、日本は輸出入とも東アジアの比重を高め、ともに過半近くを占める。とりわけ日中両国は相互に緊密関係を加速させているが、これをもたらした先行条件があった。1985年円高ドル安為替レート調整を契機に、輸出志向性の強い日本企業は大量に海外に進出し、日本の産業構造を変え直接投資関連貿易を拡大させさらにその比重をASEANから中国にシフトさせるなど、結果として中国の台頭を促進する基盤を構築するようになる。これを分析したのが第2章「日本の産業構造変化とその対外的発現」である。

　日本から輸出志向性の強い製造業企業を大量に導入した東アジア諸国は、輸出拡大さらに産業構造や輸出構造の高度化を通じて、1997年にアジア通貨危機が発生するまで、10年以上の高度成長を謳歌した。直接投資関連貿易のうち「逆輸入」つまり日本向け製品輸出が拡大し、日本と東アジア間の貿易パターンは、史上初めて、垂直的から相互に工業品や製品を中核とする水平的分業にシフトするに到る。この動因は日本の対東アジア直接投資の中核となったのが、アナログからデジタルへという戦後技術パラダイムの転換を効果的に対応し、さらに機械に新しい機能を付与してIT財へと大変貌を遂げた電気機械であった。現在東アジアはIT財の世界最大の生産・輸出基地である。この動態を分析したのが第3章「日本の貿易構造変化が東アジアの及ぼした影響」である。

　以上のような日本の産業や貿易構造の変化は主に対外的要素に起因したものである。しかし同時にそれは底流にあった日本国内の最大の課題である少子化・高齢化さらに人口減少の到来を先取りしたものであったのであり、いまや人口減少が現実のものであり、それに対応するように産業と貿易構造は変化を加速させている。こうした状況下で、世界有数の所得水準を持つ日本はこれからも高所得を維持できるのであろうか。その可能性を論じたのが第4章「少子化・高齢化・人口減少の経済への影響」である。人口減少は当然のことながら対外的にも影響を及ぼす。第5章「急増する製品「逆輸入」と

その含意」は、1980年代中葉以降日本企業が海外で生産した製品の「逆輸入」を急増させ、これによって水平的分業が開始された東アジアとの貿易に焦点を合わせ、日本の人口減少の対外的影響を分析したものである。

「少子化・高齢化・人口減少」は長期的に日本国内の産業ストックの縮小をもたらすことになろう。それはまず低付加価値財や集約度の低い財とりわけ非耐久消費財の輸入増加に現れる。並行してそれから解放された資源は高付加価値財や集約度の高い財を生産する産業に向かい、輸出においてその財の比率が高まる。実はそうした構造変化は中国を中心とした東アジアとの貿易でかなり以前から進行している。これは地域単位で「資源の効率的配分」を目指した動きである。これによって先進国の中で最も低かった貿易依存度は今後上昇し、東アジア経済との一体化の強化および分業再編に向けた動きのテンポは加速しよう。

中国経済の躍進や日本貿易の東アジアへの急速な傾斜を反映して、東アジアの域内貿易比率は輸出入とも高まり、EUやNAFTAの域内貿易比率と比べ遜色がなく、東アジアは3極の一角を形成している。これを背景に東アジアは現在FTAをベースに経済の統合化を推進している。ASEAN・中国FTA、ASEAN・日本FTAをはじめ域内2国間ベースのFTA合意や交渉が進行している。しかし世界のIT財生産と輸出基地となった東アジアの同財を製品と部品に分離して、域内貿易の内実を分析すると、前者の域外輸出比率は60％以上と極めて高い。これを支えているのが日本をはじめ域内諸国の対中部品輸出である。東アジアの貿易は域内で完結していない。第6章「東アジア経済統合のインフラストラクチャとしての貿易構造」は1国ベースでIT財製品の最大輸出国になった中国に焦点を当て、IT財の域内外貿易構造を分析している。

上記のIT財貿易に代表される東アジアの貿易構造変化の最大の動因となっている中国に一層の焦点をあて、中国の貿易構造を分析したのが第7章「中国の対外貿易にみる「集中」と「分散」の構造変化とその含意」である。中国は工業品とりわけ機械輸出を拡大するために、それに必要な部品を中心に中間財を東アジアから調達している。世界最大のIT製品輸出国となった中国の同財関連部品輸入比率は8割近くにも達し、しかもそのほぼ全量を

(89.9％)東アジア域内から調達している。まさに中国は東アジア域内貿易における「磁場」の役割を果たしている。日本にとって中国はIT関連部品の最大の輸出先であり、中国にとって日本は最大の輸入先である。他の東アジア諸国も中国向け輸出を拡大している。これは前章で分析した中国がIT関連財を中心に世界的に機械を輸出するため、それに必要な部品や中間財を東アジア域内から調達しようとしていることを反映したものである。

　中国の台頭は特に東アジア域内に不断の構造変化を誘発している。それに伴い日中両国は緊密なる相互依存関係を構築した。これは人口減少に直面している日本にとって機会である。まず日本は国内外で資源をより効率的な分野にシフトさせなければならないが、既に中国との間で確実に進行させている。さらに所得水準の上昇も著しい中国は日本経済再生の鍵を握る資産である日本発技術革新のシーズを多くの分野で擁する日本はそれを製品化した場合、国内の需要不足を補って余りある巨大な市場を提供してくれる可能性がある。これを論じたのが第8章「日本の資産とその活用」である。

第1章

中国の台頭と世界貿易構造の変化

　2004年に中国の輸出入規模はともに世界第3位になった。これに伴い、中国は世界的規模の貿易構造の変化を誘発している。第1は太平洋を挟み日米を基軸として東アジアを含む3者で構築した特有の経済空間「太平洋成長のトライアングル」(後述)を米国と中国を基軸とするものに変えてしまったことである。第2は東アジア域内貿易において中国はプレゼンスを高め、特に輸入では最大のシェアを占めるに至った。中国は「磁場」となり、東アジア諸国の中国向け輸出シェアを軒並み上昇させた。この過程で、中国は対外貿易における東アジアの比重に関し、輸出では低下させる一方輸入では上昇させるという、非対称の貿易構造の変化をもたらした。この含意は中国が輸出入規模でともに世界第3位となったことに呼応して、生産や輸出に必要な部材を調達するためのインフラストラクチャを東アジアに構築したということである。これは世界貿易における中国の台頭がもたらした第3の構造変化である[1]。

　本章は中国の台頭がもたらした以上3つの構造変化およびそれの特に日本に対する含意を分析する。

第1節　中国の台頭に伴う主要国・地域間貿易構造変化

　現在世界経済においてグローバリゼーション（統合化）とリージョナリゼーション（地域化）という相矛盾するような動きが進行している。リージョナリゼーションはグローバリゼーションという大きな趨勢の中での濃淡の差をあらわしたものであるが、世界経済のグローバル化が進行する中で、それ

を促進すると同時に「地域化」の中核になっているのが日米 EU のいわゆる3極である。日米 EU を中核とする拡大3極である東アジア、NAFTA および EU が世界 GDP、世界輸出、世界輸入に占める割合はそれぞれ82.2%（2001年）、81.5%、82.4%（輸出入はともに2003年）と圧倒的に大きい。世界経済と世界貿易は拡大3極下にあるといってよいだろう。3者以外の諸国・地域はいわばマージナル化の状況にあり、いずれに参加しても現在の拡大3極に大きな影響はないだろう。しかし域内に世界経済と世界貿易に大きな影響を及ぼす構造変化を誘発する要因を内在させている地域がある。それは東アジアである。NAFTA においてカナダやメキシコが米国にとって代わることはない。EU においてもドイツがある他の域内国にとって代わられることは想定できない。しかし東アジアにおいては、中国が世界第2位の経済大

表1-1　世界経済と世界貿易に占める東アジアのシェア　　　（単位：%）

項目	年次	ASEAN	NIES	中国	東アジア	日本	東アジア計	米国	EU
GDP	1970	1.1	0.6	2.8	4.5	7.0	11.5	35.8	26.2
	1980	1.8	1.3	2.9	6.0	10.0	16.0	26.5	32.5
	1985	1.9	1.6	2.6	6.1	11.5	17.6	36.1	24.0
	1990	1.5	2.1	1.7	5.3	13.3	18.6	25.9	29.9
	1995	2.1	3.1	2.4	7.6	17.7	25.3	25.5	29.7
	2000	1.8	3.0	3.4	8.2	14.8	23.0	31.6	26.8
	2001	1.9	3.2	3.5	8.6	14.7	23.3	31.5	26.7
	2002	1.7	2.9	3.9	8.5	12.7	21.2	33.3	29.2
	2003	1.7	2.8	3.9	8.4	11.4	19.8	29.2	29.8
輸出	1970	2.0	1.6	0.8	4.4	6.4	10.8	14.2	39.8
	1980	3.4	3.0	0.9	7.3	6.8	14.1	11.7	36.4
	1985	3.6	4.5	1.5	9.6	9.4	19.0	11.7	35.6
	1990	4.0	6.3	1.8	12.1	8.4	20.5	11.5	40.4
	1995	5.9	8.0	2.9	16.8	8.7	25.5	11.5	40.5
	2000	6.5	8.3	4.0	18.8	7.6	26.4	12.5	37.0
	2001	6.4	7.7	4.5	18.6	6.7	25.3	12.2	38.7
	2002	6.0	7.8	5.1	18.9	6.6	25.5	11.0	39.1
	2003	5.7	7.7	6.0	19.4	6.4	25.8	9.9	39.8
	2004	6.2	7.8	6.7	20.7	6.4	27.1	9.2	41.6
輸入	1970	2.4	2.0	0.7	5.1	6.0	11.1	13.5	41.3
	1980	3.2	3.4	1.0	7.6	7.1	14.7	12.8	39.4
	1985	3.2	4.5	2.2	9.9	6.7	16.6	18.1	34.8
	1990	4.5	6.0	1.5	12.0	6.7	18.7	14.7	40.9
	1995	6.4	8.6	2.5	17.5	6.5	24.0	14.9	38.2
	2000	5.8	7.4	3.4	16.6	5.5	22.1	18.8	36.4
	2001	5.5	6.5	3.7	15.7	5.3	21.0	18.3	37.3
	2002	5.1	7.1	4.2	16.4	4.8	21.2	17.8	37.7
	2003	4.9	7.1	5.1	17.1	4.7	21.8	16.7	38.6
	2004	5.4	7.2	5.5	18.1	4.6	22.7	16.0	41.0

（注）ＧＤＰのシェアは2003年以降は推定値
（資料）IMF,CD-ROMおよび国際貿易投資研究所データベースより作成（原データは各国資料）

国である日本にとって代わる可能性が現実的に射程距離に入ってきた。これを表1-1によって、世界全体の中で東アジア全体のシェアの変動さらに域内を主要国・グループ別のパフォーマンスから以下検討してみる。

東アジアの世界におけるプレゼンスは、1990年代中葉をピークにそれ以降シェアを低下させているか一定の水準を維持して依然大きいものの、ピーク時のシェアを下回っている。まず世界GDPにおける日本を含む東アジアのシェアは25.3％とピークを画した1990年代中葉以降低下している。その最大の要因は日本のシェアが1995年に比べ5ポイントも低下したからである。ASEANとNIES（韓国、台湾、香港）もわずかであるが、日本同様にそのシェアは下落させている。世界輸出における東アジアの比重は2000年の26.4％を画した後低下するものの、再び上昇に転じている。世界輸入においても東アジアは同様の傾向をみせている。日本の世界輸出入シェアも1990年代前半までにピークを画し、その後低下の一途を辿っている。NIESとASEANも日本に若干遅れて1990年代後半にピークを画した後、世界貿易におけるシェアを低下させている。日本、NIESおよびASEANの経済的パフォーマンスに比べ、中国は全ての分野で一貫してプレゼンスを高めている。中国以外のうち東アジア主要国・グループのシェアが低下傾向をみせるなかで、東アジア全体の比重が高まっているということはいかに中国経済の躍進が強力であるかということを示したものであろう。

中国の躍進振りは次にもみられる。①高い経済成長率。中国の経済成長率は1960年代の年率2.0％から1970年代同7.3％、1980年代同9.7％へと高まり、1990年代には同10.0％と2桁台に乗った。②1人当り年間所得の上昇。2001年に1人当り所得は全国平均1090ドルと世界平均5500ドル（2003年）を大きく下回るが、初めて1000ドルの大台に乗り、その後も順調に向上し2004年には1486ドルとなり、開放政策がスタートした1979年の269ドルに比べ急速に高まった。③工業化。特に輸出工業化率は1980年の49.4％から2002年には91.0％に急上昇した。④輸出構造の高度化。製造品輸出に占める機械（輸送機器を含む）比率は1980年の4.6％から2004年には実に48.5％にも達した。⑤GDP規模でも中国は日本を追い抜く可能性がある。1999-2003年の5年間の平均経済成長率は中国が8.1％、日本が0.7％であり、この基調が今後も続

くと、2003年時点ではGDP規模で3倍の格差（中国1.41兆ドル、日本4.28兆ドル）があったが、2019年には日本は中国に追い越されてしまう[2)]。中国の経済成長はこれまで見られないほど速いもので、爆発的成長（explosive growth）といっても過言でなく、21世紀における最も顕著な出来事なる可能性が強い[3)]。2005年12月中国国家統計局は2004年の自国のGDP規模を1.65兆ドルから1.93兆ドルに上方修正、さらにその後2.25兆ドルであったと発表した。これによると中国のGDP規模は世界第5位となる。中国国家統計局は2006年1月に2003年と2004年の経済成長率をそれぞれ10.0%、10.1%への上方修正（修正前はともに9.5%）、さらに2006年1月2005年の経済成長率は9.9%であったと発表した[4)]。2006年3月に開催された全国人民代表大会で発表された「第11次5ヵ年計画（2006-2010年）」草案によると年平均成長率目標は7.5%で、これが実現すれば日米に次ぐ世界第3位の経済大国になる。

世界貿易において高まる中国のプレゼンス

2004年に中国の輸出入規模がともに初めて世界3位になった。輸出ではドイツ、米国に次ぎ第3位（日本は第4位）、輸入では米国、ドイツに次ぐ第3位である（日本は第6位）。世界貿易における中国の躍進に伴い輸出入構造が大きく変化している。これを表1-2で詳細に検討すると、次のような特徴を指摘できる。

1）貿易相手先上位20ヵ国や10ヵ国の累積シェアの低下。輸出上位20ヵ国の累積シェアは1995年の87.5%から2004年にはわずかであるが83.4%に低下した。輸出上位10ヵ国のそれは78.0%から70.9%へと一層低下した。輸入でもほとんど同様な傾向がみられる。輸入上位20ヵ国の累積シェアは87.4%から84.8%へ、輸入上位10ヵ国のそれは74.5%から69.7%へとそれぞれ低下した。こうした上位取引先の累積シェアが低下しているということは、中国が世界の貿易大国として全世界の諸国と取引しようとしていることを示したものであろう。

2）貿易上最も関係の深い東アジアでは次のような変化が進行している。①中国の総輸出に占める東アジアのシェアは1995年の56.9%から2004年には43.6%に低下した。特に日本向け輸出シェアが大きく下降した。日本向け輸

表1-2 中国の輸出入構造 (単位：%)

	順位	相手先	1995	2000	2001	2002	2003	2004
輸入	1	日本	22.0	18.4	17.6	18.1	18.0	16.8
	2	台湾	11.2	11.3	11.2	12.9	11.9	11.5
	3	韓国	7.8	10.3	9.6	9.7	10.4	11.1
	4	米国	12.2	9.9	10.8	9.2	8.2	8.0
	5	中国	1.7	3.2	3.6	5.1	6.1	6.9
	6	ドイツ	6.1	4.6	5.6	5.6	5.9	5.4
	7	マレーシア	1.6	2.4	2.5	3.1	3.4	3.2
	8	シンガポール	2.6	2.2	2.1	2.4	2.5	2.5
	9	ロシア	2.9	2.6	3.3	2.8	2.4	2.2
	10	香港	6.5	4.2	3.9	3.7	2.7	2.1
		上位計 (1-10)	74.5	69.3	70.2	72.6	71.5	69.7
	11	タイ	1.2	1.9	1.9	1.9	2.1	2.1
	12	豪州	2.0	2.2	2.2	2.0	1.8	2.1
	13	フィリピン	0.2	0.7	0.8	1.1	1.5	1.6
	14	ブラジル	0.9	0.7	1.0	1.0	1.4	1.5
	15	インド	0.3	0.6	0.7	0.8	1.0	1.4
	16	フランス	2.0	1.8	1.7	1.4	1.5	1.4
	17	サウジアラビア	0.4	0.9	1.1	1.2	1.3	1.3
	18	カナダ	2.0	1.7	1.7	1.2	1.1	1.3
	19	インドネシア	1.6	2.0	1.6	1.5	1.4	1.3
	20	イタリア	2.4	1.4	1.6	1.5	1.2	1.1
		上位20ヵ国計	87.4	83.1	84.4	86.2	85.8	84.8
		東アジア計	56.7	57.3	55.4	60.0	60.6	59.7
		ASEAN計	7.2	9.2	8.9	10.0	10.9	11.1
輸出	1	米国	16.6	20.9	20.4	21.5	21.1	21.1
	2	香港	24.2	17.9	17.5	18.0	17.4	17.0
	3	日本	19.1	16.7	16.9	14.9	13.6	12.4
	4	韓国	4.5	4.5	4.7	4.8	4.6	4.7
	5	ドイツ	3.8	3.7	3.7	3.5	4.0	4.0
	6	オランダ	2.2	2.7	2.7	2.8	3.1	3.1
	7	英国	1.9	2.5	2.5	2.5	2.5	2.5
	8	台湾	2.1	2.0	1.9	2.0	2.1	2.3
	9	シンガポール	2.4	2.3	2.2	2.1	2.0	2.1
	10	フランス	1.2	1.5	1.4	1.3	1.7	1.7
		上位計 (1-10)	78.0	74.8	73.8	73.3	71.9	70.9
	11	イタリア	1.4	1.5	1.5	1.5	1.5	1.6
	12	ロシア	1.1	0.9	1.0	1.1	1.4	1.5
	13	豪州	1.1	1.4	1.3	1.4	1.4	1.5
	14	カナダ	1.0	1.3	1.3	1.3	1.3	1.4
	15	マレーシア	0.9	1.0	1.2	1.5	1.4	1.4
	16	アラブ首長国連邦	0.7	0.8	0.9	1.1	1.1	1.2
	17	インドネシア	1.0	1.2	1.1	1.1	1.0	1.1
	18	インド	0.5	0.6	0.7	0.8	0.8	1.0
	19	ベルギー	0.7	0.9	1.0	0.9	0.9	1.0
	20	タイ	1.2	0.9	0.9	0.9	0.9	1.0
		上位20ヵ国計	87.5	85.4	84.7	84.8	83.6	83.4
		東アジア計	56.9	48.1	47.9	46.9	44.7	43.6
		ASEAN計	6.2	6.0	6.0	6.2	6.0	7.3

(注) 順位は2004年時点
(資料) 中国貿易統計より作成

出順位は1995年時点で香港に次ぎ第2位であったが、2004年には第3位に後退するとともに、中国の総輸出に占めるシェアも19.1%から12.4%に低下した。②輸出とは逆に、中国の総輸入に占める東アジアのシェアは、1995年の56.7%から2004年には59.7%にまで上昇した（2003年には60.6%と最高を記録した）。上位20位以内にASEAN後発組を除き日本をはじめ全ての東アジア諸国が入っている。ASEANのシェアは7.2%から11.1%に上昇した。中国にとって日本は最大の輸入元であるが、中国の総輸入に占めるシェアは1995年の22.0%から2004年には16.8%にまで低下した。

3）上記のうち特に中国の総輸入に占める東アジアのシェアが上昇していることに関連して、東アジア域内貿易において中国のプレゼンスが高まっている［表1-3］。東アジア域内貿易における中国のシェアは輸入で1980年の7.6%から2001年以降日本を越え2004年には実に25.7%に上昇し、日本の15.5%を大きく上回った。これに呼応して東アジア諸国の中国向け輸出シェアは軒並み高まった［表1-4］。2003年韓国の対中輸出（18.1%）が対米輸出（17.6%）を初めて抜き、韓国にとって中国は輸出相手国として第1位になった。日本の中国向け輸出シェアは最大の輸出先である米国向け（22.4%）の半分の13.0%であるが、2003年以降2桁台に乗った。ASEANの対中

表1-3　東アジアの域内貿易の主要国・グループ別構成　　（単位：%）

年次	輸出				輸入			
	日本	中国	ASEAN	NIES	日本	中国	ASEAN	NIES
1980	35.7	10.4	37.1	16.8	30.3	7.6	32.9	29.2
1985	34.9	13.1	28.9	23.1	26.0	17.5	25.8	30.7
1990	30.6	14.6	24.6	30.2	21.8	10.5	28.7	39.1
1991	30.6	14.7	24.2	30.5	19.8	12.0	27.9	40.4
1992	25.9	15.6	24.8	33.7	15.2	12.5	22.6	49.7
1993	31.6	11.3	24.3	32.8	17.9	17.1	29.0	36.0
1994	30.4	13.1	25.3	32.2	17.5	16.0	30.4	36.1
1995	29.5	13.2	25.6	31.7	17.8	15.3	31.4	35.5
1996	27.3	12.9	27.3	32.5	18.5	16.4	31.3	33.8
1997	25.9	15.0	26.7	32.4	17.2	16.8	30.0	36.0
1998	23.4	16.0	27.1	33.4	17.5	18.8	27.4	36.2
1999	23.9	15.0	27.5	32.9	17.7	17.7	28.1	36.0
2000	24.6	15.2	27.8	32.3	18.5	17.8	28.1	35.5
2001	22.3	17.9	27.6	32.2	19.3	19.9	26.3	34.5
2002	22.2	19.1	26.4	32.2	17.1	22.1	25.4	35.4
2003	22.2	20.3	24.8	32.4	16.1	25.2	23.3	35.4
2004	22.1	21.4	24.3	32.2	15.5	25.7	22.7	36.1

（資料）国際貿易投資研究所データベースより作成

表1-4　東アジア諸国の中国との貿易シェア　　　　　　　　　　　　　　（単位：％）

	輸出			輸入		
	1990	2003	2004	1990	2003	2004
日本	2.1	12.2	13.0	4.4	17.2	17.9
韓国	1.4	18.1	19.6	3.0	12.5	13.3
台湾	0.0	14.9	19.5	0.0	7.9	8.4
香港	24.7	41.7	43.0	33.3	36.2	36.7
タイ	1.1	7.1	7.2	2.8	5.6	6.5
マレーシア	2.1	6.4	6.6	1.4	8.5	8.0
シンガポール	1.5	7.0	8.5	3.6	7.7	8.5
インドネシア	3.2	6.2	6.4	2.2	15.3	11.3
フィリピン	0.7	5.9	6.6	1.5	9.2	8.5

（注）韓国の1990年の欄は1991年値
（資料）表1-3に同じ

輸出シェアは1980年の1.0％から2004年には7.4％に高まった。つまり中国は東アジア域内の「磁場（magnetic place）」の役割を果たしているということである。中国は輸出でも東アジア域内でのシェアを1980年の10.4％から2004年には21.4％に倍増した。

　4）域外貿易では次のような変化が進行している。①中国の総輸出における米国の順位は1995年には第3位であったが、1997年以降第1位となり、しかもそのシェアは1995年の16.6％から2004年には21.1％に上昇した。2002年に52年振りで米国の東アジアの輸入元として日本を抜き第1位となり（米国貿易統計）、同時に日本を含む東アジア諸国のうち中国は米国向け輸出国として第1位になった。②中国の総輸出に占めるEUのシェアは1995年の12.9％から2004年には18.1％に高まった。域外主要輸出先である欧米諸国向けシェアが高まっていることは、中国の輸出規模が世界第3位となったことと合わせ、中国が世界的規模の輸出大国に成長しつつあることを示したものであろう。

　中国の世界貿易におけるプレゼンスの高まり、つまり輸出入とも世界第3位への躍進をはじめ東アジア諸国のうち最大の米国向け輸出国となったこと、さらに東アジア域内でのシェアの上昇は別個のものではない。いずれも直接間接関連している。中国の対外貿易を巡る様々なる構造変化は東アジア諸国の域内外貿易構造に大きな影響を及ぼしている。

　それでは中国の経済的躍進やそれに伴うプレゼンスの高まりによって誘発された構造変化は何を意味し、さらにその変化はどのような方向に向かって

いるのだろうか。これを分析する前に東アジアの主要プレーヤーである日本、中国、ASEAN および NIES さらにこれら 4 者といずれも域外諸国のうち最も密接な関係のある米国を含め、中国の台頭によって引き起こされた 2 国間貿易関係の変化をみよう。

　中国の台頭が誘発した最も大きな変化の 1 つが、日本の中国を中心に東アジアとの貿易シェアが輸出入とも大きく上昇したことであろう。表 1-5 によれば、日本の対東アジア輸出入シェアは1991年に30％台に乗り、その後両者とも一貫して上昇し、2004年にはともにほぼ50％近くにまで高まった。その理由として次のことが挙げられる。第 1 に1980年代中葉以降日本製造業企業が ASEAN を中心に大量かつ継続的に生産拠点をシフトさせ、これに伴い直接投資関連輸出と「逆輸入」が急増したことである。第 2 は若干時期的にはずれるが中国でも同じ状況が生じた。ただし中国は「生産と消費の好循環構造」を構築し、これが日本の対中貿易を拡大させた。特に中国からの輸入シェアは1997年に 2 桁台に乗り2004年には18.0％となり、日本にとって最大の輸入先となった。2004年日本の製品輸入にしめるシェアは実に29.6％と

表 1-5　日本の対東アジア貿易構造の推移　　　　　　　　　　　　　　　（単位：％）

年次	輸出					輸入				
	NIES	ASEAN		中国	合計	NIES	ASEAN		中国	合計
			シンガポール					シンガポール		
1980	11.3	10.0	3.0	3.9	25.7	4.9	14.4	1.3	3.3	22.4
1985	10.5	6.4	2.2	7.1	24.1	8.4	14.8	1.9	5.5	25.5
1990	16.0	11.5	3.7	2.1	29.6	12.4	12.4	2.2	4.4	26.6
1991	17.4	11.9	3.9	2.7	32.0	12.8	13.4	2.4	4.9	31.1
1992	17.6	11.9	3.8	3.5	33.0	12.8	13.2	1.3	5.6	31.6
1993	17.7	13.7	4.6	4.8	36.2	12.7	14.3	2.6	7.3	34.4
1994	18.9	15.2	5.0	4.7	38.6	13.2	14.4	2.8	8.8	36.4
1995	19.9	17.3	5.2	5.0	42.1	13.6	14.4	2.0	9.5	34.4
1996	20.0	17.5	5.1	5.3	42.8	13.4	14.9	3.3	9.8	38.3
1997	19.6	16.2	4.6	5.2	41.6	12.4	14.6	2.9	10.5	36.2
1998	16.4	11.6	3.8	5.2	37.4	12.1	14.1	2.8	11.7	37.6
1999	17.7	12.5	3.9	5.6	35.8	13.1	15.0	3.1	11.6	40.1
2000	19.6	13.8	4.3	6.3	39.7	13.9	15.6	3.0	12.1	41.8
2001	18.1	12.9	3.6	7.7	38.7	12.9	15.5	3.0	14.3	42.6
2002	22.7	12.7	3.4	9.6	45.0	12.4	15.3	2.9	15.9	43.6
2003	20.4	12.4	3.1	12.2	45.0	12.0	14.9	2.8	17.2	44.1
2004	21.5	12.9	3.2	13.1	47.5	11.8	16.4	2.8	18.0	46.2

（注）シンガポールはASEANに含む、マトリックス・ベース（輸入はFOBベース）
（資料）表 1-3 に同じ

高く、第2位の米国（16.5％）を大幅に上回る。日本の中国向け輸出は既に指摘した。ASEANおよびNIESとの貿易シェアは1990年代後半以降輸出入とも安定的に推移しており、日本の東アジアとの貿易シェアの高まりは専ら中国との取引によるものである（直接投資関連貿易の実態とその含意は第2章以下の行論で論じている）。

日本の対中貿易は上記のような変化をとげているが、最大の貿易パートナーである米国との関係はどのようになっているのであろうか。

日米間貿易の相互依存度は低下の一途

第2次世界大戦後、日本最大の貿易相手国は輸出入とも一貫して米国であった。しかし、日本の対米輸出シェアは、1985年にピークを画した37.2％からその後1990年まで低下を続け、1995-1997年の3年間における27％台を経て以降ほぼ30％前後という安定したシェアの推移をみせるものの、2004年には22.4％に低下した。しかし1国ベースでは依然米国は日本にとって最大の輸出先である。一方、日本の総輸入に占める米国のシェアは1980年代後半から1999年までほぼ22％と安定していたが、その後低下を続け20％を割り2004年には13.2％と過去最低を記録した。米国の対日貿易シェアは、輸出入とも1990年代中葉から低下傾向をみせ、特に輸出は1997年以降10％を割り、一段と低下のスピードを加速させている。日米は貿易において長期的に相互に相対的比重を低下させる過程に入ったといっても過言ではない［表1‐6］。つまり、日米ともに輸出入のいずれにおいても、相互に相対的依存度を低下させる過程にあるということである。

日本の対米輸出シェアが低下した有力な理由のひとつに東アジアに進出した日本企業による迂回輸出があげられる。1998年から2002年にかけて、東アジア全体の米国を中心とする北米向け輸出に占める日本企業による輸出の割合は11.7％から4.5％に低下しているが、東アジアに進出した日本企業の輸出額（120億ドル）を日本から輸出したと仮定すると、日本の総輸出に占める米国向けシェアは28.5％から30.5％に高まる。

以上のように、中国の台頭は日本の貿易を大きく東アジアにシフトさせると同時に米国との取引を相対的に低下させるという貿易構造変化を誘発した。

それでは東アジアからみたらどのようになるのであろうか。東アジアの対日貿易さらに東アジア（日本を除く）と米国間貿易はどのような変化をしているのか。以下順次分析しよう。

日本と東アジア間貿易の依存度は非対称変化

　東アジアの対日輸出入シェアはともに低下傾向にある。特に2004年の対日輸出シェアは10.3％で、1980年に比べ半減した水準である。輸出ほど大きな落ち込みでないが、輸入シェアも低下している。日本は東アジアへの依存度を強めているのに対し、東アジアは日本への依存度を低下させるという、現在進行中の両者間貿易構造の変化は非対称である。グループ別にみても対日貿易依存度は低下している。ASEANの対日貿易シェアは輸出入とも低下している。ASEANの対日輸出シェアは1980年の26.8％から2004年には12.2％に半減した。対日輸入シェアも輸出ほどではないが20.0％から15.3％に下降した。NIESの対日輸出シェアは1980年の10.7％から2004年には7.0％に、輸入では26.0％から18.9％へと、いずれも低下した。

　東アジアの対日貿易が以上のような変化を遂げているのに対し、米国との貿易では次のような特徴が観察される。第1は輸出入とも2000年以降シェアが低下していることである。輸出は2002年19.9％とはじめて20％を割り込んだ。2004年には17.7％と1970年以降最低となった。輸入シェアは1970年の21.0％に比べ2004年には9.1％となり、日本の対米輸入と同様に半減した（東アジアは輸出入とも米国の比重低下させており、これは東アジアの自立性を強化しているようにみえる。しかしその内実はかなり違う。特にIT完成品をはじめとする機械製品の直接輸出や中国経由の迂回輸出などを考慮すると、米国依存度は必ずしも低下していない。これについては随時関連箇所で指摘している）。

　こうした構造変化はグループ別（ASEAN、NIES）にみても進行している。ASEANの対米貿易シェアも輸出入とも1990年代後半以降低下している。ASEAN（シンガポールを含む）の総輸出に占める米国のシェアは1990年代を通じほぼ20％を維持していたが、1998年の21.4％をピークにその後低下の一途を辿り、2004年には15.3％と1980年以降最低となった。対米輸入でもほぼ同じ傾向を辿り、米国のシェアは1980年の14.0％から2004年には10.0％に低

表1-6　日米東アジア間貿易の構造　(単位：%)

年次	日本の対米貿易		米国の対日本・東アジア貿易						東アジアの対日米貿易					
			日本		東アジア				日本		米国		合計	
	輸出	輸入	輸出	輸入	輸出		輸入		輸出	輸入	輸出	輸入	輸出	輸入
						中国		中国						
1970	30.7	29.4	10.8	21.0	5.5	—	7.5	0.0	16.3	25.7	23.1	21.0	39.4	46.7
1980	24.2	17.4	9.4	13.3	10.8	1.7	12.0	0.4	19.8	23.3	20.3	16.8	40.1	40.1
1985	37.2	19.9	10.6	20.3	11.8	1.8	15.6	0.7	17.0	25.7	27.3	15.3	44.3	41.0
1990	31.5	22.3	12.3	18.5	14.3	1.2	19.2	1.0	14.5	22.3	22.6	14.8	37.1	37.1
1991	29.1	22.5	11.4	18.8	15.1	1.4	20.4	1.2	13.7	22.4	20.8	14.2	34.5	36.6
1992	28.2	22.4	10.6	18.2	15.6	1.6	22.2	1.6	12.3	21.8	21.1	13.5	33.4	35.3
1993	29.2	23.0	10.3	18.3	16.7	1.8	22.7	2.9	12.3	22.7	21.9	13.4	34.2	36.1
1994	29.7	22.8	10.4	17.6	17.2	1.8	22.8	3.1	12.4	22.3	21.4	12.8	33.8	35.1
1995	27.3	20.9	11.0	16.2	18.8	2.0	23.0	3.2	12.9	21.9	19.9	12.9	32.8	34.8
1996	27.2	22.7	10.8	14.2	18.4	1.9	22.0	3.3	13.1	19.9	19.3	13.0	32.4	32.9
1997	27.8	22.3	9.5	13.6	18.1	1.8	22.0	3.7	11.8	18.5	19.7	13.4	31.5	31.9
1998	30.5	23.9	8.5	13.0	14.8	2.1	21.8	4.2	10.5	17.1	21.6	13.4	32.1	30.5
1999	30.7	21.6	8.3	12.9	15.3	1.8	20.9	4.1	11.4	18.3	21.9	13.0	33.3	31.3
2000	29.7	19.0	8.3	12.1	16.6	2.0	20.6	4.4	12.2	18.4	21.2	12.6	33.4	31.0
2001	30.0	18.1	7.9	11.1	16.0	2.6	20.4	4.9	12.3	16.7	20.3	12.5	32.6	29.2
2002	28.5	17.1	7.4	10.6	16.9	3.1	18.1	6.1	11.1	16.7	19.9	11.2	31.0	27.9
2003	24.6	15.1	7.2	9.5	17.6	3.9	21.2	7.5	10.7	16.9	18.2	10.2	28.9	27.1
2004	22.4	13.2	6.6	9.0	17.9	4.2	22.9	8.8	10.3	16.6	17.7	9.1	28.0	25.7

(資料)　表1-3に同じ

下した。NIES（シンガポールは除く）の対米輸出シェアも1980年の29.0％から2004年には16.6％にまで低下した。対米輸入シェアも18.9％から10.1％に半減した。ASEAN、NIESともに米国向け輸出シェアが低下したのは、日本と同様に、東アジア域内で「磁場」の役割を果たしている中国向け輸出の拡大であることはいうまでもない。

　第2は対日貿易シェアと比べ、米国向け輸出はほぼ日本向けのほぼ2倍であるのに対し、日本からの輸入は一貫して米国からの輸入を上回っていることである。東アジアは工業化を推進さらに工業品輸出を増加させるにともない、それに必要な中間財や部品をとりわけ日本に求めた。これが先に指摘したように日本の東アジア向け輸出拡大の大きな要因であり、日本は東アジアとの貿易関係を深めていくようになった。その主因は直接投資関連輸出である。直接投資に関連して、進出先で日本企業が生産した製品を日本が輸入つまり「逆輸入」の増加もある。この過程で、東アジアは中間財を最大の輸入先である日本に求めたものの次第に相対的比重を低下させると同時に、その調達先を域内に求めさらに工業品最終財の輸出先を域外特に米国への比重を

高めるようになる。

　米国の対東アジア貿易では次のような特徴がみられる［表1-6］。1980年代中葉に、米国の太平洋岸貿易規模が大西洋岸のそれを上回り、それを境に1991年にかけて対東アジア貿易は新段階に突入した。輸出では1990年代後半18％台というそれまでにない高いシェアを記録し、その後低下するものの上昇に転じ、1970年からみると趨勢としては上昇しているといっていいだろう。米国の総輸入における東アジアのシェアは若干の変動がみられるが1990年以降安定している。輸出入とも日本のシェアを大きく上回っている。対東アジア貿易の国・グループ別輸出入シェア変化も日本とほとんど同様の傾向をみせている。NIESとASEANの輸出入シェアはともに低下傾向にある。ASEANのシェアは、輸出で1997年の6.9％、輸入で1995年の7.9％をそれぞれピークに、2004年にはともに5.9％へと低下した。NIESのシェアは、輸出で1995年の10.1％、輸入で1992年の13.0％をピークに、2004年にはそれぞれ7.8％、8.1％へと低下した。輸出では逆に中国のシェアは上昇している。米国の総輸出に占める中国向けシェアは1980年の1.7％から2004年には4.2％に上昇した。輸入シェアは1980年の0.4％から2004年には8.8％となり、実に20倍以上にも高まった。1国ベースでは、日本を除く東アジア諸国のうちで、米国にとって中国は輸出入とも最大の貿易相手国である。

第2節　太平洋を挟む日米東アジア3者の貿易構造変化

　太平洋を挟みそこに位置する諸国の経済協力体として1989年に発足したAPEC（アジア太平洋経済協力会議）がある。これには世界の主要プレーヤーである米国と日本、中国をはじめASEANなど22ヵ国より構成される。APECの世界貿易に占める比重をみると、輸出で44.3％、輸入で45.2％という大きなものである。APECの域内貿易比率は輸出71.9％、輸入70.4％である（以上いずれも2004年）。

　APECの主要プレーヤーである日米中3者の同域内貿易に関し、次のような大きな変化がみられる。①3者の各総輸出入に占めるAPECのシェアはいずれも3分の2以上である。②1990年から2004年にかけて域内のシェア

変化をみると、輸出で日本が21.5%から14.7%に、米国が25.4%から14.7%に、輸入で前者が14.8%から9.6%に、後者が34.2%から31.5%へと低下した。一方、中国の割合は、日米両国とは対称的に、輸出が5.3%から14.4%に、輸入が4.0%から13.0%へと、ともに大きく高まった。2004年中国の輸出シェアは日本の14.7%とほとんど同じであり、中国の輸入シェアは2002年以降日本を上回っている。③APEC域内2国間貿易シェアをみると、日米間で15.5%から6.3%へと低下したのに対し、米中間では1.1%から5.5%に高まっている。④以上のようなAPEC域内貿易の主要プレーヤーである日米中3国間の変化は同域内で生じている大きな構造変動を反映したものである。以下分析する。

　APECは制度的経済的協力体であるが、それに先行して太平洋貿易において、日本を中核に米国、東アジア3者により固有の経済空間が形成されていた。しかし、中国の台頭は、前節で分析したように、太平洋貿易の主要プレーヤー2国間貿易に大きな変化を誘発したのみならず同貿易で主役を日本から奪った。太平洋貿易において日本に代わってイニシアチブを握った中国は、現在自国に有利に展開している東アジア域内はもとより世界貿易の構造変化をどのようにみて、そして利用しようとしているのであろうか。これを分析する前に、日本が中心となって構築した太平洋貿易の経済空間をみよう。

「太平洋成長のトライアングル」

　日本は米国向け輸出を、戦後復興はもとより高度経済成長、産業・輸出構造高度化のテコとして活用した。1973年に発生した第1次石油危機により、先進国の中で全治3年という最大の打撃を受けたが、それを克服した日本はそれ以前に営々として蓄積してきたハイテク技術を一挙に開花させ、ダイナミックに経済を発展させ、1980年頃から"Japan as No.1"と称されるようになり、米国を凌駕したかのような勢いみせるにいたる。日本は世界有数のハイテク財生産と輸出をテコにかつ自らを軸に、太平洋を挟み米国と東アジアとの間に、特に貿易というチャネルを通して「太平洋成長のトライアングル」ともいうべき特有な経済空間を形成するようになる。第1のネットワークはハイテクを中心とした日米間の「太平洋テクノコンプレックス」という

有機的関係である。第2のネットワークは、日本と東アジアの間で形成された「アジア広域経済圏」である。この2つを主要な導管として、米国と東アジアとの間に、第3のパイプラインを結合して形成される「太平洋成長のトライアングル」という巨大な経済空間である。この過程で、日本はかつて戦後米国が担ったのと同様の役割つまり資本財、技術、資金の供与国であると同時に、それらを導入した国で生産された製品の吸収国としての立場を、とりわけ東アジアにおいて担いつつあった。筆者は、「太平洋成長のトライアングル」を日本の高度成長期に見られた経済と貿易の好循環を太平洋地域で再現し、世界経済再活性化の可能性を秘めるものであると位置づけた(『太平洋の世紀と日本』有斐閣、1985年。『太平洋成長のトライアングル』日本評論社、1987年)。

　2つの石油危機を克服しハイテクを全面開花させた日本は、その後世界最強の輸出競争力をもつに至り、世界最大級の貿易黒字を計上するようになる。一方、米国は逆に巨大な財政赤字とともに経常収支でも赤字を計上し、いわゆる「双子の赤字」に苦しんでいた。両国の非対称な貿易収支問題の解決のために開かれたのが1985年9月のG5会議で(日米英独仏の5ヵ国蔵相・中央銀行総裁)、円高ドル安為替レートに向けた調整がなされた。これはその後の事態の推移と変化からみて、日本と東アジア間の経済関係を決定的に変える歴史的転換点となった。

「歴史的日本機会」
　1980年代に入ると日本はとみに経済超大国の様相をみせつつあり、その経済的ダイナミズムを輸出をはじめ援助から技術、製品輸入、市場の提供さらに直接投資などのチャネルを通じて世界にトランスミットさせていた。1985年G5を契機に、日本企業は大量に生産拠点を海外にシフトさせ、ダイナミズムを送り出すチャネルは一段と多層かつ太いものになった。特にマレーシアをはじめとするASEANはそれを、経済超大国のダイナミズムを内部化し自国経済の近代化と工業化を促進する100年に1度あるかないかの千載一遇の機会で、現在がその時であるとし「歴史的日本機会」(Historic Japan Opportunity)と称し、外資政策を劇的に転換させ、日本企業を競って導入

した。

　1980年代中葉から日本企業の東アジアへの進出はこれまでにみられない速いテンポ、大きい規模さらに長い期間続いた。この波動は直接投資「第3波」と称され、第1次石油危機を挟む1972-74年をピークとする「第1波」、さらに第2次石油危機前後から1980年ごろをピークとする「第2波」に続く歴史的波動である。直接投資「第3波」によりその後東アジアにおいて次のような変化がみられた。

　①東アジアはアジア通貨危機が発生するまでのほぼ10年間高度成長を謳歌し、特にASEANは世界の「成長センター」と称された。東アジアに大量に進出した日本企業は、ASEANを世界の舞台に登場させたといっても過言ではない。②東アジアを輸出志向工業化路線に乗せるとともに、産業と輸出構造の高度化を促進し、さらに工業化のテンポを加速した。③東アジアの工業化の進展により、日本と東アジア間貿易パターンは、それまでの日本が工業品を輸出し東アジアは一次産品を輸出するという垂直的分業から、工業品を相互取引の中心とする水平的分業に転換した。日本を含む東アジアにおいて、水平分業が開始されるのは日本の製造業企業が大量に進出してはじめて可能となった。④日本の直接投資は電機を主とする機械製造業で、これが東アジアを世界の機械さらにIT財の生産と輸出基地の地位に押し上げた。これらによって、日本と東アジアはより一層緊密な経済関係を構築するとともに、さらに大きな構造変化を誘発した。

　第1は日本本社企業をハブとした、進出日本企業さらに地場企業、第3国企業をスポークとする東アジア全域で構築された国際生産ネットワークである。これは2つより構成される。ひとつは進出先国内での調達と販売を通じた前方・後方連関網による国内生産ネットワークである。もう一方は進出先の日本企業を中心にした同一企業間貿易取引による対外生産ネットワークの形成である。両者は表裏一体で形成された。この基本的モメンタムは日本からの機械部品の不断の供給であり、進出先で生産された製品の日本向けをはじめとした域外輸出である。こうした日本の直接投資を起点とする構造変化は、東アジアへの継続的な日本企業の進出により、日本からの機械部品の輸出と製品の生産を一段と加速させ、さらに新しい構造変動を誘発するように

なる。
　日本は東アジア向け直接投資で電気機械を中心に機械産業の比重を高めた。しかし、進出先において部品産業が未成熟であるため、進出した先の国で操業している日本企業はもとより地場企業が機械製品輸出を増加させるほど、日本は一層部品輸出比率を高めるようになる。これは、国際生産ネットワークを超えて投入産出構造の国際的展開という新しい構造変化を、東アジアに励起した。投入産出構造の国際的展開とは、産業の連関構造のうち特に投入構造が1国を超えた外延的拡張で、これは産業ではなく生産工程の一部を相互に取り込む過程である。日本からの部品輸出比率は上昇の一途をたどり、特にASEAN向け電気機械輸出はほぼ全量部品であり、これは日本の投入構造の東アジアへの浸透そのものであるとことを象徴したものである。日本企業は国際生産ネットワーク、およびそれと表裏一体の投入産出構造の国際的展開という2つの構造を東アジア全域に構築し、これがインフラストラクチャとなり、同地域の事実上の経済の統合化をもたらした。これにより日本を含む東アジアの域内輸出入比率は上昇し、両者は経済的緊密性を強化した。
　東アジアは、日本から大量の企業を導入することによって、その輸出財の構成を機械からIT財へと高度化させていく。これをもたらした動因は、1990年代に入り世界的なIT革命が一段と進行する中で、アナログからデジタルへという技術パラダイムの転換に最もなじみ情報と通信機能をもつIT財へと変貌した電気機械であった。既に世界有数の電気機械の生産と輸出地となっていた東アジアは、世界的なIT革命進行の過程で、IT財の生産と輸出基地へと変貌していく。東アジアのIT財最大の輸出先は米国である。米国はIT革命で世界の最先端にあり、1990年代に入りその歩みを一層加速させ、その調達先を東アジアに求めた。東アジアはそれに効果的に対応した。

「太平洋IT三角貿易」

　以上のような変化が進行する中で、IT財を中心に日米東アジア3者間で「太平洋IT三角貿易」ともいうべき貿易構造が形成された[6]。その基本的構図は次のようである。①「太平洋IT三角貿易」の中核となっているのは、IT財の生産と輸出の有力な拠点としての地位を確立した東アジアである。

世界のIT財輸出に占める東アジアのシェアは45.3%である。日本（9.3%）はもとより米国（11.1%）のシェアを大きく上回る。特にIT関連電気機械の一大輸出基地となり、同財世界輸出の半分近くを占める（47.2%）。②東アジアのIT財最大の輸出先は米国（18.8%）で、日本向け（8.4%）を大きく上回る。③東アジアのIT財貿易に占める部品比率は輸出入とも半分以上である（それぞれ60.0%、75.8%、いずれも2004年値）。また、東アジアはIT財の生産と輸出を拡大させるほど、ほぼ同時に輸入を誘発する構造をビルトインさせた。これは東アジアの生産形態が、機構部品や部品のモジュール化が進んでいる電気と一般機械の組み立てを基本としているからである。④生産と輸出に必要な部品を中心に、IT財の主要な調達先は特に日本になっている。

太平洋IT貿易の基本的構造は、巨大な米国市場が最終消費地として存在し、そこに製品を供給するのが世界的輸出基地である東アジアであり、両者を結ぶ仲介者として日本が存在する。日本の役割は東アジアに優れた部品や組立用IT精密機械などを供給することである。まさに太平洋IT財貿易において、需要者米国と供給者東アジアが構成する強力な導管こそが「太平洋IT三角貿易」のインフラストラクチャとなり、これがそれまでの日米間貿易を基軸とする「太平洋成長のトライアングル」を変質させた。1990年から東アジアの米国向け総輸出規模は一貫して日本のそれを上回っており［表1-7］、これが太平洋貿易の機軸を日米から米国と東アジアにシフトさせる底流となっており、IT財の登場はそれに拍車を掛けた。2004年における東アジアの米国向け輸出規模は機械機器（輸送機器を含む）で1820億ドルと日本の米国向けの1030億ドルに対し1.8倍であり、IT関連財ではそれぞれ1256億ドル対276億ドルと4.6倍であり一段と上回る。

「太平洋成長のトライアングル」の変質と中国の役割

東アジア諸国のうち中国は米国向け輸出において最大の輸出国となった。これに呼応して、米国の東アジアからの輸入において、中国が最大の輸入元になる。これは太平洋貿易において、日本に代わり中国が主役となり「太平洋成長のトライアングル」を変質させたといってよいだろう。これに関して、

中国の役割を以下のように詳細に分析する。

①中国の総輸出に占める米国向けシェアは1980年の5.4％から、東アジア全体（日本を除く）で日本の対米輸出規模を上回った1990年には8.5％に上昇した。その後も中国の対米輸出シェアは上昇を続け、2004年には21.1％になった。2004年中国の米国向け輸出規模は日本向けの1.6倍である。②中国の日本向け輸出は米国、香港に次ぎ第3位であるが（2004年）、総輸出に占めるシェアは1980年の22.2％から1990年の14.6％を経て、2004年には12.4％に

表1-7　世界貿易マトリックス　　　　　　　　　　　　　　　　　　（単位：億ドル）

輸出国	年次	輸出先				
		米国	EU	日本	東アジア	世界
米国	1980		589	208	237	2208
	1985		490	226	253	2131
	1990		980	486	564	3931
	1995		1236	643	1099	5825
	2003		1517	520	1287	7248
	(IT財)		284	96	487	1468
	(機械)		873	252	793	3976
EU	1980	384	3852	67	159	6912
	1985	654	3532	80	203	6496
	1990	965	8290	287	486	13673
	1995	1352	12513	430	1156	20105
	2003	2486	17943	445	1380	29042
	(IT財)	234	1929	44	279	3225
	(機械)	1252	7502	199	836	13104
日本	1980	319	182		329	1304
	1985	667	211		426	1772
	1990	911	222		852	2877
	1995	1220	704		1866	4430
	2003	1159	722		2149	4719
	(IT財)	246	212		646	1177
	(機械)	940	600		1369	3434
東アジア	1980	288	213	280	313	1416
	1985	511	197	317	478	1870
	1990	942	608	605	1323	4164
	1995	1728	1197	1123	3335	8692
	2003	2674	2104	1569	5995	14568
	(IT財)	990	802	468	2521	5200
	(機械)	1448	1198	689	3391	7625
世界	1980	2396	7394	1237	1411	18955
	1985	3276	6360	1102	1661	18127
	1990	4912	13583	2070	3813	33785
	1995	7516	18972	2994	8536	50690
	2003	12240	28193	3453	12845	72918
	(IT財)	2022	3568	623	4042	12181
	(機械)	5758	12595	1192	6632	32512

（注）機械は輸送機器を含む。FOBベース
（資料）国連貿易統計、国際貿易投資研究所（ITI）データベースより作成

まで低下した。③中国の対日米輸入シェアはともに低下し、2004年中国の総輸入に占めるシェアは日本16.8％、米国8.0％である。順位はそれぞれ第1位、第3位である（第2位は香港である）。④東アジア全体の総輸出に占める米国向けシェアは1990年以降ほぼ20％という水準を維持しているが、東アジアの米国向け輸出に占める中国の割合は1980年の3.4％から2004年には実に34.6％という高いものとなった。

中国は「太平洋IT三角貿易」でも一層大きな役割をしている。1997年から2004年にかけて次のような変化がみられた。①東アジア（日本を除く）の対世界輸出における米国向けシェアは1997年の完成品29.0％、部品24.7％、IT財計26.5％から2004年にはそれぞれ29.0％、12.0％、18.8％になった。完成品の対米輸出シェアは変っていない。②完成品比率は45.6％から61.6％に上昇した。③東アジアの米国向け輸出に占める中国の割合は1997年の完成品9.6％、部品4.8％、IT財計7.0％から2004年にはそれぞれ43.7％、22.3％、35.5％といずれも大きく上昇した。中国の対米IT財輸出に占める完成品比率は62.8％から75.7％へと高まった。④対日輸出規模に比べ全て対米輸出の方が東アジア全体でも中国でも上回った。⑤1国ベースでみて、対日米輸出で東アジア諸国のうちでともに中国が最大である。

1990年を境にその後米国向け輸出において、東アジア（中国、NIESおよびASEAN）は一貫して日本を上回っている。それは既に指摘した。その最大の要因は1国ベースでみて中国の対米輸出の拡大であり、財では機械であり特にそのうちのIT財である。これが「太平洋成長のトライアングル」を変質させた。『変貌する太平洋成長のトライアングル』（日本評論社、2005年）は太平洋貿易においてその中核をになった日本のプレゼンスが低下し、代わって中国がなりつつあるという動態とメカニズムを詳細に分析したものである。

第3節　中国の対東アジア域内貿易にみる「集中」と「分散」

中国の世界経済と世界貿易における台頭は著しいものである。これは特に中国の輸出入が2004年にともに世界第3位になったことに象徴される。中国

は世界貿易のみならず東アジア域内貿易でもプレゼンスを高めている。中国の対東アジア貿易で最も著しい特長は、輸出で同地域シェアの低下であり、輸入では輸出とは逆の同地域シェアの上昇という非対称という構造変化が進行していることである。これらは別個の動きではない。この中国の構造変化は何を含意しているのであろうか。これを、中国が世界全体および地域的には東アジアの双方で、プレゼンスを高めつつあるという有機的関係があるという観点からアプローチしよう。それは貿易の分野では以下のように表現される。

先の表1-2を再び詳細にみると様々な特徴点が挙げられる。既に指摘した点もあるが、まず輸入先を上位20ヵ国では次のようである。①いずれも1％以上である。②上位20ヵ国の累積シェアは80％以上であるが、趨勢的に低下傾向にある。③上位10ヵ国の累積シェアでも低下傾向にあるが、依然70％近くも占める。④上位10ヵ国のうち米国、ドイツおよびロシアを除き全て東アジア諸国であり、上位20ヵ国にはASEAN後発組を除く全ての東アジア諸国が入っている。⑤東アジアの合計シェアは一貫して55％以上を占め、2001年以降上昇傾向にあり2004年には59.7％である（前年の2003年は60.6％と過去最高を記録）。⑥上位20ヵ国の輸入の累積シェアは低下傾向をみせる中で、東アジアの合計シェアは上昇（「集中」）という相反する動きをしている。

輸出では次のような特徴がみられる。⑦累積シェアで上位20ヵ国の比重は、輸入と同様に徐々に低下している。⑧東アジア向け輸出シェアは、東アジアからの輸入とは逆に速いテンポで低下の一途をたどっている（「分散」）。1995年の56.9％から2004年には43.6％に低下した。これらは中国が世界的規模で輸出前線を拡大しているということを示したものである。⑨輸入における東アジアのシェア上昇（「集中」）と輸出における東アジアのシェア低下（「分散」）は表裏一体の関係にある（これらに関し、第6章は機械4品目――一般・電気・輸送・精密――で、「集中」と「分散」つまり輸入の東アジア域内シェアの上昇と輸出における同地域シェアの低下をさらにIT財貿易を中心に分析している。これに関連して、第7章では中国の輸出を支える輸入における東アジアのシェアの上昇と輸入上位20ヵ国の累積シェアの低下、さらにこれを輸入の対GNP比率の上昇を踏まえて、中国の特に東アジア域内への景気波及および国際産業連

関表によって生産誘発効果の観点から詳細に分析している)。

　上記のことは、中国経済の工業化や輸出構造の高度化とそれに伴う輸入構造の変化を反映したものである。中国の輸出工業化率（総輸出に占める製造品の割合）は急速に上昇し、とりわけ総輸出に占める機械の割合は1995年の24.4％から2004年には50.4％になった。これを支えているのが輸入である。総輸入に占める機械比率は1995年の46.3％から2004年には59.5％に上昇した（総輸入に占める製造品の割合は65.0％から83.3％になった）。部品比率が高くしかも上昇している。IT化を強めるIT関連財機械輸入に占める部品比率は1997年の61.5％から2004年には77.7％に上昇した。部品を含め機械の最大の輸入先は東アジアで、そのシェアは1995年の55.3％から2004年には73.1％になった。事実上機械輸入は全量東アジアからであるといっても過言ではない（さらに速い成長のためエネルギー（石油、石炭など）や鉄鉱石、食糧など一次産品需要も高まり、東アジアを除く上位20ヵ国の比重が低下している。これは中国が一次産品を東アジア以外の世界中から調達しているためで、中国の輸入構造の「二層性」ともいうべき特徴をみせたものである。これについては第7章第4節で分析している)。

　中国の貿易構造は機械であれIT関連財であれ製品の生産や輸出を拡大させるほど部品の輸入を誘発する。これは日本を除く東アジア諸国に共通にみられる構造である。しかしそうした構造は、中国の場合、大国のゆえ他の東アジア諸国と比べると全く異なる様相を示す。中国はフルセット型工業化を目指し世界の生産基地となり、製品を全世界向けに輸出している。これが機械を中心に東アジア向け輸出シェアを低下させているのである（「分散」）。この「分散」と輸入における東アジアのシェア上昇（「集中」）は既に示唆したように表裏一体の関係にある。つまり貿易構造高度化を目指す中国はそのテコとして機械輸出を増加させているが、それに必要な部品を不断に供給しなければならない。その調達先こそ日本をはじめとする東アジアであるということである。中国の対東アジア貿易関係の非対称的変化は、グローバルパワー（世界における経済と輸出の大国化）を目指す中国にとって、後方支援体制としてのインフラストラクチャを東アジア全域で構築しようとする動きそのものである。表1-4で東アジア諸国の中国向け輸出シェアが軒並み上昇

していることをみたが、それは東アジア域内において中国を hub に他の諸国を spoke とする構造の構築に向けた一連の動きそのものにほかならない。

東アジアにおいて FTA（自由貿易協定）を中心に経済統合を巡る動きが加速している。経済規模からみて日本と中国が事実上中心となるであろうが、とりわけ経済がダイナミックに発展して歴史的高揚期にある中国が大きな役割を果すことになろう。それは中国が輸入を急増させ、それにより他の域内諸国の中国向け輸出を誘発させ、東アジアの経済的統合を強化しているからである。これによって中国は現在東アジア域内で自国に有利に進行している構造変化をより一層確実にするための組織化を目指している。その第1弾こそが2001年11月に締結合意した ASEAN との FTA である。さらにその先に中国は「東アジア共同体」を創設し、東アジアを自国の工業化と輸出拡大のための後方基地化を目指す（これは第7章で分析している）。

中国の台頭により「太平洋成長のトライアングル」は大きく変貌しつつある。それでは中国にとって変質した「太平洋成長のトライアングル」はどのように位置づけられるのであろうか。

中国にとって米国は最大の輸出先である。しかも米国向け輸出において機械比率が恒常的に高まっており、機械3品目（一般機械、電気機械、輸送機械）の輸出では、いずれも米国向けが第1位である。中国は米国市場を中核に、全世界に輸出前線を拡大させている。「太平洋成長のトライアングル」は中国にとって世界的な規模で輸出を拡大させるための格好の場となったということである。米国にとって中国が東アジアからの輸入では最大の輸入元になったということは、輸出拡大を目指す中国に一層有利となる。まさに日米が中軸として形成した「太平洋成長のトライアングル」はいまや新しい「太平洋成長のトライアングル」に変貌し、その中核は中国と米国となった。日本は「歴史的日本機会」によって世界的な IT 化の波に乗ることになる電気機械の生産拠点を大量に ASEAN ついで中国にシフトさせ、「太平洋 IT 三角貿易」を経てついに中国が主役となる新しい「太平洋成長のトライアングル」の構築という歴史的役割を果たしたといっても過言ではないであろう。つまり太平洋貿易における主要プレーヤーである特に日米中の3ヵ国は IT 財貿易を中心に構築された「太平洋 IT 三角貿易」という新たな経済空間に

おいて相互補完性を強め、「太平洋成長のトライアングル」を変容させたということである。

第4節　「歴史的中国機会」の活用

　中国の輸出の拡大は先に示唆したように、東アジア諸国の中国向け輸出を誘発する。さらに中国は世界有数の生産基地であると同時に世界の一大消費市場という2つの顔を持ち、現在生産と消費がほぼ並行して成長するという「好循環構造」を構築しており、輸入を一層誘発している。まさに中国は東アジアにおいて経済的ダイナミズムをスピルオーバーさせ、他の域内諸国に挑戦と機会を提供している。これは「歴史的日本機会」に続く「歴史的中国機会」と称してもよく、しかもその影響の規模と範囲は前者以上となる可能性が強い。それは後者が前者の成果の上に展開されているからである。

　とりわけ東アジアにとって、時差はもとより「歴史的日本機会」と「歴史的中国機会」に大きな違いがある。まず「機会」は前者ではホスト国が自国経済の近代化と工業化のテコのため大量の日本企業を導入することを意味した。ホスト国はそれに成功した。後者の「機会」は経済的高揚期を迎え膨大な人口を背景に生産と消費の「好循環構造」を構築した中国向け輸出の拡大を意味する。中国経済の躍進がみられた当初、ライバル国は膨大な人口を背景に労働集約的な中国軽工業品の輸出急増に「脅威」（「挑戦」）を感じた。しかし中国の「脅威」は次第に後退していく。

　2つの「機会」は共通点を持つ。それは「地域性」である。1985年以降の日本企業の海外進出は東アジアのみならず全世界であった。それにもかかわらず、直接投資第3波つまり「歴史的日本機会」で最も恩恵を受けたのはマレーシアやタイを中心とするASEAN諸国であった。影響の度合いは日本企業進出に対する認識の度合いおよび進出先の発展段階による。「歴史的中国機会」で、最も恩恵を受ける諸国は地理的近接性や人種的構成、経済的緊密度などからして東アジアとなる可能性が強い。そのうち特に「歴史的日本機会」で生産力と輸出競争力を強化した国が「歴史的中国機会」を獲得することになろう。

「歴史的中国機会」の特徴としてさらに次の点が挙げられよう。①中国向け輸出拡大は最大の「機会」であり、資本財はもとより中間財、消費財など幅広い品目を含んでいるということである。特に消費財輸出は急増している。それは13億人という膨大な人口を擁していることはもとより、1人当り所得水準でマレーシア（4216ドル、人口2558万人）以上やタイ（2238ドル、人口6396万人）並みの人口が8702万人（2000ドル以上）近くも存在するからである。15万-30万元（約200-400万円、約13円/元）の財産を持つ中所得層は2003年に人口の19％を占め、毎年1ポイントずつ拡大しているという。[7]「億元長者」は全人口の1％弱1000万人もいるという。[8] 中間層を中心にこれら所得水準の高い層が、日本並かつ日本とほとんど時間差なく家電製品を中心に消費ブームを荷っている。日本電気工業会の調べによると、世界のいわゆる「白物」家電5品目（冷蔵庫、洗濯機、掃除機、電子レンジおよび電子ジャー）需要のうち、中国は2005年に冷蔵庫、洗濯機および電気ジャーの3品目で世界のトップになったとみられている。

②東アジア域内分業の促進と再編が進んでいること。中国は膨大な資本財や中間財を輸入しており、これに呼応して、他の域内諸国は輸出構造と産業構造の高度化を目指し多層な分業構造を形成しつつある。それを促進するもうひとつの要因として、③中国の国内外地域政策がある。地理的に広大な中国は内部的に諸地域より構成されており、また東アジア、東南アジア、南アジア、中央アジアなどの諸地域に囲まれている。これら諸地域はもとよりそれらに密接に関係する中国内部地域も発展段階が異なる。中国は内部の東北部、西部、南東部などを隣接・近接諸国と経済的関係を強化しようとしている。また④新しい国際生産ネットワークの形成も進行している。これは域内で比較的希薄であったASEANと中国間で形成されつつある。これは前項2つの動きと相俟って、域内貿易比率を高め、東アジアの地域統合を強化するのをはじめ地域的強靱性に貢献することになろう。

以上のような東アジアにおける一連の動きは、名実ともに東アジアが世界の成長センターとなり得る可能性があることを示すものである。東アジアには、躍進を続ける中国の他に、高成長を終えたとはいえ世界的にみて相対的に早い成長を続けるASEANさらに世界第2位の経済大国日本が存在する。

これら3者を有機的に結合して広域経済圏を形成すれば、東アジア全体として持続的成長を実現できる可能性が極めて大きい。東アジアはすでにその方向に動いている。第1はASEAN・中国FTA締結合意である。日本とASEAN間でもFTA締結に向けて交渉が開始されている。これに関連して第2はAFTA（ASEAN自由貿易地域）の一層の深化に向けた動きである。第3はITの活用が活発化していることである。第4は米国に次ぐ世界第2位の技術大国日本が不断に先端技術を開発しつつあり、遠くない将来それが続々と製品化される可能性が高まっていることである。

こうした東アジアの動向は「新太平洋成長のトライアングル」のみならず東アジア域内で、プレゼンスが低下し、長い間閉塞状況にあり東アジアのダイナミズムを導入することが求められている日本にとって重要な「機会」となる。日本の中国向け輸出は資本財や耐久消費財を中心に増えている。所得水準の向上を反映して、先に指摘した「白物」家電を中心に中国の消費需要が高まっており、それに呼応して日本は高機能を付して輸出を拡大させている。例えばスチームオーブンは健康志向を重視して、高温の水蒸気で食材の油脂や塩分を減らせる機能を備えたものである。空気清浄機はナノテクを活用して脱臭力高めた機能を内蔵させている。冷蔵庫は発光ダイオードを使って野菜の光合成を促しビタミンCの増量効果を持つ[9]。さらに「健康志向」食品により、例えば低脂肪マヨネーズや野菜飲料、カルピスなどの高級品需要が高まっている[10]。中国は日本にとって米国に次ぐ第2の輸出先であり、中国向け輸出シェアは急増している。

並行して日本の対中直接投資は2000年以降も拡大している。第2位以下のタイ、シンガポール、インドネシアを大きく上回る。2004年度の対中投資規模は59億ドルと単年度では過去最大、第2位のタイ向けの4倍以上である。さらに次のような特徴があげられる。①金額ベースで、G5直後の1985年度から2004年度までの累計額は313億ドルで、対世界の3.7%、対東アジアの22.8%を占める。②1985-2004年度件数ベース累計は5675件で、第2位タイの3028件に対し1.9倍である。対世界の8.6%、対東アジアの28.0%を占める。③業種では金額、件数とも電気機械が最大である。2004年度までの電気機械の対東アジアに占める中国の比率は金額で23.5%、件数で18.7%である。

日本は「歴史的中国機会」を決して逃してはならない。一方、日本の中国からの輸入も製品を中心に急増し、中国は日本の最大の輸入先である。国内の少子化と高齢化さらに人口減少は製品輸入の増加を一層加速させ、日本に経済構造変革を強いている。日本は国内外に将来の動向を大きく左右する問題に直面している。東アジア域内貿易は変質した「太平洋成長のトライアングル」と連動して現在大きな構造変動を遂げている最中で、その帰趨はにわかに判断しえない。日本は特に中国との貿易と経済関係を通じて東アジアとの関係を強めている一方、東アジアは日本との関係を低下させているからである。予定調和はない。日本は東アジアにおいて「自分の居場所」を見出すことができるであろうか。[11]

　註
1 ）　本章第 1 節および第 2 節は、青木健「中国の台頭と日米貿易構造の変化」青木健・馬田啓一編『日米経済関係論──日米関係の新たな構図』勁草書房、2006年および青木健『変貌する太平洋成長のトライアングル』日本評論社、2005年の「問題意識」に追加・修正をしたものである。
2 ）　日本経済研究センター『中国研究──「 5 年、10年後の中国市場」』第 1 章、2005年 3 月、 9 頁。
3 ）　Richard J. Newman, The Rise of a New Power, *U.S. News*, June 20. 2005, pp. 40-52. The Economist *How to make China even richer*, p. 11, March 25 2006 ; Ross Garnaut & Ligang Song (eds.) *China New Engine of World Growth*, Asia Pacific Press, 2003.
4 ）　『日本経済新聞』2005年12月20日付け朝刊、『朝日新聞』2006年 1 月10日付け朝刊、『通商広報』2005年12月22日号、『日本経済新聞』2006年 1 月25日付け夕刊など。成長率上方修正の理由はIT や娯楽などを含む国内のサービス産業が予想以上の伸びをしたためであるという。
5 ）　経済産業省編『我が国企業の海外事業活動』各年版。1998年から2002年にかけて、進出日本企業の第 3 国向け輸出に占める北米比率を業種別にみると、製造業計は17.9％から12.2％へ、電気機械は15.3％から14.2％へ、繊維は36.1％から11.1％へ、輸送機械は43.9％から9.2％へと、いずれも低下した。製造業のうち最大の輸出産業である電気機械の対米輸出規模は49億ドルで、これの東アジア全体の同財輸出に占める割合は6.6％である。もしそれが日本から輸出されていたとすれば、日本の電気機械の対米輸出比率は17.2％から20.4％に高まる（2002年）。

日本の米国向け輸出シェア低下の要因として、もうひとつ日米貿易摩擦を契機とした日本企業の米国進出による現地生産の輸出代替がある。これを TV と乗用車を例に検証してみよう。TV に関しては、1968年に米国電子工業会がダンピング提訴をする（日本製白黒、カラー TV）。1977年に米国国際貿易委員会がカラー TV 日米市場秩序維持協定（OMA、1977年7月-1980年6月）を締結する。OMA 締結当時の TV 受像機の米国向け輸出シェアは0.6-0.7％で、その後最高でも1.1％を記録するが、以降1％以下である。乗用車については、1981年に輸出自主規制（VER、年間168万台。1984年185万台）を実施し、その後ホンダを初めに日産、トヨタ、マツダなどが相次いで現地生産を開始する。現地生産（直接投資）、現地販売などに伴うそれに先行する生産に必要な中間財の調達先としての日本からの輸入（日本の米国向け輸出）などを考慮すると、直接投資による輸出代替効果は概ね116万台、金額換算で246億ドルぐらいであると推定され（米国の Survey of Current Business 誌によると米国に進出した日本自動車メーカーの米国内の販売額は2002年で18億ドルである）、もしこれが日本から輸出されたとしたら、2004年の日本の総輸出に占める米国向けシェアは25.7％となり、実際の22.4％を上回る。この評価は微妙であるが、日本の対東アジア貿易シェアの上昇に歯止めには掛からないであろう。

　日米の直接投資については次のような特徴がみられる。①日本にとって米国は最大の投資国である。2004年度末累計に占める米国のシェアは件数30.7％、金額36.3％である。製造業での比率は件数21.9％、金額38.1％である。ただし1990年前後をピークにいずれもシェアは低下している。②2003年末米国の対内直接投資残高に占める比率は11.6％で、英国の16.7％に次ぎ第2位である。③2003年末米国の対外直接投資残高に占める比率は英国が15.2％と最大であり、以下カナダ10.8％、オランダ10.0％と続き、日本は4.1％と低い。フロー・ベースでみても10％を超えたことがない。④日本の対内直接投資において、米国は最大のシェアを占める。件数では2004年度末累計で22.7％を占める。金額ベースでは、1994年度末累計では40.3％を、1995年度から2004年度までではやや下がったものの30.4％を占める（いずれも各国統計）。

　なお、日本でほとんど見かけない東南アジア製「日本車」が欧州・中東向けに急増している。タイのピックアップトラックである。日本のプレゼンスは財貿易では相対的シェアは低下しているが、他の分野例えば東アジアに対する技術協力の場である APEC をはじめ ASEAN、2国間ベースなどで日本は影響力を強めている。特に今後日本の針路を念頭に置いた場合、経済協力の基本的方向性は次の4点であろう。①産業の高付加価値化への適合。特に知的財産権の保護。基準認証の高度化、物流の高度化、IT 環境等の整備促進など。②生産活動拠点の整備と強化。③成長す

る消費市場。④公正な法制度の整備。さらに技術協力の重点課題と行動目標は環境に配慮した経済システムの整備とそのための人材・インフラの整備である（経済産業技術協力研究会『経済産業技術協力中間報告』ホームページ、2003年7月）。さらに環境保護の観点から例えば廃電子・電気機器の東アジアでのリサイクル網が企業ベースで既に設置されており、日本政府も計画している（機械システム振興協会『グローバル循環システムに関する調査研究』2004年3月、産業構造審議会『持続可能なアジア循環型経済社会圏の実現に向けて』2004年10月、など）。

6) IT財の定義は国際貿易投資研究所『ITI財別国際貿易マトリックス 2004年版』による。

7) 「中国研究報告」経済教室『日本経済新聞』2005年4月11日付け朝刊。世帯1人当りの可処分所得が3000ドル（約35万円）以上の層を中・上流階層とすると、日本を除くアジア（インドを含む）の中流以上の階層に属する人口は2004年の1億5900万人から2009年には約4億人に達するという。国・グループ別にみると、2004年ではASEAN 5が4450万人でうちタイが1990万人である。中国都市部では2004年の4380万人から2009年には1億7980万人になるという（『日本経済新聞』2006年2月2日付け朝刊）。

8) 『毎日新聞』2004年6月28日付け朝刊。

9) 『日本経済新聞』2005年9月17日付け朝刊。

10) 『日本経済新聞』2006年2月2日付け夕刊。贅沢品ブランドでも輸入が急増している。上海商業情報センターが調査したところによると、有名高級デパートであるロンドン・ハロッズおよびパリ・ギャルリーラファイエットが仕入れたブランドを贅沢品とした場合、そのうち81.3％が既に上海に進出しているという。ブランド品輸入のうち、フランスが23％を占め第1位で、以下イタリア（19％）、米国（15％）、日本（10％）、ドイツ（7％）、スイス（7％）、英国（6％）と続く（『通商弘報』2006年2月8日）。これは上海が1人当たり所得水準で最も高いことを反映したものである。

11) 日本はアジアの中で自分の「居場所」を探せるかという観点から、筆者は2005年10月5日、総務庁主催『平成17年度新任管理者基本セミナー』で「アジアの中の日本──自分の「居場所」を探す」というテーマで講演をした。本節はその際の受講者の反応も反映させている。

第2章

日本の産業構造変化とその対外的発現

　1973年に発生した第1次石油危機で大打撃を受けた日本は産業構造の抜本的変革を強いられた。それを契機に日本は電気機械を中心に産業のハイテク化を強力に推進した。電気機械は産業の「こめ」といわれるIC・半導体を格納し製品のME化（マイクロエレクトロニクス。半導体素子の微小化で少電力、機器の小型化を測る）を図った。これに呼応して他の産業とりわけ製造業は電気機械からME化された機械を投入して、生産活動を拡大させた。並行して電気機械は一層IC・半導体の集積度や情報処理機能を高め、国内的には産業全体の拡大と同時に統合化するハブの役割を強めた。これを反映して、対外的には、電気機械は1990年までにそれまで最大の貿易黒字計上部門である自動車産業を抜き、それ以降最大の黒字を計上している。

　1970年代2つの石油危機の打撃を克服しつつ、産業の高度化に成功した日本は、対称的に経常収支と財政収支の「双子の赤字」に苦しむ米国から、巨大な貿易黒字の縮小を求められる。これに応えたのが1985年のG5での円高ドル安為替レート調整であった。これを契機に製造業とりわけ電気機械を中心とする機械産業は欧米東アジアに進出した。その後の経緯からみて、直接投資関連貿易が最も大きな影響を及ぼしたのは日本と東アジア間貿易であった。両者間貿易における最大の変化はそれまでの日本が工業品を輸出し東アジアから一次産品を輸入するという垂直的分業パターンから、機械を中心とする工業品を相互に取引の中核とする水平的分業へのシフトである。その動因こそが日本が機械部品を輸出するとともに、進出先で生産した製品を輸入するという「逆輸入」である。こうした日本と東アジア間貿易の構造変化は東アジアの事実上の統合化をもたらした。

日本の直接投資関連貿易の拡大で、その比重がASEANから中国にシフトするに伴い、東アジアの構造変化を世界的レベルで誘発するようになる。それは第1章で示唆した「太平洋成長のトライアングル」という経済空間における主役の座を中国が日本から奪ったことである。本章は、それに先行して1985年の円高ドル安為替レート調整を契機とした直接投資関連貿易が、日本の産業構造さらに機械部品輸出比率および製品「逆輸入」比率の上昇を中心に貿易構造を大きく変化させた態様を分析する。

第1節　進む日本産業の高度化

　第1次石油危機は、1970年代初頭までの日本経済の発展の基本的構造であった重化学工業に、根底から抜本的な変革を強いた。日本の産業が採った対応は、ME化であり、これによって産業の機械化やハイテク化を強力に推進した。この結果、日本の製造業において、生産と輸出で機械比率が一段と上昇した。これに呼応して、中間投入でも、機械比率が高まり、輸入では製品比率が上昇し、輸入構造でも高度化と多角化が進行した。

　製造業を中心に日本の業種別生産構成および中間投入比率に関し、表2-1から次の特徴点があげられる。第1に製造業内部の業種別構成で、1960年代高度成長を担った素材型産業（化学、窯業・土石、一次金属、金属製品）の生産シェアが低下し、代わって加工・組立型産業（機械類）のそれの上昇である。前者のシェアは、1970年の26.1％から1985年には24.2％へ、その後も一段と低下傾向を強め、2003年には21.1％となった。一方、加工・組立産業の機械4業種の合計シェアは1970年の23.7％から1985年には39.9％へと上昇の一途をたどる。その後シェアは1990年代前半に一時期低下するものの、後半には上昇に転じ2003年には50.0％とこれまでの最高となった。最もシェアを高めたのは電気機械で1970年の3.2％から2003年には29.9％になった。1970年に10.8％と最も高いシェアを占めていた輸送機械は2003年には電気機械に次ぐものの前年に比べ若干低下した。第2は、製造業全体で中間投入比率（生産物1単位を生産するに必要な諸部門からの原材料投入量の割合）の低下である。中間投入比率は、製造業全体で、1970-85年にかけて6.3％も下がり、

表2-1 国内総生産の製造業業種別構成と中間投入比率 (単位:%)

	産業	1970	1973	1975	1980	1985	1990	1995	2000	2001	2002	2003
国内総生産の業種別構成	製造業計	100	100	100	100	100	100	100	100	100	100	100
	食料品	15.5	16.1	17.0	14.4	11.8	10.4	11.3	9.2	9.7	9.8	9.2
	繊維	5.4	4.4	5.3	3.8	2.7	1.4	1.4	0.9	0.8	0.7	0.7
	パルプ・紙	3.0	3.2	3.0	2.7	2.5	3.3	3.0	2.6	2.6	2.5	2.3
	化学	4.1	4.8	5.0	5.9	7.4	7.8	8.5	8.2	8.5	8.8	8.5
	石油・石炭製品	6.2	5.4	6.6	4.1	4.1	4.5	4.7	4.9	5.3	5.2	4.5
	窯業・土石製品	5.4	6.0	5.0	3.8	3.6	3.9	3.9	3.3	3.3	3.1	3.0
	一次金属	10.2	11.5	10.8	11.6	8.3	7.8	7.1	6.3	6.1	6.0	5.9
	金属製品	6.4	7.2	5.0	4.7	4.9	5.9	5.9	4.8	4.6	4.2	3.7
	一般機械	8.8	7.7	7.8	10.7	12.5	11.8	9.9	8.5	8.3	7.6	8.1
	電気機械	3.2	4.6	4.3	8.5	14.8	12.6	17.0	26.4	25.8	25.7	29.9
	輸送機械	10.8	10.2	11.7	11.9	10.6	9.3	9.5	9.5	10.0	11.3	10.7
	精密機械	0.9	1.1	1.0	1.8	2.0	1.8	1.4	1.4	1.4	1.3	1.3
	その他	20.0	17.7	17.5	16.1	14.8	19.6	16.5	14.0	13.7	13.7	12.3
	素材型産業	26.1	29.5	25.8	26.0	24.2	25.4	25.4	22.6	22.5	22.1	21.1
	加工・組立型産業	23.7	23.6	25.0	32.9	39.9	35.5	37.8	45.8	45.5	45.9	50.0
中間投入比率	国内総生産計	54.3	55.0	53.2	53.6	52.5	46.7	46.6	45.6	45.6	45.3	44.8
	産業計	55.6	54.8	53.6	53.7	51.9	46.4	45.4	44.4	44.1	43.6	42.3
	農業	42.9	30.1	37.9	45.5	44.5	43.6	42.8	42.8	43.0	11.7	11.4
	鉱業	56.6	58.1	55.7	53.5	50.5	42.9	48.0	42.2	40.0	39.9	39.0
	製造業計	73.4	72.2	71.5	70.4	67.1	64.0	62.9	60.6	60.9	60.4	58.9
	食料品	62.6	58.1	62.3	61.2	65.7	66.0	62.4	64.4	63.5	63.5	62.0
	繊維	72.2	67.7	69.9	69.2	68.3	70.8	60.6	61.9	63.8	63.2	62.5
	パルプ・紙	77.5	75.8	73.1	75.0	71.6	62.5	64.1	63.1	63.4	63.5	63.6
	化学	86.7	82.9	81.6	77.4	70.2	65.5	62.8	61.0	60.3	59.3	58.2
	石油・石炭製品	80.9	87.1	81.8	83.8	75.6	47.4	49.2	45.5	43.9	44.2	46.8
	窯業・土石製品	67.4	62.3	63.4	67.8	60.0	56.8	54.4	53.0	52.7	52.5	51.2
	一次金属	83.4	82.4	81.5	79.2	77.8	70.4	70.2	69.0	70.1	70.9	68.7
	金属製品	64.8	64.5	61.9	61.9	58.5	57.3	56.6	55.9	58.0	59.6	58.3
	一般機械	71.1	72.3	69.0	67.8	61.6	58.6	60.4	62.7	63.0	63.3	60.5
	電気機械	85.0	77.4	76.2	70.6	64.0	66.3	61.6	53.4	53.7	51.4	47.2
	輸送機械	66.6	66.0	67.8	68.6	70.4	75.6	73.8	72.3	72.5	71.3	72.2
	精密機械	76.3	67.0	66.8	56.3	55.8	59.7	55.8	56.7	55.5	55.5	55.2
	建設業	52.4	54.7	51.7	55.1	56.0	48.1	53.8	54.9	54.7	54.8	54.7
	電気・ガス・水道	39.6	47.7	43.0	48.7	44.1	34.9	42.0	37.5	36.6	36.3	36.1
	卸売・小売	43.9	38.7	37.8	35.9	35.0	33.3	29.3	29.4	29.1	28.8	28.9
	金融・保険業	34.8	31.3	32.3	28.6	30.5	23.7	26.2	25.6	24.2	24.0	22.1
	不動産業	12.9	11.8	11.0	11.2	11.0	8.0	8.6	9.7	9.9	9.9	9.9
	運輸・通信業	33.9	35.7	35.9	41.4	38.2	32.6	36.9	37.9	37.6	38.2	38.5
	サービス業	39.6	43.3	43.9	45.4	43.2	42.6	41.4	40.6	41.1	41.2	41.0

(注) 1985年までは1985年価格、1990年以降は1995年価格。付加価値ベース。
　　 加工・組立産業は機械4業種、素材型産業は化学、窯業・土石、一次金属および金属製品の4業種
(資料)『国民経済計算年報』より作成

その後も低下を続けている。これは国内総生産をはじめ産業計(政府サービス生産者と対家計民間非営利サービス生産者を除く)、製造業計でも共通にみられる。2003年の中間投入比率を1970年時点に比べて、最も低下したのは産業計である。また製造業内部での業種別中間投入比率は1970年に比べ、途中変動をみせるが、2003年には輸送機器を除き、全て低下している。

特に製造業内部の2つの変化つまり機械4業種の生産比率の高まりおよび中間投入比率の低下は、それぞれ独立したものでなく、表裏一体となった連動した動きである。その動因となっているのは、いずれも、1960年代高度成長時代に、「産業の米」といわれた鉄鋼に取って代わったIC・半導体を生産している電気機械産業である。電気機械産業は、産業構造のリストラクチャリング、および新たな構造形成に向けての統合という2つの役割を同時に果たしている。つまり、産業構造内部において拡散と統合化という2つのベクトルがみられ、両者が一緒になって、電気機械に牽引されて新しい産業構造パラダイムを形成しているということである。

　産業構造再編のメカニズムは、次のとおりである。[1] 電機産業はIC・半導体を内蔵させ、技術体系をME化させた。MEが機械に格納されるや、機械の性能や操作性が飛躍的に向上しかつ小型化する。電気機械産業の投入比率は、1970年から1983年にかけて、実に41%も低下した。その後も低下を続け1990年代には1割近くも低下した。これは繊維の11.4%に次ぐ大きな低下率である。一方、他の産業は、ME化された機械を購入した。全部門平均投入における電気機械産業の比率は、1970年の0.011から1987年には0.036へと高まった。その後も他部門の電気機械からの投入率は高まっている。しかも、この間に、ME化は不断に向上し、追加された情報処理機能を高めた。IC・半導体の集積度の向上およびこれによる素子の情報処理能力と到達可能な工作精度は、飛躍的に向上した。これにより記録媒体が電子化され、電機産業は拡散化を強める諸産業の活動を統合するハブの役割を果たすようになった。

　こうした電気産業を主導とする産業構造における変化を、産業連関表というツールを用いると、鮮明に描き出すことが出来る。ある産業があるひとつの財を生産する場合、それに必要な原材料を中間財として、他の諸セクターから調達あるいは輸入する。一方、生産された財は他のセクターの中間財として、さらに輸出を含む最終財として販売される。産業間で取引される中間取引量を媒体として、最終需要そして対外部門を含む産業間の取引の流れをひとつのシェーマで表現したものに、投入産出表ないし産業連関表がある。

第2節　投入産出からみた産業構造変化

産業の「組合せ」、「構成」および「連関構造」の３つの側面を総合的に表現したツールこそが「産業連関表」である。表2-2が「産業連関表」ないし「投入産出表」で、それは産業間で取引される中間投入ないし中間需要という財の流れを媒介にして、最終需要および粗付加価値を含む産業全体の生産の流れを、対外取引のない閉鎖経済下で２つの産業部門間での財の循環構造をひとつのシェーマに表現したものである。それを創出した旧ソ連生まれの米国のエコノミストであったレオンチェフ教授の名にちなみ「レオンチェフ表」とも呼ばれる。

表2-2　投入産出表

投入 \ 産出	中間需要 1	中間需要 2	最終需要	総産出高
中間投入　1	x_{11}	x_{12}	f_1	X_1
2	x_{21}	x_{22}	f_2	X_2
付加価値	V_1	V_2	—	—
総投入	X_1	X_2	—	—

(注)　$x_{11}+x_{12}+f_1=X_1$　①
　　　$x_{21}+x_{22}+f_2=X_2$
　　　$X_1=b_{11}f_1+b_{12}f_2$　②
　　　$X_2=b_{21}f_1+b_{22}f_2$
　　　$b_{11}=(1-a_{22})/〔(1-a_{11})(1-a_{22})-a_{12}a_{21}〕$
　　　$b_{12}=a_{12}/〔(1-a_{11})(1-a_{22})-a_{12}a_{21}〕$
　　　$b_{21}=a_{21}/〔(1-a_{11})(1-a_{22})-a_{12}a_{21}〕$
　　　$b_{22}=(1-a_{11})/〔(1-a_{11})(1-a_{22})-a_{12}a_{21}〕$

表2-2は２つの方向から見ることができる。ひとつは投入構造で、第１部門についてみると、これは中間投入（産業別 x_{11}, x_{21}）と粗付加価値（V_1）に大別される。他は需要構造で、それは中間需要（産業別 x_{11}, x_{12}）と最終需要（f_1）の２項目より構成され、合わせて総需要となる。投入と産出構造は表裏一体の関係にあるが、経済的により重要なのは投入構造で、部門間連関構造の媒介の役割を果たすのが投入係数である。投入係数とは、産業間で取引される中間投入量の産出高に対する比率例えば x_{11}, x_{21} では、$x_{11}/X_1=a_{11}$、$x_{21}/X_1=a_{21}$ として表現される。これはある財の生産を生産するために、他

の産業との係わりを示す重要な指標であり、技術関係を示す。例えば、第1部門が1単位の生産をする場合、自部門と他部門から投入する投入量は $x_{11}=a_{11}$, $x_{21}=a_{21}$ ($X_1=1$ である)。一般にほとんどの製品のコンセプトは世界中同じであるので、投入係数はある期間一定であるとする（固定投入係数）。第1産業全体の中間投入比率は ($a_{11}+a_{21}$) である（投入係数の和は0と1の間の値をとる）。投入係数はある財の生産を生産するために、他の産業との係わりを示す重要な指標であり、これにより、次のように産業相互間の生産構造の依存関係を展開することができる。

投入係数を表2-2の注で示した第①式に代入し、最終需要 (f_1, f_2) を既知数とし、総産出高 (X_1, X_2) を未知数として解くと、第②式のようになる。②式は各最終需要が与えられた時、その需要を満たすために直接・間接的に必要とされる究極的な各生産量（均衡産出量）X_1, X_2 が導出されることを意味している。右辺の f_1, f_2 にかかる係数は、レオンチェフ乗数ないしレオンチェフ逆行列と呼ばれ、最終需要1単位当りの生産誘発効果をあらわす。レオンチェフ乗数は産業相互の生産誘発量つまり需要の波及構造をも表している。第1部門の逆行列係数の列和（$b_{11}+b_{21}$）は、同部門の最終需要1単位の全産業に対する直接・間接の生産誘発効果を、第1部門の行和（$b_{11}+b_{12}$）は、当該産業が自部門および他の産業から受ける直接・間接の生産誘発効果の大きさを表す。前者を後方連関効果、後者を前方連関効果と称する。産業間はもとより産業内において、中間投入ないし中間需要取引量が大きくなるほど、これを媒介として、産業相互間の結合が緊密化しかつ相互に生産を誘発する度合いを強める。バランスのとれた国民経済ほど、そうした産業構造を形成し、財とサービスそしてカネが体系内部で比較的高い割合で循環し、1人当り所得水準を持続的に向上させていく可能性を高める。

「影響力係数」と「感応度係数」

投入産出分析による産業構造を検証するにさらに有用なツールがある。「影響力係数（BE）」と「感応度係数（FE）」である。BEは逆行列係数の部門別の列和平均を列和全体の平均値で除した比率で、FEは行和平均をその全体の平均値で除した比率である。前者はある列部門に対する最終需要があ

った場合に、産業全体の平均と比べて相対的な影響力を表す指標である。後者は各列部門にそれぞれ1単位の最終需要が発生した時、どの行部門が相対的に強い影響を受けることになるかを表す指標である。

第1部門の影響力係数＝第1部門での列の係数の平均／各列の平均の平均、と定義される。これを表2-2の下欄の記号（bij. i, j=1, 2）で具体的に記すと、BE＝〔$(b_{11}+b_{21})/2$〕／〔$(b_{11}+b_{21})/2+(b_{12}+b_{22})/2$〕／2＝$2(b_{11}+b_{21})/(b_{11}+b_{21}+b_{12}+b_{22})$ となる。ここで全ての逆行列係数が同じ（b＝bij. i, j=1, 2）になったとすると、BE＝$2\times2b/4b=1$ となる。感応度係数でも全く同様に基準は1となる。両係数の1を基準に4象限に分け、各象限にある産業をみたのが図2-1である。左隅の第1象限（両係数とも1以上）の産業は、最終需要が発生した時、産業全体に対し生産波及の影響を与えると同時に、受

図2-1　業種別影響力および感応度係数

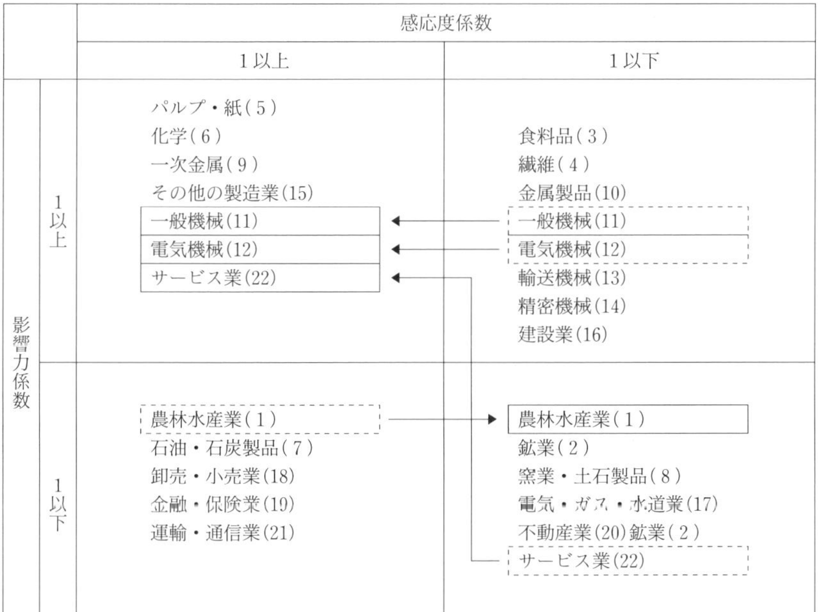

		感応度係数	
		1以上	1以下
影響力係数	1以上	パルプ・紙（5） 化学（6） 一次金属（9） その他の製造業（15） 一般機械（11） 電気機械（12） サービス業（22）	食料品（3） 繊維（4） 金属製品（10） 一般機械（11） 電気機械（12） 輸送機械（13） 精密機械（14） 建設業（16）
	1以下	農林水産業（1） 石油・石炭製品（7） 卸売・小売業（18） 金融・保険業（19） 運輸・通信業（21）	農林水産業（1） 鉱業（2） 窯業・土石製品（8） 電気・ガス・水道業（17） 不動産業（20）鉱業（2） サービス業（22）

（注）産業の後のかっこ内の数字は分類番号
　　　かっこ内の数字は70年と87年を比較して象限移動した産業で、実線は87年、破線は70年時点をあらわす
（資料）総務庁『昭和45－50－55年接続産業連関表（II）』、経済企画庁『SNA産業連関表』より作成

ける度合が平均以上である。これと逆なのが、第3象限（両係数とも1以下）の産業である。第2象限（影響力係数1以下、感応度係数1以上）の産業は最終需要拡大に生産が依存する度合が強いが、他セクターへの生産波及効果が相対的に小さい。これと対照的なのが、第4象限の産業である。

　以上のようなツールを持つ投入産出表を用いて、1970年から1987年にかけて、日本の産業構造はどのように変化したのかを分析してみる。両時点の投入産出表を使用したのは、1970年は高度成長時代の重化学工業が産業構造を代表するものとして、1987年はその後機械比率が大きく上昇し、機械が産業の骨格を形成していることを反映しているとみたためである。1970年と1987年を比較して最大の変化は、一般機械と電気機械が第4象限から、サービス業が第3象限から、いずれも第1象限に、農林水産業が第2象限から第3象限に移行したことである。特に、第1象限に移行した電気機械に代表される産業は、ハーシュマンが定式化した、前方および後方連関効果を強化したということである。

　電気機械産業さらにこれからME化された機械を投入した他の機械産業を中心としたいわゆる機械ブロックは、産業構造の再編すなわち拡散と統合という二重機能を強力に推進している。特に機械産業は、「重厚長大型」の産業である石油化学や鉄鋼産業と比べ、「軽薄短小」であり、さらに生産単位の異なる組合せが比較的緩やかであるとか生産設備は極めて伸縮性に富んでいるというストックの特性から、マクロ的に物的資本の可塑性が極めて高く、産業構造再編の原動力となっている。サービス産業も第1象限に移行したということは、機械ブロック関連にソフトやサービスを提供する機能を強めていることも、有力な背景となっている。事実、機械関連産業を中心にサービス産業の全産業の投入に占める比率が1970年の0.026から1987年には0.076へと上昇している。[3)]

　その後も構造変化が進行している。1990年の産業連関表で確認してみよう。1990年時点で影響力および感応度の両係数とも「1」以上の産業は32部門中、パルプ・紙・木製品、化学製品、鉄鋼、電気機械、輸送機械、その他の製造工業製品の6業種のみである。1987年時点の構造に比べて、大きく変化したのは一般機械の感応度係数が「1」以下となり、一方輸送機械の影響力係数

が「1」以上となり両係数とも「1」以上となったことである。[4]

1990年代の産業構造変化

国際貿易投資研究所が開発した産業連関分析データ（JIDEA）を用いて、産業100部門の影響力および感応度両係数を「1」に基準に1985年から1999年にかけての変化のパターンを表2-3でみると、以下のように類型化できる。[5]

表2-3　日本の産業構造の変化　　　　　　　　　　　　　　（影響力と感応度係数からみて）

産業	影響力	感応度	産業	影響力	感応度	産業	影響力	感応度	産業	影響力	感応度	産業	影響力	感応度
1		●	21	●		41	▲		61			81		
2	●		22	●	●	42	●		62	●		82		●
3			23	●	■	43		●	63	▲		83		
4			24	●		44	▲		64	▲		84		
5			25	●		45			65			85		
6			26	●	●	46	▲		66		●	86	▼	
7			27		●	47			67			87		
8	▲		28			48			68			88		
9			29	○		49			69		●	89		
10	●	●	30			50	●		70			90	▲	●
11			31			51			71			91		■
12	●		32			52			72			92		▼
13	●	▲	33			53			73			93		
14	●		34			54	■		74			94		●
15		▲	35			55			75			95		
16			36	●	●	56	▲		76			96		
17	●	●	37	●		57	●		77	■		97		
18	●		38		▲	58	●	●	78	●		98		
19			39			59	●		79			99	●	
20	●	▲	40		▲	60			80	▲		100	▲	●

（注）各記号は以下の意味を示す
　（1）一貫して「1」以上（●印）。100産業のうち影響力係数では29、感応度係数では25ある
　（2）「1」以上から「1」以下へ（▲印）。影響力係数では15産業、感応度係数では7産業あった
　（3）「1」以下から途中「1」以上となり再び「1」以下となる（■印）。この変化のパターンは影響力係数ではないが、感応度係数では4産業ある
　（4）「1」以下から「1」以上へ（▼印）。両係数とも1産業のみ
　（5）「1」以上からそれを割り再び「1」以上へ（○印）。これは影響力係数で1産業のみ
　（6）無印は一貫して「1」以下の産業である。影響力係数では55産業、感応度係数では63産業ある

両係数からみた日本の産業構造変化は何を意味し、その変化はどの方向に向かっているのか。既に分析したように、1973年に発生した第1次石油危機以降日本のリーディング産業となった電気機械産業（産業番号47-63の17産業）を中心に、日本の産業構造変化をみよう［品目番号と品目名の対応は後掲表2-6（1）、6（2）、6（3）を参照］。

影響力係数が「1」以上の産業数は電機産業を中心に15産業あるが、感応度係数では自動車（No.58）のみで電機産業はない。この変化つまり電機産業は影響力係数の観点からみて、相応の影響力を他の産業に与えているが、他の産業からの影響（感応度係数）は平均以下となった。何故こうした構造変化が生じたのか。電気機械産業は日本製造業の中核的産業のひとつであり、輸出比率も高く代表的な輸出産業である。100部門のうち電気機械産業の中で民生用電気機器（No.50）および電子・電気機器（No.51）の2つをとりだし、逆行列の変化からみて、電気機械の「感応度係数」が「1」以下となった背景を分析する。

　表2-4は民生用電気機器と電子・電気機器に対する他の産業からの逆行列を（bij, i=1〜100）、0.0001（=10^{-4}）を基準にこれを超える産業をみたものである。ただし1985年から1999年にかけて、始発時点で基準以下であったものの、比較時点ではそれを超えたものや逆となった産業を含む（空欄は基準以下）。

　これらから次ぎのような特徴を指摘しうる。1）民生用電気機器では逆行列が基準以上の産業の数が20から15に減少した（自部門は除く）。2）1985年時点で逆行列が基準以上であった産業のうち9産業は1999年には基準以下となり、逆となったのは3つのみである。3）電子・電気機器では観測期間中ほとんど全部基準以下である。4）このように民生用電気機器と電子・電気機器の「感応度係数」が「1」以下となったのは、自部門はもとより両産業から中間財を投入している産業の輸入依存度がほとんど軒並み上昇したからである。つまり国産中間財を輸入中間財で代替させているということである。そこで輸入依存度の上昇が逆行列（レオンチェフ乗数）に与える影響を分析する。

「中間投入係数」変化の要因とその影響

　レオンチェフ乗数を規定する最も基本的な要因は投入係数であり、これは当該国のその時点の技術構造を反映したものである。先に投入係数は固定であると仮定したが、ある期間内で技術革新が生じると、技術体系が変わり産業構造にも影響を及ぼす。これを分析する。

表2-4　民生用電気機器(No.50)および電子・電気機器(No.51)の逆行列

	品目	民生用電気機器		電子・電気機器		輸入浸透度	
		1985	1999	1985	1999	1985	1999
6	金属鉱物	0.000910	0.024856		0.006433	0.94	0.99
7	非金属鉱物	0.001843	0.001542	0.001249		0.06	0.10
8	石炭・亜炭	0.001005	0.001263			0.71	0.92
9	原油・天然ガス	0.001324	0.006633		0.001630	0.97	0.98
29	プラスチック製品	0.001018				0.00	0.04
36	銑鉄・粗鋼	0.001008				0.03	0.03
45	工作機械	0.005538				0.03	0.03
49	サービス用機器	0.001145				0.01	0.03
50	民生用電気機器	1.195945	1.082358			0.01	0.09
51	電子・電気機器	0.000627		1.124292	1.098976	0.08	0.30
52	通信機器	0.001267				0.02	0.05
54	半導体素子・集積回路	0.001404				0.06	0.26
58	自動車	0.007444	0.012683			0.01	0.04
59	船舶・同修理	0.003820	0.002513			0.02	0.06
60	鉄道機器	0.004416	0.019187			0.00	0.02
62	その他の輸送機器		0.002123			0.01	0.10
65	住宅建設	0.002354	0.005843			0.00	0.00
66	非住宅建設	0.001577	0.002112			0.00	0.00
68	その他の土木建設	0.001045				0.00	0.00
77	鉄道輸送		0.001362			0.01	0.01
84	公務		0.001245			0.00	0.00
92	物品賃貸業	0.002727	0.001236			0.02	0.01
93	自動車・機械修理	0.012626	0.016390	0.009010	0.004326	0.00	0.00
100	分類不明	0.002522				0.04	0.10

(注)　空欄は単位未満（10^{-4}）

②で定式化した均衡生産式において、均衡生産量ベクトルをX、国内最終需要ベクトルをF、逆行列係数をBとすると、

③$X = B \cdot F$となる。

経済諸量の初期時点と比較時点の変化をデルタ（Δ）であらわすと、上式は、

④$\Delta X = \Delta B \cdot F + B \cdot \Delta F$となる。

さらに日本の産業構造変化を技術変化との関連で分析するため、X/Fという指標を導入する。これはある最終需要のもと、それを満たすためには国内での必要生産量の関係を示す。X/Fを異時点の $(X+\Delta X)/(F+\Delta F)$ と比較する。

⑤$X(F+\Delta F) - F(X+\Delta X)$
　$= X \cdot \Delta F - F \cdot \Delta X$
　$- XF(\Delta F/F - \Delta X/X)$

　　　　＝XF(－ΔB/B)　(④式をΔX/X＝ΔB/B＋ΔF/Fに変形して導入)
上式右辺において ΔB/B が負（マイナス）であるとすると、⑤式はプラスとなり、X(F＋ΔF)＞F(X＋ΔX) となる。さらに次のように変形する。
　⑥X/F＞(X＋ΔX)/(F＋ΔF)＝X/F×(1＋ΔX/X)/(1＋ΔF/F) となる。
以上のことはどのような含意を有するのか分析を続ける。
　1）第1部門で中間財の投入（$a_{21}=x_{21}/X_1$）を節約できる技術革新が生じたとする（ただし他の条件は一定とする）。これは第2部門からの中間財投入比率を低下させ、この結果、最終需要一単位の同部門の生産誘発効果$b_{11}+b_{12}(=[(1-a_{22})+a_{12}]/[((1-a_{11})(1-a_{22})-a_{12}a_{21}]]$において$a_{21}$が低下すると分母の値が大きくなり全体の値は小さくなる）を低下させる（Bの低下ないしΔB/B＜0）。つまり第1部門の最終需要の増加が生じても、同部門の必要生産量それ自体を低下させてしまうこともあるということである。[6]
　第1部門で生じた技術革新は第2部門の必要生産量も減らす。[7]つまりある部門で生じた技術革新は国民経済全体の必要生産量を減少させる効果があるということである。[8]
　2）第⑥式は初期時点に比べ比較時点では、最終需要が増加しても（ΔF/F＞0）最終需要一単位を満たす必要生産量が相対的に少なくなったということを意味する（ΔX/X＜ΔF/F）。これは技術革新があったからである。つまり第③式の右辺Bはある一定の最終需要（F）を満たすために必要な生産量（X）を示すパラメータであり、資源を節約する技術革新があった場合、必要生産量は少なくてすむ。それはBを低下させるからである（ΔB/B＜0）。
　技術革新の効果や影響は多様で重大な意味を有する。これを論ずる前にさらに次の予備的準備をしよう。
　3）以上は閉鎖経済つまり対外取引のない経済の枠組みを基本的前提にしたものである。
　対外部門を導入した開放経済では、その国の技術体系（B）に大きな影響を及ぼす特に輸入という要因を考慮しなければならない。
　ある産業がひとつの財を生産する場合、それに必要な原材料を中間財として、他のセクターから調達できなければ、輸入することになる。輸入とは国内後方連関網の対外的延長である。これは国際後方連関と呼ばれる。輸入を

モデルに導入することで、封鎖体系下のレオンチェフ乗数は修正される。一般に輸入を投入産出表で扱う場合、競争輸入方式（国産品と輸入品を区別しない）と非競争輸入方式（国産品と輸入品を区別して別個に計上する）の２つある。

まず前者は次のように定式化される。第１部門の輸入 M_1 は国内需要 $(x_{11}+x_{12}+f_1)$ に比例するものとし、輸入係数を m_1 とすると $m_1=M1/(x_{11}+x_{12}+f_1)$ となる。この時第１部門の需給バランスは、$X_1=a_{11}X_1+a_{12}X_2+f_1+E_1-M_1=a_{11}X_1+a_{12}X_2+f_1+E_1-m_1(a_{11}X_1+a_{12}X_2+f_1)$ となる（E_1 は第１部門の輸出とする）。第２部門も同様に定式化される。これを変形すると $X=AX+f+E-M=AX+f+E-M(AX+f)$ さらに $[I-(I-\hat{M})A]X=[(I-\hat{M})f+E]$、$X=[I-(I-\hat{M})A]^{-1}[(I-\hat{M})f+E]$ （⑦式）となる（ただし A は投入係数行列、単位行列を I、輸入列ベクトルを M とし、これに関連して輸入係数の対角行列 $\hat{M}$、国内最終需要列ベクトルを f、輸出列ベクトルを E、産出列ベクトルを X とする）。後者では、最終需要、輸入とも外性的に決定され、$X=(I-A)^{-1}(F-M)$ （⑧）と定式化される。輸入は特別な場合を除き一般的に国内の生産活動によって誘発されるということで、また投入係数の安定性からこれはほとんど用いられない。

第３節　対外貿易が産業構造に及ぼす影響

ある特定部門で技術革新が生じた時、投入比率の低下を経由して、当該部門のみならず、他部門の必要産出量増加の低下をもたらす。これは産出量ベースで、国民経済全体の産出量成長率の低下をもたらすことになろう。これこそが技術革新である。つまり投入比率の低下をもたらす技術革新は資源の効率的活用で経済にとって望ましいことである。それではその成果はどこにどのように反映されるのか。第①式をベクトルおよび行列を用いると、$X=AX+F$ となりさらに、

⑨ $1=A+F/X$

と表現される。これは、産出物一単位を生産する場合、技術革新が生じ投入係数（A）が低下すると、その成果は産出量に占める最終需要の比率が高ま

るということである。これは付加価値ベースの生産額の成長率は産出ベースのそれよりも高いということを意味する（$\Delta F/F > \Delta X/X$）。それではそれはどのようなチャネルを通じて実現さるのか。

表2-2の投入産出表において、いわゆる三面等価の原則により（GDPを需要、生産および分配のいずれの面からみても等値であるということ）、

⑩ $V_1 + V_2 = f_1 + f_2 = \text{GDP}$

という関係が存在する[12]。これは、ある期間内で投入比率が低下すると、これは付加価値率を高めるとともにその規模を大きくし、したがって支出面で最終需要の増加ないしGDP成長率を高める効果をもたらすことを示している[13]。付加価値ベースの生産成長率は高まり、1人当り所得水準は向上する。

日本の産業別投入比率の推移をみると（前掲表2-1）、国内総生産計をはじめ産業計、製造業計のいずれも低下している（投入比率の変化は後で100部門でも分析している）。しかし経年投入比率の低下幅は小さくなっている。これを反映して、1990年代において産業全体および製造業の付加価値の上昇率は極めて緩慢である。また製造業の付加価値率は産業計を下回っている。1990年代前半では付加価値率はいずれも横ばいで推移し、後半に上昇するもののわずかである。これに関連して、1990年代の年率成長率をみると、産業計は産出量ベースで▲0.04％、付加価値ベースで0.61％、製造業はそれぞれ0.95％、1.36％であり、いずれも付加価値ベースの伸びのほうが高くかつ製造業が産業計の伸びを上回っている。この結果、付加価値率は産業計で1990年の0.533から2003年には0.567、製造業計で0.360から0.411に上昇した。

しかし3）で示唆したように、開放経済においては、技術革新の成果があったとしても、輸入というチャネルを通じて、上昇した所得の一部が漏出しさらに原材料の海外調達で国産投入財が輸入財で代替されてしまうことがある。

⑩式は閉鎖経済体系での付加価値と最終需要の関係である。これを開放経済体系の中で、第1と第2部門の輸入をM_1、M_2とすると、通常用いられる競争輸入型では、

⑪ $V_1 + V_2 = f_1 + f_2 - (M_1 + M_2)$

に定式化される（最終需要f_1とf_2から輸出を明示すると$\text{GDP} = f_1 + f_2 + E_1 + E_2 -$

(M_1+M_2) となる)。つまり上式は技術革新で投入係数が低下し、その結果付加価値額の規模が大きくなっても、その成果は全部最終需要に向かわないで、一部は輸入として漏出してしまうことがあるということを含意している。ましてや技術革新が無い場合、最終需要増加は一層輸入を誘発してしまう可能性を高める。日本の輸入依存度は1995年の6.3％を底にその後上昇に転じ2002年8.5％、2004年9.7％になった（輸入はCIFベースで対名目GDP比。実質ベースで国内需要に占める輸入の割合は1990年4.4％、1995年5.3％、2000年5.7％と上昇の一途を辿った）。産業の産出量ベースでも同様の傾向を示している［後掲表2-8（2）］。これは付加価値ベースの経済成長率を低下させる。[14]

1990年代の日本経済において生じたのはまさにそれである。これを以下確認してみよう。

日本の技術革新力

開放経済においてつまり貿易が行われている場合、輸入依存度が上昇していても技術革新がそれを相殺すれば、逆行列の上昇を緩和させることができる。また技術革新がなくても逆行列を低下させるケースもある。現実は基本的には多くの要因が相互に作用していて、逆行列の低下をひとつの要因に特定することは極めて難しい。中間取引を媒介にして、本分析のように100部門を対象に産業間の相互依存関係を分析するような場合、逆行列低下の要因を特定化することはほとんど不可能といっても過言ではない。また、産業全体の輸入依存度をベースにしているものの、特定産業間の生産に他の特定産業からの国産投入財と輸入財の分離できないというデータ上の制約から、その産業の平均的な輸入比率を適用するという手法を使用しているという問題もある。したがって、逆行列低下の理由は全般的な動きをみて判断をする以外ない。

まず日本の技術革新の実態をみよう。

一国で生産された付加価値（GDP）は資本量（K）と労働量（L）という2つの生産要素によって生み出されたものとする。この関係は一般に$Y=Af(K、L)$（⑫式）と表され、これは生産関数と称される（本節でのAは先の投入係数行列とは異なることに留意されたい）。Aは技術水準を示し、この値が大

きいほど技術水準が高い。⑫式を操作可能とするためコブダグラス型生産関数、

$Y = AK^{\alpha}L^{\beta}$ （⑬式）とし、これを変化率で表現すると次ぎのようになる。

⑭ $G(Y) = G(A) + \alpha G(K) + \beta G(L)$ （G(X)は括弧内の変数Xの変化率を示す）
上式は経済成長率G(Y)の源泉を分解したものであり、「成長会計の基本式」という。⑭式において $G(T) = \alpha G(K) + \beta G(L)$ とすると、

$G(Y) = G(A) + G(T)$ となり、さらに次ぎのように変形できる。

$G(A) = G(Y) - G(T) = G(Y/T)$

G(T) は G(K) と G(L) の変化率の加重平均で、α と β が一定なら $T = K^{\alpha}L^{\beta}$ となる。生産関数で最も重要な意味を持つAは全要素（KとL）1単位の投入から得られる産出量で（$A = Y/K^{\alpha}L^{\beta}$）、技術水準とは全要素生産性（TFP）ということであり、労働生産性（Y/L）や資本生産性（Y/K）と区別される。技術進歩率G(A)は全要素生産性の成長率である。$\alpha + \beta = 1$ とすると操作性が一層高まる。[15]

$G(Y) = G(A) + \alpha G(K) + (1-\alpha)G(L)$
$\quad\quad = G(A) + \alpha G(K) + G(L) - \alpha G(L)$
$\quad\quad = G(A) + \alpha \{G(K) - G(L)\} + G(L)$

⑮ $G(Y/L) = G(A) + \alpha G(K/L)$

⑭ないし⑮式により、G(A)の値が小さいものの、アジアは高成長を遂げたのは生産要素（K、L）の投入によってもたらされた「要素投入型」（input-driven growth）パターンであると最初に指摘したのが、P・クルーグマンであった（『まぼろしのアジア経済』）。「成長会計」により日本の全要素生産性を、『通商白書』（平成10年版/1998年、第3章）は詳細に分析している。それによれば、製造業成長率に対するTFP寄与度は1960年代5.9％（製造業成長率平均14.4％）、1970年代3.1％（同5.2％）、1980年代2.4％（同5.1％）、1990年代2.0％（同1.2％）と低下の一途を辿っている（全産業、非製造業も計測している）。さらに製造業を中心とする業種別TFPを計測した財務省の分析によると［表2-5（上段）］、全民間産業は1980-90年1.2％、1990-98年▲0.9％、製造業ではそれぞれ2.5％、0.3％である。業種別にみると、1990年代に入り、電気機械を除き全ての業種のTFP成長率はマイナスとなった。

電気機械の成長率（TFP）は11.0％、7.3％と突出して高いものであった。[16)] 計測結果は、日本については1980年代の好調と1990年代の不調という対称的な結果を示している。一方、日本と逆に1980年代の不調に対し1990年代の好調さをみせたのが米国である。日本の産業分類とやや異なるが、表2-5（下段）より次ぎのような特徴を指摘できよう。①TFPがマイナス成長であ

表2-5　日本と米国の生産性上昇率　　　　　　　　　　　　　　　　（単位：％）

	業種	労働生産性			全要素生産性		
		1980-90	1990-98	1993-98	1980-90	1990-98	1993-98
日本	全民間産業	3.5	0.8	1.0	1.2	▲0.9	▲0.5
	農林水産業	4.5	0.3	1.2	▲0.5	▲3.0	▲1.3
	鉱業	1.6	1.3	1.4	▲0.9	▲1.3	▲1.1
	建設業	2.9	▲2.7	▲4.1	1.0	▲3.9	▲5.0
	製造業	3.9	1.8	3.4	2.5	0.3	1.8
	一般機械	5.4	▲1.6	1.1	4.2	▲2.9	▲0.3
	電気機械	12.6	9.2	12.4	11.0	7.3	10.5
	輸送機械	3.7	▲1.6	▲1.9	2.4	▲2.6	▲2.9
	精密機械	7.2	1.1	3.9	5.0	▲0.4	2.5
	運輸・通信業	3.8	0.4	1.1	2.3	▲0.1	0.6
	電気・ガス・水道業	1.5	2.0	2.9	▲0.5	▲0.4	0.2
	卸・小売業	3.9	0.5	0.1	2.3	▲0.5	▲0.7
	金融・保険業	6.5	0.6	2.2	4.6	▲1.7	0.1
	不動産業	▲0.6	1.4	0.9	▲4.6	▲1.7	▲0.6
	サービス業	0.7	0.5	0.1	▲2.5	▲1.4	▲1.5
	非製造業	3.3	0.5	0.2	0.5	▲1.3	▲1.3
	業種	1980-90	1990-99	1994-99	1980-90	1990-99	1994-99
米国	全民間産業	1.2	1.5	1.6	0.9	1.3	1.5
	農林水産業	4.9	0.3	▲1.9	5.8	1.5	0.0
	鉱業	5.3	4.8	4.8	1.4	2.5	2.6
	建設業	▲0.2	▲0.4	▲1.7	0.7	▲0.7	▲2.0
	製造業	3.6	4.0	4.6	2.8	3.1	3.6
	一般機械	8.5	9.5	13.6	7.4	9.0	13.0
	電気機械		16.9	20.6		14.1	17.1
	輸送機械	1.7	2.2	0.3	1.4	1.5	▲0.2
	自動車	1.3	2.9	▲0.5	1.1	2.3	1.3
	精密機械		▲2.1	▲1.7		▲2.5	▲2.0
	化学	5.0	3.3	3.2	4.1	1.4	1.3
	（電機＋精密）	5.7	11.8	14.9	3.8	10.0	12.9
	運輸・通信	2.5	2.9	2.2	2.4	2.6	1.7
	運輸	1.7	2.0	1.2	2.5	2.3	1.4
	通信	4.0	4.3	3.1	1.2	2.4	1.5
	電気・ガス等	1.2	2.0	3.5	0.4	1.0	1.6
	卸・小売業	1.7	3.8	4.6	0.7	2.7	3.5
	卸業	3.0	5.4	5.5	0.8	3.6	3.7
	小売業	1.1	2.8	3.9	0.7	2.0	3.2
	金融・保険業	▲0.8	3.4	5.0	▲4.1	1.5	3.0
	不動産業	0.7	1.3	1.6	0.1	0.5	0.9
	サービス業	▲0.4	▲0.8	▲0.4	▲0.4	▲1.2	▲0.9
	（非製造業）	0.8	0.9	0.9	0.4	0.9	1.1

（出所）財務省財務総合政策研究所『フィナンシャルレビュー』July 2001

る業種は極めて少ない、②TFP成長率は1990年代後半に高くなっている、③日本と同様、電気機械のTFP成長率は突出して高い。これらはいずれも米国がIT革命で世界の最先端に位置していることを反映したものであろう。

日本のTFP成長率は1973年以前には先進諸国中最も高かったが、その後低下の一途をたどっている。前掲表2-4で民生用電気機器および電子・電気機器の中間財調達先である他のセクターへの直接間接の生産誘発効果（逆行列）をみたが、概ね低下している。特に電子・電気機器では、ほとんど0.0001（＝10^{-4}）以下と極めて低い。これは1990年代多くの製造業種の技術進歩率を示す全要素生産性の成長率G(A)がマイナスである中で、電気機械産業のみがプラスであるものの、電気関連セクターの中間財調達先の輸入依存度が上昇したことを反映したものである。

日本の産業構造変化に伴う輸入依存度の上昇

TFPの変化率からみて、日本産業の技術革新能力は1980年代にはみられたが1990年代には全般的ほとんどなかったか、かなり低下したと判断してよいだろう。これを踏まえて、100部門を第1次と素材型産業（No.1-43）、機械関連産業（No.44-64）およびサービスを中心とする第3次産業（No.65-100）という3つのカテゴリーに分類し、逆行列を投入係数さらに輸入依存度の変化に関連させて1985年と1999年を比較する。輸入の扱いに関しては、先に2つの定式化（第⑦式と第⑧式）がある指摘したが、分析の目的によってその採用が異なる。後者を用いると、⑧式で均衡生産量の変化を技術はもとより輸入をはじめとする需要項目別に分解し、その大きさを特定することができる。しかし、前者の誘発輸入方式では、それを特定できず、輸入の影響は輸入係数に陰伏されさらに所得の漏出であるということで、逆行列係数に反映される。輸入依存度（輸入係数）が上昇すると、逆行列係数は大きくなるものの、被乗数に掛かるパラメータが小さくなり、必要産出量を減少させて最終需要の一部は輸入でまかなうことになる。日本の産業構造変化をこれ（第⑦式）に従い分析する。次ぎのような特徴と変化がみられる。

まず第1カテゴリーについてみよう［表2-6（1）］。同カテゴリーの産業43部門中、輸入依存度（＝輸入浸透度＝輸入／〔国内生産＋輸入－輸出〕）が上

表2-6(1) 第1次部門の投入係数、逆行列および輸入依存度の推移

番号	品目	中間投入比率			逆行列			輸入浸透率		
		1985	1990	1999	1985	1990	1999	1985	1990	1999
1	耕種農業	0.2682	0.3049	0.3971	1.5040	15331	1.6723	0.11	0.13	0.16
2	畜産・養蚕	0.7824	0.7844	0.5723	2.8135	2.5783	2.0917	0.03	0.03	0.02
3	農業サービス	0.3904	0.3651	0.4211	1.7721	1.6535	1.7114	0.00	0.00	0.00
4	林業	0.6096	0.5554	0.4927	1.8545	1.7596	1.7126	0.33	0.33	0.26
5	漁業	0.3491	0.3642	0.3023	1.5968	1.6095	1.4832	0.25	0.09	0.05
6	金属鉱物	0.5551	0.6867	7.5327	1.9272	2.1324	13.1373	0.94	0.97	0.99
7	非金属鉱物	0.4314	0.4130	0.4823	1.7240	1.6855	1.6859	0.06	0.09	0.10
8	石炭・亜炭	0.5877	0.4794	0.5295	2.0426	1.8097	1.8406	0.71	0.84	0.92
9	原油・天然ガス	0.5422	0.3509	17.1926	1.8596	1.5657	34.6159	0.97	0.98	0.98
10	食料品	0.7404	0.7313	0.6348	2.3107	2.2878	2.0251	0.05	0.09	0.13
11	飲料・タバコ	0.4033	0.4016	0.4105	1.7075	1.7014	1.6938	0.04	0.07	0.08
12	飼料・有機質肥料	1.3779	0.9830	0.9529	3.4255	2.6873	2.5333	0.04	0.04	0.09
13	繊維工業製品	0.6768	0.6701	0.6308	2.3562	2.2853	2.1069	0.07	0.09	0.16
14	衣服・その他繊維製品	0.6094	0.5900	0.5986	2.1986	2.1033	2.0245	0.06	0.12	0.34
15	製材・木製品	0.5538	0.6077	0.6406	1.8264	1.8907	1.9476	0.08	0.14	0.22
16	家具・装備品	0.5178	0.5589	0.6081	1.9553	2.0046	2.0408	0.05	0.08	0.11
17	パルプ・紙	0.7483	0.6706	0.5949	2.4880	2.2773	2.0569	0.04	0.04	0.05
18	出版・印刷	0.4568	0.4911	0.4930	1.8960	1.9325	1.8803	0.00	0.01	0.00
19	化学肥料	0.7921	0.6051	0.6513	2.5047	2.0330	2.0655	0.06	0.10	0.14
20	無機化学基礎製品	0.8028	0.7065	0.6340	2.3774	2.1722	2.0397	0.09	0.09	0.10
21	石油化学基礎製品	0.8529	0.8232	0.8210	2.3398	2.2053	2.2409	0.01	0.01	0.03
22	有機化学製品	0.8582	0.7382	0.6764	2.7112	2.4123	2.2484	0.18	0.18	0.19
23	合成樹脂	0.8951	0.8380	0.6709	2.8397	2.6300	2.2548	0.05	0.06	0.09
24	化学繊維	0.7338	0.6975	0.6229	2.4841	2.3214	2.1128	0.03	0.04	0.13
25	医薬品	0.8101	0.6555	0.5712	2.4929	2.1939	1.9755	0.07	0.07	0.09
26	化学最終製品	0.6406	0.6522	0.6509	2.2867	2.2551	2.1828	0.06	0.07	0.10
27	石油製品	0.5581	0.4568	0.4467	1.3903	1.1800	1.3988	0.13	0.15	0.11
28	石炭製品	0.8212	0.8081	0.7305	1.9902	1.8758	1.7109	0.00	0.01	0.02
29	プラスチック製品	0.5778	0.6128	0.6512	2.2475	2.3120	2.2753	0.03	0.03	0.04
30	ゴム製品	0.5125	0.5117	0.6114	1.9789	1.9462	2.0758	0.03	0.05	0.13
31	なめし皮・毛皮・同製品	0.5702	0.6272	0.5905	2.1137	2.1081	1.9012	0.12	0.28	0.46
32	ガラス・ガラス製品	0.5491	0.5179	0.4930	1.9609	1.8910	1.8161	0.04	0.06	0.08
33	セメント・セメント製品	0.6657	0.6306	0.5805	2.1668	2.0781	1.9410	0.00	0.00	0.00
34	陶磁器	0.4462	0.4357	0.4288	1.7790	1.7405	1.7134	0.03	0.06	0.08
35	その他窯業・土石製品	0.6008	0.5568	0.5282	1.9968	1.9409	1.8593	0.07	0.07	0.10
36	銑鉄・粗鋼	0.8725	0.8114	0.7596	2.7541	2.5324	2.3182	0.03	0.03	0.03
37	鋼材	0.8313	0.7865	0.7303	3.1122	2.8361	2.6141	0.01	0.03	0.03
38	鋳鍛造品	0.6496	0.6489	0.6142	2.5700	2.4451	2.2983	0.00	0.00	0.01
39	非鉄金属精錬・精製	0.8395	0.8771	0.7474	1.959	1.8021	1.6935	0.45	0.55	0.46
40	非鉄金属加工製品	0.6212	0.6411	0.6210	1.8469	1.7876	1.7889	0.03	0.04	0.09
41	建設・建築用金属製品	0.5094	0.5558	0.5975	2.0753	2.1306	2.1511	0.00	0.01	0.01
42	暖厨房機器	0.6291	0.5972	0.6858	2.3994	2.2305	2.3418	0.00	0.00	0.01
43	その他の金属製品	0.4722	0.4791	0.4889	2.0358	1.9992	1.9688	0.02	0.03	0.04

昇しているのは36部門を数える。しかも日本の資源の賦存状況を反映して、輸入依存度は概ね平均を上回る部門が多い。輸入依存度の上昇は投入係数を高める要因となる。しかし投入係数が上昇しているのは43部門中9部門のみである（特に中間投入比率が大きく低下したのは石油製品、石炭製品を筆頭に化学、パルプ・紙、繊維などの素材型産業である）。これら産業は急激ではないが輸入依存度は上昇している。投入係数が低下した部門にほぼ対応して、逆行列も低下している。表2-5でみたように、第1カテゴリーに属する部門のTFP成長率は1980年代および1990年代ともにマイナスで、技術革新が過去20年間なかったにもかかわらず、第1次と素材型産業は何故投入比率を低下させることができたのであろうか。

　日本は天然資源賦存に恵まれず、石油を中心とする鉱物性燃料や粗原料など工業用原料が1980年代中葉まで70%以上も占めていた。しかし特に1973年の第1次石油危機を契機に、1970年代において工業用原材料輸入内部で、粗原料（鉄鉱石、非鉄金属鉱）から製品原材料（化学品、金属、鉄鋼、繊維品）への代替が進行していた。これは産業の原材料消費にもみられる。1981年から2000年にかけて、粗原材料（指数）はわずか4.2%しか上昇していないが、製品原材料（指数）は26.6%も高まっている。エネルギーの上昇は4.4%である。こうした産業の原材料消費の上昇率格差を反映して、原単位投下量（＝原材料消費〔指数〕/製造工業生産〔指数〕）つまり製造工業生産物1単位に占める原材料消費の割合は低下している。1981年から2000年にかけて、粗原材料（指数）と製品原材料（指数）はいずれも低下しているが、前者はは約30%（29.5%）であるのに対し後者は14.4%である。輸入と同様に、原材料消費において粗原材料から製品原材料への代替が進行している。エネルギーも約30%（29.3%）も低下した（以上いずれも経済産業省『鉱工業指数年報』。後掲表7-7ではさらに詳しく分析している）。

　全般的に輸入依存度を高めたのにもかかわらず、国内での省資源・エネルギーにより、投入係数をはじめ逆行列を低下させたのが第1次および素材型産業である。省資源・エネルギーは資源の節約であり、技術革新と同様な効果をもたらし、付加価値率を高めることになった。

　次に第2カテゴリーの電気機械を中心とする機械関連を分析しよう［表2

-6(2)]。機械関連21部門中、中間投入比率が低下したのは10部門、逆行列の低下は17部門を数える。両係数が低下している産業はほぼ対応している。これはこれまで展開してきた行論つまり技術革新の成果を反映したものであるようにみえる。しかし機械関連21部門中11部門の中間投入比率が上昇している。中間投入比率の変化に関係なく、共通にみられるのは全部門で輸入依存度が上昇していることである。機械関連4分の3の部門の逆行列が低下しているが、その主因は輸入依存度の上昇であるといってよいだろう。全産業中唯一TFP成長率でプラスを記録した電気機械［前掲表2-5］も例外でなく、それどころかそのうち民生用電気機械の輸入依存度は1985年の0.01から1999年には0.09となり100部門中最も高い伸びをみせ、逆行列も低下した［前掲表2-4］。1970年代日本産業の構造変化を促進した中核を担った電気機械は日本経済において急速に影響力を低下させている。これは同部門の逆行列のみならず同部門から中間投入財を調達している他の部門からの逆行列の低下にも表われており、既に指摘したように、電気機械の「感応度係数」が「1」以下になったことに象徴される。

表2-6(2) 機械関連部門の投入係数、逆行列および輸入依存度の推移

番号	品目	中間投入比率			逆行列			輸入依存度		
		1985	1990	1999	1985	1990	1999	1985	1990	1999
44	一般機械	0.5751	0.5684	0.6130	2.1601	2.1188	2.1574	0.03	0.04	0.05
45	工作機械・ロボット	0.5843	0.5639	0.5365	2.1661	2.0964	1.9772	0.03	0.03	0.03
46	特殊産業機械	0.5633	0.5685	0.5862	2.1196	2.1087	2.0911	0.05	0.06	0.11
47	その他の一般機械	0.4739	0.4816	0.5120	1.9575	1.9467	1.9545	0.04	0.04	0.06
48	事務用品・サービス用機器	0.7909	0.7359	0.7115	2.7012	2.5069	2.2794	0.01	0.03	0.05
49	サービス用機器	0.8212	0.6843	0.6593	2.7021	2.3756	2.1960	0.01	0.01	0.03
50	民生用電気機器	0.9750	0.7861	0.6224	3.1807	2.6113	2.1135	0.01	0.04	0.09
51	電子・電気機器	0.6901	0.7531	0.7072	2.4392	2.5058	2.2167	0.08	0.12	0.30
52	通信機器	0.7415	0.7326	0.6276	2.5084	2.4185	2.0958	0.02	0.04	0.05
53	電気計測機器	0.6228	0.6301	0.7552	2.2414	2.2221	2.3090	0.05	0.08	0.19
54	半導体素子・集積回路	1.1716	0.7841	0.3764	3.3847	2.4858	1.6607	0.06	0.10	0.26
55	電子部品	0.8463	0.6761	0.6151	2.7216	2.3319	2.0910	0.02	0.03	0.05
56	重電機器	0.5665	0.5604	0.5864	2.1018	2.0625	2.0346	0.04	0.05	0.14
57	その他の電気機器	0.6324	0.6042	0.6119	2.2000	2.1120	2.0446	0.05	0.05	0.11
58	自動車	0.7917	0.7763	0.7738	2.9304	2.8550	2.8293	0.01	0.03	0.04
59	船舶・同修理	0.5226	0.4833	0.6550	2.0889	1.9542	2.2934	0.02	0.02	0.06
60	鉄道機器	0.4334	0.5829	0.6527	1.8365	2.1667	2.2704	0.00	0.01	0.02
61	航空機・同修理	0.5287	0.5814	0.5544	1.7569	1.8267	1.8134	0.29	0.46	0.41
62	その他の輸送機械・同修理	0.6979	0.6997	0.6587	2.6030	2.5945	2.3650	0.01	0.03	0.10
63	精密機器	0.5864	0.5597	0.6122	2.1186	2.0171	2.0179	0.11	0.13	0.28
64	その他の製造工業製品	0.5754	0.5610	0.6065	2.0550	2.0022	2.0282	0.12	0.21	0.24

サービス産業を主体とする第3カテゴリーの産業では［表2-6（3）］、非貿易産業が多く、輸入浸透度は水運（0.35、No.79）、航空輸送（0.33、No.80）および旅館・その他の宿泊所（0.23、No.97）を除きほとんどゼロである（いずれも1999年）。中間投入比率はむしろ多くのセクターで上昇しており、36部門中逆行列が低下したのは16部門で、残りの20部門は上昇している。第3グループは「基礎素材部門」的役割を果たしている[17]。

品目ベースでの輸入浸透度（輸入依存度）については上記で指摘した。次に100部門を対象に、投入産出ベースにより財別輸入誘発係数から日本の産

表2-6(3)　サービス部門の投入係数、逆行列および輸入依存度の推移

番号	品目	中間投入比率			逆行列			輸入依存度		
		1985	1990	1999	1985	1990	1999	1985	1990	1999
65	住宅建設	0.5116	0.5128	0.4990	1.9367	1.9154	1.8490	0.00	0.00	0.00
66	非住宅建設	0.5109	0.5152	0.5198	1.9618	1.9605	1.9326	0.00	0.00	0.00
67	公共事業	0.4772	0.5038	0.4942	1.8903	1.9064	1.8370	0.00	0.00	0.00
68	その他の土木建設	0.5259	0.5471	0.5181	2.0049	1.9934	1.9007	0.00	0.00	0.00
69	電力	0.3987	0.3812	0.4275	1.5751	1.5235	1.6298	0.00	0.00	0.00
70	ガス・熱供給	0.5638	0.4477	0.4610	1.7615	1.5673	1.6083	0.00	0.00	0.00
71	水道	0.3692	0.3759	0.3653	1.6406	1.6476	1.6166	0.00	0.00	0.00
72	廃棄物処理	0.1151	0.1452	0.2694	1.1951	1.2373	1.4341	0.00	0.00	0.00
73	商業	0.3274	0.3068	0.2864	1.5139	1.4806	1.4407	0.01	0.01	0.01
74	金融・保険	0.3677	0.3419	0.2890	1.5936	1.5521	1.4527	0.02	0.02	0.03
75	不動産仲介および	0.0947	0.1417	0.1784	1.1594	1.2234	1.2777	0.00	0.00	0.00
76	住宅賃貸	0.1058	0.1500	0.1246	1.1937	1.2534	1.1963	0.00	0.00	0.00
77	鉄道輸送	0.4670	0.4768	0.4936	1.7713	1.7786	1.7817	0.01	0.01	0.01
78	道路輸送	0.2181	0.2294	0.2798	1.3533	1.3642	1.4324	0.01	0.01	0.01
79	水運	0.5083	0.5806	0.5709	1.7917	1.9060	1.8351	0.22	0.23	0.35
80	航空輸送	0.7942	0.6989	0.6319	2.1599	2.0340	1.9356	0.34	0.34	0.33
81	倉庫・運輸サービス	0.3073	0.3535	0.3252	1.5229	1.5850	1.5243	0.03	0.03	0.04
82	通信	0.2704	0.2302	0.2405	1.4330	1.3597	1.3617	0.01	0.01	0.01
83	放送	0.4058	0.5170	0.5083	1.6493	1.8133	1.7478	0.00	0.00	0.00
84	公務	0.2590	0.2735	0.3053	1.4270	1.4434	1.4862	0.00	0.00	0.00
85	教育	0.1349	0.1262	0.1486	1.2383	1.2128	1.2452	0.00	0.00	0.00
86	研究	0.3881	0.4173	0.3424	1.6406	1.6902	1.5538	0.00	0.00	0.00
87	医療・保険サービス	0.3399	0.4325	0.4938	1.6369	1.7657	1.8182	0.00	0.00	0.00
88	社会保障サービス	0.2186	0.2629	0.2826	1.3816	1.4480	1.4666	0.00	0.00	0.00
89	その他の公共サービス	0.2411	0.3457	0.3118	1.4051	1.5798	1.5000	0.01	0.01	0.01
90	広告	0.5956	0.6076	0.7065	2.0396	2.0932	2.2245	0.05	0.04	0.03
91	調査・情報サービス	0.3736	0.4045	0.4279	1.6091	1.6375	1.6693	0.03	0.03	0.03
92	物品賃貸業	0.3474	0.4276	0.2917	1.5849	1.7519	1.4694	0.02	0.02	0.01
93	自動車・機械修理	0.4327	0.5223	0.5489	1.9314	2.0908	2.0885	0.00	0.00	0.00
94	その他の対事業所サービス	0.3378	0.2588	0.2932	1.5650	1.4106	1.4486	0.02	0.02	0.03
95	娯楽サービス	0.2954	0.2924	0.1697	1.4872	1.4811	1.2642	0.01	0.02	0.03
96	飲食店	0.4169	0.4658	0.4997	1.7281	1.8008	1.7937	0.02	0.04	0.04
97	旅館・その他の宿泊所	0.3540	0.4540	0.4767	1.5848	1.7373	1.7353	0.10	0.21	0.23
98	その他の個人サービス	0.2119	0.2491	0.2577	1.3424	1.4036	1.4097	0.00	0.00	0.00
99	事務用品	0.9519	0.9588	1.0260	2.9686	2.8752	2.8509	0.00	0.00	0.00
100	分類不明	0.5831	0.7345	0.5211	2.0426	2.2456	1.8003	0.04	0.12	0.10

業構造変化により生じた対外的発現の様相を分析する。

表2-7(1)　最終需要の輸入誘発係数

最終需要項目	1985	1990	1995	1996	1997	1998	1999
最終需要計	0.0557	0.0716	0.0786	0.0855	0.0872	0.0817	0.0867
消費	0.0513	0.0694	0.0741	0.0791	0.0792	0.0753	0.0797
投資	0.0590	0.0734	0.0867	0.0991	0.1040	0.0951	0.1024
輸出	0.0745	0.0810	0.0881	0.0917	0.0948	0.0885	0.0948

　表2-7(1)は最終需要項目別（消費、投資、輸出）輸入誘発係数をみたもので、全ての需要項目で高まっている。これより上記で指摘した第3カテゴリーを除く産業の輸入依存度が急上昇したのは、最終需要の輸入誘発係数の全般的な高まりを反映したものであることがわかる。特に投資の輸入誘発係数は1985年に比べて1999年には2倍近く大きくなった。投資の輸入誘発係数を財別にみたのが表2-7(2)で、民生用電気機器を筆頭に電気計測機

表2-7(2)　3つの誘発係数

番号	品目	投資の輸入誘発係数			投資の生産誘発係数			輸出の生産誘発係数		
		1985	1990	1999	1985	1990	1999	1985	1990	1999
44	一般機械	0.0009	0.0008	0.0009	0.0208	0.0204	0.0059	0.0280	0.0204	0.0182
46	特殊産業機械	0.0001	0.0002	0.0006	0.0060	0.0092	0.0040	0.0206	0.0194	0.0148
47	その他の一般機械		0.0001	0.0003	0.0050	0.0069	0.0033	0.0013	0.0017	0.0031
48	事務用品・サービス用機器	0.0002	0.0002	0.0003	0.0125	0.0051	0.0010	0.0682	0.0667	0.0288
50	民生用電気機器	0.0019	0.0036	0.0183	0.0225	0.0277	0.0178	0.0292	0.0577	0.0793
51	電子・電気機器	0.0002	0.0006	0.0019	0.0142	0.0170	0.0128	0.0121	0.0160	0.0053
52	通信機器	0.0010	0.0017	0.0034	0.0198	0.0188	0.0058	0.0107	0.0147	0.0198
53	電気計測機器	0.0003	0.0007	0.0068	0.0046	0.0070	0.0083	0.0158	0.0364	0.0940
54	半導体素子・集積回路	0.0004	0.0005	0.0018	0.0148	0.0172	0.0140	0.0476	0.0663	0.0940
56	重電機器	0.0012	0.0015	0.0032	0.0284	0.0292	0.0077	0.0307	0.0331	0.0288
57	その他の電気機器	0.0007	0.0008	0.0014	0.0124	0.0144	0.0042	0.0361	0.0558	0.0635
58	自動車	0.0007	0.0023	0.0020	0.0611	0.0750	0.0197	0.3609	0.3830	0.3079
59	船舶・同修理	0.0019	0.0022	0.0023	0.0103	0.0070	0.0010	0.0015	0.0028	0.0044
62	その他の輸送機械・同修理		0.0002	0.0004	0.0053	0.0057	0.0012	0.0084	0.0080	0.0038
63	精密機器	0.0015	0.0017	0.0038	0.0131	0.0125	0.0039	0.0357	0.0340	0.0252

(注)　空欄は単位未満(10^{-4})

器、精密機器、通信機器、重電機器、その他の電気機器で大きく高まった。投資の生産誘発係数は、電気計測機器を除き全ての財の誘発係数は低下しており、これらは投資の輸入誘発係数が上昇した財と全く一致している。つまり製造業は投資財を国内財でなく輸入財で調達したということである。海外からの製品輸入を急増させたのは、国内外の需要構造が異なるからである。

事実、1990年代の日本経済は低迷していたのにもかかわらず、特に東アジアからの製品輸入が増加している。また輸出依存度は上昇しているものの、輸出の生産誘発係数をみると、電気機器関連財を除き全て低下している。[18] しかし輸出の輸入誘発係数は電機や電子品目を中心に急増している。輸入誘発係数が急増しているセクターは電気計測機器を筆頭に民生用電気機器、半導体素子・集積回路、その他の電気機器などで、いずれも投資の輸入誘発係数で上位を占めたセクターと一致している。[19] これはすぐ後で分析している直接投資を媒介とした輸出の輸入との連動化というメカニズムを反映したものであろう。[20] 日本は海外からの需要つまり輸出に効果的に対応したものの、国内投資さらに国内生産を誘発させることもなく、需要の高まりは輸入として海外に漏出してしまったということである。

輸出入依存度上昇の動因

　品目ベースでの輸入依存度（輸入浸透度）については上記で指摘した。ここで表2-1と同じ産業ベースにより、業種別輸入シェア［表2-8（1）］と輸入依存度［表2-8（2）］の推移をみよう。まず表2-8（1）より次のような変化を指摘できる。1）機械4業種のシェアの急激な高まり。1970年の28.2％から1985年まで低下した後上昇の一途を辿り、2003年には49.8％と過去最高に達した。2）機械4業種のうち最もシェアを上昇させたのは電気機械で、1970年の8.1％から2001年には実に26.7％と3倍以上にも達した。2003年には前年に比べ26.1％とやや低下したが、依然高いことには変わりない。3）輸入依存度もほとんど同じような変化し、上昇している。①日本経済全体の輸入依存度は1995年まで低下してきたが、その後1990年代後半になると上昇に転じる。製造業の輸入依存度はやや先行して1990年代前半に上昇に転じている。製造業の平均輸入依存度は全産業の2倍以上の高さである。②精密機械の輸入シェアは小さいが全業種中輸入依存度は最も高く、一段と向上している。③製造業のうち特に輸入依存度が上昇したのは電気機械で、1985年の2.8％を底にその後1990年4.5％、1995年9.3％を経て、2003年には実に19.8％に高まった。

　輸出シェアと輸出依存度でも輸入と同じ方向の変化がみられる。1）機械

表2-8（1） 製造業の業種別輸出入構成　　　　　　　　　　　　　　　　（単位：％）

	業種	1970	1980	1985	1990	1995	2000	2001	2002	2003
輸出	製造業計	100	100	100	100	100	100	100	100	100
	食料品	2.4	1.2	0.9	0.6	0.5	0.4	0.5	0.5	0.5
	繊維	8.7	3.7	2.9	1.9	1.4	1.4	1.5	1.4	1.3
	パルプ・紙	0.9	0.8	0.6	0.7	0.6	0.6	0.6	0.6	0.6
	化学	7.9	6.4	5.5	6.7	7.7	7.7	8.2	8.5	8.6
	石油・石炭製品	0.8	1.3	0.8	0.9	0.8	0.6	0.7	0.6	0.6
	窯業・土石製品	2.1	1.8	1.6	1.3	1.5	1.3	1.3	1.3	1.3
	一次金属	16.0	14.1	9.5	5.6	5.7	5.3	5.9	5.9	6.1
	金属製品	4.0	3.6	2.4	1.5	1.4	1.1	1.1	1.1	1.2
	一般機械	10.6	14.3	14.5	16.4	16.4	15.6	15.2	13.6	14.4
	電気機械	14.5	17.9	26.2	29.6	33.2	33.7	30.8	30.2	30.2
	輸送機械	19.1	26.4	27.2	26.7	23.8	24.4	26.3	28.4	27.6
	精密機械	3.8	4.0	3.5	3.7	3.1	3.8	3.8	3.6	3.7
	その他	9.2	4.6	4.4	4.4	3.8	4.1	4.0	4.2	4.1
	機械4業種	48.0	62.6	71.4	76.4	76.5	77.5	76.1	75.8	75.9
	金属ブロック	68.0	80.3	83.3	83.5	83.6	83.9	83.1	82.8	83.2
輸入	製造業計	100	100	100	100	100	100	100	100	100
	食料品	14.7	16.1	15.5	15.9	15.6	14.4	13.0	13.1	12
	繊維	4.5	4.5	4.8	4.9	1.9	1.4	1.2	1.1	1.1
	パルプ・紙	2.4	3.0	2.4	2.1	2.0	1.4	1.3	1.3	1.3
	化学	11.6	10.9	12.1	9.4	8.7	8.6	8.6	8.9	9.1
	石油・石炭製品	8.7	17.8	16.7	8.2	4.4	4.6	5.6	5.2	6.4
	窯業・土石製品	0.6	0.8	1.1	1.5	1.3	1.2	1.3	1.3	1.3
	一次金属	20.2	15.1	15.6	13.2	9.5	7.1	6.5	6.3	6.6
	金属製品	0.9	0.9	0.9	1.1	1.2	1.1	1.2	1.3	1.4
	一般機械	11.3	4.9	4.5	5.3	4.4	4.7	4.8	4.6	4.8
	電気機械	8.1	6.4	8.0	10.3	19.5	24.6	26.7	26.1	26.1
	輸送機械	5.7	5.0	5.5	7.7	6.7	7.2	5.8	7.1	7.1
	精密機械	3.1	2.7	2.9	3.2	2.7	3.6	3.8	3.9	3.8
	その他	8.0	11.8	10.0	17.2	22.0	20.0	20.1	19.8	41.8
	機械4業種	28.2	19.0	20.9	26.5	33.3	40.1	41.1	41.7	49.8
	金属ブロック	49.3	35.0	37.4	40.8	44.0	48.3	48.8	49.3	57.8

（注）①名目ベース、②輸入はCIFベース
（資料）表2-1に同じ

4業種の輸出シェアが1985年以降急増している。1970年の48.0％から1985年の71.4％を経て2000年には過去最高の77.5％に達した。しかし翌年以降から低下に転じ2003年には75.9％になった。2）電気機械は1990年までにそれまで第1位であった輸送機械シェアを上回り、その後第1位の地位にある。電気機械の輸出シェアは2000年には33.7％をピークに下降しているが2003年に製造業輸出の3分の1近く（30.2％）を占める。3）全産業の輸出依存度は1985年まで上昇した後低下するものの、1990年代に入ると上昇に転じる。4）これは製造業でも同じである。製造業の輸出依存度は全産業の2倍以上の高さである。特に1980年代後半以降製造業の中で、最大の輸出産業となっ

表2-8(2) 製造業の業種別輸出入依存度 (単位:%)

	業種	1970	1980	1985	1990	1995	2000	2001	2002	2003
輸出	製造業計	8.6	12.2	13.8	11.6	12.9	16.5	16.1	17.9	18.4
	食料品	1.7	1.3	1.1	0.6	0.5	0.6	0.7	0.7	0.8
	繊維	12.9	13.0	13.0	9.3	14.3	23.6	25.3	28.1	28.5
	パルプ・紙	2.5	2.8	3.0	3.1	2.6	3.5	3.3	4.2	4.1
	化学	9.3	9.6	10.2	10.4	12.1	14.9	15.1	17.1	17.3
	石油・石炭製品	1.8	2.0	1.8	2.8	3.0	2.3	2.1	2.1	1.9
	窯業・土石製品	2.0	6.6	7.8	5.2	6.0	7.7	7.6	8.8	9.3
	一次金属	8.2	11.3	10.5	6.2	8.6	11.1	12.5	13.1	13.8
	金属製品	7.3	10.1	8.5	3.8	3.5	4.2	4.2	4.7	5.3
	一般機械	8.8	18.4	18.6	16.0	23.3	28.3	27.4	28.8	30.6
	電気機械	13.2	23.4	25.3	23.4	26.3	30.4	29.8	35.8	35.6
	輸送機械	17.3	30.5	31.3	24.2	22.9	29.4	29.0	31.2	30.6
	精密機械	23.6	34.3	32.9	31.1	32.9	50.2	46.6	52.6	56.6
	その他	6.5	4.5	5.0	3.9	3.2	4.8	4.7	5.5	5.6
	全産業	5.7	7.1	7.5	6.0	6.2	7.5	7.3	7.9	8.2
輸入	農業	23.2	25.1	19.7	15.7	14.3	15.2	15.9	16.6	16.5
	製造業計	3.8	5.1	5.1	6.5	7.8	10.3	11.1	11.5	11.8
	食料品	4.5	7.3	7.2	8.9	10.0	11.0	11.8	12.1	11.9
	繊維	2.9	6.5	7.9	13.0	11.5	12.6	14.1	15.1	15.8
	パルプ・紙	2.8	4.7	4.3	4.7	5.2	5.4	5.4	5.3	5.8
	化学	6.0	6.8	8.3	8.1	8.1	9.6	10.8	11.6	11.9
	石油・石炭製品	8.4	11.6	13.8	14.1	9.7	14.1	12.3	10.9	13.7
	窯業・土石製品	0.1	1.2	1.9	3.3	3.1	4.5	5.0	5.6	5.8
	一次金属	4.5	5.0	6.4	8.1	8.7	9.7	9.4	9.0	9.7
	金属製品	0.7	1.1	1.2	1.6	1.9	2.6	3.1	3.5	4.0
	一般機械	4.1	2.6	2.1	2.9	3.7	5.1	6.0	6.3	6.5
	電気機械	3.2	3.4	2.8	4.5	9.3	15.8	17.8	20.0	19.8
	輸送機械	2.3	2.3	2.3	3.9	3.9	4.3	4.4	5.1	5.0
	精密機械	8.6	9.8	10.2	14.8	17.5	28.1	31.8	36.7	37.1
	その他	2.5	4.8	4.2	8.5	11.2	14.0	16.1	16.8	17.0
	全産業	5.2	7.5	5.9	5.3	5.1	6.2	6.6	6.7	6.9

(注) 産出に対する輸出入比率。輸出はFOBベース、輸入はCIFベース。いずれも名目ベース。
(資料) 表2-1に同じ

た電気機械の輸出依存度は2003年には35.6%と、全産業の平均(8.2%)はもとより製造業平均である18.4%に約2倍という高さである(精密機械の輸出依存度は1970年から一貫して最も高いが、製造業輸出に占める割合は4.2%である)。これは製造業各産業のTFP成長率が1990年代に入り軒並みマイナスとなる中で、唯一電気機械が1980年代とほぼ同率のプラス成長率を維持しかつ突出して大きいということに対応したものである。

　上記の2つの構造変化つまり機械貿易シェアとその対外依存度の上昇は別個のものではなく、表裏一体である。この2つの構造変化を推進している共通の動因は、1985年9月のG5の円高ドル安為替レートを契機とした、日本企業の膨大な対外直接投資である。これを契機にその後日本の貿易は直接投

資関連貿易の比重は高まり、輸出では部品を中心とする中間財で、輸入では製品を中心に「逆輸入」がともに急増するようになる。また2つの変化がほとんど時期をいつにして発生している。

第4節　高まる直接投資関連貿易

1985年のG5を契機に、多くの日本企業は東アジアに進出した。進出した日本企業は日本から生産に必要な中間財を大量に仕入れた。これをみたのが表2-9（1）で、次のような特徴と変化がみられる。①「仕入れ」規模は一貫して拡大している。それの日本の総輸出に占める割合は一時期低下したが、1990年代後半以降上昇して、2002年には実に30.1％にも高まった。②調達の地域別構成では、北米が第1位で（40.4％）、続いてアジアがほぼ3分の1を占めて第2位である。③アジアの日本からの調達比率は90年代半ばの40％台からその後低下する。これは進出企業の生産活動が軌道に乗ったこと

表2-9（1）　日本の「逆輸入」と日本からの「仕入額」の推移　　　（単位：10億円、％）

年次		1986	1990	1995	2000	2002
逆輸入額		793	1308	2665	5678	6352
対総輸入比率		4.5	4.2	9.1	14.8	16.5
逆輸入比率	全地域	7.5	5.2	7.7	10.5	9.8
	北米	4.9	2.6	2.1	2.3	2.1
	アジア	16.4	12.0	18.5	24.7	23.5
	ヨーロッパ	1.2	1.3	1.4	2.6	2.6
逆輸入の地域構成	全地域	100.0	100.0	100.0	100.0	100.0
	北米	27.0	21.5	11.1	9.1	8.9
	アジア	65.2	68.5	81.0	83.8	81.8
	ヨーロッパ	2.5	5.0	3.6	4.4	5.0
仕入額		4320	5913	10362	14181	15091
対総輸出比率		12.8	14.5	25.3	28.5	30.1
調達比率	全地域	56.2	44.5	39.1	39.7	34.3
	北米	65.6	50.2	35.1	41.4	33.6
	アジア	48.4	38.5	41.9	37.5	33.0
	ヨーロッパ	50.1	39.6	43.9	39.8	40.6
調達額の地域構成	全地域	100.0	100.0	100.0	100.0	100.0
	北米	52.4	51.0	35.8	38.4	40.4
	アジア	23.8	24.1	36.3	36.7	33.6
	ヨーロッパ	16.7	18.7	23.7	19.5	21.2

（資料）経済産業省『我が国企業の海外事業活動』各年版より作成

表 2-9(2) 日本の「逆輸入」と日本からの直接投資関連輸出 (単位:%、2002年3月)

	業種	アジア	中国	NIES	ASEAN	北米	欧州	全世界
逆輸入	繊維	97.1	70.4	4.3	17.1	0.4	1.4	100.0
	化学	49.1	9.3	18.5	21.0	21.4	17.4	100.0
	鉄鋼	50.0	7.7	30.8	15.4	0.0	0.0	100.0
	非鉄金属	40.8	4.3	1.6	32.1	7.1	0.0	100.0
	一般機械	91.0	65.7	7.1	15.1	7.9	0.6	100.0
	電気機械	88.1	28.4	13.2	45.8	3.8	7.8	100.0
	情報通信機械	94.7	28.7	21.4	44.6	2.8	1.9	100.0
	輸送機械	71.0	17.0	4.3	43.7	21.6	3.5	100.0
	精密機械	94.7	63.5	7.5	25.2	2.3	0.0	100.0
	その他	79.9	20.1	10.2	48.4	11.9	6.5	100.0
	製造業計	82.4	30.1	15.6	36.0	9.1	4.2	100.0
	繊維	5.5	10.8	1.3	2.2	0.2	1.6	4.6
	化学	2.8	1.4	5.5	2.7	10.9	19.3	4.6
	鉄鋼	0.3	0.1	0.8	0.2	0.0	0.0	0.4
	非鉄金属	1.5	0.4	0.3	2.7	2.4	0.0	3.0
	一般機械	8.7	17.3	3.6	3.3	6.9	1.2	7.9
	電気機械	11.3	9.9	8.9	13.4	4.3	19.7	10.6
	情報通信機械	48.2	39.9	57.2	51.8	13.0	18.9	41.9
	輸送機械	7.3	4.8	2.3	10.3	20.1	7.1	8.5
	精密機械	5.1	9.3	2.1	3.1	1.1	0.0	4.4
	その他	6.5	4.5	4.3	8.9	8.7	10.2	6.7
	製造業計	100.0	100.0	100.0	100.0	100.0	100.0	100.0
投資関連輸出	繊維	93.2	76.9	7.7	21.4	1.7	3.4	100.0
	化学	21.3	5.7	9.3	6.1	33.6	43.9	100.0
	鉄鋼	47.8	10.5	18.3	17.4	49.4	1.7	100.0
	非鉄金属	55.0	17.4	8.3	27.5	12.8	0.0	100.0
	一般機械	30.5	15.9	8.0	5.7	35.4	31.1	100.0
	電気機械	52.3	15.4	18.0	19.1	28.9	18.0	100.0
	情報通信機械	36.1	11.5	12.6	11.5	46.4	15.4	100.0
	輸送機械	19.9	2.1	1.6	13.2	47.3	22.0	100.0
	精密機械	35.7	21.4	10.5	5.5	44.6	18.7	100.0
	その他	29.3	7.9	4.1	16.1	45.2	22.8	100.0
	製造業計	30.0	8.4	7.7	12.4	44.0	20.4	100.0
	繊維	2.1	6.2	0.7	1.2	0.0	0.1	0.7
	化学	3.5	3.3	5.9	2.4	3.7	10.5	4.9
	鉄鋼	6.7	5.2	9.9	5.8	4.7	0.3	4.2
	非鉄金属	1.2	1.3	0.7	1.4	0.2	0.0	0.6
	一般機械	5.5	10.3	5.6	2.5	4.4	8.2	5.4
	電気機械	8.8	9.3	11.8	7.8	3.3	4.5	5.1
	情報通信機械	35.1	40.2	47.7	26.9	30.8	22.0	29.2
	輸送機械	27.4	10.1	8.7	43.7	44.3	44.4	41.3
	精密機械	3.8	8.3	4.4	1.4	3.3	3.0	3.2
	その他	4.8	4.6	2.6	6.4	5.0	5.5	4.9
	製造業計	100.0	100.0	100.0	100.0	100.0	100.0	100.0

(資料) 前表に同じ

や、現地調達が増加したことを反映したものであろう。

　進出企業の日本からの調達を地域別・財別構造をみたのが表2‐9（2）で、その特徴として次の点が挙げられる。①世界全体で、輸送機械が最大で、第2位は情報通信機械で両者のみで70％以上も占める。以下一般機械、電気機械などが続き、これら機械4品目が80％近くを占める。②アジアについては、全体でもグループ別にみても、機械4業種が80％以上を占めるが、第1位は中国、NIESとも情報通信機械である。ASEANは輸送機械が第1位で、第2位の情報通信機械の約2倍近い（『我が国企業の海外事業活動』は第32回から「電気機械」より「情報通信機械」を分離している。両者を合計すると、そのシェアは以前とほとんど変わらない）。

　以上のような直接投資関連輸出の動向や財別構造を反映して、日本の通関ベースでみた東アジア向け輸出において、次のような変化が生じた。①1990年から2004年にかけて米国やEU向けでは、機械比率がほとんど上昇しないか低下している一方、東アジア向け輸出シェアではほぼ3分の2と変わっていない。中国向けシェアは急上昇している。②機械輸出に占める部品比率の上昇。主要国・グループは機械4品目全てで部品比率を高めた［表2‐10（1）］。東アジア向け電気機械輸出の部品比率は80％以上で、特に2004年のASEAN向けでは実に88.3％にも達し、これは全量部品であるといっても過言ではない。一般に海外に生産拠点設営の初期の段階では、機械設備の輸出が先行し、海外生産が軌道に乗れば部品輸出が増加するようになる。しかし、欧米向けに比べて東アジア向け機械輸出で、部品比率が高く上昇傾向にあるのは、すぐ後で分析しているように、サポーティング・インダストリー（SI）の未発達で進出先で調達がほとんどできないことに加えて、直接投資が基本的に組立て型であることを反映したものである。

　東アジアに進出した日本企業の生産活動が軌道に乗るにつれ、製品の日本向け輸出つまり日本の「逆輸入」が急増する。前掲表2‐9（1）から次の特徴がみられる。①「逆輸入」規模は拡大し、総輸入に占める割合も一貫して上昇している。その比率は1986年（度）の4.5％から2002年（度）には16.5％にも上昇した。1980年代後半以降の特に製造業の輸入依存度上昇の主因は電気機械を中心とする「逆輸入」の急増であるといってよいだろう。②

表2-10(1)　日本の機械部品輸出構造　　　　　　　　　　　　　　　　　　　　　（単位：％）

	輸出入先	年次	世界	米国	EU(15)	NIES	ASEAN	中国	東アジア
機種別部品比率	機械比率	1990	77.0	85.1	86.5	63.4	68.8	46.5	63.7
		2004	72.1	81.0	79.3	62.9	65.7	60.6	62.8
	部品比率	1990	35.2	34.5	28.4	52.3	50.3	35.0	50.7
		2004	45.8	39.1	39.5	57.9	70.1	61.1	61.2
	一般機械	1990	39.5	45.9	33.5	34.2	37.7	34.8	35.2
		2004	48.7	58.4	58.0	33.6	58.3	41.0	40.9
	電気機械	1990	50.8	45.3	39.4	69.3	78.7	39.1	69.3
		2004	70.5	50.4	49.5	82.6	88.3	84.2	84.1
	輸送機械	1990	18.0	19.8	10.9	41.0	44.8	25.6	42.2
		2004	19.2	21.0	13.7	28.6	50.6	56.7	43.3
	精密機械	1990	34.0	33.7	30.2	49.2	27.5	22.2	44.6
		2004	39.0	42.4	31.7	39.7	50.6	38.6	40.6
部品の機種別地域構成	部品計	1990	100	33.9	16.8	24.0	9.7	1.2	34.9
		2004	100	21.5	14.1	27.2	12.6	14.6	54.5
	一般機械	1990	100	38.6	17.3	16.8	9.2	1.2	27.2
		2004	100	28.1	20.4	16.0	11.5	12.4	40.0
	電気機械	1990	100	26.0	17.0	34.0	9.8	1.5	45.3
		2004	100	12.3	10.9	38.0	14.3	17.5	69.9
	輸送機械	1990	100	45.2	10.8	11.0	13.9	0.5	25.5
		2004	100	39.1	12.1	7.9	12.5	9.4	29.9
	精密機械	1990	100	32.4	25.9	27.7	2.8	0.6	31.1
		2004	100	21.5	11.7	38.4	7.9	14.4	60.3
部品の地域別機種構成	部品計	1990	100	100	100	100	100	100	100
		2004	100	100	100	100	100	100	100
	一般機械	1990	32.5	37.1	33.6	22.8	30.6	33.6	25.3
		2004	30.0	39.2	43.5	17.6	27.3	25.5	22.0
	電気機械	1990	42.4	32.5	43.0	60.1	42.6	53.4	55.0
		2004	46.4	26.5	35.7	64.8	52.4	55.6	59.4
	輸送機械	1990	17.0	22.7	10.9	7.8	24.4	7.6	12.4
		2004	13.5	24.6	11.6	3.9	13.4	8.7	7.4
	精密機械	1990	8.0	7.7	12.4	9.3	2.3	3.8	7.2
		2004	7.8	7.8	6.4	11.0	4.9	7.7	8.7

（注）「部品」の定義は下記資料を参照。次表も同じ
（資料）国際貿易投資研究所『日本の貿易の地域別・品目別数量指数のデータベース作成に関する調査研究』
　　　（2005年9月）より作成（原データは『日本貿易概況』）。次表も同じ

　「逆輸入」に占めるアジアの割合は圧倒的に高く、1995年以降80％以上も占める。アジアからの輸入において、「逆輸入」の比率は4分の1近く（23.5％）で、米欧の2％台を大きく上回る。「逆輸入」は基本的には同一企業グループ内取引による企業内分業によるものである。電気機械の同一企業グループ内取引比率（世界の日本向け輸出）は96.5％という高いものである。[21]

　逆輸入の急増を反映して、通関ベースでも東アジアから製品輸入が急増していることを確認することができる。①製品輸入比率は全般的に上昇している。東アジアの上昇テンポが最も速く、製品輸入比率は1986年の35.2％から2004年には76.3％と2倍にも高まった。東アジア諸国・グループ別の輸入の

表2-10(2) 日本の機械部品の輸入構造　(単位:％)

	輸入先	年次	世界	米国	EU(15)	NIES	ASEAN	中国	東アジア
機種別 部品比率	機械比率	1990	18.0	35.7	35.8	22.1	6.0	4.3	12.3
		2004	31.7	47.3	40.9	53.8	37.3	39.8	42.4
	部品比率	1990	39.5	44.9	21.2	58.9	74.0	57.5	61.7
		2004	50.9	51.3	35.6	69.7	59.0	45.6	56.2
	一般機械	1990	46.0	51.4	33.5	49.6	64.7	40.0	53.5
		2004	45.4	59.0	49.5	55.9	33.3	32.7	39.2
	電気機械	1990	67.5	68.4	57.1	67.3	83.0	64.8	70.6
		2004	69.1	75.7	64.0	80.2	69.2	56.4	68.0
	輸送機械	1990	13.3	18.9	6.9	46.3	93.4	89.1	51.1
		2004	26.8	30.1	16.4	58.2	76.7	40.5	54.3
	精密機械	1990	21.7	23.2	18.7	41.9	50.0	0.0	40.7
		2004	25.7	25.5	24.8	27.5	47.4	32.4	34.6
部品の 機種別 地域構成	部品計	1990	100	49.7	14.8	20.1	6.5	3.5	30.1
		2004	100	20.6	11.2	23.8	16.5	23.3	63.6
	一般機械	1990	100	54.8	16.2	12.3	6.0	0.4	18.7
		2004	100	26.9	14.4	20.9	9.1	23.1	53.3
	電気機械	1990	100	45.7	10.2	28.7	8.4	3.2	40.3
		2004	100	14.8	5.9	29.7	21.7	23.8	75.3
	輸送機械	1990	100	49.8	28.7	9.1	1.9	0.4	11.4
		2004	100	33.2	28.1	8.7	10.7	11.0	30.7
	精密機械	1990	100	46.1	17.4	21.3	3.3	0.6	25.2
		2004	100	31.4	22.7	6.8	11.9	23.3	42.3
部品の 地域別 機種構成	部品計	1990	100	100	100	100	100	100	100
		2004	100	100	100	100	100	100	100
	一般機械	1990	39.0	43.1	42.8	23.9	35.9	9.8	25.8
		2004	30.0	39.2	38.7	26.4	16.5	29.8	25.1
	電気機械	1990	44.4	40.9	30.7	63.6	57.5	82.9	63.4
		2004	54.3	39.0	28.9	67.8	71.4	55.6	64.3
	輸送機械	1990	8.9	8.9	17.2	4.0	2.6	2.4	3.6
		2004	6.5	10.5	16.4	2.4	4.2	3.1	3.1
	精密機械	1990	7.6	7.0	8.9	8.0	3.9	2.4	6.7
		2004	6.9	10.5	14.1	2.0	5.0	6.9	4.6

うち、製品輸入比率が最も高いのは中国の87.0％、次いでNIES 84.6％と続く（2004年）。ASEANの製品輸入比率は2004年59.6％と最も低いが、1986年の10.8％に比べ最も速いテンポで上昇した。②財別輸入構成では、共通して機械機器のシェアが最大である。東アジア全体で、1986年の6.0％から2004年には42.4％に急増した。2004年総輸入に占める機械比率が最も高いのがNIES（53.8％）で、以下中国（39.8％）、ASEAN（37.3％）と続く。両国はシェアを最も急増させた。③機械を製品と部品に分離すると、製品比率が高まっている（[表2-10(1)]で100から部品比率を差し引くと製品比率となる）。輸入でも部品比率は極めて高いが、輸出とは逆に低下している。特にその比率が大きく低下したのは一般機械で、1990年の53.5％から2004年には

39.2％となった。電気機械でも部品比率はやや低下したが、東アジアからの部品輸入に占める電気の割合は63.4％からわずかであるが64.3％に高まった。④財別に主要国地域シェアをみると、化学製品を除き、いずれも東アジアが最大である。繊維製品輸入では東アジアが実に80％以上も占める。

　以上のように日本の産業構造のみならず貿易構造を大きく変えた動因はともに電気機械である。もうひとつの共通点がある。それは電気機械輸出入の最大取引先がともに東アジアであるということである。次にこれを別の角度からみよう。

　機械4品目の割合は、総輸入では1990年の18.0％から2004年には31.7％急激に高まっている。これほどではないが輸出でも1980年代後半にかけてそれまでにみられない高まりがある。機械比率は、輸入で1990年代後半から約30％、輸出で約74％とほぼ安定的に推移している。その過程で東アジアに焦点を合わせると大きな変化が進行している。表2-11は機械から部品を除いた機械4品目の製品輸出入を品目別地域および地域別品目の構成変化を1990年から2004年にかけてみたものである。これより次ぎのような特徴を指摘できる。①部品比率の変動を反映して、機械製品の割合は輸出で低下したが、輸入では大幅に高まった。機械製品4品目別地域の輸出入構成において、東アジアのシェアはいずれも大きく上昇している。②2004年の輸入で東アジアのシェアは一般機械でほぼ70％、電気機械で80％に近い高いものである。一方、輸送機械輸入では、東アジアのシェアは9.5％で、米国（28.2％）やEU（52.5％）に比べて極めて低い。また東アジアからの輸入構成をみると、一般機械（48.3％）と電気機械（37.5％）の2品目だけで80％以上を占め、これは米欧が輸送機械と精密機械の2品目合計で50％以上となるのと極めて対称的である。これは技術力の差を反映したものであろう。③対世界機械製品輸出の内部構成では、一般機械と電気機械のシェアが低下したのに対し、他の2品目は上昇した。輸出先別品目構成では、米欧と東アジアを比べるとかなり異なる。前者向けは輸送機械が最も高く米国58.8％、EU 47.2％であるが、東アジア向けは14.9％と極めて低い。東アジア向けでは、一般機械が半分近く占め、次いで精密機械（19.4％）、電気機械（17.0％）と続く（機械輸入における製品比率の高まりの含意を少子化・高齢化の観点から第5章で詳しく

表2-11 機械製品輸出入の構造変化　　　　　　　　　　　　　　　　　　（単位：％）

		年次	品目	世界	米国	EU	NIES	ASEAN	中国	東アジア
輸出	機種別地域別構成	1990	合計	100	35.1	22.1	11.9	5.3	1.2	18.4
			一般機械	100	29.7	21.9	21.0	10.1	1.6	32.7
			電気機械	100	32.7	26.9	15.6	2.7	2.4	20.6
			輸送機械	100	40.3	18.0	3.5	3.8	0.4	7.6
			精密機械	100	32.6	30.4	14.8	3.8	1.3	19.9
		2004	合計	100	28.1	18.3	17.0	4.7	8.0	29.7
			一般機械	100	19.0	14.1	30.0	7.8	17.0	54.8
			電気機械	100	29.1	26.7	19.1	4.5	7.9	31.6
			輸送機械	100	34.9	18.2	4.7	2.9	1.7	9.3
			精密機械	100	18.7	16.2	37.3	5.0	14.7	57.0
	地域別機種別構成	1990	合計	100	100	100	100	100	100	100
			一般機械	27.1	23.0	26.9	48.0	51.9	34.9	48.2
			電気機械	22.3	15.5	5.9	42.4	34.5	61.3	25.1
			輸送機械	42.1	48.4	34.3	12.3	30.3	12.9	17.5
			精密機械	8.5	7.9	11.7	10.6	6.1	9.2	9.2
		2004	合計	100	100	100	100	100	100	100
			一般機械	26.3	17.7	20.2	46.4	44.0	55.4	48.5
			電気機械	16.0	16.6	23.5	18.1	15.5	15.8	17.0
			輸送機械	47.4	58.8	47.2	13.1	29.4	10.0	14.9
			精密機械	10.1	6.7	9.0	22.2	10.7	18.6	19.4
輸入	機種別地域別構成	1990	合計	100	40.1	38.6	9.1	1.5	0.9	11.5
			一般機械	100	44.4	30.5	10.6	2.8	0.5	13.9
			電気機械	100	44.3	16.1	27.4	3.7	3.7	34.8
			輸送機械	100	33.7	61.1	1.6	0.0	0.0	1.5
			精密機械	100	43.6	21.3	8.4	0.9	0.9	10.3
		2004	合計	100	20.0	20.8	10.8	12.1	29.2	52.1
			一般機械	100	15.6	12.3	13.8	15.3	39.6	68.7
			電気機械	100	10.7	7.5	16.4	21.7	41.4	79.6
			輸送機械	100	28.2	52.5	2.3	1.2	6.0	9.5
			精密機械	100	31.7	23.8	6.3	4.6	16.8	27.6
	地域別機種別構成	1990	合計	100	100	100	100	100	100	100
			一般機械	29.7	32.9	23.5	34.8	54.5	16.1	36.0
			電気機械	14.1	15.5	5.9	42.4	34.5	61.3	42.8
			輸送機械	38.4	32.3	60.7	6.7	0.0	0.0	5.1
			精密機械	17.8	19.3	9.8	16.5	10.9	19.4	15.9
		2004	合計	100	100	100	100	100	100	100
			一般機械	36.6	28.6	21.6	46.7	46.3	49.6	48.3
			電気機械	24.6	13.1	8.9	37.3	44.2	34.8	37.5
			輸送機械	18.2	25.7	46.0	3.9	1.7	3.7	3.3
			精密機械	20.4	32.3	23.4	11.8	7.7	11.7	10.8

（資料）表2-10(1)に同じ

分析している）。

　「第3波」直接投資は東アジアと日本の双方はもとより両者間の貿易構造に、次のような大きな影響を及ぼした。1）東アジアはアジア通貨危機が発生した1997年までの約10年間高度成長を謳歌した。一時期ASEANは世界の「成長センター」とみられ、次期世界経済発展拠点の有力な候補としての

地位を確立した様相をみせたことがあった。2）東アジアの産業と輸出構造における工業化率の上昇と高度化。東アジアは世界の工業製品の有力な輸出基地としての地位を確立した。3）東アジアの変化に呼応あるいは並行して、日本の対東アジア貿易構造も大きく変貌した。①輸出面で一層の依存度の上昇。この動因は直接投資関連中間財輸出の急増である。②前項に関連して輸出財の内部構成の変化。機械比率の高まりであり、このうち部品の割合が一層上昇した。これは進出先で部品産業などいわゆる SI など裾野産業が未発達であるからである。③直接投資関連で製品を中心に「逆輸入」が急増している。4）両者間の関係変化。日本と東アジア間の貿易パターンが垂直的から相互に工業品を中心とする水平的分業にシフトしたこと。

事実上の経済統合

　東アジア、特に ASEAN は、日本企業の大量導入以降産業と輸出の工業化を加速した。これは極めて輸出志向の強い企業を導入したからである。この結果、日本と東アジア間の分業パターンが急速に変貌するようになる。日本が工業品を輸出し、食糧や一次産品を輸入するという垂直的分業から、相互に工業品を中核とする水平的分業へのシフトである。水平分業の内実をさらに詳しくみると産業内分業（同一産業内での製品差別化に基づく貿易。例えば小型車対大型車）であり、同一グループ内取引比率が極めて高いことから企業内分業でもある。水平分業を推進したこうした要因に加えて、高い機械部品輸出比率や長い機械生産工程などの特性により、日本は東アジアとの間に固有な有機的関係を構築した。それは国際生産ネットワークであり、さらにこれによって励起された投入産出構造の国際的展開ともいうべき構造変化である。

　日本企業が自らコアとなって東アジア全域にわたって構築した国際生産ネットワークは 2 つより構成される。これについては第 1 章第 2 節で指摘した。ここで再び同じ表現ですれば次のようになる。ひとつは進出先国内での調達と販売を通じた前方・後方連関網であり、もうひとつは同一企業間貿易取引を中心とする対外生産ネットワークである。両者は表裏一体で形成された。並行して、やはり日本を起点とした投入産出構造の国際的展開というもうひ

とつの構造変化が進行していた。投入産出構造の国際的展開とは、産業の連関構造のうち特に投入構造が1国を超えた外延的な拡張つまり国際的後方連関網の形成で、これは産業ではなく生産工程の一部を相互に取り込む過程である。これは部品貿易比率の高さに象徴されるが、特に日本と東アジア間貿易では高まっており、投入産出構造の国際的展開を一段と鮮明にしつつある。第1節で1970年代において電気機械産業が中心になって日本の産業構造を再編し高度化したことを指摘した。それは電気機械産業が新しい技術パラダイムに適応し、生産工程（投入と産出）の「拡散」と「統合」という2つの機能を効果的に発揮したからである。日本と東アジア間の機械貿易の主流である電気機械がIT装置を装備するにつれ、上記の機能を一層強化した。電気機械同様のことが対外的にもみられた。対外直接投資の主流となった電気機械を中心に、日本が部品を輸出し、製品を輸入することで、特に東アジアにおいて展開された。それを「投入産出」の観点からみると、前者が「垂直的統合」（国際後方連関）であり、後者が「水平的統合」（水平分業）であるといってもよいであろう。

　日本の直接投資によって励起された2つの構造変化の帰結は東アジア経済の「地域化」であり、それは域内貿易比率に集約され、日本を含む東アジアのそれは輸出51.3％、輸入60.0％にも達し（2004年）、NAFTAやEUに匹敵する事実上の「広域経済圏」という固有の経済空間の形成である。（日本企業によって形成された東アジアの事実上の経済統合メカニズムは第5章で詳しく分析している）。

　　　註
1 ）　青木健『アジア太平洋経済圏の生成』中央経済社、1994年、第5章で詳しく分析している。
2 ）　この項目は青木健『変貌する太平洋成長のトライアングル』日本評論社、2005年、第3章による。
3 ）　青木健『アジア太平洋経済の成熟』勁草書房、1991年、第3章。
4 ）　32部門表による。総務庁『平成2年〔1990年〕産業連関表』1994年3月、56頁。
5 ）　産業連関表に関する計算は国際貿易投資研究所作成の産業連関分析（JIDEA）データベース（100部門、1995年価格）を基に同研究所主任研究員小野充人氏にお願いし

た。なお統計的に不突合がある（中間投入比率で第6部門、第9部門、第12部門、第54部門。これを反映して逆行列の第6および第9部門）。したがって暫定的計算値である。また同モデルの定式化については季刊『国際貿易と投資』の2005年夏号（NO.60）、2005年冬号（NO.62）、2006年夏号（NO.64）などを参照されたい。

6) 理論的には必要生産量の規模そのものを減少させることもあり得る。例えば1980年代省エネ・資源の技術の革新で石油・化学工業では生産量の増加の半分近くマイナスの効果を与えた（増加寄与率の約半分がマイナス）。この効果は次のようにように測定される。

$$\Delta X = B_2 F_2 - B_1 F_1 = B_1(F_2 - F_1) + (B_2 - B_1)F_1 + (B_2 - B_1)(F_2 - F_1) = B_1 \cdot \Delta F + \Delta B \cdot F_1 + \Delta B \cdot \Delta F$$

（下付きの数字は時点を示す、総務庁『平成2年〔1990年〕産業連関表』1994年3月、325頁。小川一夫・得津一郎『日本経済・実証分析のすすめ』有斐閣、2002年、第11章）。本節では第1部門の第2部門からの投入物に対する節約効果を論じたが、自部門で生じた技術革新で自部門の必要生産量を減少させることもありうることは言うまでもない。理論的にはすぐ上で定式化したとおりである。本文中で示唆したように、現実には製造業の付加価値ベースの生産成長率は産出高ベースのそれを上回っている。

7) $b_{21} + b_{22}$ は低下する（本文中と同様の説明でできる）。

8) 例えば第1部門の列和つまり同部門の経済全体に及ぼす影響に関し、$b_{11} + b_{21} = [(1-a_{22}) + a_{21}]/[(1-a_{11})(1-a_{22}) - a_{12}a_{21}]$ において、a_{21} の低下は分子の値を低下させ一方分母の値を上昇させ、総合効果は低下する。

9) 総務庁前掲書、55頁。

10) この時第1部門と第2部門の需給バランスは以下のようになる。

$$X_1 = a_{11}X_1 + a_{12}X_2 + f_1 + E_1 - M_1 = a_{11}X_1 + a_{12}X_2 + f_1 + E_1 - m_1(a_{11}X_1 + a_{12}X_2 + f_1)$$

$$X_2 = a_{21}X_1 + a_{22}X_2 + f_2 + E_2 - M_2 = a_{11}X_1 + a_{22}X_2 + f_2 + E_2 - m_2(a_{21}X_1 + a_{22}X_2 + f_2)$$

E_1 と E_2 はそれぞれ第1部門と部門の輸出とする。X_1 と X_2 を未知数として解くと

$$X_1 = \{a_{21}(1-m_1)(1-m_2)f_1 + (1-m_2)[1-a_{11}(1-m_1)]f_2 + a_{21}(1-m_2)E_1 + [1-a_{11}(1-m_1)]E_2\}/D$$

$$X_2 = \{(1-m_1)[1-a_{22}(1-m_2)]f_1 + a_{12}(1-m_1)(1-m_2)f_2 + [1-a_{22}(1-m_2)]E_1 + a_{12}(1-m_1)E_2\}/D$$

$$D = [1-a_{11}(1-m_1)][1-a_{22}(1-m_2)] - a_{12}a_{21}(1-m_1)(1-m_2)$$

ここで第1部門の輸入依存度が上昇したとすると、同部門の f_1 に係る係数は低下する。つまり最終需要の生産誘発係数が低下するということである。対外部門のない閉鎖経済の場合の $X = [I-A]^{-1}f$ と比べると、次のような特徴を指摘することが出来

る。第1は各セクターの生産誘発の大きさを示すレオンチェフ乗数では、閉鎖経済に比べると小さくなる。$[I-A]^{-1} > [I-(I-\hat{M})A]^{-1}$ であるからである。$(I-\hat{M})A$ は国産品投入係数で、$\hat{M}$ が大きくなるほど国内に対する波及力は小さくなる。対外取引を導入した場合、輸入は所得の漏出とみなされるからである。第2は、輸入係数が大きいほど、被乗数 $(I-\hat{M})f$ は小さくなる。第3に輸出は上記2つを相殺する役割を果す。非競争輸入方式は $X = (I-A)^{-1}(F-M)$ と定式化される（総務庁前掲書、54-55ページ）。これは最終需要とともに輸入も外性的に決定されるが、輸入は特別な場合を除き一般的に国内の生産活動によって誘発されるということである。

11) 総務庁前掲書、55頁。
12) 日本の場合、非課税取引、免税業者の存在、輸出免税、簡易課税制度などを無視している（総務庁前掲書、33頁）。
13) 最終需要による国内生産額誘発に伴う粗付加価値も誘発され、両者の関係を粗付加価値誘発係数と称し、日本の場合、1980年0.8670、1985年0.8977、1990年0.9068と高まっている（総務庁前掲書、320頁）。
14) 交易条件（＝輸出価格/輸入価格）の改善があれば実質所得（GNP）が増加して実質ベースの経済成長率は高まる。
15) $\alpha = (\partial Y/Y)/(\partial K/K)$、$\beta = (\partial Y/Y)/(\partial L/L)$ という資本と労働の生産に対する弾力性であると同時に限界生産力である。限界生産力がプラスしかも逓減する条件は α、β ともプラスかつ1以下でなければならない。これらは生産の物理的関係で、企業家の利潤極大化ないし費用極小化行動という合理的行動とは無関係のパラメータの解釈である。ここで利潤極大化行動を導入すると、$rK+wL = (\alpha+\beta)pY$ となる（r＝資本のレンタル料、w＝賃金率、p＝生産物価格でいずれも一定とする）。さらに $\alpha+\beta = 1$ とすると（規模に関して収穫不変）、生産物は限界生産力に従って、資本と労働に全て帰属する。この時 $\alpha = rK/pY$、$\beta = wL/pY$ となり、それぞれ資本分配率、労働分配率となり、限界生産力に加えて、経済的意味が与えられる。「成長会計の基本式」によって、R・ソローは成長過程で重要なのはそれまで信じられたような数量的な資本蓄積ではなく、技術進歩であることを明示した。ただしこの場合の技術進歩は外部から非連続にもたらされ、経営組織の改善やマーケッテングの変更、商品デザインの改良、流通センターの設置、JITなどである（不体化の技術進歩）。一方、古い資本ストックを新しいストックと置き換えても、資本ストックが一定でも多くの産出量を生産できる能力をもつ。この新しい技術が体化されている資本ストックによって得られる産出量の増加を資本に体化された技術という（embodied technical progress）という（熟練度の高い労働力に置き換えられる場合もある）。
16) 財務省財務総合政策研究所『フィナンシャルレビュー』2001年7月、ただし「成長

会計式」を具体的に示していない。「成長会計」の手法で同じ結果をしている分析に「日本の潜在成長力（上）、（中）」がある（『経済教室』『日本経済新聞』2003年9月29、30日付け朝刊）。ただし、前者の分析では「資源再配分効果」がある。それによると、その効果は1980年代の0.2％から1990年代には▲0.4％となり、つまり「資本や労働力の再配分効果による経済成長の低下分が0.6％」にもなっている。後者では労働の質（学歴、年齢）を考慮している。これによるとTFP成長率は1983-98年年率0.43％から1990年代には同0.23％に低下しているが、これは他の結果に比べて、TFP上昇率の下落は相対的に小さい。P・クルーグマンが『まぼろしのアジア経済』を論じたベースとしたAlwyn Youngの論文（"The Tyranny of Numbers: Confronting the Statistical Realities of the East Asian Growth Experience", *NBER Working Paper*, March 1994）は労働の質を勘案している。日本の産業別（国際標準産業分類、3桁）のTFPを計測したものにChia-Hung Sun, *The Growth Process in east Asian Manufacturing Industries*, EE 2004がある。産業分類と計測期間は異なるが、TFP変化は本章の分析結果と同じである。なお同書は韓国、香港、シンガポール、台湾などのNIES諸国についても分析している。関連文献としてRenuka Mahadevan, *The Economics of Productivity in Asia and Australia*, EE 2004; Yanrui Wu, *China's Economic Growth*, Routledge Curzon, 2004もある。

17) 「基礎素材部門」は産業連関表を三角化した場合、下段のほうに位置しその生産増は他産業に影響を与えずむしろ受けるという特性を持つ。

18) 『平成2-7-12年接続産業連関表 総合解説編』総務庁、2005年5月によると、輸出の生産誘発係数は1900年2.2062、1995年2.1495、2000年2.1111と低下しているが、依然前需要項目中最大である。輸出の生産誘発依存度は10.4％、10.1％、12.5％である（216頁）。

19) 輸出の輸入誘発係数は1900年の0.0800から1995年の0.1012を経て2000年には0.1082に高まっている。輸出の輸入誘発依存度は8.6％、8.9％、11.3％へと上昇している（同上、218頁）。

20) 筆者はこの構造を輸出、輸入および直接投資の三位一体とする相互に連動化を強めひとつのループとなり、これが日本経済のダイナミズムをスピルオーバーさせる1個の動態と化したと分析した（青木健『アジア太平洋経済圏の生成』中央経済社、1994年、第5章）。なお消費の輸入誘発係数が上昇しているのは第2カテゴリーの機械関連セクターに集中しており、いずれも表2-6（2）でみた民生用電気機器と電子・電気機器でみた基準10^{-4}以下である。

21) 通商産業省『我が国企業の海外事業活動（第29回）』。

第3章

日本の貿易構造変化が東アジアに及ぼした影響

　円高ドル安為替レート調整に向けた1985年G5を契機に、輸出志向性の強い日本企業は大量かつ継続的に米欧および東アジアの3拠点に向けて生産拠点をシフトさせた。これは日本の直接投資「第3波」と称され、直接投資関連貿易の高まりを通じ、特に日本および日本・東アジア間貿易に大きな影響を及ぼした。

　直接投資関連貿易は2つのチャネルを通して、投資国と被投資国の双方に影響を及ぼす。投資国日本は海外に進出した日本企業に対し中間財を輸出する。日本の総輸出に占める進出先日本企業に対する輸出比率は、1986年の12.8％から2002年には実に30.1％に高まった。東アジアに進出した日本企業の全調達額のうち日本からに輸入の割合は33.0％、全世界での調達額のうち東アジアのシェアは33.6％を占める（2002年）。一方、日本は進出日本企業が生産した製品を輸入する（「逆輸入」）。日本の総輸入に占める「逆輸入」の割合は1986年の4.5％から2002年には16.5％に上昇した。2002年「逆輸入」に占める東アジアの比率は実に81.8％にも達する。直接投資関連貿易を通じて、日本と東アジア間の貿易パターンは、史上初めて、垂直的から相互に工業品や製品を中核とする水平的分業にシフトした。この動因となったのが日本の対東アジア直接投資機械3業種（電気機械、輸送機器および機械）のうち件数ベースで第1位、金額ベースで第2位の電気機械で、現在を日本を抜き東アジアは電気機械で世界最大の生産・輸出国となった。それどころか1990年代に入り情報と通信が融合したインターネットを動因とするいわゆるIT革命が一段と進行する中で、アナログからデジタルへという戦後技術パラダイムの転換を効果的に対応し、機械に新しい機能を付与した電気機械はIT

財へと大変貌を遂げ、東アジアはその世界的な生産・輸出基地の地位を確立するようになる。東アジアのIT製品の最大に輸出先は世界でIT化の最先端を行く米国であった。

　IT製品の生産と輸出のためには部品を必要とする。東アジアはその調達先として、日本をはじめ他の域内諸国に求めた。そして次第に東アジアは域内部品調達比率を高め、製品輸出先として米国を中心とする3極にシフトさせていく。本章は日本の直接投資関連貿易をテコに、東アジアが輸出工業化を推進し、さらにその中心となった電気機械をIT財へと変貌させていく動態を分析する。

第1節　日本の貿易構造変化

　日本の貿易構造は1980年代後半から1990年代初頭にかけて大きく変容している。これらを前2つの章で分析したことを要約すれば次のようである。①戦後日本にとって経済成長のテコの役割を果した最大の輸出先である米国のシェアが低下を続け、1991年に主要国・地域中東アジアが米国を抜きとって代わった。②全商品ベースの輸入では東アジアははるかに先行して1980年までに米国を抜き最大の輸入元となった。③日本の製品輸入（化学製品、繊維製品、非金属鉱物製品、金属・同製品、機械機器、その他）でも、東アジアは1987年にEUを翌1988年に米国を抜き、その後主要国・地域のうち最大の相手先となった［表3-1］。日本が東アジアからの製品輸入を急増させたのは直接投資関連貿易のうち特に「逆輸入」によるものである。日本の総輸入に占める「逆輸入」比率は1980年代中葉以降急速に上昇している。

　日本の製品輸入に占める東アジアのシェアは2001年以降50%を超えた。しかし平均製品輸入比率は先進国に比べて依然低く、2004年でも61.2%である。日本の製品輸入比率は1970年代2つの石油危機で20%台にまで低下を余儀なくされたが、その後第2次世界大戦以来毎年最高水準を更新するものの、製品輸入比率が70%以上という米欧諸国を上回ったことはこれまで1度も無い。それにもかかわらず製品輸入比率を、東アジアをグループ別にみると、NIESからの輸入では既に1986年に対世界や米国を上回っており、2004年に

表3-1　製品輸入の主要国・地域別構成　　　　　　　　　　　　　　　（単位：%）

	年次	世界	米国	EU	NIES	ASEAN	中国	東アジア
製品輸入の国別構成	1986	100	33.4	22.7	14.8	2.8	3.7	21.3
	1990	100	27.5	26.1	16.1	4.9	5.2	26.3
	1995	100	25.2	21.5	16.7	9.2	14.0	39.8
	2000	100	22.8	17.5	16.7	12.5	19.6	48.9
	2001	100	21.4	18.1	15.0	12.4	22.6	50.0
	2002	100	19.9	18.0	14.2	12.0	25.1	51.4
	2003	100	17.6	18.2	13.9	11.7	27.7	53.3
	2004	100	15.8	17.9	14.1	8.6	29.4	55.3
機械/製品輸入比率	1986	27.8	44.4	30.8	21.6	12.7	1.9	17.0
	1990	34.6	55.1	39.2	28.8	25.3	8.4	24.1
	1995	42.8	61.6	44.7	53.3	48.2	18.6	39.9
	2000	51.7	66.9	47.5	66.4	64.9	31.6	52.1
	2001	50.7	65.8	46.9	64.9	64.6	33.9	50.8
	2002	51.2	66.2	46.6	64.4	62.6	39.4	51.7
	2003	51.3	65.7	46.2	64.3	62.7	42.9	52.8
	2004	51.0	65.8	47.0	61.3	62.4	45.2	53.0
機械輸入の国別構成	1986	100	53.3	25.0	11.5	1.3	0.3	13.0
	1990	100	43.8	29.6	13.4	3.6	1.3	18.3
	1995	100	36.3	22.4	20.8	10.4	6.1	37.2
	2000	100	29.5	16.1	21.5	15.7	12.0	49.3
	2001	100	27.7	16.7	19.2	15.8	15.1	50.1
	2002	100	25.7	16.4	17.9	14.7	19.3	52.0
	2003	100	22.5	16.4	17.4	14.4	23.2	55.0
	2004	100	20.5	16.5	17.0	14.4	26.1	57.5

（資料）『外国貿易概況』より作成

は84.6%という高さである。中国のから製品輸入比率は1988年に対世界さらに翌1989年には対米を上回り、2004年には87.0%とEU（86.4%）さらにNIESを上回るまでになった［表3-2］。東アジアからの財別輸入構成では、共通して機械機器のシェアが最大である。シェアを最も急増させたのはASEANと中国である。財別に主要国・地域シェアをみると、化学製品を除き、いずれも東アジアが最大である。繊維製品輸入では東アジアが実に80

表3-2　日本の製品輸入比率　　　　　　　　　　　　　　　　　　　（単位：%）

年次	世界	米国	EU	NIES	ASEAN	中国
1986	41.8	60.7	85.5	62.3	10.8	34.8
1990	50.3	62.0	86.1	73.4	23.9	50.8
1995	59.1	66.4	87.4	80.3	47.6	77.3
2000	61.1	73.3	86.8	83.6	59.6	82.7
2001	61.4	72.5	87.0	84.1	59.9	84.0
2002	62.1	72.2	86.2	84.2	59.5	85.2
2003	61.4	70.4	86.0	84.2	57.9	86.6
2004	61.2	70.9	86.4	84.6	59.6	87.0

（出所）日本貿易振興会『日本の貿易動向2001-2002』2003年8月など（原データは『外国貿易概況』）

％以上も占める。これらは日本の対東アジア貿易で事実上水平分業が進行していることを示している。これを促進した最大の動因は1980年代中葉の日本製造業企業の大量かつ継続的な生産拠点の東アジアへのシフトである。

急増する「逆輸入」

　日本が東アジアから製品輸入を急増させている背後に「逆輸入」がある。「逆輸入」とは、日本企業が海外に進出し、そこで生産した製品を日本が輸入することである。これは既に第2章でみたが、ここでは「逆輸入」を契機に、東アジアにおいて水平分業がはじめて開始されたという観点から再びやや詳しく分析しよう。

　日本が東アジアからの「逆輸入」を最も急増させた1995年から2002年までの変化に関し、次の特徴点を指摘できる。①「逆輸入」総額は2兆9311億円から8兆6445億円と2.9倍増加した。製造業は1兆6590億円から4兆9803億円へと3倍に増加した。このうち機械は1兆3410億円から4兆110億円へと約3倍という伸びをみせた。②製造業比率は56.6％から57.6％へとやや上昇した。③製造業に占める機械比率は80.8％から80.5％へと、ほとんど変わっていない。④機械5品目（一般、電気、情報通信、輸送および精密）「逆輸入」でのアジアの比率は輸送機械の71.0％を最低に、他はいずれもそれよりも高い。情報通信機械のアジアの「逆輸入」比率は94.7％で、全量アジア（事実上東アジア）であるといってよいであろう。⑤アジアからの機械「逆輸入」をグループ別にみると、電気・情報通信・輸送機械の3品目はASEANがいずれも40％以上を占める。一般と精密機械では中国がいずれも60％以上を占める。

　日本の機械の「逆輸入」を日本の通関ベースとの関連をみると次のような特徴を挙げられる。①1995年から2003年にかけて機械全体の「逆輸入」比率は上昇し、2003年のアジアでは56.6％[1]という高さである。米国（7.1％）や欧州（5.3％）からの「逆輸入」比率を大きく上回る。②東アジアからの電気機械の輸入はほぼ全量「逆輸入」であるといってもよい。精密機械では約3分の2を占める。機械3業種の国・グループ別の比率は表3-3でみるとおりである[2]。東アジア全体で、一般機械の「逆輸入比率」は機械3品目中最

表3-3　直接投資関連貿易の比率　　　　　　　　　　　　　　　　　　　　（単位：％）

品目	取引先	逆輸入比率		輸出比率	
		1995	2000	1995	2000
機械計	アジア計	44.3	62.6	16.3	32.1
	NIES	34.6	58.8	10.8	22.8
	ASEAN	75.3	88.3	46.4	48.6
	中国	24.7	31.0	15.0	31.8
一般機械	アジア計	10.8	14.8	2.9	5.9
	NIES	10.1	17.9	3.5	5.2
	ASEAN	7.5	7.9	2.4	5.1
	中国	25.0	13.2	1.7	9.2
電気機械	アジア計	62.9	88.7	17.1	44.6
	NIES	46.8	95.4	13.2	37.6
	ASEAN	118.0	118.8	23.5	61.8
	中国	25.7	93.5	26.3	40.9
精密機械	アジア計	58.8	63.8	11.3	13.1
	NIES	92.7	94.4	12.2	11.8
	ASEAN	40.0	85.6	8.7	14.5
	中国	17.9	90.3	8.8	18.8

（注）NIESは韓国、台湾、香港およびシンガポールの4ヵ国
　　　ASEANはタイ、マレーシア、フィリピンおよびインドネシアの4ヵ国
（資料）『海外事業活動基本調査』より作成

　も低いが10.8％から14.8％に高まった。輸送機械の「逆輸入」は同表には掲載していないが2000年にはASEANが70.5％を占める（中国11.8％、NIES 4.6％）。

　上記のような日本の対東アジア輸入構造変化は重大な変化が東アジア地域で進行していることを示している。それは、これまで東アジアでは日本が唯一の工業国で、他の東アジア諸国との分業は、日本が工業品を輸出し一次産品を輸入するといういわゆる垂直的パターンであった。しかし製品輸入の急増は既に第2章第4節で指摘したように、製品や工業品の相互取引が中心となり本格的水平的分業にシフトしつつあることを意味し、東アジアで史上初めて水平分業が開始される可能性が生まれたことである。しかも日本と東アジア間の製品取引の内部構成も高度化つまり機械比率が高まり、水平分業の可能性を一層高めている。日本の輸出構造では総輸出に機械機器が占める比率は1990年までに4分の3（75％）に達し、その後大きな変動がみられないが、東アジア向け輸出は大きく変化している。東アジア向け輸出の工業化率（総輸出に占める化学製品、金属および機械の重工業品の割合）は1970年に既に67％に達し、その後一貫して上昇して1990年には87.3％になった。しかも、

重化学工業品に占める機械（自動車を含む）の比重はその間60%から86%に高まった。機械機器4品目（一般、電気、輸送および精密）輸出のうち、最も高い比率を占める電気機械の割合が1980年の23.0%から1990年には40.3%となり、2004年には43.3%に達した。一方、日本の対世界製品輸入に占める機械の割合は1986年でも27.8%と低位であったが、1999年以降50%を超えている。対東アジアでは、1986年には17.0%と平均を大きく下回っていたが、1999年以降追いついた。グループ別には既に表3‐1でみた。

日本の機械貿易の構造と変化の方向

東アジアにおいて、水平的分業が開始されたのは輸出志向性の強い電気機械を中心とする日本企業が大量に進出してはじめて可能となった。1985年の円高ドル安為替レート調整を契機に、機械産業を中心に日本企業が大量に生産拠点を海外にシフトした1980年代後半を経て、その影響が最も現出した1990年代以降を対象に、日本と東アジア間の機械貿易構造を分析する。

日本の東アジアからの機械輸入における品目別構成は表3‐4でみるとおりである。同表より次のような特徴を指摘しうる。東アジアからの輸入に占める（後掲表5‐4では資本財の観点から東アジアからの輸入構造を分析している）機械の比率は1985年から1990年までの10%台を経て1995年まで飛躍的に上昇している。その後も東アジアの機械比率は世界平均を上回り一貫して上昇している。②機械の総輸入に占める東アジアのシェアは1985年の11.5%から2004年には57.6%に高まった。③東アジアからの機械輸入の品目別構成では、電気機械のシェアは1985年以降低下傾向をみせているが、2004年でも53.1%と半分以上を占め依然最も大きい。しかし機械4品目のシェアは固定化しつつある。世界輸入の機械4品目構成では、電気機械は最大であるが、東アジアのそれに比べかなり低い。一方輸送機械と精密機械のシェアは東アジアに比べ3‐4倍大きい。④日本の品目別機械総輸入に占める東アジアの比率は電気機械の76.6%を最高に、以下一般機械61.6%、精密機械（31.3%）と続き、輸送機械では15.1%と最も低い。こうした日本の東アジアからの機械輸入の急増および高度化は、先に指摘したように、専ら進出日本企業の日本向け輸出つまり日本の「逆輸入」によるものであるであるといっても

表3-4　東アジアからの機械の輸入構造　　　　　　　　　　　　　　　　　（単位：％）

	年次	機械計	一般機械	電気機械	輸送機械	精密機械
機種別東アジアのシェア	1985	11.5	6.2	22.4	1.5	18.7
	1990	18.1	16.2	38.7	2.9	13.7
	1995	37.1	40.0	54.4	5.9	23.4
	2000	49.3	53.7	62.4	11.9	27.8
	2001	49.9	51.5	66.3	14.5	25.9
	2002	52.0	50.0	70.1	13.6	27.7
	2003	55.2	60.1	73.5	14.3	30.6
	2004	57.6	61.6	76.6	15.1	31.3
東アジアからの機械輸入の機種別構成	1985	100	20.7	61.0	2.8	15.5
	1990	100	30.0	55.2	4.3	10.4
	1995	100	34.5	54.6	2.9	7.9
	2000	100	37.7	52.3	3.0	7.2
	2001	100	35.9	52.5	3.2	7.3
	2002	100	36.8	52.5	3.4	7.3
	2003	100	36.6	52.2	3.4	7.5
	2004	100	36.0	53.1	3.2	7.4
世界からの機械輸入の機種別構成	1985	100	38.2	31.4	20.9	9.5
	1990	100	33.5	25.9	26.9	13.7
	1995	100	32.1	37.2	18.2	12.4
	2000	100	34.6	41.3	11.3	12.8
	2001	100	34.7	40.4	11.0	13.9
	2002	100	34.2	38.9	13.2	13.7
	2003	100	33.6	39.2	13.3	13.7
	2004	100	33.6	40.0	12.4	13.7

（注）機械計は東アジアからの総輸入に占める割合。これに関し出所が異なり表3-1に比べ若干の乖離がある
（資料）国際貿易投資研究所『日本の商品別・地域別貿易指数』より作成

過言ではない。

　東アジアからの輸入で機械比率が上昇していることを確認したが、再度機械を製品と部品に分離して[3]、1990年から2004年にかけての変化をみると、次のような特徴を指摘できる［前掲表2-10（2）、表2-11］。1）世界からの機械輸入に占める部品比率は39.5％から2004年には50.9％に上昇したが、対東アジアは61.7％から56.2％に低下した。2）品目別では対世界で一般機械を除く3品目で部品比率が上昇しているのに対し、東アジアでは輸送機械を除く3品目で低下している。3）東アジアからの部品比率が最も高いのは電気機械で2004年でも68.0％と高いが、1990年の70.6％に比べ低下した。4）以上の変化は東アジアから機械最終製品輸出が増加していることを示している。①東アジアの最終製品のシェアは1990年の38.3％から43.8％へと上昇した。②最終製品比率が最も高いのが精密機械で59.3％から65.4％へと一層高まった。以下一般機械（60.8％）、輸送機械（55.7％）、電気機械（32.0％）と続く

(いずれも2004年値)。③東アジアからの最終製品のシェアは、1990年では電気機械（42.8%）が最も高く次いで一般機械（36.0%）であったが、2004年には一般機械（48.3%）が第1位となりついで電気機械（37.5%）が続く。

　東アジアからの総輸入において、機械比率さらに機械に占める最終製品比率がともに高まっているが、日本の東アジア向け機械輸出の部品比率は上昇ししかも世界平均を上回る。これは東アジアが充分に部品の供給ができないからである。このため進出日本企業や地場企業に部品を供給しているのが日本である。日本の東アジア向け部品輸出について、次のような特徴を挙げられる［表2-10（1）］。①対世界部品輸出比率は1990年の35.2%から2004年には45.8%に、東アジア向けも50.7%から61.2%へといずれも上昇し、世界平均を大きく上回る。②東アジア向け機械輸出の部品比率を品目別にみると、電気機械が一層上昇し、2004年には84.1%にも達し、これはほぼ全量部品であるといってもよい。次いで部品比率が高いのは輸送機械で1990年の42.2%からわずかであるが2004年には43.3%に高まった。

第2節　進む東アジアの輸出構造高度化

　電気機械を中心に日本の東アジア向け部品輸出比率の上昇は、東アジアからの製品を中心とする「逆輸入」の増加と表裏一体で進行している。これが先に指摘した電気機械をはじめとする機械貿易を中心に東アジアにおいて史上初めて水平的分業を実現し、また同地域の経済的統合化を推進さらに日本が輸出入両方で東アジアへの依存を高めている動因になっている。一方、こうした構造変化を東アジア側からみると、機械を中心に総輸入に占める日本シェアは1国ベースで相対的には最も高いが、次第に低下傾向をみせる。さらに輸出でも日本から輸入した大量の部品で組立てた機械製品を生産し、それを東アジアは域外特に米国向け輸出を増加させ、対日輸出の依存度を低下させていく。つまり東アジアは日本からの部品輸入を燃料としつつ製品生産を増加させ、輸出入ともに対日依存度を低下させていくという構造変化を進行させているということである。以下これを分析しよう。

輸出拡大の主役は日本企業

東アジアに進出した日本企業は進出国の貿易に大きな影響をおよぼしとりわけ輸出拡大に貢献した。表3-5はそれを示したもので、進出日本企業による日本向け輸出と第3国向け輸出に分離してみると、それぞれ次のような特徴を指摘できる。1) 日本向け輸出シェアは東アジア全体で製造業さらに機械（4分野）で一段と上昇し、この結果総輸出で1995年の39.2%に比べ2000年には46.6%へと高まった。2) グループ別にみると、ASEANのみ全てのレベルで対日輸出シェアをわずかに低下させた。NIESも対日機械輸出でわずかであるがシェアを低下させた。3) 対日輸出で、製造業に占める機械比率はNIESを除きいずれも高まった。NIESは83.3%から76.4%に低下したが［表3-6］、日本の通関輸入ベースの61.3%を上回る依然高いもの

表3-5　日本の直接投資関連貿易の構造　　　　　　　　　　　　　　　（単位：%、10億円）

進出先		日本向け輸出シェア		日本からの輸入シェア		輸出規模比較		バランス					
								1995			2000		
	年次	1995	2000	1995	2000	1995	2000	日本	第3国	合計	日本	第3国	合計
アジア	製造業計	45.3	48.3	67.5	62.7	1.21	1.07	▲555	942	387	▲299	2163	1864
	機械計	47.9	49.6	71.8	64.2	1.09	1.02	▲551	715	164	▲275	1710	1435
	合計	39.2	46.6	49.3	53.7	1.55	1.15	▲350	1160	810	▲689	1884	1195
中国	製造業計	52.4	57.4	69.4	75.9	0.91	0.74	▲20	76	56	▲11	311	300
	機械計	46.6	49.3	69.0	71.9	1.15	1.03	▲50	64	14	▲83	280	197
	合計	52.7	63.9	69.7	79.9	0.90	0.57	8	107	115	19	328	347
ASEAN4	製造業計	47.3	46.0	71.4	62.7	1.11	1.17	▲354	410	56	179	1369	1548
	機械計	50.9	47.2	75.0	64.1	0.96	1.12	▲309	292	▲17	143	1091	1234
	合計	45.8	45.5	68.1	62.5	1.18	1.20	▲314	528	214	88	1538	1626
NIES	製造業計	41.9	43.9	61.9	66.2	1.39	1.31	▲134	460	326	▲644	557	▲87
	機械計	45.2	44.9	68.2	69.6	1.21	1.23	▲150	366	216	▲564	425	▲139
	合計	35.4	42.6	39.5	49.2	1.83	1.35	3	528	531	▲858	74	▲784

（資料）『我が国企業の海外事業活動』より作成。次表も同じ

表3-6　直接投資関連貿易（製造業に占める機械比率）　　　　　　　　　　（単位：%）

		日本		第3国	
		1995	2000	1995	2000
輸出	アジア	80.8	82.2	72.6	78.2
	中国	68.1	66.1	86.1	91.6
	ASEAN	81.1	82.7	70.2	78.9
	NIES	83.3	76.4	72.7	71.6
輸入	アジア	85.5	82.7	69.7	77.7
	中国	86.1	76.2	87.6	93.7
	ASEAN	83.1	82.9	69.2	77.9
	NIES	87.9	80.5	66.5	68.7

である。4）日本からの機械輸入で、NIESを除き他の諸国・グループはそのシェアを低下させたが、いずれも対日輸出でのシェアを上回る。製造業のうち機械の対日輸入シェアは中国の71.9％を最高にいずれも60％以上という高さである。以上の結果、5）アジア全体の対日貿易収支は2000年には6890億円と1995年の3500億円に比べ2倍近く赤字幅を拡大した。しかしグループ別や財別にみると大きな変化がある。アジア全体で機械貿易の赤字幅が半減した。ASEANは全てのレベルで黒字を計上するに至った。

東アジアに進出した日本企業の第3国貿易に関する特徴と1995年から2000年にかけての変化は次のとおり。1）第3国向け輸出規模を日本向けと比較すると、両時点とも前者の方が大きかったが、相対比率は低下した（ただし中国の製造業と総額を除く）。なおASEANの機械輸出は2000年には、第3国向けが上回った。2）製造業輸出に占める機械比率は、日本向けより低いが1995年に比べ高まった。つまり輸出構造が高度化した。輸入でも同じ変化がみられた。3）対第3国貿易収支は既に1995年時点で全グループや全財レベルで黒字を計上していたが、2000年には黒字規模は一層拡大した（NIES合計のみ縮小した）。東アジア全体の第3国貿易黒字計上に対する日本企業の貢献は1995年の14％（＝123/899）から2000年には12％（＝175/1470。以上いずれも分子、分母とも単位は10億円）に低下したものの、決して小さくない。

東アジアは世界的にみて工業化政策で、早い段階で輸入代替から輸出志向に転換した。シンガポールを含むNIESは1960年代初頭に転換した。その後1980年代に入りASEANも輸出志向工業化路線に転じた。これに拍車を掛けたのが、1980年代中葉以降日本企業の大量かつ継続的な進出である。東アジアに進出した日本企業の日本向け輸出比率（輸出の対総売上高）をグループ別に1995年から2001年にかけてみると次ぎのようになる。NIES（韓国、台湾、香港およびシンガポール）は製造業全体で12.5％から24.4％に、機械5業種で14.1％から35.7％に上昇した。ASEANは製造業全体で13.8％から25.0％に、機械5業種で15.3％から27.9％に高まった。中国は製造業全体で22.7％から34.6％に、機械5業種で22.7％から36.8％へといずれも大きく上昇した。

通関ベースでも、アジアの日本向け輸出で工業化率の上昇さらにその高度

化を確認することができる。対日輸出工業化率（総輸出に占める化学品、機械およびその他工業品の割合）は1990年の50.7％から1995年の68.0％を経て2003年には76.6％に上昇した。しかもこの間工業品のうちその他工業品比率が67.3％から56.6％さらに43.4％に低下したのに対し、機械比率が26.9％から38.6％、51.1％へと一層高まっている。

輸出構造の高度化

　アジアの対世界の輸出工業化率は1965年の29.6％から1980年までに50％を超え、2003年には主要国・地域のうちでは日本（93.9％）に次ぐ86.8％という高さで、対日輸出工業化率を上回る（世界平均77.3％、米国82.6％、西欧82.3％）。工業品輸出に占める機械比率は1965年の8.6％から2000年以降50％を超え、2003年には53.5％となり、日本（71.1％）や米国（58.7％）に次ぐ高いものでる。世界の機械輸出に占めるアジアのシェアは1965年の0.6％から2003年には24.6％に上昇した。自動車を除く機械輸出でのシェアは27.5％（2003年）へと一段と高まる。対世界機械輸出品目の内部構成も変化している。1998年に電気機械は49.9％を占め最も高く、以下一般機械（33.7％）、精密機械（7.0％）、自動車（2.7％）と続く。2003年には電気機械が57.2％と半分を超えると同時に順位も一般機械（29.1％）、輸送機器（8.1％）、精密機械（5.6％）に変わった（『国連統計月報』）。

　アジアの工業品輸出の世界工業品貿易に占めるシェアは1985年の7.5％（日本14.0％）から1990年までに日本（11.1％）を抜いて13.9％と2桁台に乗り、その後上昇の一途を辿り、2003年には23.9％と日本の3倍以上となる。東アジアの日本向け工業品輸出シェアは1990年以降約10％を割り、2003年には9.0％に低下した。1国ベースで最大の工業品輸出先は米国であるが、その輸出シェアは1990年の25.7％から1995年の21.7％を経て、2003年には20.1％にまで低下した。それでも日本向けの2倍以上である。米国向け輸出の工業化率は1990年までに90％以上に達し、さらに工業品輸出の内部構成では1995年までに機械が50％以上を占める。アジアの日本向け輸出の輸出工業化率は76.6％で米国向けより低くしかも機械輸出規模では半分以下である［表3-7］。機械4品目とも最大の輸出先は米国である。

表3-7　東アジアの対日米貿易構造　　　　　　　　　　　　　　　　　　（単位：％）

年次	輸出工業化率		対日米輸出規模比較			工業品輸出構成					
						日本向け			米国向け		
	日本	米国	総額	工業品	機械	化学	機械	その他	化学	機械	その他
1990	50.7	91.1	1.52	2.74	4.06	5.8	26.9	67.3	1.8	39.8	58.4
1995	68.0	93.2	1.54	2.11	2.74	4.8	38.6	56.6	1.8	50.1	48.1
2000	73.4	95.4	1.76	2.29	2.40	4.7	49.8	45.5	2.0	52.4	45.6
2001	73.5	95.2	1.67	2.16	2.20	4.8	48.3	46.8	2.3	49.3	48.4
2002	76.2	94.8	1.88	2.34	2.31	5.0	50.5	44.3	2.7	49.9	47.3
2003	76.6	95.1	1.80	2.24	2.25	5.5	51.1	43.4	3.2	51.3	45.4

（資料）『国連統年月報（MBS）』より作成

　東アジアの輸出先は米国が第1位、第2位は日本で、東アジアは両国向けをテコに輸出構造の高度化を達成した。それを象徴する特に品目別機械貿易構造をみたのが表3-8で、これは既に前掲表1-7（世界貿易マトリックス）でみたことを機械3品目別に再確認したものであり、さらに日本企業の進出によってもたらされた構造変化および日本、東アジアと米国という3国間の関係を集約的したものである。つまり第1章で示唆した「太平洋成長のトライアングル」を変質させた日米東アジア3者間の貿易構造変化の動態とそのメカニズムを示したということで、次の特徴を指摘できる。①輸出規模は全てのレベルで米国向けの方が大きい（ただし中国の精密機械を除く）。②輸入規模は日本の方が大きい。これは日本の東アジ向け機械機器の部品比率上昇でみたように、地場で調達できないためであり、日本企業の進出で一層拍車が掛かった。東アジアが機械機器製品の生産と輸出を拡大させるほど、とりわけ日本からの部品の輸入を誘発するようになる。③「太平洋成長のトライアングル」を変質させたIT関連財製品輸出規模で、米国向けは日本向けの約3.5倍と圧倒的に大きい。④貿易収支は対日ではほとんど全てのレベルで赤字（総額ベースの中国とIT関連財製品でASEANと中国を除く）であるのに対し、対米では逆に精密機械を除く全てのレベルで黒字である。これは表3-5でみた東アジアに進出した日本企業の対日、対第3国貿易収支に対応するものである。

表3-8 東アジア諸国・グループの対日本と対米国との貿易規模比較

(単位：100万ドル、2004年)

財別	国/グループ	対日本 輸出	対日本 輸入	対米国 輸出	対米国 輸入	規模比較(日本/米国) 輸出	規模比較(日本/米国) 輸入	収支 日本	収支 米国
総額	東アジア計	184,069	265,295	325,244	146,759	0.57	1.81	▲81,226	178,485
	中国	73,566	73,972	124,973	34,744	0.59	2.13	▲406	90,229
	NIES	48,845	121,774	114,923	65,983	0.43	1.85	▲72,929	48,940
	ASEAN	67,130	73,042	83,870	43,813	0.80	1.67	▲5,912	40,057
機械	東アジア計	80,083	150,476	161,625	78,356	0.50	1.92	▲70,393	83,269
	中国	27,501	40,658	59,282	14,395	0.46	2.82	▲13,157	44,887
	NIES	24,656	70,181	52,854	33,413	0.47	2.10	▲45,525	19,441
	ASEAN	28,797	39,591	49,475	30,513	0.58	1.30	▲10,794	18,962
一般機械	東アジア計	25,726	55,718	67,967	25,310	0.38	2.20	▲29,992	42,657
	中国	11,700	17,033	30,001	6,225	0.39	2.74	▲5,333	23,776
	NIES	6,637	23,186	16,190	10,092	0.41	2.30	▲16,549	6,098
	ASEAN	7,596	15,485	21,773	8,974	0.35	1.73	▲7,889	12,799
電気機械	東アジア計	47,115	72,703	84,913	42,891	0.55	1.70	▲25,588	42,022
	中国	13,101	18,133	26,676	6,084	0.49	2.98	▲5,032	20,592
	NIES	15,529	33,931	32,849	18,251	0.47	1.86	▲18,402	14,598
	ASEAN	19,079	20,612	25,379	18,544	0.75	1.11	▲1,533	6,835
精密機械	東アジア計	7,242	22,055	8,745	10,155	0.83	2.17	▲14,813	▲1,410
	中国	2,700	5,492	2,605	2,086	1.04	2.63	▲2,792	519
	NIES	2,490	13,064	3,815	5,070	0.65	2.58	▲10,574	▲1,255
	ASEAN	2,122	3,494	2,323	2,995	0.91	1.17	▲1,372	▲672
(IT財)	東アジア計	55,730	75,665	125,552	53,014	0.44	1.43	▲19,935	72,538
	中国	18,678	18,572	44,568	7,866	0.42	2.36	106	36,702
	NIES	17,989	35,326	38,443	22,437	0.47	1.57	▲17,337	16,006
	ASEAN	19,347	21,747	42,532	22,697	0.45	0.96	▲2,400	19,835
(製品)	東アジア計	22,476	16,608	77,401	15,374	0.29	1.08	5,868	62,027
	中国	10869	3752	33808	3363	0.32	1.12	7,117	30,445
	NIES	5731	9073	20442	7273	0.28	1.25	▲3,342	13,169
	ASEAN	5939	3769	23147	4728	0.26	0.80	2,170	18,419
(部品)	東アジア計	33255	59057	48151	37639	0.69	1.57	▲25,802	10,512
	中国	7810	14820	10760	4502	0.73	3.29	▲7,010	6,258
	NIES	12257	26253	17999	15164	0.68	1.73	▲13,996	2,835
	ASEAN	13408	17978	19385	17968	0.69	1.00	▲4,570	1,417

(注) 輸出入ともFOBベース、機械は自動車を除く
(資料) 国際貿易投資研究所データベースより作成。以下表3-12(2)まで同じ

第3節 日本と東アジアの対米輸出規模の逆転

東アジアの日本を上回る高い成長率を反映して、東アジア/日本のGDP規模比は、1970年では50％を若干超える程度であったが、1980年代半ばから

上昇をたどり1990年代中葉 (1997年) に58.5%とピークを画する。このように日本と東アジア両者の GDP 規模の較差は縮小したものの、東アジア全体で日本の GDP 規模を超えたことはこれまで 1 度もない。しかし、両者の貿易規模比較では一変する。平均輸出規模に関しては、1980年代には日本を上回り、1990年代に入ると日本の 2 倍近い規模となる。輸入規模では、一貫して日本を上回り、1990年代平均には日本の2.6倍にも達した。単年でみると、東アジアのシェアは1978年に輸出で、輸入では1970年以前から日本を抜き、その後いずれも日本を上回っている。米国向け輸出規模では1990年以降東アジアは日本を陵駕している [前掲表 1 - 7]。

東アジアの輸出入規模は何故日本のそれを上回るようになったのか。その理由として次の点が挙げられる。①開発戦略。輸入代替から輸出志向工業戦略への転換。サポーティング・インダストリーが未成熟であるので、産業の工業化を推進するほどさらに工業品輸出を拡大させるほど、輸入を誘発することになる。機械部品比率の高まりはその象徴であり、こうした体質の構造を有する経済を high exchange economy と称する。②そうした体質の経済に拍車を掛けたのが輸出志向の強い直接投資の大量導入である。1998年には東アジアは発展途上国に流入した直接投資の約 3 分の 1 を占めた。日本企業はその代表であり、投資関連輸出（進出企業の輸入）を拡大した。③対米迂回輸出。1980年代前半米国は「双子の赤字」に苦しみ、日本との貿易摩擦を頻発させていた。④輸送機械を除く機械 3 業種はもとより IT 関連財ベース機械 3 業種で、世界的生産と輸出基地となったこと。[4]

東アジアの輸送機械を除く機械 3 品目の対米輸出シェアをみると、一般機械や精密機械さらに IT 関連財など集約度（資本、技術）が高まる品目ほど高くなっている。特に東アジアの米国向け IT 関連財輸出は東アジアのみならず日本にも大きな影響を及ぼしている。東アジアの IT 関連財の対世界輸出規模は6680億ドルと日本のそれの 5 倍近くにも達し、世界の IT 関連財総輸出に占めるシェアは45.3%という大きなものである。米国向け輸出シェアは18.8%である。同財を製品と部品に分離すると、東アジアの米国向け輸出シェアはそれぞれ29.0%、12.0%である。一方、米国の IT 関連財輸入に占める東アジアの割合は、実に製品53.7%、部品51.3%といずれも過半を超え

る高いもので、IT化で世界の最先端を行く米国は同財輸入で完全に東アジアに依存しているといっても過言ではない（いずれも2004年値）。

　1990年代後半米国はIT革命をテコに経済成長を謳歌した。しかし世界のIT関連財生産において米国のシェアは33％であったが、同財の需要のそれは44％と大きなギャップに直面していた。日本を除く東アジア諸国の生産シェアは19％であり、主要特定品目ではHDDは97％、DVDは93％、ノートPCは85％さらにデスクトップ43％、携帯電話42％という高いシェアを占める。一方東アジア諸国の需要シェアはわずか3％であった。[5] 日本を含むと生産では実に41％、需要では15％と一層需給ギャップが広がる。この世界的なIT関連財の需給ギャップの調整が、米国と東アジアの間で行われた。世界の先端を走る米国経済のIT化に、東アジアがIT関連製品や機器などの財を効果的に供給したのである。米国はもとより世界的な経済のIT化を目指すハードウェアとしてのIT財の供給源となったのが東アジアや日本であり、米国はその供給先を特に東アジアに求めたということである。『2001年米国経済白書』はコンピュータ産業にとっての世界的連続の重要性を指摘する。それによると「国内コンピュータ生産に占める輸入の割合」（約60％）は「国内生産に占める輸出の割合」（約50％）を上回り、このギャップを埋めたのが東アジア諸国である。[6] ただしIT関連財でも、しばしば指摘しているように、東アジアは日本から同部品を輸入し、製品を米国向けに輸出するという構造は基本的には変わっていない。

　米国向け輸出で、1990年以降、東アジアが日本のそれを上回り、これによる両者の対米輸出依存度の非対称を反映して、米国がくしゃみすると（1997年に発生したアジア通貨危機直前の対米輸出鈍化や2000年後半からのIT不況）、肺炎をおこすのは日本ではなく、東アジアになってしまった。この結果、日本は米国の景気後退を、かつてほどストレートに受ける度合いは低下したが、東アジア経由で、間接的に受ける度合いを強めた。

　日本の対東アジア貿易シェアは輸出入とも上昇しているが、東アジアの対日貿易シェアは輸出入とも低下している。最近の対日輸出シェアはピークを画した1975年の20.5％に比べて1990年代後半から11％台と半分に低下し、輸入でも25％以上を占めていた時期に比べると近年では9ポイントも低下し17

％となっている。つまり日本と東アジア間貿易の相互依存は非対称な変化が進行していることである。これは既に指摘したように、東アジアの特に対米輸出規模が日本を大きく上回り、さらにIT関連財輸出で米国の同財需要に完全に組込まれてしまったことで一段と拍車が掛けられた。

東アジアのIT関連財の米国向け輸出シェアが上昇しているのはその背後に同地域域内貿易構造が関係している。これについて次のような特徴と変化がみられる。①東アジア（日本を除く）域内貿易比率を1980年と2004年の間の変化を比較すると、輸出は22.1％から40.7％に、輸入は22.2％から45.4％にいずれも上昇した。②域内貿易比率は一貫して輸出より輸入の方が高い［表3-9］。③集約度（資本、技術）が高い品目ほど域内輸出比率が相対的に低い（電機より一般機械のほうが低い）。④電気・一般・精密機械をIT関連財として再編して域内貿易比率をみると、完成品のみ域内輸出比率が1998年の32.6％から2003年の28.2％、2004年にはさらに27.0％へと一層低下している。以上の構造は日本を含めても基本的に変わらない［表3-10］。

第4節　東アジアにおける電気機械貿易の構造

東アジアは電気機械とIT関連財の世界最大の生産と輸出基地である。東アジアのIT関連財最大の輸出先は米国で、その規模は2004年1256億ドルで日本向けの2倍以上（557億ドル）である。逆に東アジアのIT関連財最大の輸入先は日本で、米国の2.4倍である。これは輸送機械を除く他の機械3品目と同様に、機械製品の生産をするために、機械部品などの中間財を輸入するためである。

東アジアのIT関連財輸出の品目別構成をみると、電気機械が3分の2（64.4％）を占め、以下一般機械（33.4％）、精密機械が最も低く2.2％である。同財輸入でも電気機械が71.7％を占め最も大きく、一般機械（22.0％）、精密機械（6.2％）と続く[7]（いずれも2004年）。IT関連財貿易で、このように電気機械が輸出入とも最も大きな比重を占める。

世界貿易において工業品が、さらにそのうち機械比率がほぼ傾向的に上昇していることを分析した。この過程で技術パラダイムの転換が生じ、それが

表3-9 東アジアの域内貿易比率および対外依存度の推移　　　　　　　（単位：％）

年次	日本を含む				日本を除く			
	域内貿易比率		対外依存度		域内貿易比率		対外依存度	
	輸出	輸入	輸出	輸入	輸出	輸入	輸出	輸入
1980	33.9	34.8	17.3	19.1	22.1	22.2	22.8	23.7
1985	33.6	44.2	18.7	17.2	25.5	28.8	26.5	26.4
1990	39.5	47.3	17.7	16.9	31.8	34.7	34.6	34.9
1991	41.6	50.1	17.5	16.3	34.3	36.5	38.6	40.3
1992	37.7	46.6	17.6	16.0	36.1	37.9	38.3	39.9
1993	43.1	52.3	16.7	15.3	34.9	36.3	36.8	39.0
1994	45.6	54.3	17.8	16.4	36.9	38.3	41.3	43.3
1995	48.1	54.8	18.7	18.0	38.4	39.1	39.6	41.1
1996	48.9	53.7	19.6	19.6	38.6	39.4	39.6	42.1
1997	47.7	53.8	21.8	20.9	38.9	40.6	41.9	42.7
1998	44.5	57.6	23.1	19.4	40.0	48.4	46.2	40.8
1999	43.8	56.2	20.8	17.9	35.9	43.1	46.2	38.0
2000	46.6	56.7	23.0	20.8	37.3	43.0	48.4	45.8
2001	46.6	55.7	19.6	18.1	37.3	43.5	42.5	39.3
2002	48.3	58.0	24.1	20.0	39.5	45.6	44.1	38.3
2003	49.5	58.8	26.9	22.6	43.8	46.0	46.2	40.5
2004	51.3	60.0			40.7	45.4		

（注）①域内貿易はマトリックスベース（輸出入ともFOB）、②2003年の対外依存度は推定値

機械に新しい機能を付与し、様々な経済活動に影響をおよぼしたのみならず世界貿易構造を大きく変貌させる動因となった。技術パラダイムの転換による影響は特に1990年代に入り急速に輪郭を現すようになる。IT革命の進行である。ITとはInformation Technologyつまり情報技術の略で（ICT＝Information Communication Technology 情報通信技術ともいう）、これは情報と通信が融合したインターネットを基本的動因とする。

　1946年わずか20語のメモリーで、プログラム制御ができる電子コンピュータが製作された。1948年にはトランジスタが開発された。これがその後エレクトロニクス技術発展の大きな契機となった。1960年代後半にメインフレームコンピュータさらに1971年にマイクロプロセッサーが発明され、アナログからデジタル化時代の到来をつげるエポックを画する。その後シリコンチップ1個当たり半導体集積度が強化し[8]、半導体による情報処理能力を飛躍的に高めた。それによりコンピュータの性能が他の製品では見られなかったスピードで向上し、加えてコンピュータ・周辺機器の価格は劇的に低下した[9]。こうした技術革新により、コンピュータをはじめ関連機器は小型化し、猛烈な勢いで普及するとともにサービスの範囲を拡大させた。この技術変化に最も効果的に対応したのが、産業ではアナログからデジタルへという転換に最も

表 3-10　東アジアの財別域内貿易比率　　　　　　　　　　　　　　　　　　　　（単位：％）

		年次	日本を除外		日本を含む	
			輸出	輸入	輸出	輸入
機械(除く自動車)		1998	36.5	41.7	40.8	58.9
		2003	46.2	53.6	54.9	72.4
		2004	46.5	55.0	55.4	73.9
	電気	1998	41.7	46.6	49.9	67.1
		2003	50.8	59.2	60.0	77.4
		2004	50.2	61.8	59.6	79.6
	一般	1998	29.8	36.7	34.9	56.0
		2003	38.8	48.2	47.0	68.2
		2004	39.0	47.9	47.6	68.7
	精密	1998	31.4	30.8	38.5	49.6
		2003	47.2	39.6	57.6	59.8
		2004	53.0	41.7	62.4	62.3
IT財		1997	38.8	48.1	46.7	67.5
		2003	48.4	62.3	57.0	77.9
		2004	48.2	64.9	56.4	79.9
	完成品	1997	32.6	50.1	36.8	63.9
		2003	28.2	60.6	36.3	73.9
		2004	27.0	60.3	35.1	73.4
	部品	1997	43.4	47.1	54.1	69.5
		2003	61.6	62.9	70.1	79.3
		2004	62.3	66.3	70.2	82.2

なじむ電気機械であり、主要国・地域では東アジアであった。東アジアは全体で世界の電気機械貿易において、日本や米国さらにEUを抜いて最大の輸出者となった。東アジアは電気機械のみならず一般機械や精密機械のそれぞれの一部を含むIT関連財で世界最大の生産と輸出者となった。

　東アジアを世界的な電気機械はもとよりIT関連財の生産と輸出基地としたのが日本である。1980年代中葉以降日本の東アジア向け直接投資の主流は製造業とりわけ電気機械産業であった。呼応して、それの関連貿易が日本と東アジア間の主流となった。これは既に指摘した。電気機械貿易が日本と東アジア間の貿易関係を強化すると同時に、その過程で両者の関係を離反する構造変化を胚胎させるようになる。つまり東アジアが日本から部品を調達し、それを製品に組立しかもIT財として最大の販売先である米国向け輸出シェアを高めていくようになる。これを以下電気機械貿易を中心に分析する。

　日本の総輸入において2001年以降製品が過半を占め、1999年以降製品輸入のうち機械が50％以上を占めるようになる。機械総輸入のうち4割近くを占めるのが電気機械である。特に東アジアからの機械輸入に占める電気機械の

シェアは50％を超え、電気機械の総輸入に占める東アジアのシェアは2001年以降70％以上である。日本の輸出でも電気機械が最大品目である。2004年の総輸出の機械比率は72.1％で、機械輸出に占める電気機械の割合は30.1％である。電気機械輸出のうち東アジア向け比率は59.0％という高さである。電気機械貿易を通じて日本と東アジアの両者は深く結びついている。既に指摘したように、電気機械はIT化に最もなじむ機器である。これが東アジアを日本から電気機械貿易面から離脱させるように作用していく。この観点から、日本の電気機械貿易［表3-11（1）］さらに東アジア［表3-11（2）］から分析すると、以下のような特徴を指摘しうる。

①日本の電気機械の対世界貿易品目構成をみると、最大品目は輸出入とも3分の1以上を占める半導体等電子部品であり、以下その他の電子部品、映像機器、通信機器と続く。上位2つの部品のみで輸出入とも50％以上を占める。②対東アジア貿易の品目構成でもほぼ同じである。しかし部品比率は輸出入とも対世界平均より高い（マトリックス・ベースであるので日本の東アジアからの輸入は東アジアの日本向け輸出である。以下同じ）。③電気機械における東アジアの比率は輸出入全ての品目で上昇している。④IT関連電気機械における相互のシェアの高まりである。日本の東アジアとの電気機械取引でのIT関連財の比率は輸出入とも約80％である。日本のIT関連財電気機械取引における東アジアのシェアは輸出入とも上昇している。日本の同財輸出に占める東アジアのシェアは1997年の52.9％から2004年には55.0％に、輸入では65.7％から78.1％へと、いずれも高まった。

日本が電気機械を中心に東アジア向け機械比率を高めるのに呼応して、東アジアも対日貿易はもとより世界向け輸出でも電気機械を主流とするようになる。東アジアの対世界貿易機械4品目に占める電気機械のシェアは輸出で52.1％、輸入で50.8％である。IT関連財ベースでは輸出64.4％、輸入71.7％とその比重は一層高まる。対日貿易でも同じである。電気機械の比重は輸出で64.2％、輸入は48.3％である。IT関連財ベースでは、輸出75.4％、輸入78.9％と一段と比重が高まる（以上いずれも2004年値）。さらに東アジアの電気機械貿易の特徴として、次の点がみられる。①対世界輸出入で部品比率が70％以上である。②IT財ベースでの比率は輸出入とも80％以上である。

表3-11(1)　日本の電気機械の輸出入の構造　　　　　　　　　　　　　　　　　　　　(単位：％)

	品目	輸出					輸入				
		2000	2001	2002	2003	2004	2000	2001	2002	2003	2004
対世界構成	電気機械計	100	100	100	100	100	100	100	100	100	100
	通信機器	6.9	6.7	4.9	4.8	4.3	8.8	9.0	8.1	7.1	7.0
	半導体等電子部品	35.3	33.2	34.5	33.8	33.0	39.5	34.2	35.0	34.8	33.3
	電子管・半導体等	10.1	8.9	9.2	9.0	8.9	5.3	4.6	6.0	6.9	6.3
	集積回路	25.2	24.4	25.3	24.8	24.1	34.3	29.6	29.0	27.9	27.1
	その他の電子部品	22.2	21.7	22.4	23.9	25.5	21.8	23.1	23.6	23.7	22.1
	映像機器	11.7	13.2	15.0	15.4	14.7	7.4	9.3	8.8	9.4	10.0
	音響機器	1.1	1.0	0.9	0.6	0.5	1.1	1.5	1.3	1.1	1.1
	IT比率	77.2	75.8	77.6	78.5	78.0	78.6	77.1	76.7	76.1	73.5
対東アジア構成	電気機械計	100	100	100	100	100	100	100	100	100	100
	通信機器	3.0	3.5	2.6	2.6	5.4	4.6	6.3	5.6	5.0	5.4
	半導体等電子部品	48.7	46.9	48.8	46.9	34.1	39.9	33.5	35.2	35.1	34.1
	電子管・半導体等	13.5	11.5	11.9	11.3	6.5	5.9	4.9	6.8	7.6	6.5
	集積回路	35.2	35.4	36.9	35.7	27.6	34.1	28.7	28.4	27.6	27.6
	その他の電子部品	24.3	23.9	23.9	25.9	23.0	23.6	24.7	25.2	25.2	23.0
	映像機器	4.0	4.8	5.2	4.9	11.7	10.1	12.4	11.0	11.3	11.7
	音響機器	0.3	0.3	0.3	0.2	1.2	1.4	1.8	1.6	1.2	1.2
	IT比率	80.3	79.4	80.8	80.5	75.4	79.6	78.7	78.0	77.8	75.4
東アジアの比率	電気機械計	49.2	51.2	56.2	62.1	59.0	68.9	70.3	74.9	78.7	82.3
	通信機器	21.1	26.7	30.0	31.8	22.8	36.0	49.2	51.9	55.7	63.3
	半導体等電子部品	67.7	72.2	79.5	82.3	81.6	69.6	69.0	75.4	79.5	84.2
	電子管・半導体等	65.4	66.5	72.8	74.6	73.1	76.7	75.3	84.8	86.7	85.0
	集積回路	68.7	74.2	81.9	85.0	84.7	68.5	68.0	73.4	77.7	84.0
	その他の電子部品	53.8	56.3	59.9	64.0	62.0	74.6	75.2	79.9	83.6	85.7
	映像機器	16.7	18.6	19.4	18.8	18.7	94.3	94.5	94.3	94.9	96.0
	音響機器	12.8	15.2	19.3	21.1	13.9	85.6	86.3	90.0	90.0	92.7
	IT財	51.0	53.5	58.5	55.2	55.0	69.7	71.9	76.7	75.5	78.1

③対日貿易でも構造は同じである。④対日輸出比率での品目別構成はほとんど変化ない。しかし輸入では、部品比率は低下傾向にあるものの、依然一国ベースで最大のシェアを占める。

ASEAN・中国間電気機械貿易

　東アジアの域内電気機械貿易においてもうひとつ有力なチャネルがある。ASEAN・中国間貿易である。

　財別でみてASEANと中国間貿易最大の品目は機械である。中国・ASEAN間の電気機械を中心とする機械貿易規模は415億ドルである。これは日本・ASEAN間の780億ドルや日中間の743億ドルに比べてほぼ半分である（いずれも輸出ベース、2004年）。ASEANの機械輸出に占める中国向けのシェアは1998年の2.3％から2004年には6.8％へ、輸入は2.7％から8.9％に

表3-11(2) 東アジアの電気機械の総輸出入の構造 (単位:%)

	品目	2000	2001	2002	2003	2004
総輸出の構成	電気機械計	100	100	100	100	100
	通信機器	9.2	9.6	11.8	12.2	13.4
	半導体等電子部品	43.6	51.2	38.4	37.5	36.2
	電子管・半導体等	7.9	9.2	6.7	6.2	5.8
	集積回路	35.8	42.0	31.7	31.2	30.4
	その他の電子部品	22.7	22.9	22.9	23.3	23.5
	映像機器	6.6	3.0	8.6	9.0	8.9
	音響機器	1.3	0.4	1.3	1.1	1.3
	IT財	83.5	82.1	83.0	83.1	83.3
総輸入の構成	電気機械計	100	100	100	100	100
	通信機器	7.5	9.6	8.1	7.1	6.4
	半導体等電子部品	53.4	51.2	51.5	51.9	50.5
	電子管・半導体等	10.4	9.2	8.7	8.1	7.8
	集積回路	43.5	42.0	42.8	43.7	42.7
	その他の電子部品	21.9	22.9	22.8	23.2	24.3
	映像機器	2.6	3.0	3.0	3.2	3.3
	音響機器	0.3	0.4	0.3	0.3	0.3
	IT財	85.7	87.2	85.8	85.7	84.8
対日輸出比率	電気機械計	10.2	10.8	9.8	9.6	9.2
	通信機器	5.1	5.9	4.7	3.9	3.6
	半導体等電子部品	9.3	9.5	9.0	8.9	8.7
	電子管・半導体等	7.6	10.5	9.9	11.5	10.2
	集積回路	9.7	9.9	8.8	8.4	8.4
	その他の電子部品	10.6	11.5	10.8	10.3	9.0
	映像機器	15.6	17.5	12.6	11.9	12.1
	音響機器	10.6	14.4	12.3	10.0	8.2
	IT財	9.7	10.4	9.3	14.2	12.9
対日輸入比率	電気機械計	20.9	19.4	18.0	18.1	17.3
	通信機器	8.2	7.1	5.8	6.5	4.4
	半導体等電子部品	19.1	17.7	17.0	16.4	15.6
	電子管・半導体等	27.2	24.2	24.5	25.1	24.3
	集積回路	16.9	16.3	15.5	14.8	14.0
	その他の電子部品	23.1	20.1	18.9	20.2	19.1
	映像機器	32.1	30.9	30.6	27.2	23.9
	音響機器	19.8	15.0	15.4	11.8	4.9
	IT財	19.6	17.6	16.9	22.2	21.2

上昇した。中国のASEANのシェアは輸出で7.3%から7.7%へとやや上昇し、輸入も5.8%から7.7%に上昇した。ASEANの中国向け総輸出に占める機械輸出比率は1998年の37.1%から2004年には47.3%に、中国からの輸入では43.8%から51.6%に上昇した。つまりASEANと中国間貿易の中核は機械であるということである。機械貿易を電気、一般、精密の3品目に分離すると次のような構成である(輸送機器の取引はほとんどない。ASEANの中国向け輸出額は3.53億ドル、中国のASEAN向け輸出規模は15.28億ドルである。いずれも2004年)。ASEANの中国向け機械輸出の機種別構成は一般機械37.5

％、電気機械56.4％、精密機械4.1％であり、一方中国からの輸入ではそれぞれ36.2％、52.4％、4.4％である（2004年。マトリックス・ベースであるので中国側からみると対ASEAN輸入であり輸出である）。両国間機械貿易の中核は電気機械であり、また機械3品目の構成と規模はほとんど同じである。

　ここでASEANと中国間貿易の中心となっている電気機械貿易について、次のような特徴を指摘できる（いずれも輸出サイドからみており、相手からみると輸入である）。①両者とも圧倒的に部品比率が高い。ASEANの対中輸出では実に85％以上という高さである。②部品のうち半導体等電子部品の比率は、ASEANが80％以上、中国が約半分である。③両者ともIT関連財輸出比率が高いが、実態は集積回路を中心とする半導体等電子部品である。④最終製品としてのIT関連財（映像機器と音響機器）の規模は小さく輸出に占めるシェアも低い。⑤国際産業連関表で機械産業を通じた東アジアの相互波及において［後掲表7-3（3）］、中国とASEAN5ヵ国（インドネシア、マレーシア、フィリピン、シンガポール、タイ）間の相互波及の度合いは強まっている。この構造はASEAN・中国FTA締結で電気機械貿易を通じて今後一層強まろう。2004年のASEANの対中国貿易における工業化比率は輸出77.4％、輸入85.9％と極めて高い。両者間貿易は既に水平的分業にあるが、IT関連電気機械貿易はそれを一層強めさらに高度化させることになろう。

日本・東アジア間IT貿易の構造

　2004年の日本の東アジア向けIT関連財輸出は表3-12（1）でみるとおりで、次のような特徴を挙げられる。①部品比率が4分の3以上を占める。グループ別でも同じである。②通常の一般・電気・精密の3品目をIT関連財として再編した品目別構成をみると、電気機械が4分の3を占める。これもグループ別にみても同じである。③輸出先は若干の品目を除き、NIES向けが最も大きい。表3-12（2）は東アジアの日本向けIT関連財の輸出で、次のような特徴を挙げられる。①部品比率は約6割で、日本の東アジア向け輸出より低い。②IT関連財として機械3業種を再編してみると、日本と同様に電気機械が約3分の2も占める。グループ別にみても同じである。③品目により、NIESやASEANが最大となる。

表3-12(1) 日本の東アジア向け輸出 (単位：%、2004年)

品目	東アジア	中国	NIES	ASEAN	東アジア	中国	NIES	ASEAN
コンピュータ及び周辺機器-合計	100.0	32.8	33.4	33.8	11.1	14.8	7.9	13.1
コンピュータ及び周辺機器	100.0	29.3	45.0	25.7	2.7	3.2	2.6	2.4
コンピュータ部品	100.0	34.1	29.6	36.2	8.4	11.7	5.3	10.6
事務用機器	100.0	31.7	53.2	15.1	0.9	1.2	1.0	0.5
通信機器	100.0	39.0	40.4	20.6	1.6	2.5	1.4	1.1
半導体等電子部品類	100.0	20.9	47.0	32.2	43.9	37.3	44.1	49.1
電子管・半導体等	100.0	25.8	46.3	27.9	10.6	11.1	10.5	10.3
集積回路	100.0	19.3	47.2	33.5	33.3	26.2	33.6	38.8
その他の電子部品	100.0	29.3	45.1	25.6	25.8	30.8	24.9	23.0
映像機器	100.0	6.9	64.3	28.8	4.5	1.3	6.2	4.5
音響機器	100.0	15.0	66.3	18.8	0.1	0.1	0.1	0.1
計測器・電子部品類	100.0	24.2	55.3	20.5	12.2	12.0	14.4	8.7
IT関連機器-部品	100.0	25.1	44.5	30.4	78.1	79.8	74.3	82.7
IT関連機器-最終財	100.0	22.6	54.7	22.7	21.9	20.2	25.7	17.3
一般	100.0	32.7	34.9	32.4	12.0	16.0	9.0	13.5
電気	100.0	23.3	47.2	29.5	75.8	72.0	76.7	77.8
精密	100.0	24.2	55.3	20.5	12.2	12.0	14.4	8.7
合計	100.0	24.5	46.7	28.7	100.0	100.0	100.0	100.0

表3-12(2) 東アジアの日本向け輸出 (単位：%、2004年)

品目	東アジア	中国	NIES	ASEAN	東アジア	中国	NIES	ASEAN
コンピュータ及び周辺機器-合計	100.0	46.3	23.7	29.9	31.4	43.5	23.2	27.2
コンピュータ及び周辺機器	100.0	56.7	17.1	26.2	20.2	34.4	10.7	15.4
コンピュータ部品	100.0	27.5	35.9	36.7	11.1	9.2	12.4	11.8
事務用機器	100.0	51.8	41.2	7.0	1.7	2.6	2.1	0.3
通信機器	100.0	44.8	33.9	21.2	4.6	6.2	4.9	2.8
半導体等電子部品類	100.0	8.8	40.0	51.2	29.0	7.7	36.1	43.1
電子管・半導体等	100.0	11.8	21.3	66.9	5.5	1.9	3.7	10.7
集積回路	100.0	8.1	44.3	47.6	23.5	5.7	32.5	32.4
その他の電子部品	100.0	42.5	32.1	25.4	19.6	25.0	19.6	14.4
映像機器	100.0	39.6	30.1	30.4	10.0	11.8	9.3	8.8
音響機器	100.0	38.6	34.0	27.3	1.0	1.2	1.1	0.8
計測器・計器類	100.0	24.8	43.0	32.3	2.8	2.1	3.7	2.6
IT関連機器-部品	100.0	23.3	36.6	40.1	59.8	41.8	68.1	69.3
IT関連機器-最終財	100.0	48.2	25.4	26.3	40.2	58.2	31.9	30.7
一般	100.0	46.6	24.6	28.8	33.0	46.1	25.3	27.5
電気	100.0	26.9	35.5	37.6	64.2	51.8	70.9	69.9
精密	100.0	24.7	43.1	32.2	2.7	2.0	3.8	2.6
合計	100.0	33.3	32.1	34.5	100.0	100.0	100.0	100.0

東アジアのIT関連財の米国向け輸出構造［後掲表6-5（2）］をみると、日本向けと比較して、次のような特徴を挙げられる。①米国向け輸出規模は、一部の部品を除き、日本向けを上回る。②米国向け輸出の部品比率は38.3％と日本向けに比べ（40.3％）下回る。つまり米国向け輸出は製品比率が高いということである。③半導体等電子部品類および製品である計測機器（一部電子部品類を含む）では、日米両国に対し赤字を計上するものの、他はほとんど黒字である（対日では特にその他の電子部品で大幅赤字を計上している）。

　日米東アジア3者間のIT財貿易は製品と部品に分離して、「太平洋IT三角貿易」という観点から第6章で詳しくその構造を分析している。

　　註
1）「アジア」という地域区分は「国連統計月報」（*Monthly Bulletin of Statistics*）に準拠し、「東アジア」（NIES、ASEANおよび中国）に代替した。特に貿易規模では東アジアがアジアの9割を占める。特記しない限り「アジア」という場合、東アジアとして援用する。なお「アジア」は西では中央アジアまでの8ヵ国を含む。
2）ASEANの電気機械の「逆輸入」比率は100％を超える。計算に用いた数値は、分母は通関輸入で、分子は経済産業省が実施している海外に進出している企業の日本本社を対象としたアンケート結果によるものである。アンケートの場合、企業ベースであるので、例えば電気機械メーカーのM社が自動車を輸入した時、それが電気機械の輸入額に含まれてしまい、通関ベースの電気機械輸入額と齟齬をきたす可能性が生じ、ASEANの電気機械「逆輸入」のような数値となる。精密機械も3グループと東アジア計との整合性に欠ける。経済産業省は『我が国企業の海外事業活動』（基本調査は4年毎に、その間も『我が国企業の海外事業活動』を発表しているが、別に四半期毎に『海外現地法人の動向（企業動向調査）』で発表している。この速報値による2001年全世界からの「逆輸入」額は3兆6555億円で、基本調査に比べ65.2％である。後者では2002年および2003年第1四半期（いずれも速報値）まで可能。
3）機械機器「部品」は、国際貿易投資研究所『日本の商品別・地域別貿易指数 2002年版』の分類による。
4）青木健『変貌する太平洋成長のトライアングル』日本評論社、2005年、第1章、第2章でも詳しく分析している。
5）『日本銀行調査月報』2000年7月、などによる。
6）平井規之監訳『2001年 米国経済白書』毎日新聞社、2001年。
7）IT関連機械の機種別分類は、通常の機械分類（HS）に対応して、国際貿易投資研

究所(ITI)の定義に基づき再編したものである。それぞれに一部他に分類されるべき財を含むことを留意されたい。

8) 18ヶ月毎に倍増するということで「ムーアの法則」と呼ばれる(ゴードン・ムーアは半導体開拓者でインテルの共同創設者の1人で1968年に予言)。

9) 『通商白書2001』42-43頁。前掲『2001年 米国経済白書』84、86-87頁。The Economist, *A Survey of the New Economy*, pp. 23-29, September 2000.

10) ASEANの電気機械産業と同輸出は専ら日本企業を中心とする外国企業によるものであるといっても過言ではない。しかしASEAN・中国FTAへの在ASEAN日本企業の対応を原材料・部品調達の観点からみると、ASEAN計で「中国から調達率を引上げる」は17.4%と「進出国で現地調達率を引上げる」62.4%、「ASEANからの調達率を引上げる」41.2%に比べはるかに低い(回答企業889社)。現在の在ASEAN日本企業の平均現地調達率は38.5%であるまた在ASEAN日本企業の輸入調達先においてASEAN平均で中国のシェアは6.1%と日本の55.3%、ASEAN域内の22.6%に比べ極めて低い(日本貿易振興機構『ASEAN・中国のFTAを見据えた各国政府・企業の動き』2005年3月、17-20頁)。

第4章

少子化・高齢化・人口減少の経済への影響

　2005年7月総務省発表によると、同年3月末の日本の総人口は1億2686万人と前年度比で4万5000人弱（昨年度14万人弱）、0.04％（同0.11％）増えたが、増加人数、増加率とも過去最低である［表4-1］。出生数は113万人弱とこれも過去最低であった。2004年の合計特殊出生率（15歳から49歳までの女性が一生に生む子供の数）は1.29と人口が減少しない静止人口を維持するのに必要な2.1を大幅に下回った（2005年には出生率から推定して0.02-0.03ポイント下回る可能性が強いと想定されたが、2006年6月の厚生労働省の発表では出生率は1.25人と過去最低であった）。一方65歳以上の老年人口は増加の一途をた

表4-1　日本の人口動態　　　　　　　　　　　　　　　　　　　　　　　　（単位：万人）

年次	総人口	前年比%	産業年齢人口 (注1)	男	女	経済活動人口(注2)	％	労働力人口 (注3) 男	女	労働力比率 ％	就業者数 男	女
1980	11677	0.8	8932	4341	4591	7884	67.5	5650	3465	2185	48.4	5536 3394	2142
1985	12080	0.6	9465	4602	4863	8251	68.3	5963	3596	2367	49.4	5807 3503	2304
1990	12361	0.3	10089	4911	5178	8590	69.5	6384	3791	2593	51.6	6249 3713	2536
1995	12557	0.3	10510	5108	5402	8716	69.4	6666	3966	2701	53.1	6457 3843	2614
1996	12586	0.2	10571	5136	5435	8716	69.3	6711	3992	2719	53.3	6486 3858	2627
1997	12616	0.2	10661	5180	5481	8704	69.0	6787	4027	2760	53.8	6557 3892	2665
1998	12647	0.3	10728	5209	5519	8692	68.7	6793	4026	2767	53.7	6514 3858	2656
1999	12667	0.2	10783	5232	5552	8677	68.5	6779	4024	2755	53.5	6462 3831	2631
2000	12603	0.2	10836	5253	5583	8622	67.9	6766	1011	2752	53.3	6446 3817	2629
2001	12729	0.2	10886	5273	5613	8614	67.7	6752	3992	2760	53.0	6412 3783	2629
2002	12744	0.1	10927	5294	5633	8571	67.3	6689	3956	2733	52.5	6330 3736	2594
2003	12762	0.1	10962	5308	5654	8540	66.9	6666	3934	2732	52.2	6316 3719	2597
2004	12769	0.1	10995	5322	5685	8454	66.2	6642	3905	2737	52.0	6329 3715	2616

（注1）15歳以上。ただし非労働力人口を含む（家事、通学など）
（注2）15歳以上65歳未満
（注3）15歳以上。ただし非労働力人口は除く
（資料）『日本統計月報』などより作成

どっている。『高齢社会白書』(2006年度版) によると、65歳以上の人口比率は21.0％ (2005年) で、米国の12.4％をはじめドイツ (18.8％)、イタリア (20.0％) を上回る。いずれも少子化・高齢化が進行していることを反映したものである [表4-2]。これはこの先に人口減少社会の到来を予測させるものである。厚生労働省によると、日本の総人口は2004年10月1日現在1億2768万人、2006年1億2774万人をピークにその後減少に転じる。日本の少子化と老齢化はほぼ同時に進行するとともにそのテンポが他のいかなる先進国に比べて速い。同省の予測より早く、日本の人口は2005年出生数 (106.7万人) が5年連続前年を下回り、一方死亡数は107.7万人に増え、1899年 (明治32年) に人口統計をとって以来始めて自然減を記録した。[1)]

表4-2 少子化・高齢化 (単位：1000人、％)

年次	年少人口 1-15歳未満	老年人口 65歳以上	従属人口 比率
1980	27507	10647	32.7
1985	26033	12468	31.9
1990	22486	14895	30.2
1995	20014	18261	30.4
1996	19686	19017	30.7
1997	19366	19757	31.0
1998	19059	20507	31.3
1999	18742	21186	31.5
2000	18473	22005	31.9
2001	18283	22867	32.3
2002	18102	23639	32.7
2003	17906	24310	33.1
2004	17734	24876	33.4

(資料) 前表に同じ

　労働力に関し次の特徴と変化を指摘できる。①総人口に占める15歳以上の労働力人口の割合は1990年に80％を超え、2004年には86.1％と過去最高になった (家事 [Keeping house]、通学 [Attending school] を含む)。②経済活動人口 (15歳以上65歳未満。これ以外を従属人口という) は1995年の8716万人をピークに減少し、2004年には8454万人と3％以上も低下している。国立社会保障・人口問題研究所の予測によると、2100年まで生産年齢人口は毎年ほぼ1％で減少していく。③総人口に占める経済活動人口比率は1990年代後半の69.4％をピークにその後低下をたどり2004年には66.2％となった。経済活動

人口の減少率は他の先進国のそれを大きく上回る。2004年には40-64歳人口は4334万人で、15-39歳人口4121万人を上回った。経済活動人口以外つまり15歳未満と65歳以上は経済分析上従属人口と定義される。この比率は既に1980年までに30％以上を超え2004年には33.8％と過去最高となった。④就業者数は1997年の6557万人をピークに減少の一途をたどり、2004年には6329万人となり3.5％近くも低下した。経済活動人口に占める従業者数の割合は1980年の70.2％から2004年には74.9％に高まった。これは65歳以上でも働いていることを反映したものである。

以上のように現在進行中の日本の人口動態変化は、今後総人口はもとより経済活動人口も減少していく予兆である。こうした趨勢は不可避であることを踏まえた日本経済の将来予測に関し、当然のことながら、共通した問題意識はこれからも高い1人当り所得水準を維持できるかということである。[2]

2004年日本の1人当り所得（GDP）は3万6501ドルと1995年に最高を記録した4万2105ドルから大きく低下したが、OECD加盟国の中で第10位である［表4-3］。日本の順位は1995年の第3位となった以降2001年第5位、

表4-3　1人当たりのGDP（上位20ヵ国）　　　　　　　　　　（単位：ドル）

2004順位	2003順位	国名	1980	1985	1990	1995	2000	2003	2004
1	1	ルクセンブルク	12,489	10,823	29,347	44,640	45,044	59,670	69,423
2	2	ノルウェー	15,578	15,330	27,374	33,946	37,072	48,215	54,383
3	3	スイス	17,289	15,072	34,506	44,952	34,328	44,659	49,534
4	5	アイルランド	5,656	5,370	13,458	18,396	25,298	39,182	45,214
5	4	デンマーク	13,362	11,701	26,428	34,810	29,980	39,429	45,024
6	7	アイスランド	14,240	12,066	24,978	26,130	29,891	35,932	41,913
7	6	米国	12,080	17,363	22,709	27,439	34,548	37,493	39,722
8	8	スウェーデン	15,607	12,523	28,059	28,395	27,261	33,905	38,871
9	10	オランダ	12,590	9,114	19,714	26,832	23,314	33,273	37,392
10	9	日本	9,184	11,303	24,606	42,105	37,383	33,615	36,501
11	11	オーストリア	10,753	9,045	21,346	29,774	23,942	31,432	36,020
12	13	英国	9,655	8,133	17,434	19,658	24,592	30,459	35,829
13	12	フィンランド	10,938	11,088	27,468	25,630	23,290	31,090	35,511
14	14	ベルギー	12,353	8,403	19,782	28,049	22,509	29,853	34,396
15	15	フランス	12,788	9,930	21,842	26,977	22,402	29,814	33,967
16	16	ドイツ	10,337	7,984	18,943	30,891	23,077	29,566	33,288
17	19	オーストラリア	10,967	10,946	18,843	20,672	20,359	26,581	31,889
18	18	カナダ	10,968	13,764	21,037	20,152	23,599	27,403	31,030
19	21	イタリア	7,953	7,531	19,437	19,148	18,622	25,332	28,913
20	23	シンガポール	4,853	6,532	12,234	24,132	23,043	21,890	25,002

（出所）国際貿易投資研究所「国際比較統計データベース」

2002年第7位、2003年第9位と下がり続けている（内閣府経済社会総合研究所の発表によると、2004年の1人当り所得は3万5922ドルで初めてベストテン外となった）。

　第1位はルクセンブルク（7万499ドル）、第2位はノルウェー（5万5269ドル）と続き、第6位のアイスランド（4万3093ドル）までいずれも4万ドル以上である。第7位の米国（3万9732ドル）を除きベストテンに入っている諸国はいずれも欧州勢である。欧州諸国が上位にあるのは欧州通貨が円に対して増価傾向にあることを反映したものである。なお『世界開発報告 2005』によれば、2003年世界の1人当り所所得は5500ドルで、高所得国2万8550ドル、中所得国1920ドル、低・中所得国1280ドル、低所得国450ドルである。

　本章は人口減少と経済成長と関係を論じ、1人当たり所得を維持する方策を検討する。

第1節　人口成長と経済成長の関係

　人口減少時代に突入し経済成長率はマイナスが続くことが確実視されとみられ、日本全体の経済規模は縮小しよう。こうした状況の下で、国民1人当りの経済規模（所得）を維持さらに向上させることができるのであろうか。少子化と老齢化は全く異なる現象であるが、経済的には特に成長率や1人当り所得に対する影響では両者は表裏一体の関係にある。

　経済活動人口の動向（経済的には対総人口比率）は1人当り所得増加率に大きな影響を及ぼすが、そのチャネルはどのようなものであるのであろうか。

　人口成長の経済成長に対する影響はプラスとマイナスの両側面があり、特に国民1人当りGDP成長率との関係では明確なる因果関係はこれまでのところ実証されていない。1人当り所得成長にとって、人口成長それ自体が重要でなく、重要なのはむしろ人口構成（the structure of the population）である。実際の生産に従事する経済活動人口（15歳以上65歳未満）つまり経済活動人口が増加すれば生産を高めることが出来て、経済成長を加速させることになる。一方、労働に従事しない15歳未満と65歳以上の人口（従属人口）が多くなれば、消費を高め長期的には国民1人当りの生産量を低下させる。両

者の経済成長におよぼす影響は基本的には全く異なるということで[3]、人口の経済成長におよぼす影響を分析する際、人口の年齢別構成やこれの総人口に占める割合などを明確にする必要があるということである。

一国の生産規模（GDP＝Y）は総人口Nと1人当り所得Y/Nの積つまりY＝N＊Y/N（第①式）と表現される。これを変化率で示すと、

$\Delta Y/Y$（経済成長率）＝$\Delta N/N$（人口増加率）＋$\Delta(Y/N)/(Y/N)$（1人当り所得増加率）

となる（第②式）。これは他の条件を所与とすると、人口の減少は経済成長率を低下させるということを含意している。

第①式はY/N＝L/N＊Y/Lのように変形できる（L＝経済活動人口）。これは、1人当り所得は総人口に占める経済活動人口比率（L/N）と経済活動人口の労働生産性（Y/L）の積であることを示している。それを変化率にすると次のようになる。

$\Delta(Y/N)/(Y/N)＝\Delta(L/N)/(L/N)＋\Delta(Y/L)/(Y/L)$（第③式）。1人当り所得増加率は経済活動人口比の変化率および労働生産性上昇率の和である。これは人口構成の観点からみると、他の条件を一定とすると、1人当り所得増加率に影響を与えるのは人口増加率でなく経済活動人口比の変化率であることを示している[4]。それでは他の条件つまり労働生産性を含めて、1人当り所得の維持さらに向上させるにはどのような方策があるのか、以下分析する。

第2節　1人当り所得水準向上の方策

1国の成長力をみる場合、供給サイドからのアプローチが一般的である。供給力Yは資本ストックKおよび労働力Lに規定され、これらはY＝f(K、L)という生産関数に定式化される（生産関数に関する記号は第2章第3節で用いたものと同じである。ただし本節では重複のないように、人口問題からのアプローチに限定している）。これを単位（1人）当りではy＝f(k)（y＝Y/L＝労働生産性、k＝K/L＝要素集約度）と書き直すことができ、これを図示すると図4－1のようになる。要素集約度（資本装備率）が大きくなるにつれ、1人当り生産量の増加は逓減していく。これは要素集約度が強化するにつれて、資本

図4-1 生産関数

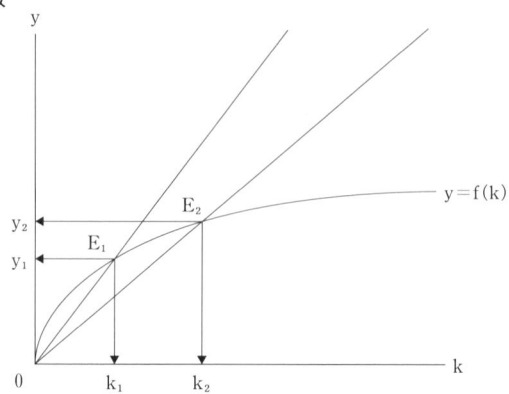

の限界生産力逓減つまり資本の生産性が低下していくことを反映しているからである。E_2 での資本の生産性（$y_2/k_2 = (Y_2/L_2)/(K_2/L_2) = Y_2/K_2$）（第④式）は E_1 での資本生産性（$y_1/k_1 = (Y_1/L_1)/(K_1/L_1) = Y_1/K_1$）に比べて低い。資本生産性は資本集約度上昇の下で、労働生産性とトレードオフつまり資本生産性の低下と労働生産性の上昇という関係にあるということである。ただし労働生産性上昇率は低下して経済成長率を低下させていくようになる。

　1人当りの生産量を増加させるには、生産関数を持続的に上方にシフトさせる以外ない。その基本的動因は技術革新力である。これを測定する有力なツールとして「成長会計」がある。生産関数を操作可能とするために、しばしばコブダグラス型 $Y = AK^{\alpha}L^{1-\alpha}$（第⑤式）のように特定する。同式は $Y/L = A(K/L)^{\alpha}$ のように変形でき、図4-1の記号を使うと $y = Ak^{\alpha}$ となる（第⑥式）。パラメータ α は資本の分配率（$0 < \alpha < 1$）で、生産関数で最も重要な意味を持つ A は全要素（K と L）1単位の投入から得られる産出量で全要素生産性（TFP）と称し、労働生産性（Y/L）や資本生産性（Y/K）と区別される。全要素生産性 A は生産関数を上方にシフトさせる（いわゆる不体化の技術進歩）。[5]

　第⑥式を変化率で表すと $G(y) = G(A) + \alpha G(k)$（第⑦式。$G(X)$ は括弧内の変数の成長率を示す。同式あるいは第⑤式は $G(Y) = G(A) + \alpha G(K) + \beta G(L)$（第⑧式）。$\beta$ は労働の分配率＝$1-\alpha$）とも表現できる。経済成長率を源泉別に分

解する「成長会計の基本式」とも称される。全要素生産性Aの成長率G(A)は技術進歩率とみなす。これは経済成長率G(Y)や1人当たり労働生産性の成長率G(y)を向上させる。分析を続けよう。

持続的成長と技術革新

初期時点 E_1 の生産を Y_1、資本ストックを K_1 とし、比較時点で生産と資本ストックが ΔY、ΔK それぞれ増加したとする。E_1 と E_2 時点での資本の生産性を比較すると、E_2 時点の方が小さくなっているので、

$(Y_1+\Delta Y)/(K_1+\Delta K)<Y_1/K_1$

となる。これを整理すると

$\Delta Y/Y_1<\Delta K/K_1 (G(Y)<G(K))$

となる。経済成長率は資本ストックの伸び率を下回る。経済成長率（G(Y)＝$\Delta Y/Y_1$）＝労働力増加率（G(L)＝$\Delta L/L_1$）＋労働生産性成長率（G(y)＝$\Delta y/y_1$）という関係があるので（第⑨式）、これを上式に代入すると、

$\Delta y/y_1+\Delta L/L_1<\Delta K/K1 (G(y)+G(L)<G(K))$

となる。これはさらに次のように変形される。

$\Delta y/y_1<\Delta K/K_1-\Delta L/L_1=\Delta(K_1/L_1)/(K_1/L_1)=\Delta k/k$

上式は次のように書き直せる。

$G(y)<G(k)$ （第⑩式）

第⑩式は1人当り資本ストックの増加率が低下するにつれて、資本の限界生産力逓減を反映して、他の条件が一定である限り、労働生産性成長率ないし1人当り所得成長率はゼロに収斂していくことを示している。つまり1人当たりの所得水準は上昇しなくなっていくということである。

これを打開するにはどういう政策があるのか。$G(y)=G(A)+\alpha G(k)$ や $G(y)>G(A)/(1-\alpha)$（第⑦式と第⑩式より導出）から明らかのように、G(k)がゼロに収斂するような局面において、なお1人当り所得成長率G(y)がプラスでありさらに一層大きくなるには、G(A)つまり技術革新力を不断に高めていく以外ない。[6] 先進国の経験によれば、工業化が進展し産業構造が高度化し成熟するに伴い、資本分配率（α）がほぼ一定の値に収斂していく傾向がみられ（米国など先進国の労働分配率は約80%）、この点からも成長を

持続させていくためには G(A) が一層重要な役割を果すことになる（分配率はパラメータ A に依存しない）[7]。技術革新は生産関数を上方にシフトさせるとともに資本の生産性 (Y/K) も向上させる可能性がある。新鋭技術を体化した機械に対する投資（体化された技術革新）によって、資本の生産性は一層高まる。

1997年アジア通貨危機が発生するまで、東アジア諸国の経済成長率は極めて高いものであった。この要因のひとつが高い労働生産性の伸びである。これは高い技術進歩率に支えられたものであるとし、当時アジア・ウォッチャーや東アジアのエコノミストは、「成長会計」に従って A・ヤングが計測した分析をベースにした東アジアの成長パターンは「要素投入型」(input-driven economic growth) であり、要素投入がなくなると成長は失速する可能性があるばかりでなく成長の持続性を欠くと指摘した P・クルーグマンに激しく反発した。特に日本は世界に例をみない国を挙げて反発したものであった。技術進歩率は必ず労働生産性の伸びを高める効果を有し、さらに成長の持続性を担保するが、逆に労働生産性が高い伸びをみせたからといって、これは必ずしも技術進歩率によるものではない。労働生産性の伸びを高めるもうひとつのチャネルとして、要素集約度 (k=K/L) の強化があるからである。P・クルーグマンはそれを指摘したのである[8]。

第⑦式は、人口が減少しても1人当り所得は維持できる可能性があることを示したものであるが、そのためには労働生産性を不断に向上させていく必要がある。日本の労働生産性は機械などを除き、ほぼ全部門で米国を下回り平均で28%も低いという。先に指摘したように、経済成長率 G(Y) ＝労働力増加率 G(L) ＋労働生産性成長率 G(Y/L)（第⑨式）という関係があるので、労働人口が28%減っても、日本が労働生産性を28%引き上げれば、現在の国内総生産を維持できるということである。しかし労働生産性の向上を持続するには、技術革新能力を恒常的に高めていかなければならない。

労働時間と女性の社会参加率

経済成長に与えるもうひとつの重要な要因として労働時間がある。ただし、経済成長に影響を与える労働時間は1人当りでなく総労働時間の増加率であ

る。Y＝Y/(hL)＊(hL) (h ＝労働者1人当りの1週間の労働時間数)であり、1年間の週数は一定であるので、上式を変化率の型にするとG(Y)＝G(Y/hL)＋G(hL) となる。つまり経済成長率＝1時間当り労働生産性上昇率＋総労働時間数の増加率である。1990年代の週平均労働時間数は43.7時間であった。これはドイツの38.3時間、フランスの38.7時間を上回る。日本の週当り労働時間は2000年以降わずかであるが短くなっている。1人当り年間総労働時間では、若干の変動がみられるが、傾向的に少なくなっている。[9]

　先に指摘したように、労働力人口が減少している中で、従業者数は増加している。これは65歳以上になっても仕事に従事している者が増加しているためである。これ以外にも潜在労働力を顕在化させる方策がある。それは女性の社会参加で、労働時間実質的延長はもとより労働力の増加と同等の効果をもたらす。日本の女性の就業者数は2616万人で、女性労働力人口5685万人のうち46.0％で、男性の70％に比べ低い(2004年)。これは20代後半から30代前半の女性の就業率が低いからで、一般的にM字型カーブと呼ばれている現象である。この世代の女性の社会参加が高まれば、それも実質的に労働力の増加をもたらす。[10]女性の社会参加が増えれば別の効果をもたらすことが先進国の経験から実証されている。それはマクロ的に女性の社会進出(女性の労働力率の上昇)と出生率(合計特殊出生率)が正の相関関係があるということである。つまり女性の社会参加の増加は人口増加促進効果があるということである。これらはアイスランド、デンマーク、フランスなどの欧州諸国でみられる。東アジア諸国も日本に若干遅れるものの少子化・高齢化への途を確実に歩んでいる。[11]欧州諸国の経験は示唆的である。ただしそれには仕事と育児の両立という政策的な配慮が必要である。なお結婚持続期間15-19年の夫婦の平均的な子供の数はこの30年間ほとんど変わっていず、2002年でも2.33人であるという。

　もうひとつ活用すべき人材がある。それは現在50歳代後半のいわゆる「団塊の世代」の退職年齢60歳の延長である。[12]「団塊の世代」の退職年齢の延長は彼らが手にした熟練技術が次の若い世代に継承される。これは生産性の低下を食い止めるであろう。もっとも生産性維持の長期性に欠けるのはいうまでもない。

ITの活用とロボットの導入

　以上は全て生身の人間が対象である。しかし、それ以外に労働力人口の減少を食い止め、さらにその増加と同様の効果をもたらすもうひとつの手段がある。それはITの活用でありロボットの導入である。

　IT化により情報機器やネットワークの普及で、それまでの原料の仕入れ、商品の製造、流通、販売など部門がありそれぞれに人員が配置されていて、時間とコストがかかっていた。しかしIT化により、一貫した情報の流れが作られ、相互に異なるシステムで管理・運営されていた各部門は一元化でき、人員はもとより時間とコストを大きく節約できるようになる。これは一企業内での動きばかりでなく、例えば製造業メーカーは世界中から部品を調達可能となる。これを可能としているのはITである。ITを活用した企業経営効率化の手法としてサプライチェインマネージメント（SCM）がある。これは調達、製造、卸、小売までの製造・販売体制全体で在庫や出荷状況に関する情報を共有し、生産計画を柔軟かつ最適化する経営手法である。この結果在庫の数を少なくすることができる。さらに高コスト構造の改善にもつながり、調達に要するコストを削減することもできる。[13]さらにITネットワーク化により「アプリケーション」と「コンテンツ」の融合化が進む。こうした流れの中で、新たなビジネスモデルが誕生し、この結果新たな市場（機器、サービスなど）が続々と出現することになる。こうしたITを活用したネットワーク型（N×N）の市場取引が形成されるようになる。これらにより生産性が向上すれば、これは労働力が増加したのと同じ効果である。

　日本のインターネットに関し、次のような特徴と変化を指摘できる（以下情報通信に関する統計は『情報通信白書』2005年版、132-133ページによる）。1）インターネット利用人口は1997年末の1155万人から2004年末には7948万人に増えた。男女別利用比率は、男性72.4％（75.1％）、女性63.3％（40.6％）である（括弧内はいずれも1997年末）。人口普及率は9.2％から62.3％に大きく上昇した。2）世帯ベースの普及率は、1997年末の6.4％から2004年末には86.8％に高まった。企業（300人以上）では、68.2％から98.3％に、事業所（5人以上）でも、12.3％から81.8％へと、いずれも大きく高まった。4）

端末別でみた個人のインターネット利用につては次のとおり。①PC は2001年に87.4％と最高を記録したが、2004年には50.7％に低下した。②携帯は2000年末の51.8％から2004年末には73.3％に高まった。（以上いずれも複数回答）。5）ブロードバンドユーザーは2003年には1000万人を突破し、2003年には1500万人近くに達した。6）国内向けパソコン出荷台数は、ノート型が2001年の615万台から、その後若干の変動をするものの2004年606万台となり、ノート型比率は概ね55％前後である。

　情報通信産業の成長率（実質）は極めて高い。1）1995年から2003年にかけて、情報通信産業の成長率は年率7.8％で、GDP の1.2％を大きく上回る。この結果情報通信産業の全産業に占める比率は7.6％から12.6％に上昇した。また情報通信産業の生産性成長率は1995-2003年にかけて年率8.1％と最も高いものであった。第2位の電気機械産業は年率7.1％、以下輸送機械同5.0％、鉄鋼同2.9％と続く。なお同期間米国と韓国の情報通信産業の平均成長率はそれぞれ7.0％、9.3％であり、GDP はそれぞれ3.2％、4.5％であった。

　全要素生産性成長率については既に第2章［表2‐5］で分析した。同様の枠組みで、1995-2003年についてみると、情報通信産業は年率3.5％という高いものである。これに次ぐのが電気機械産業の同2.5％で、この順位は労働生産性の伸び率と同じで、しかもいずれも全産業計の労働生産性の平均伸び率0.2％を大幅に上回る。さらに情報通信産業の部門別労働生産性成長率は、情報通信関連製造業の年率21.7％を筆頭に、通信業同11.5％、情報サービス業同5.7％、研究同3.8％と続く。これらは日本も2000年以降 IT 化を急速に推進していることを反映したものであろう。民間設備投資に占める情報化投資額は米国に比べ大きく下回るが1995年の16.5％（22.1％）から2003年には26.1％（59.8％）に上昇した（括弧内は米国）。しかし経済全体を浮揚させる力強さにはまだ欠ける。

　日本のロボットの総出荷台数は1989年以降の推移をみると、1990年の6万7514台をピークに1994年を第1の底に再び上昇に転じるものの、さらに2001年に再度底を経て、2004年には9万8291台とこれまでの最高となった。この間に国内出荷率は低下の一途を辿り2003年以降50％を割り、輸出比率が上回るようになる。金額ベースでも同様な推移をたどる。

マニピュレータ・ロボットの業種向け国内出荷（金額ベース、2005年第3四半期）は、日本ロボット工業会の資料によると、次のとおり。①自動車向けがほぼ半分を占める（47.2％）。②第2位の電気機械向けは情報通信機械を中心に約3割（29.9％）である。③土木建設・金属加工などの機械器具向けは5％以下である。④その他のうち最大の比率を占めているのがプラスチック製品向けで7％以下である。

　世界全体の中で、日本を位置づけると次のようになる。①世界全体の産業用ロボット稼動台数は13万8457台から上昇の一途を辿り、2003年末には80万7728台となった。②日本は世界最大のロボット保有国である。日本の保有台数は1985年の9万3000台から2000年末の38万9442台をピークに、2003年には80万772台となった。ただし日本のシェアは世界の3分の2以上（67.2％）を占めていた1985年から2000年以降50％を割り、2003年には43.5％となった。③日本に次ぐ保有国はドイツ、米国である。2003年両国の保有台数は、それぞれ11万2693台、11万2390台とほとんど同数であり、世界シェアに占める割合は14.0％である。④ドイツを含む西欧の保有台数シェアは2003年で31.6％である。⑤2003年の世界全体の保有台数は、日本を含むアジア、米国および西欧の合計シェアは97.3％となり、それ以外では東欧0.9％、その他1.7％である。

　輸出向けマニピュレータ・ロボットの用度別に関し次のような特徴を指摘できる。①電子部品の実装などの組立が半分以上（55.4％）を占める。②アークおよびスポットを中心とした溶接がおよそ2割を占める。③その他ではFPDを中心にクリーンルーム内作業が約15％を占める。業種別では④自動車ではアークとスポット溶接を中心に輸出比率が42％にもなる。④電子・電気機械の輸出比率は3分の2以上（67.3％）にもなる。⑤輸出先は溶接用（自動車産業向けがメイン）では中国向けを中心に東アジアが増加している。⑥電子部品実装用も同じである（以上いずれも日本ロボット工業会の資料による）。

　ロボットの活用に関し、産業用と非産業用がある。これは米国のロボット活用との比較で日本の特徴が鮮明になる。米国の場合工事や被災現場での作業はもとよりさらに偵察、殺傷などの兵器開発などを重視している。一方日

本は「人とかかわるロボット」つまりパートナーロボットを志向していると
いう。いずれにしてもロボットが何らかのかたちで実用に供するまでには10
年以上必要とみられている。

技術進歩のパターン

　経済学的に人口問題を検討する場合、基本的には技術進歩からのアプローチが必要である。これには2つある。「労働増大的技術進歩（資本節約的）」（いわゆるハロッド中立的技術進歩）は、経済活動人口を実質的に増加させる効果を有する。これは労働の効率性で生産方法の社会的知識を装備した人材の育成である。この労働の質の向上をみる指標として「デイビジア労働指数」がある。これは性別、年齢、学歴、勤続年数別に労働者の質が異なりさらに労働市場が完全であるとの前提の下、現実に支払われている賃金が、各属性別の労働者の質（＝生産性）の違いを反映していると仮定し、労働者の構成変化により、「質」を考慮した労働力がどの程度変化したかをみる概念である。この試算値によると、「デイビジア労働指数」は上昇している。特に1986-89年と2000-03年平均を比べて、労働の質向上分において年齢と学歴の寄与が大幅に上昇して、「労働の質」の向上に大きく貢献している。これは学歴の高い団塊世代労働者の存在を反映したものであろう。しかし団塊世代の退職により、これの労働の質への寄与は大きく低下することになろう。だがIT化はそれを補って余りあるものにする可能性がある。それが次のような特質を内在的に持つからである。第1にITの技術的変化が速いうえに学習コストが小さいこと、第2に情報と知的生産の価値が本質で投資効果が高いこと、第3に取引費用の低下が期待されこれによりいわゆるネットワーク効果の可能性を無限に拡大させ（N×N）、それにともない外部性が高まり非ゼロサムの世界となることなどがあげられるからである。だからこそIT革命において、高学歴の人材（人的資源）が重要視されるのである。世界的にIT革命が進行する中で、日本の課題は高等教育の強化や充実であることはいうまでもない。

　「労働増大的技術進歩」と対をなすのが「資本増大的技術進歩（労働節約的）」である。この技術を採用すれば、同一製品を生産するにあたり、能力

が一定の労働力でも、最先端の技術を格納した機械でより一層多くの生産物を生産することができる。日本の投資率は高度成長期の1960年代後半の35％台をピークにその後低下の一途をたどり、2004年は23.5％という低いものである（名目ベースでも1994年の28.3％から2004年には22.7％に低下している）。このためにも「資本増大的技術進歩（労働節約的）」が求められている。

第3節　技術革新

　世界経済に周期50-60年前後という「コンドラチェフ波」と呼ばれる長期波動が存在するとみられている[17]。この長期波動第4波は1950年前後からスタートし、高度成長期の1960年代を挟み第1次石油危機が発生した1973年まで世界経済は年率6％という高い成長率を実現した。これは第2次世界大戦中、兵器開発のための技術革新とその投資が、技術革新で圧倒的な力量を装備していた米国において、戦争集結とともに、テレビジョン、電子計算機、トランジスター、ジェット機などの民生用製品に向かい、さらにそれらの技術が他の先進諸国に次第に伝播すると同時に、ケインズの有効需要政策と相まったことによるものである。太平洋戦争で敗れた日本は米国が戦前に開発した民生技術を導入し、戦後復興のために活用した。これは日本にとって「体化されない技術進歩」[18]であったが、戦後日本の経済発展にとって大きな役割を果たしたことは間違いないであろう。

　日本の技術進歩率は1950年代の戦後復興期さらに世界的な高度成長期の1960年代を経て、第1次石油危機が発生した1973年まで23年間で年率4.1％であった（A・ヤング）。これは第2次世界大戦後他のいかなる国と比較しても最高である。1950年から1973年まで日本は年率10％近い高成長率を達成したが、その要因は高い技術進歩率に支えられたものであったのである。

　第1次石油危機後日本経済は低成長を余儀なくされた。日本の経済成長率は1973年から第2次石油危機が発生した1979年まで年率4.1％に低下した。この間第1次石油危機で大打撃を受けた日本はハイテク技術の開発に邁進したものの、1980年代の平均経済成長率は3.8％と一層低下した。その後バブルにより1990年5.1％さらに1991年3.8％と相対的に高い成長率を実現するが、

バブルが破裂して日本経済は「失われた10年」と称される長い低迷を余儀なくされ、1990年代の平均経済成長率はわずか1.7%であった。日本経済の低迷ぶりは技術進歩率G(A)の低さに鮮明に反映されている。日本のTFP成長率は1973年以前には先進諸国中最も高かったが、その後低下の一途をたどるものの、1980年代の全民間産業平均のTFP成長率は1.2%で米国を上回った。しかし1990年代に入ると全民間産業平均で▲0.9%と一転してマイナス成長となり、製造業平均でも0.3%に鈍化する。電気機械を除き全ての業種のTFP成長率はマイナスとなった。電気機械のTFP成長率は7.3%と突出して高いものであったが米国を下回った[表2-5]。[19)]

　戦後世界経済の転換点を画した1973年までの高度成長期を「コンドラチェフ長期波動」の上昇局面とするならば、その後2000年までは下降局面と位置づけることができるであろう。20世紀後半の50年は「コンドラチェフ長期波動」の周期とほぼ一致する。21世紀に入ると日本は再び技術革新能力を強化するような徴候をみせるようになる。日本は現在デジカメやプラズマTVをはじめDVDレコーダなど「新3種の神器」で世界生産の大多数のシェアを占めている。デジタルカメラは日本のメーカーが世界市場の9割を、液晶テレビも世界市場を制しており、いずれも日本経済復活の先行指標であり、さらにこれらを超えて多くの日本発の先端技術を多く持つ[表4-4]。いずれもほとんど先に指摘した米国が技術開発をフォローしそれを導入したケースとは異なる。特に「カーボンナノチューブ」は炭素原子が作る直径10億分の1メートルの筒で、原子を自在に操る日本人が発見した「ナノテクノロジー」の代表例であるという。[20)]

　歴史的経験から、一般に工業化の初期の段階では、経済成長率に対する全要素生産性の寄与率は相対的に小さい。第2次大戦後において第1次石油危機が発生するまで、どの国と比較しても最も高い全要素生産性成長を達成した日本も例外ではなかった。[21)] 日本が戦後全要素生産性を飛躍的に高めることができたのは、欧米諸国との間に大きな技術格差が存在し、日本は海外から技術を導入し、それらを改良・発展させ自家薬篭のものにしたことによる。[22)] (日本の技術革新に向けた最近の動向と実情を第8章第2節で再度論じている)。

　日本は多くの分野で先端技術のリーダー役を果たしているが、先端技術によ

って製品が量産されさらに一定の市場規模を獲得するまでにいましばらく時間を必要としよう。しかし現在でも一部先端技術はもとよりさらにそれ以外でも図4-1でみた生産関数を上方にシフトさせることが可能である。それは生産効率ないし投資効率を改善することである。投資効率を測定する指標のひとつに限界資本産出比率（ICOR=Incremental Capital-Output Ratio）があり、それはICOR＝$\Delta K/\Delta Y$＝$I/\Delta Y$（第⑩式）と定式化される。投資(I)が一定でも投資効率が良い（悪い）と産出高の増加は大きく（小さく）なり、ICORの値は小さく（大きく）なる。ADB（アジア開発銀行）統計により、東アジア諸国のICORを試算してみると、タイは5.27（1980-84年）→2.28（1986-90年）→4.86（1990-96年）90年代に入り悪化している。1980年代中葉以降高成長を謳歌してきたマレーシアの投資効率も悪化し、ICORは1988年の3.0から1997年には6.5に上昇した。[23]

経験的にみて、投資率が30％をこえると、2桁の経済成長が可能である。この例は高度成長期（1966-69年）の日本で、またタイでは1980年代後半にみ

表4-4　日本発の先端技術

■エレクトロニクス	■エネルギー、環境
有機EL（エレクトロ・ルミネッセンス）	太陽光発電システム
プラズマディスプレー青紫レーザー	小型風力発電
デジタル家電	海水淡水化プラント
青色発光ダイオード	燃料電池
光電子増倍管	バイオセンサー
フラッシュメモリー	■医療、バイオ
大容量2次電池	DNAチップ
■新素材・ナノテクノロジー	ヘリカルCT(コンピューター断層撮影装置)
炭素素材(カーボンナノチューブ、フラーレンなど)	PET（陽電子放射断層撮影装置）
ナノ粒子	内視鏡
光触媒	アルツハイマー治療薬
生分解性プラスチック	機能的MRI（磁気共鳴画像化装置）
マイクロマシン	たんぱく質構造解析
■IT	■安全・安心、娯楽
OS（基本ソフト）「トロン」	生体認証システム
量子コンピューター	アニメーション技術
地球シュミレーター	バーチャルリアリティー技術
■輸送機関・海底探査	人型ロボット
地球深部探査船「ちきゅう」	ICタグ（荷札）
リニアモーターカー	
ハイブリットカー	

（出所）『エコノミスト』（元村有希子氏作成）2004年5月25日号（25ページ）

られた。しかし、タイにおいて、1990年代前半に投資率は40％を超えたにもかかわらず、年率成長率は8％台に鈍化した。マレーシアの投資率は1990年以降30％を超え1996年には43％となったが、これまで1度も2桁成長を達成したことがない。投資ないし生産効率がますます悪化しているのである。このように投資効率が悪化しているのにもかかわらず、成長率が鈍化していたとはいえ8％前後も維持できたということは、専ら投資率の上昇によるものである。

第4節　投資効率改善の戦略性

　不断に技術革新をしていかなければ、東アジア経済は成長の持続性を将来にわたって期待できないと主張したのがP・クルーグマンであり、その主張の根拠としたのが全要素生産性の伸び率の低さであった。しかし、全要素生産性は使用するデータや資本分配率、計測期間、関数型などにより計測結果は全く異なるものとなり、ある意味では「神学論争」の側面を持つ。そもそも、「成長会計の基本式」より導出される全要素生産性は直接計測できない「残差」（Solow's Residuals）である。そこで全要素生産性とは全く異なる概念であるがしばしば先に指摘したICORによって代替される。この理由として、「成長会計」では経済成長率に貢献する資本ストックと労働以外による要因を技術進歩率とするのと同じロジックで、ICORが投資率（量）以外の全ての要因（効率ないし質）を含み、これには技術進歩率とそれを荷う人的資本はもとより投資や資本ストックの産業別構成、産業構造とその変化、生産設備の稼働率、内外経済環境の変化などが反映されていると想定するからである[24]。

　第⑩式を、

　　$\Delta Y/Y = 1/ICOR * I/Y$　（第⑪式）

のように変形する。第⑪式は資本の量と効率（質）を統合したもので、経済成長率がより高くなるための条件として、投資効率（ICOR）に加えて投資の規模そのものでなく投資率であることを示している。そして第⑪式で必要なデータは全て既存の統計データで入手可能である。第⑪式を用いて、1986

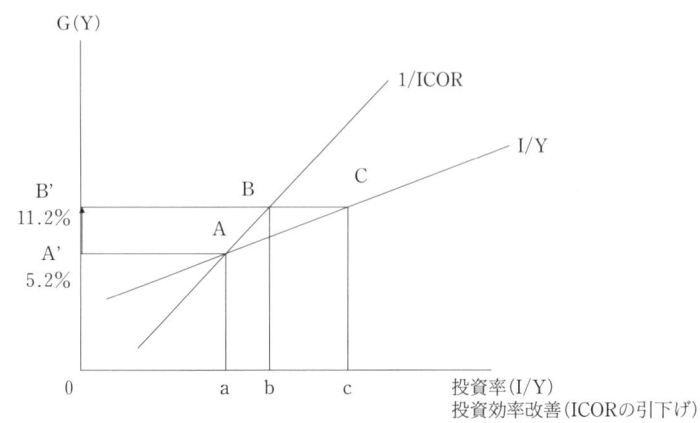

図4-2　経済成長率(G(Y))と投資率(I/Y)、投資効率の改善(ICORの引下げ)

ab＝投資効率の改善(ICOR：6.5→3.0)
ac＝投資率の引上げ(投資率：33.7%→72.8%)

-90年間における世界72ヵ国を対象とした経済成長率と投資率およびICORの関係をみたあるクロスカントリーの実証分析によれば、経済成長率は投資率よりもむしろたICORにより強く影響を受ける。[25]これをビジュアル化したのが図4-2である。同図は次の点を含意している。①投資率の上昇と投資効率の改善はともに経済成長率に対し正の相関を有する。②投資率の上昇よりも投資効率の改善のほうが経済成長率を一層高める。

東アジアの投資率は他の発展途上国に比べて極めて高い。基本的に投資の源泉は貯蓄である。シンガポールに至っては1994年以降96年まで49%台で推移し、97年には実にGDPの半分以上（51.3%）が貯蓄に向けられている。ラテンアメリカでは貯蓄率が30%を越える国はなく、最高でもチリの29%である（1995年）。

国内貯蓄率が高いということの含意は極めて重要である。高い国内貯蓄率を維持かつ不断に生産効率を改善していけば、例えば東アジア諸国のうちで自国のTFPが極めて低いと最も早くに自覚していたマレーシアは国内貯蓄の動員だけで2桁成長が可能である。マレーシア経済が図4-2でAという状況にあり、成長率をA'からB'に引き上げることを目指したとする。この目標を達成する手段として、第1に投資効率の改善aからbへのICOR

の改善である。第2はaからcへの投資率の引上げである。

　どちらが現実的な選択肢であろうか。これを検討する前に労働生産性を別の角度から定式化する。労働生産性（Y/L）、要素集約度（K/L）および資本の生産性（Y/K）の3者間にY/L＝K/L＊Y/K（第⑫式）という関係がある。図4-1でみたように、要素集約度が高まるにつれて、資本の限界生産力逓減により資本の生産性は低下し、したがって労働生産性上昇率も低下する。[26]

投資の動意

　人口減少下で労働力人口が減少すれば、資本ストックが一定である限り要素集約度は高まる。しかし資本ストックは劣化していき、総投資に占める維持・更新の割合は高まろう。『経済財政白書2005年度版』の推計によれば、総投資に占める維持・更新の割合は2001年度の約20％から2020年頃には50％に達する。これに伴って、人口1人当たりの維持・更新費用も急速に高まる。[27] その一部を最新鋭の技術を体化した機械などの導入で相殺できる。これに関して、バブル後一貫して上昇してきた機械などの据え付けからの年数を示す設備年齢（ヴィンテージ）が2005年に14年振りに止まり、反転して若返りの局面に入った。内閣府の企業資本ストック統計によると、2005年3月末の設備年齢は12.04年と2004年12月末に比べわずか0.0003年だが低下した。しかし日本の設備年齢は米国の9年前後に比べ依然高い。[28] 日本の機械設備の「高齢化」に歯止めが掛かったのは2005年度の設備投資の伸び率が前年度比15％増と15年振りに2桁になったことを反映したものである。財務省法人統計によると、2006年3月現在段階で、全産業の設備投資は11四半期連続して前年同期を上回っている。製造業は2005年4-6月以降、3四半期連続して2桁増である。特に輸送用機械と電気の設備投資は全産業の平均伸び率を大きく上回った。投資を主導したのは自動車産業である。さらに自動車の電子化（エンジンやエアバッグなどの電子制御用やテールランプなどの照明分野）でマイコンや水晶デバイス、LED（発光ダイオード）の採用や使用個数が増加している。これらを支える半導体の数は車1台当り15年前の15個弱から現在70個前後にもなる。[29] 精密機械メーカーは精密加工を生かして時計技術で自動車部品（エンジン周辺の電源IC、腕時計の水晶振動子を応用したカーナビ向けセンサ

―など）の生産を開始する[30]。これが電機や素材分野にも波及し、「投資の好循環」が生じている。前掲表2‐7（2）で機械関連の投資の生産誘発係数をみたが、自動車のそれは1985年の0.0611に比べ1999年には0.0197へと大きく低下したが、依然全産業中最大である。電気・電子関連でも同様に生産誘発係数は低下したが、他に比べ依然大きく、自動車の「電子化」に呼応した投資の拡大は他の産業に大きな生産波及効果を及ぼしている。

　第2章第1節で、日本の電機産業は半導体集積度とその情報処理能力を飛躍的に向上させ、それをテコに生産活動の拡散を強める他の産業活動の統合するハブの役割を果たしたと指摘した。2006年の現在、エレクトロニクス産業は不断に向上するデジタル技術を媒介に、とりわけ自動車産業との連携（投入構造）を強化している。日本の自動車（トラック・バスを含む四輪車）生産台数は海外を含め1051万台で、全世界（6396万台）の16.4％を占める。そのうち日本の乗用車生産台数は872万台で、世界生産（4410万台）の19.8％を占める。あらゆる産業に支えられる最終製品としての自動車産業はまさに自動車を起点とした「投資と需要の好循環」の全面的展開である。こうした動向を反映して投資は一層の動意をみせる。ジェトロが2004年11月に実施したアンケート調査によると（『平成16年度日本企業の海外事業展開に関するアンケート調査』2005年3月）、「今後（3年程度）の事業展開」に関して、製造業は半数近い47.7％が事業規模を拡大し、「現状維持」（43.0％）、「縮小」（3.1％）を上回る。また国内で拡大する機能は「研究開発（基礎研究）」20.4％、「研究開発（製品開発・デザイン）」42.6％で両者合計63.0％と、「販売」の76.0％に次ぐ高いものである（国内での「研究開発」機能を重視する含意は第8章第2節で詳しく分析している）。

　先に指摘したように2005年久しぶりの設備投資の動意は新規投資である。しかも設備の減耗分を上回る「純投資」が徐々に増加している。これにより集約度の強化および新技術を装備した設備の導入つまり「体化された技術革新」で、生産関数を上方にシフトさせ労働生産性は向上するであろう（図4‐1）。維持・更新設備投資でも同じ効果を期待でき、「純投資」とともに労働生産性を一層期待できる。それにもかかわらず資本の生産性は低下していくかもしれないので、それを改善させていかなければならない[31]。資本の生産

性が低下していくのは資本の限界生産力 $\Delta Y/\Delta K$（第⑬式）が低下しているからである。第⑬式は $\Delta Y/\Delta K＝\Delta Y/I$ であり、これはまさに ICOR そのものである（ただし第⑩式で定義したのとは分子・分母が逆であるが経済的意味は同じである）。先に技術革新は資本の生産性を高めることを指摘した。これは技術進歩率 G(A) が生産関数を上方にシフトさせる条件がある場合である。これがない場合は状況が異なる。つまり要素集約度強化にともなう成長率低下分を資本の生産性の改善で相殺しなければ、労働生産性上昇率が低下するからである。技術進歩率をほとんど期待できない発展途上国は1人あたり所得を恒常的に引き上げていくには、投資効率の改善が極めて重要となる。

投資効率の改善効果を再びマレーシアの例でみよう。投資のファンドである国内貯蓄率を33.7％（1996年）とすると、1997年のICORだと経済成長率は5.2％（＝33.7％/6.5）にとどまるが、1988年のICORでは11.2％（＝33.7％/3.0）と2桁の経済成長が可能となる（a→b）。これは粗投資であるが、更新投資を除いた純投資でも、33.7％×0.7352/3.0＝8.3という高い成長率の実現が可能である（ただし純投資率は1990-95年のタイの数字を援用した）。一方、1997年のICORで11.2％の成長率を投資率の引き上げで達成するには、11.2％＝s/6.5つまり72.8％という高い貯蓄率（＝s）を達成しなければならない（a→c）。これは貯蓄率を33.7％から72.8％に2倍以上引き上げることであるが、事実上不可能である。投資効率の改善のほうがはるかに現実的である。投資効率改善策は国民の日常生活のルール遵守やインフラの整備、物流コストの削減、政府の許認可行政と規制の緩和などをはじめさらに企業レベルで無数にある。[32]

投資効率改善の戦略性は明らかである。[33]

日本の投資効率はマレーシアよりもさらに悪く、東アジア諸国のうちでは最悪である。日本のICORは1965年から徐々に悪化していたものの、その数値は5を超えることはなかったが、その後悪化の一途をたどり、1980年代前半に5を超え1995年には一挙に20にまで高まった。[34]マレーシアのケースにならい、日本の投資効率改善つまりICORを1995年の20から5に引き下げると、例えば2001年の実質経済成長率は5.3％（＝投資率26.6％/ICOR5。1995年価格）となる。2001年の実質経済成長率は0.4％であったのに比べ大きく

上回る。日本の投資効率が最も良かった1960年代の ICOR では、現在の投資率でももっと高い成長率を達成できる可能性が強い。今後日本の老齢化が一段と進むにつれて、ますます投資（生産）効率の改善が求められていくことになる。まず投資をファイナンスする国内貯蓄率が低下することが想定されるからである。しかし投資効率改善による成長加速効果は永久に頼るわけにはいかない。投資効率改善の余地はいずれ小さくなっていくからである。既に指摘したように成長を持続させるには不断の技術革新以外ない。

経済活動と社会構造という2つの変化をリンクさせるロジックを構築することは極めて難しい。少子化と老齢化は別個の人口動態であるが、両者を含めかつ経済的に統合化した意味を持たせるキーコンセプトは国民負担率であろう。それは国民の負担率＝（税金＋社会保障）/GDP のように定義される。少子化と老齢化は国民の負担率を高めるようになる。高齢化は税金と社会保障費を増加させ（分子）、少子化は GDP を縮小させる（分母）。国民負担率は1970年度の24.3%から2005年度には35.9%に、さらに「国及び地方の財政赤字」を含めた「潜在的な国民負担率」では24.9%から44.8%へと一挙に上昇する。[35] ある予測によると負担率は1995年の40%弱から2025年にはおよそ55%以上にも達するという。[36] 負担率を軽減するには税金・社会保障費の合理的活用（上式分子の低下）と並行して経済成長の促進（同分母の拡大）が必要である。

「資源の効率的配分」

経済学に「産業間の資源配分の変化」ないし「資源の効率的配分」という命題がある。それは資源（労働力や資本）を生産性の低い例えば農業部門から生産性の高い工業部門にシフトするだけで、経済全体の生産性が高まることを含意している。

これを労働力についてみる。ある国民経済は農業と工業の2部門よりなり、全体の労働量は一定であり各部門の労働量は L_1 と L_2 とする。また労働力移動前の農業と工業両部門の労働生産性を P_1、P_2 とし、工業部門の労働生産性の方が高いとする（$P_1 > P_1$）。こうした前提の下で、農業部門から工業部門に ΔL の労働力が移動したとすると、次ぎのような変化が生じる。

①国民経済全体の総生産は増加する。

$P_1(L_1-\Delta L)+P_2(L_2+\Delta L)$
$=P_1L_1+P_2L_2+\Delta L(P_2-P_1)$

$P_2>P_1$ であるので労働力移動前の総生産（$P_1L_1+P_2L_2$）に比べて、労働力移動後の生産は ΔL（P_2-P_1）だけ増加する、

②平均生産性も上昇する

労働力シフト後の国民経済全体（平均）の労働生産性は $\{P_1L_1+P_2L_2+\Delta L(P_2-P_1)\}/L$ となり、労働力数が一定であるのでシフト前の（$P_1L_1+P_2L_2$）/L より高まっているのは自明である。

③上記の論理は資本（K）の移動でも同様である。上式でLをK、ΔL を ΔK とし、両部門の資本ストックを K_1、K_2 として L_1 と L_2 より置き換えればよい（P_1 と P_2 は各々農業と工業部門の資本の生産性で $P_2>P_1$ とする）。

④構造改革とは資源を生産性の高い部門に移動させることであり、移動を阻んでいる規制がある場合にはそれを除去し、歪んでいる資源の配分を正すことである。

上記の理論的枠組は対外経済関係がない閉鎖経済である。国民経済さらに政府の消費や投資の商品支出への配分変更でも妥当する。例えば日本の予算規模が一定でも、政府の消費と投資の支出配分構成を変えると、生産に及ぼす影響は異なり、財政支出の効率化を図ることが可能となる[37]。基本的には対外経済関係が存在する場合にも妥当する。ある産業部門で輸入が増加し、生産の縮小が余儀なくされる。この場合、その部門は短期的に失業に見舞われるかもしれない。輸入増加によって、失業を余儀なくされる資源をより生産性の高い部門にシフトさせれば、資源を効率的に活用することができる。現在の日本の国内外を巡る環境変化を考慮して、特に東アジアを主に対象とする地域単位で「資源の効率的配分」を目指した産業政策を展開していけば、経済は長期的にも高い生産性を維持していくことは不可能ではない。主要な対外的対応は、輸入の拡大であり直接投資となろう[38]。これらを通じた国際分業の再編である。さらに自由貿易協定（Free Trade Agreement＝FTA）締結もそのひとつの有力な対応策である。東アジア諸国と一連のFTA締結を巡

る動きは、まさに日本の産業構造高度化を目指すための領域を一層拡大させるものである。この場合、2国間FTAよりも例えばASEAN・日本FTAのように相手先は複数であることが望ましい。ただし2国間FTAの場合、複数同時に推進すべきである。それは相手が1国より複数であるほうがはるかに要素賦存が平準化しそれゆえ政策展開の選択肢が増えるからである。つまりFTAも締結相手を地域単位とすべきであるということである。次章では少子化・高齢化さらに人口減少を先取りしたとの観点から、特に日本の輸入構造の変化に焦点を合わせ分析している。

註

1) 「少子化」とは出生率が人口置換水準を連続的に下回っている状況をいう。日本ではそれは2.07人であり、日本の「少子化」は1974年に始まり既に30年以上も続いている。いったん減少過程に入った人口は、途中で一時的に出生率が上昇しても、年齢構造の関係で減少は続く。これを「人口減少のモメンタム（慣性）」と呼ぶ。日本で「少子化」がかなり前から進行していたのにもかかわらず、総人口の減少が2005年末から生じたのは長寿化でカバーされていた「慣性」が復活したことによるものであろう。この結果日本は本格的に人口局面に突入し、他の条件が一定の限り、今世紀中減少が続き、900年後には日本人は「絶滅」するという（大淵寛「今世紀中は続く」経済教室『人口減と生きる』(1)『日本経済新聞』2006年2月16日付け朝刊）。

2) 八代尚宏・日本経済研究センター『2020年の日本経済』日本経済新聞社、1995年。松谷明彦『人口減少経済の新しい公式』日本経済新聞社、2004年。松原聡『人口減少時代の政策科学』岩波書店、2004年、など。

3) アジア開発銀行『アジア変革の挑戦』吉田恒昭監訳、名古屋大学出版会、1998年、169頁。人口成長と経済成長との関係を実証した例として山下道子「経済成長と所得格差」『開発金融研究所報』国際協力銀行、2004年11月、第21号、がある。その論文は1820-1913年、1913-1950年、1950-1994年の3期間にわたって人口増加率と（1人当り）GDP成長率を、多数国を対象にプロットしているが、3つの期間のいずれにおいても相関関係がほとんどみられない（もっとも同論文の問題意識は先進国と発展途上国間の所得格差や成長率と所得格差である）。原田泰も分析している（「人口増加率と1人当り所得成長率の関係を探る」『経済セミナー』2005年10月号）。

4) アジア開発銀行（前掲書）は経済活動人口比率の1人当り所得に与えた影響を分析している。しかし経済活動人口比率と1人当り所得の間には自動的につながる関係はない。東アジアの経験は、人口転換の観点からみて、経済活動人口比率がもっと

も多い時期（bonus phase）に雇用創出（労働集約的）産業を外国から導入するという政策を展開した。多くの東アジア諸国はそれを実現した。『東アジアの奇跡』（世界銀行）は『奇跡』の内実を成長と不平等の低下の同時達成として賞賛したが、人口転換過程を効果的に活用したことも、重要な『奇跡』のひとつとして評価されるべきである（青木健『アジア経済持続的成長の途』日本評論社、2000年、第6章）。

　　第③式をさらに展開すると、$G(Y/N)=G(A)+\alpha G(K/N)+\beta G(L/N)$ となる（ただし $\alpha+\beta=1$）。これに基づいたある計算によると、20世紀中頃に至る50-100年の欧米先進国の1人当り実質所得の長期的平均成長率は約1.5％で、そのほとんどはG(A)（全要素生産性）によるものである。つまり先進国における1人当り所得の成長を支えた主役は資本蓄積ではなく圧倒的に技術進歩であったということである。成長過程で数量的に重要なのは、それまで信じられたような資本蓄積でなく技術進歩であるということである。「成長会計」はそれを明らかにした（これらについては速水佑次郎『開発経済学』創文社、1996年、第5章が詳しく分析している）。

5) 全要素生産性Aは過去にみられたディーゼルエンジンやトランジスター、マイクロチップ、ペニシリンなどの技術進歩を反映するもので、これらがAを高め、要素集約度が一定でも生産関数を上方にシフトつまり労働生産性を改善することができる（いわゆる不体化の技術進歩）。

6) 労働生産性を向上させるチャネルとしてもう1つある。それは新古典派成長理論が教えるように貯蓄率の引上げである。しかし生産関数が所与である限り、貯蓄率の引上げによる所得拡大に関して持続性はなく一定の規模に収斂する（乗数理論）。この方策は極論すれば一回限りである。

7) 長期にわたり米国のGNPにおいて労働分配率70％、資本分配率30％とほぼ一定であった。この事実を確認したポール・ダグラス（エコノミスト、上院議員）は「もし生産要素（K、L）が自らの限界生産力を手にするなら、どのような生産関数のもとで、要素所得の分配が一定になるのであろうか。生産関数は次の2つの性質を満たす必要がある。資本所得＝資本の限界生産力（MPK）＊K＝αY、労働所得＝労働の限界生産力（MPL）＊$(1-\alpha)$Y、（αは資本の分配率）」と考えた。これを尋ねられた数学者チャールズ・コブが定式化した生産関数が現在コブ・ダグラス型と呼ばれている $Y=AK^{\alpha}L^{(1-\alpha)}$ である。これによると労働所得/資本所得＝$(1-\alpha)/\alpha$ となり、両所得の相対比は全要素生産性に依存しない（ジェフリー・サックス『マクロエコノミックス』上巻、日本評論社、1996年、100-103頁）。

8) 青木健『変貌する太平洋成長のトライアングル』2005年、日本評論社、第7章。

9) 日本の従業者1人当り総労働時間数は1990年代前半には残業を含め1990時間を超え、1992年政府は「1800時間」目標を設けた。2002年度には1853時間と約100時間短縮し

た。厚生労働省は「1800時間はほぼ達成した」としさらに勤務の多様化で政府は「目標」を廃止した（『日本経済新聞』2004年11月17日付け朝刊、『朝日新聞』2004年12月17日付け夕刊）。

10) 『経済財政白書』2005年版、第3章で詳しく分析している。

11) World Bank, *East Asia Update East Asia's Dollar Influx-Signal for Change, Special Focus : Gender Equality in East Asia*, April 2005. アジア社会の少子高齢化を論じた論文集に『アジア研究』アジア政経学会、2006年4月、がある。もうひとつ外国人労働者導入がある。ここでは深入りをしない。

12) 先進国でも同様の悩みに直面している（Special report The aging workforce, *The Economist*, Feb., 18-24, 2006）。

13) 同様の効果をもたらしていることは企業内や日常生活の至るところで見られる。アウトソーシングのひとつの例である文房具のアスクルがある。ATMもある。駅の改札での磁気カードもそうである。

14) 「パートナーロボット」という観点から、産業研究所のアンケートをベースとした『次世代ロボットの産業化（今後の技術開発の基本的方向と環境整備のあり方）に関する調査研究』2005年4月、がある。

15) 『経済財政白書』（前掲）、206頁。

16) 同上、206頁の註。

17) 中村丈夫編『コンドラチェフ景気波動論』亜紀書房、1978年。市川泰治朗編『世界景気の長期波動』亜紀書房、1984年。安宅川佳之『長期波動からみた世界経済史』ミネルヴァ書房、2005年、など。

18) 青木健『太平洋成長のトライアングル』日本評論社、1987年、第3章。

19) この項目は青木健『変貌する太平洋成長のトライアングル』日本評論社、2005年、第7章第2節を追加・修正したものである。「成長会計」により日本の潜在成長率を要因分解した内閣府の試算結果によると（内閣府経済社会総会研究所、2003年）、少子高齢化の進行で労働投入がマイナスの寄与になっているが、TFPの上昇によって潜在成長率が2000年以降下げ止まりになっていることがうかがわれる。別のある分析によれば（深尾京司・権赫旭「日本の生産性と経済成長――産業レベル・企業レベルデータによる実証分析」経済産業研究所、2006年）、1994-2001年度の年率TFP上昇率はわずか0.2%で、その内訳は「技術進歩も効果」▲0.5%、「規模の経済効果」0.8%、「稼働率変動効果」▲0.1%、「再分配効業種は極めて少ない。

20) 毎日新聞社『エコノミスト』2004年5月25日号、25頁。同誌2004年2月9日号、127-129頁。次世代の新素材としての超極細の炭素素材「カーボンナノチューブ」を従来の約500倍の長さ、2000倍の高純度で合成する技術の開発に成功した（『朝日新聞』

2004年11月19日付け、『読売新聞』2004年11月21日付け朝刊）。米国はナノ技術開発では日本に遅れをとっていたが、1998年4月に大統領科学技術補佐官が「もし次代を開拓する科学技術を一つだけ挙げろといわれれば、ナノ単位の科学技術である」と説明し一挙に関心が高まり、2001年クリントン大統領は国家プロジェクトとして技術開発を推進している（「経済教室」『日本経済新聞』2000年10月2日付け）。国内半導体メーカー各社が出資する半導体先端テクノロジーズは2010年ごろに実用化される回路線幅45ナノ（ナノは10億分の1）メートルの次々世代半導体の製造技術開発を始めた（『日本経済新聞』2004年11月29日付け朝刊）。小林英夫『産業空洞化の克服』中公新書、2003年、は日本の技術革新の方向を探っている（自動車、航空・宇宙、ロボット、環境など）。溝口敦『日本発世界技術』小学館、2003年。

「日本発」商品として、衣料や靴もあるという。これには日本製品はもとよりその品質とデザインが評価され、有名海外ブランドの日本法人が日本国内で企画・開発した商品を世界に販売するという（『日本経済新聞』2004年12月25日付け朝刊）。

21) 速水佑次郎、前掲書、第5章など。これによると初期工業化段階における日本のG(A)のG(Y)への相対比率は概ね3分の1である。しかしAngus Maddison, *Monitoring The World Economy 1820-1992*, OECDによれば日本のG(A)は年率0.31％のマイナスであった（1870-1913年）（Table K-2）。なお日本の全要素生産性について、『通商白書』（平成10年版/1998年、第3章）は詳細に分析している。それによれば、製造業成長率に対するTFP寄与度は1960年代5.9％（製造業成長率平均14.4％）、1970年代3.1％（同5.2％）、1980年代2.4％（同5.1％）、1990年代2.0％（同1.2％）と低下の一途をたどっている（全産業、非製造業も計測している）。

22) 木下宗七・鈴木和志「研究開発と経済成長」宇沢弘文編『日本経済蓄積と成長の軌跡』東京大学出版会、1989年、第3章。前掲『通商白書』平成10年度版、第3章。Edward J. Lincoln, The Slowdown in Growth in Japan: facing Economic Maturity, *The Economic Development of Northeast Asia* Heather Smith (ed.), Vol., 1 (Part1, [5]) 2000.

23) 国家経済行動評議会『マレーシア経済再建計画』（邦訳、1998年）15頁。投資効率の悪化は外資でもみられる。発展途上国は1980年代以降積極的に輸出志向性の強い外資を導入してきた。特にLA（ラテンアメリカ13ヵ国）とアジア（10ヵ国）において、外資導入と輸出増加の関係をみると、両地域とも外資の導入と輸出の増加との間に正の相関関係がみられるがさらに次のような特徴があげられる（UNCTAD, *Trade and Investment Report 2002*）。両地域とも同額の輸出ないし同額の輸出を増加を目指した場合、①LAに比べアジアの方がはるかに効率は良い。それは1980年代、1990年代を通じて変わらない。しかし②1980年代に比べると両者とも1990年

代には悪化している。LA の方がより悪化の度合いが大きい。
24) 南亮進『日本の経済発展』東洋経済新報社、1992年、第6章。
25) 同上、132頁。
26) 経済企画庁総合計画局『人口減少下の経済に関する研究会』(中間報告、平成12年6月)は「貯蓄、資本ストック―フローの貯蓄率の低下と1人当り資本装備率の上昇」(7ページ)でシミュレーションをしている。同中間報告書は本章で理論的に説明していることを極めて平易に説明している。
27) 『経済財政白書 2005年度版』211-212頁。松谷明彦、前掲書、68-71頁。
28) 『日本経済新聞』2005年11月20日付け朝刊。
29) 『日本経済新聞』2006年1月1日付け朝刊。
30) 『日本経済新聞』2006年2月4日付け朝刊。
31) 資本ストックには次のような問題もある。例えば「人口当たりの老人福祉施設と65歳以上人口比率」や「小中学校施設と14歳以下の人口比率」の関係をみると、必ずしも相関関係がみられず、適切な社会資本ストックの配分がなされていない。その場合、少子化の進行によって、小学校が廃校のまま放置されることになる（同上、212、323頁）。
32) 例えば青木健、小林英夫、前掲書など。
33) 図4-2においてAより左側の領域で、経済成長率を引き上げるには、初期時点の位置によるが、投資効率の改善や投資率の引上げさらに両者の組み合わせによって可能であるのはいうまでもない。
34) 経済企画庁『アジア経済1998年』41頁。他の試算でも日本の投資効率の悪化が最も大きい。松谷明彦『人口減少経済の新しい公式』日本経済新聞社、2004年、60-63頁。
35) 財務省『日本の財政を考える』2005年9月、11頁。
36) 小川直宏「少子・高齢化社会に対する政策」『東アジアの視点』ICSEAD、2000年12月号、など。
37) 中川江理子・豊島祐治「1995年日米国際産業連関表（速報）による構造分析」『産業連関』環太平洋産業連関分析学会、第9巻、2000年6月。
38) 国際間の生産要素（資本、労働）の移動は一般的に世界全体の厚生水準を高めることが証明されている。例えばマクドゥーガルの「効率性上昇効果」や2財2要素2国のヘクシャー/オーリン・モデル、ヘルプマンの多国籍企業モデルなどがある（木村福成『国際経済入門』日本評論社、2000年。伊藤元重・大山道広『国際経済』岩波書店、1992年。クルーグマン・オブストフェルド『国際経済学』吉田和男監訳、エコノミスト社、2002年、など）。

第5章

急増する製品「逆輸入」とその含意

　日本は東アジアから、「逆輸入」を中心に非耐久消費財をはじめ耐久消費財、機械製品の輸入を急増させている。「逆輸入」とは、日本企業が海外に進出しそこで生産した製品を日本が輸入することである。一方、日本の輸出は機械部品をはじめとする中間財の比率が一段と高まっている。両者は表裏一体の関係にある。まず1980年代中葉以降組み立て型の日本製造業企業が生産拠点を大量にシフトさせたものの、進出先でサポーティング・インダストリー（SI）が未成熟であったためである。次に輸入財に厳しい日本の消費者に対し、東アジアから良質かつ安価な消費財さらに電気機器を中心にその他の機械機器製品を継続的に輸入することと対をなしかつそれを担保するものであるということである。

　日本企業が本格的に東アジアに進出したのは、1985年 G5 の円高ドル安為替レート調整で、日本の輸出競争力が低下したためである。しかし、当時意識されていなかった少子化・高齢化が次第にはっきりとした輪郭をみせ、いまやそれが日本経済に直接間接大きな影響を及ぼすようになり、東アジアからの製品輸入の増大は別の意味を持つようになる。第1は結果として少子化・高齢化に伴う人口減少や労働力人口減少を先取りしたことであったということである。第2は東アジアへの自らの統合。輸出の部品比率および製品輸入比率の高まりはそのメカニズムである。第3は地域単位での「資源の効率的配分」である。つまり第2と第3は対をなす構造変化であり、両者は労働力の減少にみ合った産業ストックの「適切なる縮小」を目指した第1の少子化・高齢化に伴う人口減少を先取りしたことであったということである。

　天然資源賦存に恵まれない日本にとって資源確保は死活的に重要であった。

日本の一貫した政策と産業・企業行動は日本経済の生産に不可欠な資源以外の輸入財製品を最小限にすることであり、資源確保に必要な外貨を獲得するため輸出の極大化である。この日本経済の生産起動力を維持するための輸入行動主義を小島清教授は「生産体系輸入」と呼んでいる。しかしこの日本のビヘイビャーはこれまで2度大きく転換した。第1は1973年に発生した第1次石油危機を転機に粗原材料から製品原材料輸入へのシフトである。例えば鉄鉱石から鉄鋼への代替である。第2は1980年代中葉以降の円高を通じた「逆輸入」による消費財や機械製品輸入の急増である。これは今後日本がこれまでの「投資主導」から「消費主導」の経済成長に転換していくことになることを示唆するものとなろう。それは第1に人口減少によりいわゆるフルセット型産業構造を維持できなくなるためである。第2は消費者の輸入財への認識の変化を反映したもの。つまり品質さえ良ければ製品の国籍を問わなくなってきたということである。第3は高齢人口の消費行動の変化であり需要内容の変化である。特に労働から退きまた貯蓄率が高い高齢人口の行動が日本の需要構造を「消費主導」に大きく変える可能性が強い。

　少子化・高齢化は上記のような構造変化や消費行動を今後一段と加速させるであろう。既にその兆候は至るところで観察される。日本の輸入依存度は今後一段と速いテンポで上昇していくことになろう。その動因は第2章で分析したものとは異なり、むしろ特に東アジアとの分業再編を色濃く反映したものになるであろう。本章は財別の製品貿易収支からそうした問題意識を検証したものである。

第1節　高まる製品輸入比率

　日本の輸入規模は2004年4545億ドルで、第1位の米国の1兆5264億ドルという規模の約30％で世界第6位である。対GNP比率つまり輸入依存度は8.9％（2003年）と世界平均21.0％に比べてはるかに低い。
　長期的に日本の輸入依存度（名目）をみると次のような変化が観察される。①明治維新直後の1888年の輸入依存度は6.5％であったが、その後は徐々に上昇し1901年までの平均は11.1％であった。②日本経済の第1の変動期であ

る1901-1906年を経て、1906-1929年には平均20.2％と倍増し、1929年には25.2％と、それまでの最高を記録した。③その後第２次世界大戦を経て、戦後復興期（1952-61年）には10.3％であった。④高度成長期（1962-1973年）の輸入依存度は10％以下であった。この間最高でも9.9％であった（1963年、1964年）。⑤1974年から1984年までの輸入依存度は２桁で（除く1978年）、平均10.5％であった。⑥物的ベースでの日本全産業の輸入依存度は1970年の5.2％から上昇しその後下降に転じ1990年の5.3％から再度上昇し、2003年には6.9％に達した。製造業の輸入依存度ははるかに先行して1970年の3.8％から一貫して上昇傾向をみせ、2003年には11.8％と、全産業平均のほぼ２倍である。特に精密機械の輸入依存度は37.1％と圧倒的に高く、以下電気機械（19.8％）、繊維（15.8％）、食料品（11.9％）と続く［前掲表２-８（２）］。

　製造業輸入の業種別シェアは電気機械を筆頭に機械４業種が1980年以降上昇の一途をたどり、2003年には49.8％と過去最高を記録した。機械４業種に一次金属と金属製品を加えたいわゆる金属ブロックもほぼ同様の傾向をたどり、2003年には製造業輸入のほぼ半分を占めるに至る［前掲表２-８（１）］。輸入を財別（特殊分類）にみると表５-１より次のような特徴と変化を指摘できる。①製品輸入比率は、第２次石油危機が発生した直後の1980年の22.8％を底に、その後上昇に転じ2004年には59.6％となった。2002年に62.1％と過去最高を記録した（製品輸入とは工業用原料から粗原料と鉱物性燃料を除いた製品原材料に資本財、非耐久消費財と耐久消費財の合計）。②2004年の製品輸入の財別構成は資本財が最も高く27.2％、消費財16.0％、製品原材料（中間財）16.4％と続く。

　以上のように、日本の輸入に関し、対GNP比率、製品輸入比率そのうち資本財比率の上昇がみられる。いずれも共通して東アジアからの輸入拡大が動因となっている。全商品レベルでの東アジアのシェアは1970年の14.2％から2004年には45.7％と、主要国・地域では最大である。製品輸入でも、東アジアのシェアが急上昇している。これについては既に様々なる角度と財別構成からみてきた［表２-11、表３-１、表３-２など］。東アジアからの製品輸入比率は2004年にこれまで最高の57.3％を記録した。日本の製品比率上昇最大の動因は複数の箇所で示唆してきたように、直接投資関連による「逆輸入」

表5-1　日本の財別、地域別輸入構成変化の推移　　　　　　　　　　　　　　（単位：%）

年次		1970	1980	1985	1990	1995	2000	2003	2004
財別	総輸入	100	100	100	100	100	100	100	100
	食糧・その他の直接消費財	16.1	11.5	13.1	13.7	15.1	11.9	11.4	10.8
	工業用原料	68.4	77.1	69.9	54.5	43.5	41.8	41.9	43.4
	粗原料	32.1	15.4	12.2	11.0	8.8	5.7	5.0	5.3
	鉱物性燃料	20.7	49.8	43.1	24.2	15.9	20.3	21.0	21.6
	製品原材料	15.6	11.9	14.6	19.3	18.8	14.3	15.7	16.4
	化学品	5.2	4.3	6.1	6.7	7.1	6.7	7.3	7.3
	金属	6.5	3.8	4.3	6.2	5.0	3.8	3.1	3.9
	繊維品	1.0	1	1.2	1.5	1.5	1.0	1.0	0.9
	資本財	11.6	6.5	8.9	14.0	20.5	27.7	27.2	27.2
	一般機械	6.7	2.7	3.6	6.0	8.3	11.0	10.6	10.5
	電気機械	2.4	1.8	2.8	4.9	9.1	12.9	12.0	12.3
	輸送機械	1.9	1.3	1.6	2.2	1.6	1.6	2.1	1.9
	消費財	3.1	3.6	4.9	14.7	18.1	16.5	16.7	16.0
	非耐久消費財	1.3	1.9	2.6	6.0	8.8	8.1	8.1	7.6
	繊維製品	0.6	1.3	1.8	4.0	5.8	5.4	5.3	4.9
	耐久消費財	1.9	1.7	2.3	8.6	9.3	8.2	8.6	8.4
	乗用車	0.3	0.3	0.4	2.6	3.0	1.8	1.8	1.7
	（製品比率）	30.3	22.8	31.0	50.3	59.1	61.1	59.9	59.6
地域別（全商品）	世界計	100	100	100	100	100	100	100	100
	米国	29.4	17.4	19.9	22.3	22.4	19.0	15.3	13.7
	EU	10.4	7.4	7.2	18.2	14.5	12.5	12.7	13.8
	NIES	3.5	5.2	7.6	11.0	12.3	12.2	10.1	10.2
	ASEAN	9.4	14.1	12.9	10.4	14.1	15.7	15.2	14.8
	中国	1.3	3.1	5.0	5.2	10.7	14.5	19.6	20.7
	中東	12.4	31.7	23.1	13.3	9.4	13.0	13.3	12.7
	（東アジア計）	14.2	22.4	25.5	26.6	37.1	42.4	44.4	45.7
地域別（製品）	世界計	100	100	100	100	100	100	100	100
	米国	40.8	33.5	35.5	27.5	25.2	22.8	18.2	16.5
	EU	17.4	21.1	18.6	26.1	21.5	17.5	17.9	19.3
	NIES	4.5	13.3	14.2	16.1	16.7	16.7	13.4	13.4
	ASEAN	2.4	3.6	3.5	4.9	9.2	12.5	14.3	14.3
	中国	1.1	3	4.4	5.2	14.0	19.6	27.8	29.6
	（東アジア計）	8.0	19.9	22.1	26.2	39.8	48.9	55.5	57.3

（資料）『外国貿易概況』より作成

である。財別（製品原材料、資本財および消費財）に主要国・地域別輸入構造とその変化をみたのが表5-2である。これによるといずれも共通して東アジアのシェアが大きく高まり、そのうち中国のシェアは全ての財で比率を高めている。さらに以下のような特徴を指摘できる。

　製品原材料：①中国を含む東アジアのシェアは一貫して上昇し、1990年代後半以降30％を越えている。②米国のシェアは低落傾向にある。③工業原料輸入に占める中間財の比率に関し［表5-3］、東アジア（中国を含む）のそれは1970年にはわずか18.6％でしかなかったが、2004年には50.1％に急上昇した。これは東アジアの工業化の進展さらに日本の粗原料から製品原材料

表5-2　財別輸入の地域別構成　　　　　　　　　　　　　　　　　　　　　　　　　　（単位：％）

	地域	1970	1975	1980	1985	1990	1995	2000	2001	2002	2003	2004
製品原材料	米国	27.0	28.4	30.7	29.1	22.5	20.6	18.0	17.4	16.2	17.8	14.3
	西欧	18.3	24.1	20.8	22.4	24.7	18.1	19.9	21.0	21.8	26.3	25.1
	東南アジア	11.8	16.8	17.4	18.6	21.6	30.2	32.7	33.1	34.5	37.1	39.7
	（中国）	1.4	3.1	2.9	4.3	4.5	7.7	9.8	10.7	11.5	14.4	15.9
	中近東	0.9	2.1	1.5	2.1	3.5	2.2	1.5	1.5	1.4	1.5	1.4
	中南米	5.3	4.2	7.6	6.8	8.1	7.8	6.8	6.7	6.9	4.6	4.5
	アフリカ	12.1	3.5	3.0	1.7	1.5	0.8	3.8	3.5	3.5	4.0	4.4
	合計	100	100	100	100	100	100	100	100	100	100	100
資本財	米国	62.8	53.9	53.7	65.0	53.0	39.9	32.1	30.5	28.5	25.6	23.1
	西欧	33.7	33.7	31.7	21.1	25.3	18.4	13.5	14.4	13.9	13.7	13.5
	東南アジア	1.4	7.4	8.7	10.2	17.8	39.6	51.6	52.1	54.7	58.6	61.4
	合計	100	100	100	100	100	100	100	100	100	100	100
耐久消費財	米国	39.1	31.0	23.4	19.8	15.4	20.9	14.3	12.0	10.3	9.1	7.6
	西欧	50.1	46.1	43.5	45.1	60.4	37.9	32.1	30.7	30.7	30.2	30.9
	東南アジア	6.0	17.8	28.1	29.3	20.3	39.1	49.8	53.2	54.8	55.4	56.7
	（中国）	1.0	2.0	2.3	3.7	2.6	12.2	23.4	27.3	31.0	33.2	35.6
	中南米	0.2	0.2	0.3	0.4	0.1	0.2	1.2	1.0	0.8	0.9	0.9
	合計	100	100	100	100	100	100	100	100	100	100	100
非耐久消費財	米国	29.1	14.3	12.0	9.5	12.8	14.0	11.9	10.4	10.8	9.8	9.8
	西欧	32.2	29.7	28.9	22.9	26.9	18.2	14.2	14.6	15.1	15.5	15.1
	東南アジア	28.0	44.6	43.6	47.4	38.7	64.9	72.9	74.0	73.1	73.5	73.9
	（中国）	6.8	9.3	14.1	18.8	20.7	45.3	59.6	62.1	62.3	63.6	64.4
	中南米	0.3	0.2	0.2	0.5	0.2	0.2	0.3	0.3	0.3	0.2	0.2
	合計	100	100	100	100	100	100	100	100	100	100	100

（注1）製品原材料は鉱物性燃料を除く
（注2）1995年以降東南アジアは中国、NIESおよびASEANの合計である（次表も同じ）
（注3）西欧はEUとEFTAの合計（次表も同じ）
（資料）表5-1に同じ

表5-3　工業用原料輸入に占める中間財の割合　　　　　　　　　　　　　　　　　　　（単位：％）

地域	1970	1973	1980	1985	1990	1995	2000	2001	2002	2003	2004
合計	32.7	36.8	43.7	54.4	35.4	43.2	39.7	37.9	38.9	37.6	56.1
米国	38.6	41.7	50.7	62.2	55.2	61.0	72.6	74.9	76.6	84.5	82.1
西欧	86.9	87.3	89.3	88.8	90.5	90.8	90.8	90.6	89.6	88.7	91.4
東南アジア	18.6	31.3	31.7	47.8	32.4	47.3	43.8	44.5	46.9	46.4	50.1
中南米	18.3	28.1	37.6	42.9	49.6	53.1	41.7	45.0	48.0	49.1	35.7
アフリカ	60.0	58.5	60.3	67.2	56.5	52.8	67.3	62.1	47.9	52.8	73.0
（中国）	35.7	39.5	54.3	56.2	34.7	64.4	65.6	67.4	68.8	69.8	64.8

（注）鉱物性燃料を除く
（資料）表5-1に同じ

への代替に効果的に対応したことを反映したものであろう（中南米からの輸入でも中間財比率が上昇しているが、製品原材料に占める中南米の比率は1桁台であり、日本の構造変化に効果的に対応したとはいい難い）。④中国の製品原材料比率は1970年に35.7％と既に東アジアの平均を上回っていたが、2004年に

は64.8％となり米欧（ともに80％以上）に次ぐ高いものとなった。

資本財：①日本の資本財輸入で1990年まで米国が最大のシェアを有していたが、急速にシェアを高めていた東アジアが1995年までに追いつき、2000年以降50％以上を占めるにいたる［表5-4、表3-4では機械4品目レベルで東アジアからの輸入構造の変化をみた］。財別では一般機械と電気機器が同じ傾向をたどった。②財別構成をみると、電気機器が半分を次で一般機械がほぼ40％を占め、両者のみで約9割を占める。これを対世界輸入と比べると、電気機器のシェアがやや高く、輸送機器では低い。③東アジアからの資本財輸

表5-4　東アジアからの資本財輸入の構造　　　　　　　　　　　　　　（単位：％）

	年次	資本財計	一般機械	電気機器	輸送機器
東アジアの比率	1990	18.9	15.6	28.9	4.9
	1995	39.5	39.4	45.8	10.1
	2000	51.1	53.1	55.2	17.0
	2001	51.4	50.8	58.0	21.3
	2002	53.9	55.3	61.7	16.9
	2003	57.7	59.5	65.6	17.4
	2004	60.4	61.0	68.6	21.6
財別構成（東アジア）	1990	100	35.5	52.6	4.0
	1995	100	40.1	51.3	2.0
	2000	100	41.4	50.0	1.9
	2001	100	39.7	51.2	2.2
	2002	100	40.8	50.0	2.4
	2003	100	40.3	50.2	2.4
	2004	100	39.3	51.5	2.6
財別構成（世界）	1990	100	42.9	34.3	15.5
	1995	100	40.2	44.3	7.9
	2000	100	39.8	46.3	5.7
	2001	100	40.2	45.4	5.4
	2002	100	39.8	43.7	7.8
	2003	100	39.2	44.2	8.0
	2004	100	38.9	45.3	7.1
東アジアからの輸入に占める中国の比率	1990	6.0	3.2	8.3	1.8
	1995	12.9	6.7	16.1	14.0
	2000	22.5	17.0	24.7	25.0
	2001	28.5	23.7	29.9	27.6
	2002	35.2	36.4	32.6	29.6
	2003	40.5	46.5	33.9	30.6
	2004	43.6	51.8	35.9	33.2
中国からの輸入構成	1990	100	18.7	73.6	1.3
	1995	100	21.5	63.1	2.0
	2000	100	31.4	54.9	2.1
	2001	100	33.0	53.6	2.2
	2002	100	42.2	46.3	2.1
	2003	100	46.5	42.2	1.8
	2004	100	46.7	42.4	2.0

（資料）国際貿易投資研究所『日本の商品別・地域別貿易指数』より作成

入のうち中国が全ての財でシェアを上昇させ、2004年1国ベースで第1位である。ただし中国からの資本財輸入の構成は大きく変化している。中国からの資本財輸入のうち1990年に73.6%と圧倒的なシェアを占めていた電気機器がその後下降の一途をたどったに対し、一般機械のシェアは上昇の一途をたどり、2003年に電気機器を凌駕した。これは中国が機械産業の競争力を強化したことさらに日本の「逆輸入」を反映したものであろう。2000年日本の東アジアからの一般機械の「逆輸入」のうち中国が3分の2も占める。

急増する消費財輸入

2004年の日本の総輸入に占める消費財のシェアは16.0%と第1位の資本財の27.2%を大きく下回るが、1970年の3.1%に比べ5倍以上となった。消費財輸入に関し以下のような特徴を指摘しうる［表5-5（1）（2）］。

表5-5(1)　日本の総輸入に占める消費財の構成　　　　　　　　　　　　　　（単位：％）

年次	対総輸入比率	対総製品輸入比率	最終消費財の構成							1人当り消費財輸入（単位：円）
			非耐久消費財		耐久消費財					
				繊維製品		家庭用品	家庭用電気機器	乗用車	玩具・楽器類	
1985	4.8	17.0	52.8	36.2	47.2	3.3	2.0	8.5	11.4	12456
1990	14.7	29.2	41.0	27.0	59.0	2.0	3.6	18.0	5.9	40355
1995	18.1	30.6	48.6	32.2	51.4	2.0	6.7	16.4	6.5	45783
1996	18.2	31.6	48.8	32.5	51.2	1.9	6.5	16.1	6.4	54937
1997	16.7	29.0	48.5	31.1	51.5	2.1	6.5	13.9	7.2	54195
1998	17.0	28.2	49.9	32.3	50.1	2.0	7.0	11.6	7.3	49292
1999	17.2	28.4	49.8	32.0	50.2	1.9	7.4	11.6	7.0	48015
2000	16.3	27.4	49.9	33.2	50.1	1.8	7.7	11.2	6.8	52572
2001	17.2	28.8	50.1	33.3	49.9	1.8	8.4	10.7	6.2	57228
2002	17.3	28.7	48.5	31.5	51.5	1.9	8.9	10.7	6.3	57181
2003	16.8	27.3	48.3	31.5	51.7	2.0	8.5	10.8	6.0	58423
2004	16.0	26.8	47.5	31.0	52.5	1.9	8.7	11.2	5.8	61725

（資料）表5-1に同じ

①製品輸入に占める消費財のシェアは31.6%とピークを画した1996年から下降を続け2004年には26.8%になった。②消費財輸入のうち非耐久と耐久の比率はほぼ50：50に収斂しつつある。③非耐久消費財のうち約60%が繊維製品である。④耐久消費財輸入のうち構成比が10%以下であるが、家庭用電気機器のみシェアを高めている。⑤消費財輸入のうち3分の2以上を東アジア

表5-5(2)　耐久消費財輸入に占める中国の割合　　　　　　　　　　(単位:%、10億円)

			消費財計	非耐久消費財	繊維製品	耐久消費財	家庭用品	家庭用電気機器	乗用車	玩具・楽器類	その他
輸入額 (10億円)	合計	2000	6669	3330	2213	3339	122	515	749	456	926
		2001	7287	3648	2427	3639	132	612	757	455	1071
		2002	7289	3537	2297	3752	138	647	782	456	1187
		2003	7459	3603	2352	3856	146	637	807	450	1075
		2004	7886	3747	2452	4139	150	690	884	465	1207
	東アジア	2000	4092	2428	1966	1664	67	458	1	289	442
		2001	4634	2698	2164	1936	65	551	11	328	504
		2002	4639	2584	2037	2055	81	585	15	347	569
		2003	4791	2651	2100	2140	87	583	21	349	564
		2004	5118	2770	2201	2348	94	641	13	375	678
	中国	2000	2768	1986	1637	782	35	180		201	125
		2001	3256	2264	1854	992	45	232		242	152
		2002	3366	2203	1781	1163	54	288		269	148
		2003	3577	2293	1865	1284	60	322		284	161
		2004	3891	2416	1969	1475	70	385		314	178
消費財に占める割合(%)	東アジア	2000	61.4	72.9	88.8	49.8	54.9	88.9	0.1	63.4	47.7
		2001	63.6	74.0	89.2	53.2	49.2	90.0	1.5	72.1	47.1
		2002	63.6	73.1	88.7	54.8	58.7	90.4	1.9	76.1	47.9
		2003	64.2	73.6	89.3	55.5	59.6	91.5	2.6	77.6	52.5
		2004	64.8	73.9	89.7	56.7	62.6	92.8	7.6	80.6	56.1
	中国	2000	41.5	59.6	74.0	23.4	28.7	35.0		44.1	13.5
		2001	44.7	62.1	76.4	27.3	34.1	37.9		53.2	14.2
		2002	46.2	62.3	77.5	31.0	39.1	44.5		59.0	12.5
		2003	48.0	63.6	79.3	33.3	41.1	50.5		63.1	15.0
		2004	49.3	64.4	80.3	35.6	46.6	55.7		67.5	14.7
消費財の構成(%)	東アジア	2000	100	59.3	48.0	40.7	1.6	11.2	0.0	7.1	10.8
		2001	100	58.2	46.7	41.8	1.4	11.9	0.2	7.1	10.9
		2002	100	55.7	43.9	44.3	1.7	12.6	0.3	7.5	12.3
		2003	100	55.3	43.8	44.7	1.8	12.2	0.4	7.3	11.8
		2004	100	54.1	43.0	45.9	1.8	12.5	0.3	7.3	13.2
	中国	2000	100	71.7	59.1	28.3	1.3	6.5		7.3	4.5
		2001	100	69.5	56.9	30.5	1.4	7.1		7.4	4.7
		2002	100	65.4	52.9	34.6	1.6	8.6		8.0	4.4
		2003	100	64.1	52.1	35.9	1.7	9.0		7.9	4.5
		2004	100	62.1	50.6	37.9	1.8	9.9		8.1	4.6

(注)　中国からの乗用車輸入は単位未満
(資料)　表5-1に同じ

が占める。非耐久消費財では4分の3に近い。特に繊維製品では90%近くを占める。耐久消費財のうち家庭用電気機器は実に90%以上である。消費財輸入先は全量事実上東アジアである。⑥東アジアからの消費財輸入では中国が圧倒的なシェアを占める。中国は非耐久消費財輸入のうち3分の2近く、耐久消費財では3分の1を、それぞれ占める。繊維製品に至っては80%近いシェアを占める。玩具・楽器類(63.1%)と家庭用電気機器(50.5%)でも半

分以上のシェアを占める。⑦中国からの消費財（耐久および非耐久）輸入のうち半分以上は繊維製品である。⑧中国を中心に消費財輸入で東アジアの比率が恒常的に上昇しているが、いずれも「逆輸入」によるものである。中国からの繊維製品輸入のうちほぼ全量（93.4％）は直接投資関連の「逆輸入」である。繊維製品と同様に電気機械輸入に占める「逆輸入」は3分の2（67.0％）という高いものである。電気機械「逆輸入」のうち東アジアのシェアは90％に近い。

消費財輸入は上記のような変化をみせているが、総輸入や製品総輸入に占める比率は1990年以降ほとんど変化していない。しかし1人当り消費財輸入額（名目、円ベース）の推移をみると、1985年の1万2456円から1990年には4万355円に急増する。その後1995年以降1998年と1999年を除き5万円台で推移し、2004年には6万1725円と過去最高を記録する。同年米国の1人当り消費財輸入額は日本円換算して13万1637円で、日本の2倍以上である。[3]

欧米先進諸国は生活水準を向上させるために、所得水準の高まりに応じて需要が増大し、消費者は消費財を多様化させる。国内外財を区別しない。価格を基準に購入する。輸入財が安ければ購入する。貿易自由化は輸入財を増加させる。これは国民経済全体の需要体系が支配的要因になって輸入が決まるということである。これが小島清教授の「需要体系輸入」である。現在多くの日本の消費者もかつてほど輸入品に対し違和感を持つことがなくなっている。「需要体系輸入」と対をなすのが「生産体系輸入」である。資源賦存に恵まれない日本は生産に不可欠な資源をまず輸入し、それ以外特に消費財輸入を最小限に押さえ、輸入に必要な外貨を獲得する輸出の拡大である。このように輸入において2つの体系が鮮明に観察できる構造を有しているのは日本のみであるかもしれない。これは天然資源に恵まれないのにもかかわらず、高成長を維持し世界有数の1人当り所得を達成した日本が先進諸国の中で特異な構造を反映したものであろう。

しかし今後日本経済はこれまでの「投資主導型」から「消費主導型」に転換する可能性が強く、「需要体系輸入」は確実に増加しよう。それは消費者の需要に対する行動の変化に加えて、次のような日本経済の構造変化が想定されるからである。①人口減少経済の下では、これまでの人口増加を前提と

するいわゆるフルセット型産業構造を維持できないこと。②1985年以降の日本企業の大量かつ継続的な進出による製品の「逆輸入」の増加。③特に東アジア域内における分業構造の変化。日本が東アジアから製品輸入を増加させるにつれて、製品輸入内部の構造も急速に変貌しつつある。④中国経済は歴史的高揚期を迎え、特に東アジア域内貿易において輸出入ともに急速にプレゼンスを高めており、「磁場」としてますます分業の深化と再編を促進するコアとなり重要な役割を担うようになってきている。

日本もその大きな動態に深くインボルブされ、消費財を中心に製品を増加させていかざるをえない。

第2節　東アジア経済「統合化」のメカニズム

戦後しばらくの間日本最大の輸入先は米国であったが、1980年までに東アジアが凌駕し、その後一貫して最大である。その主因は製品輸入であり財別では製品原材料、資本財および消費財であり、2004年には東アジアが全てで第1位の輸入先である。輸入よりやや遅れるものの、実は輸出先としても、東アジアが最大である。輸入と同様に、主要国・地域中、最大の輸出先は1990年まで米国であったが、その後やはり東アジアが凌駕し、2004年には同地域向け輸出シェアは47.5％と、第2位の米国向けの2倍近い大きいものである。現在東アジアは日本最大の輸出入相手であり、そのシェアはいずれも半分近くを占める。

東アジアが日本最大の輸出入先になった時期は上記のように若干のずれがあるものの、1980年代中葉以降輸出入増加を同調させ、同地域の比重を一層高めるような事態が起こる。1985年9月のG5（グループ5＝日米独英仏5ヵ国の蔵相・中央銀行総裁による世界経済に関し討議や意見交換する場）での円高ドル安為替レート調整である。これを契機に日本企業は世界中に進出したが、その後最も大きな影響を及ぼしたのは東アジアである。

日本企業はG5による為替レート調整を契機に、生産拠点の海外シフトや生産拠点の新設を世界中に展開した。これは速いテンポ、規模さらに持続期間のいずれにおいてもこれまでにみられないものであった。この波動は直接

投資「第3波」と称され、第1次石油危機を挟む1972-74年をピークとする「第1波」、さらに第2次石油危機前後から1981年ごろをピークとする「第2波」に続く歴史的なものとなった。「第3波」によって、日本は自ら東アジアに貿易はもとより経済的関与（インボルブ）を深めていった。

「第3波」の中核は製造業で特に部品点数の多い電気機械と輸送機械を中心とする機械業種であった。こうした産業の特性や進出先で部品産業が未成熟、生産された一部製品は日本が逆輸入また域内向けに販売されることを反映して、日本企業は自らをコアにとりわけ東アジア全域にわたって濃密な国際生産ネットワークを構築した。これについては第1章第2節および第2章第4節で指摘したが、三たび論ずるならば次のようになる。国際生産ネットワークは2つより構成される。ひとつは進出先国内での調達と販売を通じた前方・後方連関網であり、もうひとつは同一企業間貿易取引を中心とする対外生産ネットワークである（Hub & Spoke Strategy）。両者は表裏一体で形成された。並行して、やはり日本を起点とした投入産出構造の国際的展開（International Input-Output Deployment）というもうひとつの構造変化が進行していた。投入産出構造の国際的展開とは、産業の連関構造のうち特に投入構造が1国を超えた外延的な拡張で、これは産業ではなく生産工程の一部を相互に取り込む過程である。これは既に第2章第4節で示唆したように、部品貿易比率の高さに象徴され、特に日本と東アジア間貿易で高まり、投入産出構造の国際的展開の度合いを鮮明にしつつある。日本の直接投資によって励起された2つの構造変化の帰結は東アジア経済の「地域化」であり、その度合いは域内貿易比率に集約され、日本を含む東アジアのそれは輸出51.3％、輸入60.0％にも達し（2004年）、NAFTAやEUに匹敵する事実上の「広域経済圏」という固有の経済空間の形成である。[4]

高まる機械輸出の部品比率とその含意

日本の直接投資に伴う輸出と「逆輸入」の拡大は、日本の産業構造を高度化するための領域を一層拡大させる。直接投資関連輸出の急速な拡大は、進出日本企業の生産活動に対する補給線である。一方、低価格の「逆輸入」製品の増加は、消費者にとって製品選択の幅を広げ、特に中国からの輸入品価

格が極めて安く、実質所得の増加をもたらす。

　1985年のG5を契機に、多くの日本企業は東アジアに進出した。進出した日本企業は日本から生産に必要な中間財を大量に仕入れた。これは既に表2－9（1）でみたが、改めて特徴と変化を指摘すると次のようである。①「仕入れ」規模は一貫して拡大している。それの日本の総輸出に占める割合は一時期低下したが、1990年代後半以降上昇している。②調達の地域別構成では、米国が第1位で、続いてアジアはほぼ3分の1を占めて第2位である。③アジアの日本からの調達比率は90年代半ばの40％台からその後低下するものの上昇に転じた。進出企業の日本からの調達を地域別・財別構造も既に表2－9（2）でみた。その特徴として次の点が挙げられる。①世界全体で機械関連5品目が84.2％を占める。②アジアについては機械関連5品目の比率は80.7％である。③対世界では輸送機械が最大であるが（49.0％）、対アジアでは情報通信機械が最大である（43.5％）（いずれも機械5品目での割合）。

　近代工業技術の特性は、一般に想定されるほど多様でなく、工業国（先進国）でも発展途上国でも同じ製品を生産する場合、同じ技術を採用せざるを得ない。工業化を進める以上、前方および後方連関網によって依存しあうワンセット産業群を必要とし、かつそれは形成されざるを得ない。加工組立産業の典型である自動車産業は部品点数が多いとはいえ、製品のコンセプトが決まっているので、生産に必要な部品やサポーティング・インダストリーが自ずと決まる。この意味ではサポーティング・インダストリーの育成に関し選択の余地がない。日本の東アジア向け輸出機械部品の高まりはそうした、東アジアのSIが未熟である構造を反映したことはいうまでもない。

　直接投資関連輸出の動向や財別構造を反映して、日本の通関ベースでみた東アジア向け輸出において、次のような変化が生じた。①1990年から2004年にかけて米国やEU向けでは、機械比率がほとんど上昇しないか低下している中で、東アジア向けは両者を上回る上昇をみせた。特に中国向けで急上昇している。②機械輸出に占める部品比率の上昇。主要国・グループは機械4機種全てで部品比率を高めた［表2-10（1）］。欧米向けに比べて東アジア向け機械輸出で、部品比率が高いのは、SI（サポーティング・インダストリー）の未発達に加えて、直接投資が基本的に組立型であることを反映したもの

である。

　機械4品目のうち東アジア向け電気機械輸出の部品比率は80％以上で、特にASEAN向けでは実に88.3％（2001年は91.3％）にも達し、これは全量部品であるといっても過言ではない。この理由として上記に加え東アジアが世界的なIT化への効果的に対応したことである。1990年代に入り世界的なIT革命が一段と進行する中で、アナログからデジタルへという技術パラダイムの転換に最もなじみ情報と通信機能をもつIT財へと変貌したのが電気機械であった。既に世界有数の電気機械の生産と輸出地となっていた東アジアは、世界的なIT革命進行の過程で、世界のIT財の生産と輸出基地へと変貌していく。東アジアのIT財最大の輸出先は米国である。米国は世界的なIT革命の最先端にあり、1990年代に入りその歩みを一層加速させ、その供給先を東アジアに求めた。東アジアはそれに効果的に対応した。この東アジアにIT関連財の部品を供給したのが日本である。2004年日本の東アジア向け機械輸出に占めるIT財比率は50.3％（2003年は55.2％）であるが、電気機械では78.9％（同80.8％）という極めて高いものである。

　上記のような日本の輸出構造の変化に呼応して、全産業ベースの輸出依存度は1980年以降1998年の6.0％を底に、その後上昇の一途をたどっている。製造業ベースでも同様の推移をたどるが、その輸出依存度は全産業ベースの2倍以上で、2003年には18.4％にも達した。それは国内需要の低迷に加え対外的には特に好調な中国向け輸出の拡大を反映したものである。

　東アジアに進出した日本企業の生産活動が軌道に乗るにつれ、製品の日本向け輸出つまり日本の「逆輸入」が急増する。これは既に第2章と第3章でみたが、本文脈でまたその特徴を簡単にみると次ぎのようになる。①「逆輸入」規模は拡大し、総輸入に占める割合も一貫して上昇している。②「逆輸入」に占める東アジアの割合は圧倒的に高く、1995年以降80％以上も占める。東アジアからの輸入において、「逆輸入」の比率は4分の1近くで、米欧の2％台を大きく上回る。③業種では情報通信機械が半分近くを占め、機械5業種合計で80.6％となる。④業種別輸入先シェアでは、いずれも東アジアが第1位を占め、繊維は97.0％と圧倒的な比重を占める。情報通信機械、電気機械、一般機械および精密機械のいずれも80％以上である。

通関ベースでも東アジアから製品輸入が急増していることを確認することができる。

①製品輸入比率は全般的に上昇している。東アジアの上昇テンポが最も速く、特にASEANは1986年にはわずか10.8％でしかなかったが、2004年には59.6％にも高まった。②財別輸入構成では、共通して機械機器のシェアが最大である。シェアを最も急増させたのはASEANと中国である。③財別に主要国地域シェアをみると、化学製品を除き、いずれも東アジアが最大である。繊維製品輸入では東アジアが実に80％以上も占める。

直接投資による輸出と輸入という2つのチャネルは、さらに日本が東アジア経済を自らにインボルブしていく過程そのものであり、同時に東アジアも自ら日本経済にインボルブする過程でもある。それは相互浸透プロセスでありメカニズムである

進出した日本企業は、製品の生産に必要な原材料を、現地から調達するようになる。円高が進行する1980年代中葉以降加速化する。同時に、進出先で製品の販売も増加する。進出先での調達と販売比率の高まり、これはハーシュマンのいわゆる前方および後方連関効果による国内生産ネットワークの構築である。日本企業は進出した国において、当初他の日本企業1社か2社からしか調達しなかったが、次第に地場企業を含め多数から調達するようになる。日本企業を起点とする進出先での調達と販売の国内生産ネットワークは、進出国の産業間相互依存関係を強化さらに多層にし、産業構造の高度化に寄与する。

調達と販売での現地比率の高まりと、それらによる国内生産ネットワークの形成は、対外貿易構造つまり国際分業の再編にも影響をおよぼす。輸出と輸入を通じた対外生産ネットワークの形成と再編である。これは生産機能と輸出志向型直接投資を強めた東アジア向けで特にみられ、「第3波」直接投資の最も著しい特徴のひとつとなっており、機械産業の海外進出で拍車が掛けられた。この結果、日本と東アジア間の貿易パターンが垂直的から相互に工業品を中心とする水平的分業にシフトした。

東アジアにおいて、国際生産ネットワークと表裏一体で進行している投入産出構造の国際的展開の含意として次の点が指摘できよう。①日本を含む東

アジア全域の経済統合化の進展である。②域内諸国は自国を超えて東アジア全域で、産業と輸出構造を高度化させる領域を拡大させることができた。あるいは少なくとも東アジア全域での構造とその変化を視野に入れないと、自国の産業政策策定は意味をなさない段階に突入したということである。③前項に関連して地域単位での「資源の効率的配分」の展開である。④国際競争の激化。特に産業構造高度化競争の一層の激化である。⑤国際分業特に域内分業の不断の再編であり域内水平分業の一層の進展である。

　上記の東アジア全域で進行しつつある構造変化は直接投資を先導に、日本を起点とした国際生産ネットワークおよび投入産出構造の東アジアでの国際的展開であり、一方東アジア諸国もそれに呼応して自国経済を同地域の構造変化に統合（インテグレート）したことによる。まさに日本と東アジアは一緒になって経済の統合化を実現したのである。これは今後日本と東アジアにとり、地域単位での産業構造調整さらに国際分業の不断の再編が可能となり、しかも両者は表裏一体で展開されることになろう。そしてそれは東アジアが日本経済の多くのセクターに自らインテグレートさせつつ、日本市場に参入していく過程でもある。特に東アジアの家電製品や部品の日本向け輸出拡大は直接投資の導入とともに、東アジアは自らの産業構造高度化を促進するテコを2つ獲得したということである。それらは、第1次石油危機以降電気機械が日本の産業構造変化（拡散と統合）を促進したのと同様に、東アジアでも電機産業が中核となり産業構造高度化の牽引者となるであろう。

第3節　貿易収支の経済学

　1980年代中葉以降、大量の日本企業の東アジアへの進出は同地域の不断の比較優位構造変化を促進するとともに、これと表裏一体の競争を激化させた。日本が自ら誘発した分野における東アジアの構造変化に、日本もそれに呼応した。「逆輸入」を中心とした輸入の増大である。さらに輸出でも積極的に対応している。直接投資関連輸出の増大である。これは当然貿易収支に影響をおよぼす。以下財別ないし産業別貿易収支および地域別貿易収支などをとうして確認しよう。

対外収支は経済学的にどのような含意をもつものであろうか。マクロ集計量としてYをGNP、C消費、I（＝ΔK）投資、X輸出等、M輸入等とすると（政府活動はないとする）、需要サイドからとらえて、

$\quad Y = C + I + X - M$ （①式）

となる。さらに

$\quad Y + M = C + I + X$ （②式）

のように変形する。②式は国民経済として、右辺は総需要を、左辺は総供給となり、事前的に需給が一致することを示したものである。ここで輸入等（M）が増加さらに輸入依存度が上昇すると、これは国内供給が輸入財などで代替されていき、対外的（X－M）に影響を及ぼす。変化の方向は貿易収支が黒字を計上している場合、黒字幅の縮小さらに赤字への転落である。

しかし、貿易収支を財別にみる場合、その経済的意味付けはマクロ集計と全く異なる。ミクロ的アプローチが必要となる。それは貿易利益が生じるメカニズムないし枠組で、これを標準的な国際経済理論でみると以下のようになる（図5-1）。

世界は2ヵ国（自国と外国）より構成され、両国とも2つの生産要素（資本と労働）で同じ2つの財（Q_1＝資本財とQ_2＝消費財）を生産しているとする（「不完全特化」）。自国は財1（Q_1）と財2（Q_2）を生産する。生産要素は完全雇用で、それを用いた両財生産の組合せは原点に向かって凹となる曲線$\alpha\beta$のようになり[5]、「生産可能フロンティア」と呼ばれる。完全競争下で両財の価格（Pq1、Pq2）が決まりつまり両財の相対価格（Pq1/Pq2）も決まり、財1と財2の生産量の組合せは点A（Q_1＝OA_1、Q_2＝OA_2）となる。直線1は両財の価格を所与とした両財合計の生産額で、「予算制約線」と呼ばれ、生産額の大きさは縦軸の原点からの長さOD_2で表される。この生産量と予算制約の下で、両財の消費量はA点となる。両財とも生産量＝消費量である（したがって「生産可能フロンティア」は「消費可能フロンティア」でもある）。これは自国の資源が最も効率的に使用されており、消費者の社会的効用が最大限充足されている状態にある（U_1）。外国でも同様のことが想定される。ただし要素賦存が異なるため、生産可能曲線の形状と財の相対価格は違う[6]。相対価格の傾きは自国よりも大きいとする。

図5-1　貿易の利益

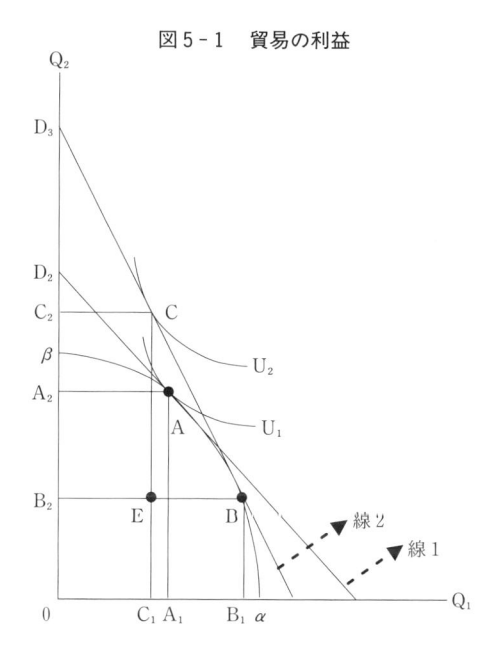

以上は両国の間で貿易が行われていない自給自足状態を示したものである。両国が貿易を行った場合、両国の2財の生産量は変わりそれに呼応して消費量も変わる。

「貿易の利益」

貿易開始により、世界市場で一物一価の法則により、両財の価格が決まり相対価格つまり交易条件は共通ないし同一となる（$Pq1*/Pq2*$）。この時共通の交易条件と貿易開始前の両国の相対価格と比べると、次のような変化が生じる。自国は資本豊富国・労働不足国、外国は逆に資本不足国・労働豊富国とすると、貿易開始前の相対価格は貿易開始後には、自国は上昇し一方外国は下降し、両者の相対価格は交易条件と共通となる。共通の交易条件を直線2とする。

貿易開始後小国である自国にとってQ_1財の価格が相対的に高く、Q_2財の価格が相対的に低くなる。自国の生産者は世界市場価格で交換する。つまりQ_1財の生産を拡大し、Q_2財の生産を縮小する。これが点Bである。自

国の両財の消費組合せは、新しい「消費可能フロンティア」となった交易条件と生産可能フロンティアが接する新しい予算制約線（直線2）の上にくる。両財の消費量の組合が点C（財1＝OC_1、財2 OC_2）となったとする。社会的効用曲線は自給自足前に比べより上方にシフトし、社会的効用は一層高まった（U_2）。これが「貿易の利益」である。

　貿易開始により、自国の両財の生産量と消費量がともに変化し、両財にそれぞれ需給ギャップが生じている。①財1の生産量と消費量はそれぞれOB_1、OC_1となり、前者が後者を上回りその差（B_1C_1）が輸出となる。②財2の生産量と消費量はそれぞれOB_2、OC_2となり、後者が前者を上回り、その差（C_2B_2）が輸入される。③△BECは「貿易三角形」と呼ばれる。④外国は自国の貿易パターンとは逆に、財2を輸出し、財1を輸入する。これにより外国も自国と同様に貿易の利益を享受する。⑤貿易は両者にプラスサムの利益をもたらす。

　上記のことは貿易を動因とする国内における「資源の効率配分」の実現である。しかし同時に問題を発生させる。失業の発生である。財2を生産している産業は輸入で国内生産の縮小を余儀なくされる。比較優位を持つ財1を生産している産業は生産の拡大で雇用を増加させよう（ただし生産性は変わらないとする）。この場合、輸入した産業の労働力を吸収できるのか。現実の問題として、再訓練、職探しなどの「移動コスト」や「調整コスト」が生じる。だからこそ「資源の効率的配分」の観点から、構造改革により比較優位のある産業を育成し、産業構造の高度化を推進しなければいけないことになる。これを規定するのが輸出拡大とそのテンポである。

　輸出拡大問題に関してやっかいな問題が発生する。それは投資財ないし輸出財の生産に必要な原材料輸入のマクロ的扱いである。この問題は既に1950年代初頭から特に日本で主要な研究対象になっていた。そこでの関心は当時の日本経済は輸入原材料に依存する度合いが現在よりはるかに高く、しかもそれを調達する輸出つまり貿易収支に経済成長が制約されるという切実な問題を反映したもので、「原材料循環を考慮した新貿易乗数」を定式化することであった。つまり投資や輸出の自生的増大にともなう輸入増加を輸出でカバーして国際収支のバランスを維持できるかということである。その定式化

は極めて説得的である。さらに中間生産物の流れ導入の問題意識もありレオンチェフ乗数を視野に入れた定式化を試みている[7]。その問題意識のもとに日本の産業と貿易構造を分析したのが第2章「日本の産業構造変化とその対外的発現」である。しかし以下は貿易の産業構造への波及効果を考慮せず、標準的な国際貿易理論の貿易収支を踏まえ日本の貿易収支の動向さらにその含意の分析を試みたものである。

上記に関連して国際経済でミクロ的アプローチでは貿易バランスはどのようになるのか。国際経済理論は生産要素である労働はもとより資本の国際移動を想定していないので、貿易（経常）収支＋資本収支＝0という関係は存在しない。したがって自国はQ_1財の輸出－Q_2財の輸入＝0、外国はQ_1財の輸入－Q_2財の輸出＝0となる。つまり貿易収支は両国とも完全にバランスする。しかも輸出産業と輸入産業は異なる。しかし現実では複数の産業や財が存在する。しかも同じ産業が輸出入同時におこなっている。企業レベルでも「企業内分業」で輸出入をしている。

貿易収支赤字化の含意

さて現実にはn個の産業（ないし財）があり、産業iの輸出をX_i、輸入をM_iとすると、集計量として、1国全体の輸出は$X＝\Sigma X_i$、輸入は$M＝\Sigma M_i$となる。集計量としての輸出（X）と輸入（M）の差である貿易収支は、自国と外国の景気動向や産業構造変化、競争力などを反映して不断に変化する。特に輸入が輸出以上のテンポで拡大し、貿易収支が一方的方向つまり悪化に向けて動く場合、国民経済的に以下のような含意を有する。

第1は「産業構造の転換が必要であることを示すシグナルである[8]」という重要なことを意味するということである。第2はいわゆるI/Sバランスの変化である。

閉鎖経済を前提とするケインズ経済学では、有効需要は消費と投資である。開放経済では輸出入が入ってくる。これにより貿易収支（トレードギャップ）の変化は背後に国民経済に関わるさらに重要な変化を反映する。

対外関係の無い封鎖経済ではY＝C＋IとY＝C＋SよりI/SバランスはI＝Sとなる。これは投資の源泉は国内貯蓄であることを意味する。対外関係が

生じると、$S-I=X-M$ となる。資本収支を導入すると、経常収支と資本収支は表裏一体の関係にあることから、$(X-M)+(Ki-Ko)=0$ となり（Ki は資本導入、Ko は資本輸出）、貯蓄過剰国と貯蓄不足国の対外関係はそれぞれ以下のようになる。

貯蓄過剰国：$S=I+(X-M)=I+(Ko-Ki)=I+Ko$（Kiは無視）

貯蓄不足国：$I=S+(M-X)=S+(Ki-Ko)=S+Ki$（Koは無視）

これにより封鎖経済とは別の含意が生じる。貿易黒字は貯蓄過剰国がそれを海外に貯蓄することであり、貯蓄不足国は必要投資の一部を海外貯蓄過剰国から動員することである[9]。日本は現在貯蓄過剰国であるが、人口動態の変化に応じいずれ海外からの貯蓄動員することになるかもしれない。IMF は日本が今の勢いで少子化・高齢化が進み労働力人口の不足が生じると、2020年ごろに経常収支の赤字に転落すると予測している。その予測を裏づけるかのように、2006年1月の内閣府経済社会総合研究所の発表によると、2003年度の家計貯蓄率は2001年度に記録した史上最低の6.7％を上回る7.8％となるものの、1990年代初頭の15％台に比べ半分程度の水準にまで低下した[10]。2020年には日本の家計貯蓄率がゼロになるという見通しがある[11]。これは上記の式（貯蓄不足国）で$I=Ki$となることである。こうした状況下の経済は、経常収支は赤字となり海外から資本を導入しなければならなくなる。まさに1980年代前半米国が苦しんだ「双子の赤字」である。ことがこうなると円安となり金利は上昇するようになる[12]。

以上のことは所得・産業構造変化を誘発し、貿易収支に投影する。既にその前兆がみられる。そこで以下日本の貿易収支を財別と産業別で確認しよう。

第4節　財・産業・地域別貿易収支

日本の輸出の工業化率は1965年以降90％以上という高いものである。一方、輸入では天然資源賦存に恵まれず、1980年代中葉まで粗原料と鉱物性燃料が半分以上も占めていた。これはまさに小島清教授が指摘されるように日本産業を駆動させるための「生産体系輸入」である。しかし国内外の経済環境変化を反映して、粗原料から製品原材料への代替さらに機械比率の上昇など、

輸入財の内部構成は不断に変化している。この変化は1980年代中葉以降一層鮮明になった製品輸入比率の趨勢的上昇に象徴される。日本の総輸入に占める製品比率は1986年の41.8％から1989年から50％を超え2004年には61.2％に達した（2002年には62.1％と過去最高を記録した）。総輸入に占める機械比率は11.6％から31.7％へと3倍近くも上昇した。製品輸入に占める機械比率は1986年の27.8％から2000年以降50％を超えている。

こうした輸入構造の内部変化は東アジアからの輸入で典型的にみられる。東アジアからの総輸入に占める製品は1986年の35.2％から2004年には78.7％に、製品輸入に占める機械の割合は17.0％から実に53.0％に大きく上昇した。機械の対製品輸入比率は米国（65.8％）を下回るが、EUの47.0％を上回る。

上記の機械機器輸入には部品が含まれている。部品を除いた機械製品が機械に占める構造を表5-6でみよう［表2-10（2）の部品比率からでも観察が可能であるが表2-11は陽表化して財別国別シェアと国別財別シェアをみた］。東アジアからの機械製品輸入では次にような特徴がみられる。1）機械製品比率は米欧からの輸入では低下しているが、東アジアからの輸入では1990年の38.3％から2004年には45.3％に上昇した。機械4品目全てで東アジアからの

表5-6　製品比率　　　　　　　　　　　　　　　　　　　　　　　　　　（単位：％）

	輸出入先	年次	世界	米国	EU(15)	NIES	ASEAN	中国	東アジア
輸出	機械計	1990	64.8	65.6	70.7	47.7	49.8	65.5	49.2
		2004	54.2	60.9	60.5	42.1	29.9	38.9	38.8
	一般機械	1990	60.5	54.1	66.0	65.7	62.7	66.4	64.8
		2004	51.2	41.5	41.9	66.3	41.7	58.9	59.0
	電気機械	1990	49.1	54.9	60.4	30.7	21.2	60.5	30.6
		2004	29.4	49.6	50.5	17.3	11.6	15.8	15.8
	輸送機械	1990	82.0	80.2	88.3	59.0	55.2	76.2	57.7
		2004	80.8	78.9	86.3	71.4	49.3	43.2	56.7
	精密機械	1990	66.0	66.2	69.5	50.9	72.2	82.1	55.4
		2004	61.0	57.6	68.3	60.2	49.4	61.4	59.4
輸入	機械計	1990	60.5	55.3	80.0	40.9	26.4	43.1	38.3
		2004	50.1	48.9	64.9	31.1	12.1	56.3	45.3
	一般機械	1990	53.9	48.6	68.8	50.2	35.3	55.6	46.4
		2004	54.6	41.0	50.4	44.1	66.7	67.3	60.7
	電気機械	1990	32.7	32.0	43.4	31.6	17.8	35.8	29.5
		2004	30.8	24.3	36.0	19.7	30.8	43.6	32.0
	輸送機械	1990	86.9	81.8	93.4	53.7	▲33.3	0.0	46.7
		2004	73.2	69.8	83.6	41.8	23.3	59.4	45.6
	精密機械	1990	78.3	77.3	81.5	58.7	50.0	85.7	59.5
		2004	74.3	74.4	75.1	72.5	52.5	67.6	65.3

（資料）表5-4に同じ

製品輸入比率が高まった。2）品目別にみると次のような特徴を指摘できる。①輸送機械を除き、東アジアからの機械3品目での製品比率は欧米からの輸入に比べて遜色がない。②最も製品比率が高いのは精密機械の65.3%で、次いで一般機械60.7%である。最も製品比率が低いのは電気機械でわずか32.0%である。

以上のように日本の輸入全体の中で機械比率がさらに機械製品比率がともに上昇する一方で、機械輸出では製品比率の低下つまり部品比率の高まっている。この日本の機械製品輸出入における非対称の動きは実は表裏一体の関係にある。それは既に指摘したように進出先におけるSIが不十分であり未整備であることを反映したものである。機械製品輸出入の非対称性は特に東アジアでみられる。この含意をみる前に日本の機械製品の輸出構造とその変化として以下の点を指摘できる。

1）機械製品比率の低下。東アジア向け全体で1990年の49.2%から2004年には40.1%に低下した。米欧向けでもわずかに低下したが、製品比率は60%以上で東アジア向けを大きく上回っている。2）商品別にみると次の特徴があげられる。①4品目のうち乗用車を中心とする輸送機械の製品比率が主要国・地域共通に最も高い。②逆に製品比率が最も低いのが電気機械である。特に東アジア向けでは30.6%から15.8%に低下した。米欧向けも低下したが、依然ほぼ50%を占める。③他の2品目（一般機械と精密機械）の製品比率を米欧向けと東アジア向けを比較すると、大きな差はない。

高まる中国の比重

貿易収支は当該国の国内外経済環境変化を集約したものである。最も標準的な解釈は先の一般的な国際経済の分析で示唆したように、当該国産業の比較優位構造を反映したものである。しかし現実の経済動向はそのように単純に割り切れるものでない。特に日本と東アジア間の経済・貿易関係は従来の垂直的分業（日本が工業品を輸出し、一次産品を輸入する）を依然反映しつつも、現在両者の分業構造は将来の日本の経済・社会構造変化の先取りを投影したものとなっている。日本の対東アジアの貿易関係を、日本の少子化・高齢化を既にはるかに先行した先取りしたものであるという観点から分析し、

表5-7（1） 機械と機械製品貿易収支　　　　　　　　　　　　　　（単位：10億円）

財別	取引先	年次	世界	米国	EU(15)	NIES	ASEAN	中国	東アジア
機械計	機械計	1990	25398	8263	4597	4266	1933	308	6507
		2004	28515	7928	4730	6794	1431	792	9017
	一般機械	1990	7109	2048	1354	1535	798	122	2455
		2004	7229	1834	1449	2000	548	153	2699
	電気機械	1990	7658	1997	1825	1858	473	124	2455
		2004	7057	1449	1665	2721	165	131	3016
	輸送機械	1990	8840	3730	832	464	582	41	1087
		2004	12329	4522	1538	683	608	313	1604
	精密機械	1990	1792	488	586	409	78	21	508
		2004	1899	123	79	1391	110	195	1697
機械製品	機械計	1990	16523	5866	3089	2087	1012	218	3317
		2004	16496	5277	2817	3289	194	▲332	3150
	一般機械	1990	4434	1161	880	1044	524	82	1650
		2004	3430	767	548	1526	64	▲51	1537
	電気機械	1990	4020	1257	1134	566	104	88	758
		2004	1987	933	899	433	▲241	▲488	▲297
	輸送機械	1990	7167	2984	689	276	324	32	632
		2004	10107	3622	1351	511	319	112	942
	精密機械	1990	1083	283	387	201	59	17	277
		2004	872	▲44	19	821	50	95	967

（資料）前表に同じ

　その含意を探ろう。これを機械と消費財貿易に例に分析しよう。
　機械貿易（部品を含む）および機械製品の品目別収支をみたのが表5-7（1）である。同表により1990年から2004年にかけての特徴的変化として、まず部品を含む機械では次の点を指摘できる。①4品目全てで黒字を計上している。これは主要5国・地域で共通している。②品目別に貿易収支をみると、対世界では電気機械を除く3品目の黒字幅は拡大している。特に輸送機械での黒字幅の拡大が大きい。③主要国・地域別でみて、最も顕著な特徴は、東アジアに対し、全ての品目の黒字幅が拡大していることである。ただしグループ別にみると、対ASEANのみ黒字幅が縮小している。これは一般と電気機械の黒字が縮小したことによる。対中貿易黒字上昇率は4品目とも最も大きい。一方、④対世界で部品を除く機械製品ベースの貿易収支でみると、機械製品全体に比べ黒字幅は大きく下回る。主要国・グループの品目別貿易収支では東アジアは電気機械で、対米は精密機械でいずれも赤字に転落したという別の様相がみられる。対中貿易バランスでは、電気機械および一般機械が赤字に転じ、機械全体でも赤字となった。対ASEANでは、電気機械が赤字となり、機械全体の黒字幅が縮小した。

上記のことは日本の機械貿易収支の大幅黒字の計上は専ら部品輸出によるもものであるということを示している（部品輸出比率上昇の含意は第8章第1節で詳しく分析している）。しかし機械製品貿易バランスで黒字幅が縮小したということは、輸出よりも輸入が上回ったことである。製品ベースの輸入財が急増することは、同財の国内生産基盤が縮小していることを意味する。つまりある部分の国内の投入産出構造が切断ないし消滅することになり、輸出競争力を劣化させついには産業を空洞化させるようになる。こうした状況がいったん始まると次ぎのプロセスを誘発する。この構造変化を加速するのが最終製品としての輸入財の増加である。これを産業別および財別では「非耐久消費財」と「耐久消費財」がある特殊分類（『外国貿易概況』）でみた貿易バランスで確認してみよう。

　消費財は消費者が直接購入するもので、その輸入が増大し輸入依存度が高まるということは、国産品の輸入財への代替であり、その過程で消費財生産産業が国内の産業連関網から離脱し国内での生産基盤の縮小を余儀なくされる。『外国貿易概況』の「特殊分類」における「食料及びその他の直接消費財」、「非耐久消費財」および「耐久消費財」の輸入はそうした動向を分析する格好の指標である。「特殊分類」にある「資本財」や「工業用原料」は生産工程特に投入構造の投入される財であることはいうまでもない。つまり輸入財を「特殊分類」でみることは上記のような観点からの日本の産業構造の変化はもとより「消費者」対「生産者」の行動も分析できるということである。[13]

　表5-7（2）は貿易バランスを産業別および「特殊分類」で、表5-7（3）は地域別にみたものである。両表よりまず黒字計上と赤字計上の側面に焦点を合わせ各々の特徴を指摘し、次に両者の関係を東アジアで進行中の比較優位構造の変化とその含意を検討する。

　黒字計上については次のような特徴があげられる。①日本は世界最大の貿易黒字計上国で、1993年以降1,000億ドルを超えている。②日本の貿易黒字計上は圧倒的に製造業部門による。③製造業の黒字計上は専ら電気機械と輸送機器を中心とする機械産業による。④前項は財別にみた資本財と耐久消費財の黒字計上にほぼ対応する。両財とも日本が圧倒的に強い競争力を有する。

表5-7(2) 輸出入バランスの製造業の業種別および財別構成　　　　　　(単位：10億円)

	業種	1970	1980	1985	1990	1995	2000	2001	2002	2003	2004
産業別	製造業計	3911	17277	25568	18259	15976	18803	14691	17653	18518	—
	食品	▲ 277	▲ 1619	▲ 1949	▲ 3374	▲ 3576	▲ 3748	▲ 3946	▲ 3945	▲ 3778	—
	繊維	468	531	464	▲ 324	114	315	300	313	297	—
	紙・パルプ	▲ 8	▲ 148	▲ 105	▲ 164	▲ 244	▲ 163	▲ 164	▲ 90	▲ 129	—
	化学	195	555	422	596	1009	1364	1095	1368	1406	—
	石油・石炭製品	▲ 209	▲ 1774	▲ 2155	▲ 1508	▲ 741	▲ 1566	▲ 1478	▲ 1359	▲ 1868	—
	窯業・土石製品	129	443	505	201	281	276	209	238	259	—
	一次金属	497	2322	1505	▲ 705	▲ 28	346	701	910	940	—
	金属製品	250	941	850	360	257	219	137	152	144	—
	一般機械	391	3625	5187	5512	5546	6385	5561	5286	5890	—
	電気機械	763	4496	9406	9793	8621	8059	5812	6654	6971	—
	輸送機械	1153	7180	10201	9220	7940	10389	10468	11856	12012	—
	精密機械	166	840	975	793	587	828	568	536	665	—
	その他	395	▲ 97	262	▲ 2139	▲ 3789	▲ 3906	▲ 4570	▲ 4266	▲ 4291	—
	全産業計	834	▲ 1772	9762	5446	7848	9795	5265	8458	9596	—
財別	直接消費財	▲ 864	▲ 3308	▲ 3737	▲ 4441	▲ 4023	▲ 4666	▲ 4845	▲ 4980	▲ 4856	▲ 5066
	工業用原料	▲ 1984	▲ 16162	▲ 13009	▲ 10469	▲ 5696	▲ 8149	▲ 8439	▲ 7097	▲ 8294	▲ 9397
	資本財	1372	9735	16697	17670	17958	19752	16669	17203	18489	24093
	非耐久消費財	220	▲ 294	▲ 343	▲ 1695	▲ 2313	▲ 2944	▲ 3269	▲ 3139	▲ 3200	▲ 3325
	耐久消費財	1357	7523	11819	7524	3665	5673	5420	6815	6694	6797
	合計	158	▲ 2428	10974	7555	9380	10716	6566	9881	10186	11953

(注) いずれも輸出はFOB、輸入はCIF、▲は赤字
(資料) 産業別は『国民経済計算年報』、財別は『外国貿易概況』より作成

表5-7(3) 地域別貿易バランスの推移　　　　　　(単位：10億円)

相手先	1980	1985	1990	1995	2000	2001	2002	2003	2004
世界	▲ 2423	10974	7548	10045	10716	6566	9881	10186	11953
米国	1585	9403	5491	4276	7577	7040	7546	6588	6967
EU	1993	2642	2680	2020	3389	2399	2180	2681	2960
東アジア	453	2190	3274	6672	5639	2710	5121	6496	7412
NIES	2672	3023	4462	6559	7348	5985	7364	8292	10059
ASEAN	▲ 2400	▲ 2238	▲ 319	1428	958	▲ 12	505	300	595
中国	181	1428	▲ 869	▲ 1316	▲ 2667	▲ 3263	▲ 2748	▲ 2096	▲ 2204
中東	▲ 6816	▲ 4237	▲ 3100	▲ 2152	▲ 4264	▲ 4106	▲ 3671	▲ 4439	▲ 5217
中南米	725	524	58	470	1082	990	839	719	857
アフリカ	611	357	217	263	10	▲ 13	▲ 96	▲ 105	▲ 113
旧ソ連・東欧	340	381	▲ 246	0	▲ 352	▲ 326	▲ 205	▲ 100	27

(資料) 表5-1に同じ

しかし、耐久消費財黒字のうち3分の2以上が乗用車によるものであるが、これを除く黒字幅は1992年をピークに減少傾向にある。これは家庭用品、家庭機器、玩具などの輸入急増によるものである。④地域別では、対米国と東アジア両地域で圧倒的に黒字を計上している。1994年には東アジアに対する

黒字は対米黒字を抜いた。両者とも資本財と耐久消費財の最重要輸出先である。対中バランスは1990年前後を境に、その後変動があるが一貫して赤字である。

一方、貿易赤字の計上では次のような特徴を挙げられる。①赤字を計上している産業は食品を筆頭に石油・石炭製品、繊維、紙・パルプなどの素材部門である。②前項は財別でみる食料を含む直接消費財、工業用原料に対応する。③財別でもうひとつ赤字を計上しているのが非耐久消費財である。同財の貿易収支は1980年までに赤字に転落し、さらにその後の輸入浸透率の急上昇とともに、赤字幅は拡大の一途をたどっている。この赤字のほとんどは東アジア諸国からの輸入増大によるものである。④黒字の3分の2が乗用車である耐久消費財収支も1992年をピークに減少傾向にあると指摘したが、乗用車を除くと一段と黒字が減少し、これも東アジアからの「逆輸入」を主因とする輸入の増加である。これは日本の消費財の調達先を海外とりわけ東アジアにシフトさせていることによるものである。つまり東アジアは競争力が劣化しつつある日本の消費財の主要な調達先になったということである。

1980年代後半以降における大量の日本企業の東アジアへの進出、さらに地場企業による対日輸出拡大で非耐久消費財赤字の一層の拡大はもとより、乗用車を除く電機製品を中心とする耐久消費財黒字の一段の縮小は必至である。特に対中国貿易バランスは1990年までに赤字に転じ、2001年には過去最高の赤字を計上する。その主因は特に非耐久消費財の赤字で、繊維製品が赤字の80％以上を占める。耐久消費財でも、乗用車を除き、全て赤字である［表5－7（4）］。しかしその後対中赤字は縮小する傾向にあるようにみえる。これは中国が世界の生産基地となり日本が資本財や機械部品、ハイテン鋼（高張力鋼鈑）や電磁鋼鈑、自動車用鋼鈑など世界最良の鋼材などに加えて特に沿海省の1人当り所得水準の向上で高級消費財需要の高まりに呼応して、輸出を増加させたためである。しかし多くのセクターで貿易バランスが赤字に転じるのも時間の問題かもしれない。つまり中国を軸に東アジア全域で展開されている比較優位構造の不断の変化が、日本の輸入にも直接押し寄せているといることである。東アジアに向かった日本の大量の直接投資は日本の産業構造変化の一方的投影であったが、「逆輸入」の急増は東アジア諸国と日

表5-7(4)　対中財別貿易バランス　　　　　　　　　　　　　　　　　(単位：10億円)

	2000	2001	2002	2003	2004
全商品計	▲ 2667	▲ 3263	▲ 2748	▲ 2096	▲ 2204
食料・その他の直接消費財	▲ 629	▲ 711	▲ 725	▲ 698	▲ 782
工業用原料	163	245	482	594	732
粗原料	▲ 60	▲ 18	3	29	69
鉱物性燃料	▲ 207	▲ 214	▲ 210	▲ 242	▲ 277
化学工業生産品	255	273	408	516	666
金属	163	236	337	339	345
繊維品	105	97	89	101	111
資本財	411	291	475	1059	1100
一般機械	230	204	118	174	206
電気機械	129	22	229	572	481
輸送機械	49	73	102	218	236
非耐久消費財	▲ 1959	▲ 2238	▲ 2170	▲ 2252	▲ 2369
繊維製品	▲ 1621	▲ 1838	▲ 1765	▲ 1848	▲ 1950
耐久消費財	▲ 629	▲ 834	▲ 873	▲ 927	▲ 1101
家庭用品	▲ 34	▲ 44	▲ 52	▲ 58	▲ 68
家庭用電気機器	▲ 174	▲ 226	▲ 280	▲ 311	▲ 369
乗用車	45	46	147	167	142
玩具・楽器類	▲ 161	▲ 197	▲ 205	▲ 201	▲ 221

(注)　特殊分類
(資料)　表5-1に同じ

本双方の産業変化を反映したものであるといってよいであろう。

　日本と中国の最終需要（FD）が相互に相手国の産業への誘発効果（粗付加価値ベース）をみたのが表5-8である。同表から次のような特徴と1990年から2000年にかけての変化が観察される。1）日本の最終需要の中国への全産業に対する誘発規模は中国の日本へのそれを下回るが、相対比はほとんどかわらない（ほぼ0.8）。2）日本の粗付加価値における中国による誘発の割合は1900年の0.25％から2000年には0.59％に、一方中国の粗付加価値における日本による誘発の割合は2.76％から3.17％にいずれも上昇した（いずれも全産業ベース）。つまり日中両国経済は相互依存を強化したということである。3）産業別にみるとかなり様相は異なる。まず中国の日本への影響をみると次のような変化がみられる。①影響力の大きい上位4業種の累積シェアは1900年の55.4％から2000年には73.5％へと一層高まった。②上位4業種のうち、機械は一貫して第1位であり、その比重は19.0％から26.7％に上昇した。第2位以下の業種では、順位の入れ替えがあるが同一である。2000年における順位とシェアは、第2位が商業・運輸（19.0％）、第3位サービス（17.2％）、第4位金属製品（10.6％）と続き、いずれも10％以上である。米穀以下

表5-8　日中両国のＦＤの相互誘発　　　　　　　　　　　　　　　　　(単位：100万ドル／％)

産業	Fc-jc 1990	Fc-jc 2000	Fj-cj 1990	Fj-cj 2000	Fc-jc/Fj-cj 1990	Fc-jc/Fj-cj 2000	Fc-jc 1990	Fc-jc 2000	Fj-cj 1990	Fj-cj 2000
米穀	9	20	203	725	0.04	0.03	0.1	0.1	2.1	2.1
その他農産物	11	28	1324	2187	0.01	0.01	0.1	0.1	13.6	6.2
家畜・家禽	4	12	535	851	0.01	0.01	0.1	0.0	5.5	2.4
林業	3	21	211	336	0.01	0.06	0.0	0.1	2.2	1.0
漁業	6	15	163	442	0.04	0.03	0.1	0.1	1.7	1.3
原油・天然ガス	1	6	840	1642	0.00	0.00	0.0	0.0	8.6	4.6
その他鉱業	12	45	341	800	0.04	0.06	0.2	0.2	3.5	2.3
食料・飲料・タバコ	44	168	462	1969	0.10	0.09	0.6	0.6	4.7	5.6
繊維・皮革・同製品	161	762	1262	6388	0.13	0.12	2.2	2.8	12.9	18.1
材木・木製品	18	55	87	378	0.21	0.15	0.2	0.2	0.9	1.1
パルプ・紙・印刷	150	663	106	421	1.42	1.57	2.0	2.4	1.1	1.2
化学製品	489	2084	483	1882	1.01	1.11	6.6	7.5	4.9	5.3
石油製品	78	311	258	780	0.30	0.40	1.1	1.1	2.6	2.2
ゴム製品	33	153	146	138	0.23	1.11	0.4	0.6	1.5	0.4
非金属鉱産物製品	77	444	171	457	0.45	0.97	1.0	1.6	1.8	1.3
金属製品	909	2926	400	1572	2.27	1.86	12.3	10.6	4.1	4.4
機械	1402	7372	381	2952	3.68	2.50	19.0	26.7	3.9	8.4
輸送機器	291	661	48	507	6.06	1.30	3.9	2.4	0.5	1.4
その他製造業	267	894	312	1173	0.86	0.76	3.6	3.2	3.2	3.3
電気・ガス・水道	161	767	205	1400	0.79	0.55	2.2	2.8	2.1	4.0
建設	40	221	0	84		2.63	0.5	0.8	0.0	0.0
商業・運輸	859	5253	847	5528	1.01	0.95	11.7	19.0	8.7	15.6
サービス	917	4750	602	2720	1.52	1.75	12.4	17.2	6.2	7.7
公共活動	1	11	0	0			0.0	0.0	0.0	0.0
全産業	7373	27652	9759	35345	0.76	0.78	100	100	100	100

(注) Fc-jc＝中国の日本への誘発効果
　　Fj-cj＝日本の中国への誘発効果
(資料) アジア経済研究所、*Asian International Input-Output Table 1990,2000* より作成

材木・木製品までの一次産業の対日誘発効果は極めて小さい。③機械に比率が上昇したのは、中国の高成長を反映して1人当り所得水準の向上で、日本から乗用車をはじめ高級耐久消費財の輸入を急増させたからである。4）日本の中国への影響では次のような特徴がある。①影響力の強い上位4産業の1990年時点での累積シェアは43.8％から2000年には49.8％に高まるが中国の日本への影響に比べてはるかに低い。これは中国の日本への影響に比べ広範に及ぶことを意味する。②1990年時点の上位4業種はその他農産物（13.6％）を筆頭に以下繊維・皮革（12.9％）、商業・運輸（8.7％）、原油・天然ガス（8.6％）であったが、2000年には繊維・皮革が第1位となり（18.1％）、第2位商業・運輸（15.6％）、そのあとに機械（8.4％）、サービス（7.7％）と続く。③2000年に繊維・皮革が第1位になったのは日本企業の中国への進出を反映して逆輸入を反映したものである。これは機械やサービスでも同じで

ある。5) 表5-8は後掲表7-2日中国際産業連関表のうち F^{jc} および F^{cj} によって、両国の最終需要の変化にともなう相互の産業の付加価値ベースの生産構造の変化をみたものである。

　直接投資を「第3波」の初期の段階では日本は東アジア向けに機械や資本財の輸出を急増させた。これは投資国からみた直接投資の輸出誘発効果で次いで部品輸出が急増し、部品の機械輸出に占める割合は上昇の一途にある。急速に比較劣位化しつつある日本の産業が東アジアから特に非耐久消費財はもとより耐久消費財などの輸入急増により、部品輸出は一段と加速している。この含意は極めて重要である。日本が良質かつ安価な製品を継続して輸入できるためには、日本自身がその生産に必要とする資本財や機械部品を供給しなければならないということで、両者は表裏一体で進行しているということである。つまり、日本が東アジア向けに電気機械を中心とする部品輸出を急増させているのは、輸入財に厳しい日本の消費者に対し、東アジアから良質かつ安価な消費財さらにその他の製品を継続的に輸入することと対をなしかつそれを担保するものであるということである[14]。

　当初、部品輸出は日系企業の進出先での速い立ち上りやサポーティング・インダストリーが未成熟であるというのが主因であったが、「失われた10年」となった特に1990年代を通じて明らかとなった日本国内外での一連の行き先不安要因である少子化や高齢化、技術革新のゆきづまりさらに世界的な情報化とグローバル化などを国民はもとより産業界が明確に意識するにつれて、日本企業は日本経済の行方を先取りして、日本市場の将来に対して優れた耐久消費財の供給基地として位置づけるようになったといっても過言ではないだろう。事実、例えば高齢者にとって扱いやすい2槽式洗濯機が日本の高齢化に伴い需要が増え、日系のタイ工場から輸入が拡大しているという。それどころかアジア通貨危機後、これまでの日本国内で普及を終了した製品の生産移管型生産拠点のシフトを超えて、先端商品を含めて世界戦略の中でそれを位置づける動きが出ている。こうした東アジア諸国を耐久消費財の生産と輸出基地にしようとする動きは東アジア諸国自身の政策を反映したことはもとより、日本企業が地場企業に供与する近代技術の特性により一段と強化された。さらにこれに拍車を掛けた要因が生き残りを掛けた日本企業の消費財

のみならず中間財を含めて汎用的製品の東アジアへの移管である。

日本の対応

こうした動きは、実は21世紀に入り迫りくる新しい成長制約である少子化・高齢化を結果として先取りしていた行動であったということである。日本の少子化・高齢化の到来は既に10年以上前から指摘されていたが、実感にはほど遠く一般には注目されることがなかった。1980年代中葉当時隠されていた少子化・高齢化が次第にはっきりとした輪郭をみせ、いまやそれは一般庶民の消費行動に大きく影響を与える要因となっていることは何人を否定することができないものとなった。

今後日本の輸入はまず特に非耐久消費財はもとより家電製品を中心とする耐久消費財が急増することになろう。さらに中間財、資本財も一層増加することになろう。これは日本の人口問題をはじめ東アジアでの国際分業の不断の展開を反映したもので、中国の台頭はそれに一層拍車を掛けている。

こうした変化に向けた日本の対応は産業構造の再編という選択肢以外はない。それは既に指摘した「資源の効率配分」を、東アジア全域を視野に入れて国際分業の再編を実行することである。その兆候は既にみられる。その第1は機械製品輸入比率の上昇である。これは表5－6で確認したように速いスピードで高まっている。第2は家電製品を中心とした東アジアからの耐久消費財の輸入急増である。いずれも、再三再四指摘しているように、機械における部品比率の上昇と表裏一体の動きである。これらの含意として、「資源の効率的配分」つまり国際分業の再編が日本と東アジア間で着々進行していることに加えて「投入産出構造の国際的展開」の一層の進展、さらに労働力の減少にみ合った産業ストックの「適切なる縮小」を目指した動きである。もうひとつの含意は「需要体系輸入」への移行を示すものであるということである。これも長期的にみれば産業ストックの縮小に向けた動きであろう。

日本経済の課題は国内外の経済環境変化に注目するならば、前章で指摘した新技術に裏づけられた新産業分野を開拓し、産業構造をより高度化さらに付加価値の高い製品を不断に生産する産業を育成することである。ただし本章冒頭で示唆したように、「投資主導」から「消費主導」に経済成長のパタ

第5章　急増する製品「逆輸入」とその含意　165

ーンを転換することであり、そのために新技術の活用を「生活の質」の向上という観点からイノベーションによる新産業や新サービスを創成することである。これについては第8章第2節で再度詳しく分析している。

　　註
1) 小島清『雁行型経済発展論』第1巻、文眞堂、2003年、第Ⅰ部、第4章、118-119、146-147頁。
2) 前掲書、146-148頁。
3) 米国の消費財輸入は End-Use Commodity Category 分類の Consumer Goods である。これによると米国の2003年の消費財輸入額は3338億7800万ドルで、総輸入の26.5%を占め、日本の16.8%を大きく上回る。なお換算レートは115.93円/ドルを使用した（IMF-IFS）。
4) 青木健「東アジアにおける投入産出構造の国際的展開とその帰結」青木健・馬田啓一編『検証/グローバリゼーション』文眞堂、2001年、第2章。青木健「東アジアにおける投入産出構造の国際的展開とその帰結」『変貌する太平洋成長のトライアングル』日本評論社、2005年、第2章。
5) 池間誠・大山道広編『国際日本経済論』文眞堂、2002年、第2章。
6) ヘクシャー＝オリーン・モデルのことである。これに関しては例えば木村福成『国際経済学入門』日本評論社、2000年、第3章を参照。
7) 篠原三代平・宮沢健一・水野正一『国民所得乗数理論の拡充』有斐閣、1959年、第7章。池本清『国際経済理論の研究』有斐閣、1980年、第4章などで詳しく分析している。
8) 嘉治佐保子「貿易自由化反対論の検討」池間誠・大山道広編前掲書、第2章。
9) 貿易収支問題は国際貿易の観点から「異時点間の資源配分」を反映したものである。標準的な国際貿易理論によると、人が2期生きるとして、第1期で生産以上に消費した時、次期では生産以下に消費を縮小し第1期の生産以上の消費した分を償還しなければならない。多岐間でも同じである（Jeffrey D. Sachs : Felippe Larran B, *Macroeconomics in the Global Economy*.『マクロエコノミクス上巻』石井菜穂子・伊藤隆敏訳、日本評論社、1996年、第6章。Paul R. Krugman & Maurice Obstfeld, *International Economics : Theory and Policy*, Harper Collins College Publishers, 1994.『国際経済——理論と政策』石井菜穂子他訳、新世社、1996年、Ⅶの補論など)。
10) 内閣府経済社会総合研究所『平成16年度国民経済計算確報及び平成12年度基準改定結果』2006年1月。2006年2月の発表によると、家計貯蓄は4.5%に下方修正され、

2004年度は2.8％と55年ぶりの低水準となった。

11) 櫨浩一『貯蓄率ゼロ経済』日本経済新聞社、2006年、第3章。
12) 同上書（第3章）は家計貯蓄率ゼロ経済の最も有り得る状況を説得的に描写している。
13) 「機械」としての一般機械と「資本財」としての一般機械の区別は次のとおり。前者はHS84（2桁）ベースにそれ以外にも耐久消費財（乗用車）も含まれる。後者は基本的にはHS84である（例外にHS8210「手動式器具」（飲食物の調整に使用するもので重量が10kg以下のものに限る））。「特殊分類」の「資本財」では家電は除外されている。『日本貿易概況』によると、「資本財」(A) と「機械」(B) に比率 (A/B、輸出ベース、2004年) をみると次のとおり。一般機械は1.015である。これは他のHS分類の品目を含むためである。電気機械は0.992である。輸送機械は0.401と極めて低い。これは特に「特殊分類」では乗用車が耐久消費財に含まれることによる。「資本財」計と「機械」計では0.788である。
14) 青木健『アジア経済持続的成長の途』日本評論社、2000年、第7章。
15) 筆者は1990年代前半東アジアに進出した多くの日本企業を訪問する機会をもった。その際日本の人口減少とりわけ少子化を既に想定して東アジアに進出を決定した企業があった。それは電機メーカーで東アジア全体において人口構成をみると完全にピラミッド型になり、進出の拠点を香港に決定したという。
16) 松谷明彦「システム再構築を急げ」（経済教室）『日本経済新聞』2004年8月3日付け朝刊。
17) 例えば小林英夫『産業空洞化の克服』中公新書、2003年、は日本の技術革新の方向を探っている（自動車、航空・宇宙、ロボット、環境など）。
18) 動け！日本タスクフォース編『動け！日本――イノベーションで変わる生活・産業・地域』日経BP社、2003年、iii-iv頁。

第6章

東アジア経済統合の
インフラストラクチャとしての貿易構造

　3極の一角を占める東アジアの域内貿易比率は趨勢的に高まっている。東アジアの域内輸出比率はEU（61.7％）とNAFTA（55.9％）に比べ51.3％と低いが、輸入の域内比率は60.0％とEU（63.6％）より低いがNAFTA（39.9％）を上回る（2004年。EUは2003年）。「FTAの空白地域」といわれてきた東アジアにおいて、2000年以降ASEAN・中国FTAをはじめ様々なるFTA構想が相次ぎ打上げられており、その有力な動因は同地域の域内貿易比率の上昇である。域内貿易比率が高いということは地域単位で経済的頑健性の強さを示すひとつの有力な指標であるからである。しかし東アジアの主要な貿易財となった機械を集約度（資本、技術）別や部品、最終製品に分離して特に域内輸出比率をみると、集約度の強い財や最終製品では低く、東アジアは地域単位で経済的頑健性を装備しているとは必ずしもいえない。それは特にIT財でいえる。

　世界的なIT化の流れに乗り、東アジアは世界のIT財の生産と輸出基地となったが、その製品の域内輸出比率は35.1％とEU（64.2％）とNAFTA（50.8％）に比べ極めて低い。これは域外向け輸出比率が高いということで、輸出圧力が強いことを意味する。しかし世界のIT財需要（輸入）における東アジアの輸出の割合は2004年38.2％と前年の33.7％から一層高まった[1]。これは世界が東アジアからのIT財輸出を必要とすると同時に、東アジアも世界からの輸入を必要としていることを意味する。つまりIT財貿易において東アジアと世界は完全に一体化しているということである。特にIT化を進める世界にとって、東アジアがIT財の安定的な供給者であることが重要である。

上記の東アジアの貿易構造変化は経済統合を目指す動き、さらに輸出入および直接投資で同地域に比重をシフトさせている日本にどのような意味があるのか。本章はそれを分析する。

第1節　戦後世界貿易の発展と構造変化

戦後世界貿易は一時期を除き順調に発展してきた。こうした中で、1990年代初頭の拡大EUを契機に、再びFTA（自由貿易地域）の簇生という世界的な地域統合結成の流れが生じ、これを1958年のEEC結成に触発され1960年代各地の地域統合の動きに続く第2次経済統合と称する。本節での若干の事実関係は既に他の箇所で指摘しているが、現在の貿易の主流となった地域統合という観点から第2次大戦後の世界貿易の発展と構造変化をみると、以下のような特徴を指摘できる。

1）第2次世界大戦後世界貿易の伸びは一貫して世界GDP成長率を上回った。1950年から第1次石油危機が発生した1973年までの高度成長期では、1950年代世界貿易は年率7.7％、世界経済は同5.1％であり、1960年代（1960-1973年）ではそれぞれ8.7％、6.0％であった（いずれも実質値）。

1979年に第2次石油危機が発生し、その後世界経済は低成長を余儀なくされた。1980年代（1980-90年）、世界貿易の伸びは年率3.9％に、世界GDPは同3.4％へとともに大きく低下したが、それでもわずかであるが、前者の伸びが上回った。1990年代（1990-2000年）には世界貿易は年率6.7％、世界GDPは同3.7％へとともに成長率が高まりかつ前者の伸び率のほうが高い。このように世界貿易の伸びは一貫して世界経済のそれを上回ったのは、第2次世界大戦後にはじめてみられた現象である。これは高い経済成長がそれ以上に貿易特に輸出を必要としたということである。

2）貿易を拡大させたのは工業品（SITC5-8）であり、主要国・地域では東アジアである。

世界全体の輸出の工業化率つまり総輸出に占める工業品の割合は1965年の58.5％から2003年には77.3％にも達した。主要国・地域で最も輸出工業化率を高めたのは東アジアである。東アジアの輸出工業化率は1965年の29.6％か

ら2003年には実に86.8％にも上昇した。これは日本の93.9％に次ぎ米国(82.6％)や西欧 (82.3％) を上回る高いものである。東アジアの国別輸出工業化率をみると、韓国をはじめ台湾、香港の NIES 3ヵ国は既に1975年までに80％を超えた。ASEAN 諸国の輸出工業化率は、シンガポールは1990年までに、タイとマレーシアは1990年までに、いずれも70％を超えた。中国は1995年までに80％を超え、2002年以降 NIES 並みの輸出工業化率を達成した。インドネシアとフィリピンは他の東アジア諸国に遅れをとった。しかし、世界の工業品輸出に占める東アジアのシェアは1965年の2.5％から2003年には23.9％に上昇した。

3) 世界経済の統合化。これは貿易依存度に象徴される。表6-1でみるように、世界全体の輸出依存度は1970年の8.9％から2003年には20.5％に高まった。これは貿易を通じたチャネルによって各国経済の相互依存関係が深まったことを意味する。特に東アジア（NIES、ASEAN および中国）の輸出入依存度はいずれも世界平均を大幅に上回る高いものである。ASEAN の輸出依存度は1970年の10.2％から2003年には実に64.4％にも高まった。並行して輸入依存度も24.7％から60.4％に高まった。このように輸出入依存度が同時に上昇する構造をもつ経済を high exchange economy と称する。東アジア諸国で特にそうした構造を有するのがシンガポールとマレーシアである。これは既に他の箇所で示唆したように、ASEAN に代表されるように、国内に機械ブロック産業が存在しないために、工業化を推進するほど機械を中心に工業品の輸出を増加させるほど、輸入を誘発するからである。

輸出入依存度の高まりは各国の世界経済への統合が進行していることを意味する。いわゆる世界経済のグローバリゼーションである。これを推進しているのは誰か。分析を続けよう。

4) 世界経済の3極化。世界経済と世界貿易における日米 EU の比重の高まり。3者を中核に東アジア、NAFTA および拡大 EU の比重は世界 GDP、世界輸出および世界輸入のいずれにおいても80％以上を占める。拡大3極は世界経済と世界貿易において圧倒的な比重を有し、その運営に大きな役割を持っている。

こうした世界経済と世界貿易における3極の圧倒的な比重を背景に、1958

表6-1　世界主要国・地域の輸出入依存度　　　　　　　　　　　　　　　　（単位：％）

	年次	世界	先進国				発展途上国				
				米国	EU	日本		東アジア			
									NIES	ASEAN	中国
輸出	1970	8.9	10.2	4.1	15.7	9.5	6.4	10.1	24.7	10.2	2.8
	1980	16.4	16.0	8.1	20.3	12.3	17.4	22.8	43.1	33.6	6.0
	1985	14.7	14.1	5.2	23.6	13.2	16.0	26.5	47.9	32.5	8.9
	1990	15.0	14.6	6.8	20.5	9.7	16.0	34.6	43.9	42.8	16.0
	1995	17.6	15.3	7.9	23.9	8.6	25.8	39.6	46.2	49.1	21.3
	2000	20.3	16.6	8.0	28.4	10.1	35.0	48.4	55.7	53.2	23.1
	2001	20.4	16.3	7.2	28.5	9.7	31.4	42.5	53.4	71.2	22.4
	2002	24.7	15.3	6.6	27.7	10.5	37.9	43.1	62.7	67.9	26.3
	2003	20.5	15.7	6.5	27.0	11.0	39.8	46.3	54.0	64.4	31.1
輸入	1970	9.3	10.7	4.1	17.1	9.3	6.7	12.3	33.7	24.7	2.8
	1980	17.0	17.7	9.2	23.0	13.3	15.6	23.7	48.8	33.6	6.6
	1985	15.2	15.1	8.4	24.3	9.7	15.5	26.4	42.5	30.2	13.9
	1990	15.4	15.3	8.9	21.5	7.9	15.5	34.9	42.5	48.7	13.7
	1995	17.8	15.1	10.4	22.9	6.5	27.5	41.1	48.6	53.8	18.4
	2000	20.8	18.0	12.8	28.5	8.0	35.0	45.8	54.8	65.0	19.1
	2001	21.0	17.5	11.7	27.9	8.4	36.7	39.3	51.8	62.2	20.4
	2002	20.3	19.3	11.7	26.5	8.5	43.0	37.3	62.1	64.2	23.8
	2003	21.3	20.5	12.2	26.1	8.9	49.0	44.7	54.3	60.4	29.2

（資料）IMF統計より作成（輸入はCIFベース）

年のEEC発足を契機とした1960年代の相次ぐ地域統合の結成に次ぎ1990年代以降世界的な第2次地域統合と呼ばれるうねりがみられる。その背景に次の点が挙げられよう。まず第1はEUの拡大と深化である。第2は1986年からのGATTウルグアイ・ラウンド交渉の難航であり、とりわけ米欧の「GATT離れ」である。第3は発展途上国の外向き政策への転換である。これは1980年代初頭から先進国の資本移動規制の緩和に呼応して、発展途上国も規制の緩和をはじめ貿易、投資の自由化を積極的に推進した。第4は旧社会主義諸国の市場経済化がある。底流にある共通のトレンドは経済のグローバル化である。IT革命がそのトレンドを加速している。

　以上のような世界経済の環境変化が進行する中で、企業と国家は様々な対応を目指している。両者の共通な対応として2つある。ひとつは次期リーディング産業の育成でありそれによる比較優位構造の創設である。これには情報、通信はもとより、バイオや成熟産業でも環境を配慮した産業の強化がある。他は効率を目指してある一定の地域を対象とした生産の集約化であり「地域化」である。NAFTA、EU、AFTA（ASEAN自由貿易地域）などの

強化や創設はそうした動きの一環である。つまり、経済のグローバリゼーション（統合化）とリージョナリゼーション（地域化）という一見相矛盾するような動きが同時に進行しているということである。リージョナリゼーションはグローバリゼイションという大きな趨勢の中での濃淡の差を表したものであるといってよい。世界経済のグローバル化が進行する中で、それを促進すると同時に「地域化」の中核となっているのが日米EUの3極である。拡大3極の域内貿易合計の世界貿易に占める割合はほぼ半分（46.7％）である（2003年）。

　第2次地域統合は第1次にくらべ様々なる特徴があるが[2)]、以下のような大きな違いを指摘できる。

　1）日米EUの参加。EECが発足した1958年当時米国は関心がなかった。日本は1人当り所得からみて高所得国でなく、地域統合を結成する能力はなかった。それどころか東アジアにはその基盤がなかった。しかし現在3極は自らを中核に集団として地域化を推進している。つまり米国はカナダとメキシコを包含してNAFTAを結成している。EUはEEC原加盟国6ヵ国を中心に1992年に13ヵ国となり、2004年には旧中東欧諸国の加盟で25ヵ国となった。東アジアには制度的経済統合体はAFTA（ASEAN自由貿易地域）以外ないが、1980年代中葉以降日本企業の大量かつ継続的な生産拠点のシフトによって、第2章第3節で示唆したように、東アジア全域に国際生産ネットワークとそれに表裏一体で形成された「投入産出構造の国際的展開」という構造変化で、同地域を事実上統合化した[3)]。

　2）版図の拡大。第2次地域統合体は加盟国の数を増やすことを目指す。NAFTAを中核とするFTAA（米州自由貿易圏）は北極圏のアラスカから南米のフェゴ島までの34ヵ国となる。EECは2004年には25ヵ国となった。APECはいわゆる通常の地域的統合体ではないが22ヵ国を擁する。ASEANは原加盟5ヵ国から6ヵ国を経て10ヵ国となった。

　3）FTAにみられる数の多さ。第2次地域統合はFTAを主流とし、その数が極めて多い。WTOによると、2005年1月現在世界のFTAの数は122件あり、そのうち101件が1990年以降に締結されている。

　4）「不均質」（垂直的）統合。第1次地域統合では、EECが典型例である

格差が相対的に小さい諸国同士の「均質的統合」あったが、第2次では多数の国を擁するため「不均質」の諸国家の集合となる。「不均質」とは発展格差（1人当り所得、産業構造）、経済規模（大国と小国、GDP規模、人口規模）の違いなどであり、先進国と発展途上国とが一緒に統合体のメンバーあるということでる。例えばNAFTAの構成国は米国、カナダおよびメキシコの3ヵ国で、先進国と発展途上国が参加する不均質性の経済統合体である。1人当りの所得をみると、米国は3万9722ドル、カナダは3万1030ドルと世界平均（5500ドル、2003年）を大きく上回るのに対し、メキシコは6400ドルである（2004年）。

第2節　域内貿易構造とその特徴

3極の域内貿易比率は表6-2でみる通りで、東アジア（日本を含む）の域内貿易比率は輸出で51.3％と3極で最も低い。しかし輸入の域内比率は60.0％とEU（63.6％）より低いがNAFTA（39.9％）を上回る。地域単位として経済的頑健性（economic resilience）をみる指標として2つある。域内貿易比率（総輸出入に占める域内貿易比率）と対外依存度（総輸出入の対GNP比率）である。域内貿易比率特に輸出のそれが高いほど、さらに対外依存度は低いほど外部からのショックを受けても打撃の度合いは小さくなる。東アジアにおいて様々なるFTA構想がある。その組合せで［表6-3］上記2つの

表6-2　域内貿易比率　　　　　　　　　　　　　　　　　　　　　　（2004年、単位：％）

	全商品		機械機器		（電気機器）		（一般機械）	
	輸出	輸入	輸出	輸入	輸出	輸入	輸出	輸入
NAFTA	55.9	39.9	54.9	41.8	53.2	40.1	49.6	37.2
EU	61.7	63.6	57.2	64.3	57.5	56.9	54.1	63.7
東アジア	51.3	60.0	49.4	71.4	59.6	79.6	47.6	68.7
	（精密機械）		（IT計）		（完成品）		（部品）	
	輸出	輸入	輸出	輸入	輸出	輸入	輸出	輸入
NAFTA	30.4	28.8	45.8	33.6	50.8	32.3	40.9	35.4
EU	49.2	55.2	59.8	54.0	64.2	56.6	53.8	50.3
東アジア	62.4	62.3	56.4	79.9	35.1	73.4	70.2	82.2

（注）東アジアは日本を含む、EUは15ヵ国で2003年値
（資料）国際貿易投資研究所データベースより作成

第6章 東アジア経済統合のインフラストラクチャとしての貿易構造　173

表6-3　域内貿易比率と貿易依存度　　　　　　　　　　　　　　　(単位：％、2003年)

地域統合体	域内貿易比率		対外貿易依存度	
	輸出	輸入	輸出	輸入
AFTA（5カ国）	21.4	25.2	71.2	62.2
中国＋ASEAN	16.8	19.7	37.1	31.4
日本＋ASEAN	22.4	28.4	16.5	13.5
東アジア	49.5	58.8	22.3	18.7
東アジア＋オセアニア	51.3	60.8	19.2	18.8
EU（15カ国）	61.7	63.6	25.6	26.7
NAFTA	56.0	40.6	10.1	12.7

(注)　東アジアは日本、中国、NIES、ASEANの合計、オセアニアは豪州とNZ(推定)、対外依存度は2001年値
(資料)　表6-2に同じ

指標からみた地域単位の頑健性を検討しよう。

　ASEANは中国とFTAを締結したが、ASEAN・中国FTAの域内貿易比率は輸出16.8％、輸入19.7％と極めて低く、一方対外貿易依存度は輸出37.1％、輸入31.4％と高い。これはASEANの輸出入依存度が各々64.4％、60.4％という高さを反映しているからである（世界平均はそれぞれ20.5％、21.3％）。この指標からみると、ASEAN・中国FTAは強靭性にはほど遠い地域統合体であると想定される。特にASEANはAFTAを結成しているにもかかわらず、2001年後半から始まった米国のIT不況の直撃を受け米国向け輸出が大きく落ち込み、経済成長は大幅減速を余儀なくされた。これはASEANの域内輸出比率は21.4％（シンガポールを含む）であるが、1国ベースでは域外最大輸出先である米国向けシェア14.9％と比べ大きな差がないという構造を反映したものである（2004年）。ASEAN・日本FTAの域内貿易比率は輸出入とも決して高くない。経済統合体として最も頑健性が強いのはNAFTAであり次いでEUであろう。

　東アジアの域内貿易の構造や特徴を財別から既にみた（前掲表3-9、表3-10）。東アジアを地域統合体とみてその頑健性という観点から検討すると、日本を含む場合と除外した場合を比較して、域内貿易は日本を含むと輸出入比率は大きく上昇し、対外依存度は日本を含むと格段に低下する。これをやや詳細に分析しよう。

　日本を除く東アジアを、日本を含む場合と比較すると、次のような特徴を指摘しうる。①域内輸出入比率はいずれも大きく下回る。域内輸出比率は

1990年に30％を超えるものの、その後40％を上回ったことはない（1998年と2003年を除く）。日本を含めた場合に比べ、域内輸出比率は10ポイント以上も低下する。一方、域内輸入比率は1997年以降40％を超えかつほぼ上昇傾向にある。しかし、日本を含めた場合に比べて、10ポイント以上も低下する。②一貫して域内輸出比率は輸入のそれを下回っている。③対外依存度は輸出入とも、日本を含めた場合に比べて、一挙に高まる。いずれも世界平均はもとより発展途上国の対外依存度を大きく上回る。オセアニアを含めると、東アジアは統合体として最も頑健となる。

東アジアの高い域内貿易比率の内実

東アジアを統合体とみて、日本を含めた場合と除外した場合とも、域内貿易比率は、第2次石油危機が発生して不況に見舞われた1980年代前半の水準に比べて、大きく上昇している。日本を除く東アジアの対外依存度は輸出入とも上昇を続け、若干のずれをみせるものの、1990年代後半にピークを画し、その後低下を経て2000年以降再び上昇に転じている。こうみると、日本を含めた場合でも除外した場合のいずれでも、概ね東アジアは地域統合体として、地域的に頑健性を強めているようにみえる。世界GDPに占める日本と東アジアの合計シェアは1970年代の11.5％に比べ2003年には19.8％ほぼ2倍近くなったが、NAFTAの33.2％とEUの29.8％に比べてまだ大きく下回る（2003年）。世界貿易では、東アジア（日本を含む）のシェアは輸出で27.0％、輸入で22.7％である。EUの世界輸出入シェアである41.6％、40.9％を大幅に下回るものの、NAFTAの14.9％、20.8％を上回る（2004年）。

日本を含む場合も除外する場合も域内貿易比率が極めて高いが、いずれも機械部品を中心に中間財を含むからである。以下その内実を分析する。

東アジア（日本を除く）は輸出工業化率を1960年代以降一貫して高めてきた。これは既に指摘した。工業品を化学品、機械および軽工業品を主とするその他に分類して、工業品の内部構成の変化をみると、1965年時点でその他が86.0％と圧倒的なシェアを占め機械はわずか8.6％でしかなかった。その後機械比率は一貫して上昇し、2000年までにその他を上回り2001年には51.0％とほぼ世界平均（52.7％）と同じレベルに達した。しかもその間機械は世

界的なIT化の進展で劇的な変貌を遂げる。1990年代に入り世界的なIT革命が進行する中で、それに最もなじむ電気機械と通信機器の輸出基地となっていた東アジアは、IT化に効果的に対応して、世界的なIT財の生産と輸出基地の地位を確立した。これに関して以下のような特徴を指摘できる。

1）世界の機械輸出（輸送機器を除く）に占める東アジアのシェアは31.5％で日本を含むと41.2％となる。2）東アジアの機械輸出に占めるIT財の比率は74.7％で世界平均（52.0％）はもとより米国（49.9％）やEU（37.5％）大きく上回る。東アジアの機械輸出は事実上IT財とみなしてよいであろう。東アジアの機械輸入のIT化率は65.6％で、これも米国（54.5％）とEU（46.1％）を大きく上回る。3）世界のIT財輸出に占める東アジアのシェアは日本を除くと45.3％、日本を含むと54.6％となる（いずれも2004年）。

4）域内貿易比率は財別で大きく異なる。東アジア（日本を除く）の機械3品目（電気、一般および精密）の域内貿易比率の特徴は既にみたが（第3章第3節、表3-10）、再び本節の行論の中で指摘すると次のようになる。①域内比率は3品目とも輸出よりも輸入の方が高い。②部品を含むIT財計での域内輸出比率は48.2％とEU（59.8％）より低いがNAFTA（45.8％）より高い。③集約度（資本や技術）の高い財ほど、域内輸出比率が低下していく。その典型例がIT財のうちその完成品である。これの域内輸出比率は35.1％と米国（50.8％）やEU（64.2％）に比べ極めて低い（2004年）。この構造は日本を含めても変わらない。これは既に指摘したIT財の世界的需給構造つまり東アジアの需要を大きく上回る供給を反映したものである。米国を中心とするNAFTAの域内輸入比率は全品目で3極中最も低い。特にIT財で低い。これは域外からの調達率が高いということで、その主要な輸入先が東アジアである。この構造によって、東アジアは米国発IT不況の直撃を受けた。かつて米国がくしゃみをすると日本が風邪や肺炎をおこすといわれたものであるが、現在それが特にASEANで再現されている。そこでIT財に焦点を合わせ、東アジアの部品と完成品に分離し、その構造をみるとさらに以下のような特徴を指摘できる。

日本を含む東アジアの貿易域内比率で、特にIT財で高くしているのは部品比率の高さである。輸出は75.4％、輸入で82.2％と極めて高い（2004年）。

これは東アジアにおいて同地域諸国は部品産業（SI＝サポーティング・インダストリー）が未成熟でフルセット工業化できず、それゆえ部品が名前や形をかえて域内で取引されるからである。ある財が形を変えて例えば日本とマレーシア間の半導体産業との取引で、次のような事態が進行する。半導体の組立加工は、ケイ石からICまでマスク製造をはじめ単結晶構造、ウェーハ処理、組立、検査という5つの工程がある。マレーシアに進出している日本半導体メーカーは、まず日本からインゴットを輸入し、それを現地でスライスさらに研磨をおこない、その後それを日本に送り戻し回路焼付け、ファブリケーションしてマレーシアに再度輸出し、そこでチップにカット、パッキングして、再び日本が輸入するか、シンガポールやタイにある他のメーカーなどに販売する。これが製品化されて、日本や米欧諸国に輸出される。インゴットは形や名前を変えて、日本の通関統計に4回現われる[4]。マレーシアの通関統計にも、当然のことながら、4回日本とは逆の形で記録される（米国でも対アジアIC・半導体貿易において同じ例がみられ、米国の貿易データに3回現われる）。これを東アジア域内貿易の「バブル貿易」と称する向きもあるが[5]、これこそが国際分業の実態であり、日本企業の東アジアへの大量進出に伴い直接投資関連貿易を誘発させ、日本の対東アジア貿易シェアはもとより東アジア域内貿易比率を高めた。フラグメンテーションという生産活動を複数のブロックに分散し、それぞれの活動に適したところに配置するという企業活動があり、これも域内貿易比率を高めた[6]。これは部品点数が多い機械貿易に典型的にみられる。部品を作る技術の要素分解（モジュール化）の進展に伴い、生産工程ないしプロセスの分離が容易になる[7]。このモジュール化の進展で、労働集約的な部分が賃金コストの安い国や地域で生産されるようになる。膨大な人口を擁する中国がその最大の受入れ国になった。つまりモジュール化に伴う部品生産の分散化も域内貿易比率を高めるように作用したということである。日本企業とともに東アジアに電気機械をはじめとする多くの生産拠点を設置した米国多国籍企業も、同様に同地域の域内貿易比率を上昇させることになった[8]。

　以上のことからIT関連財を代表に東アジア域内貿易の特徴を再びみると、次のように整理できさらにその含意を指摘できよう。①域内輸入比率は極め

て高いが、それは専ら部品の域内調達率の高さを反映したものである。これは域内諸国が1国単位で部品の生産や調達がほとんど不可能なため、地域単位で相互に融通し合っているためである。②IT関連製品の域内輸出比率が極めて低い。③前項2つのことは製品の域外向け輸出の圧力が高いことを意味する。つまり東アジアのIT財貿易でみられるように、特に完成品の循環は地域単位で完結した構造になっていない。④同時に域外向けにIT財完成品の輸出を拡大させるほど、上記のような東アジアの域内貿易構造により部品の相互取引を誘発させる。この東アジアにおける機械部品の域内取引比率の上昇は既に第1章（第2節）や第2章（第4節）で示唆した「投入産出構造の国際的展開」そのものであり、同地域の経済的統合を一層促進するように作用している。ただし日本企業が中心に構築した動きと比べやや異なる面がある。最近の東アジア域内における部品取引の拡大は、一部同一企業グループ内取引を含むであろうが、むしろ市場をベースあるいは市場諸力とした一般的取引いわゆる arm's length が主流であると想定される。

第3節　太平洋IT三角貿易

　東アジアの域内貿易比率は大きく上昇した［表3-9］。それゆえ東アジアは経済統合の基盤を強固に構築したという評価があるが、これまでの同地域の域外から特に米国の景気動向に左右されることからして、それに疑問がある。そこで本節で再び世界のIT財貿易に焦点を合わせさらに日米東アジア3者間のIT関連財貿易の構造、特徴および変化を分析し、その含意を探る。[9]
　世界的IT化の進展を反映して輸送機器を除く他の機械3品目はIT化率を高めていくようになる。この技術変化に最も効果的に対応したのが、産業ではアナログからデジタルへという転換に最もなじむ電気機械であり、主要国・地域では東アジアであった。東アジアは全体で世界の電気機械貿易において、日本や米国さらにEUを抜いて最大の輸出者となった。デジタル化はモジュール化という技術を要素分解にできその特性が典型的に生かされる電気機械において発揮された。ジェトロ（『世界と日本の貿易2001』9頁）のIT関連財とした定義にもとづき、HS（Harmonized System）分類による一般

機械（No.84）、電気機械（No.85）、精密機械（No.90-91）を再編して、世界のIT関連財貿易をみると、その特徴として以下の点を挙げることができる。

1）世界貿易におけるIT関連製品輸出規模は1997年の8660億ドルから2004年には1兆4737億ドル年に増大し、世界貿易に占める割合は16.0％からわずかであるが16.5％に上昇した。世界貿易総額に占める機械輸出の割合は半分以上であるが、世界機械輸出に占めるIT関連財の比率は1997年の40.4％から2004年には37.5％に低下した。自動車を除く世界機械輸出での割合は52.0％である。2）IT関連財の主要輸出国のシェアは世界のIT関連財輸出の45.3％を占める東アジアを筆頭に、以下EU（27.5％）、米国（11.1％）、日本（9.3％）と続く。東アジアのシェアは1997年の33.6％に比べ一層上昇した。3）輸入でも東アジアが33.7％と最大のシェアを占め、以下EU（31.2％）、米国（16.1％）、日本（4.9％）と続く。4）主要国・グループのIT関連財貿易の対総額、機械貿易比率はいずれも東アジアが世界平均（各々16.5％、52.0％）を大きく上回る。東アジアのIT財比率は対世界で輸出36.3％、輸入30.6％、対機械（輸送機械を除く）では、輸出が74.7％、輸入が65.6％という高率である（以上2004年）。

5）世界全体の機械貿易とIT関連財貿易の関係は次のとおりである。IT関連ベースにおける3品目の構成は一般機械29.8％、電気機械61.9％、精密機械8.3％である。この構成のうち電気機械は通常の分類の44.1％に比べて極めて高く、逆に一般機械は44.8％に比べて低い。3品目のIT関連財が占める割合をみると、一般機械は34.7％、電気機械は73.0％、精密機械は38.5％である（以上2004年）。

上記に関し、主要国・グループの輸出についてみると、以下のような特徴が指摘される［表6-4（1）］。①東アジアの3品目（一般、電気および精密機械）合計に占めるIT関連財の輸出比率は74.7％と世界平均を大きく上回る。日米両国はともにほぼ50％、EUは37.5％と最も低い。②機械3品目別のIT関連財輸出比率は米国、EUおよび日本では大きな差はないが、東アジアのみ電気機械では83.5％と最も高く、一方精密機械では23.3％と世界平均を大きく下回る。③IT関連財輸出に占める3品目の構成は、先進国はほぼ

表6-4(1) 機械、IT関連財輸出入の構造とIT関連財／機械比率　　(単位：％、2004年)

品目	輸出入国	輸出				輸入			
		一般	電気	精密	合計	一般	電気	精密	合計
機械	米国	45.8	38.3	15.9	100.0	45.5	42.9	11.6	100.0
	EU	53.1	35.3	11.6	100.0	49.8	39.2	11.1	100.0
	日本	41.9	44.6	13.6	100.0	34.6	48.5	16.9	100.0
	東アジア	35.2	57.6	7.2	100.0	33.9	55.3	10.8	100.0
	中国	36.2	55.2	8.7	100.0	39.2	49.8	11.0	100.0
	NIES	35.5	55.6	8.9	100.0	33.1	55.8	11.2	100.0
	ASEAN	37.7	58.0	4.3	100.0	33.5	60.3	6.2	100.0
	世界	44.8	44.1	11.2	100.0	44.8	44.1	11.2	100.0
	米国	11.8	10.0	16.4	11.5	15.6	15.0	16.0	15.4
	EU	45.2	30.5	39.6	38.1	39.0	31.2	34.8	35.1
	日本	9.1	9.9	11.8	9.7	3.3	4.6	6.4	4.2
	東アジア	24.8	41.2	20.3	31.5	20.2	33.5	25.8	26.7
	中国	9.3	10.4	5.8	9.4	7.0	9.1	8.8	8.1
	NIES	12.9	17.7	10.6	14.7	7.3	14.0	12.1	10.8
	ASEAN	7.0	13.2	3.9	9.4	6.0	10.4	4.8	7.8
	世界	100.0	100.0	100.0	100.0	100.0	100.0	100.0	100.0
ITベース	米国	26.8	57.0	16.2	100.0	36.1	55.6	8.3	100.0
	EU	30.8	56.8	12.5	100.0	35.9	55.0	9.1	100.0
	日本	18.6	69.8	11.6	100.0	31.4	59.5	9.1	100.0
	東アジア	33.4	64.4	2.2	100.0	22.0	71.7	6.2	100.0
	中国	39.2	58.7	2.1	100.0	25.3	68.3	7.4	100.0
	NIES	34.0	64.1	2.0	100.0	23.9	69.9	6.2	100.0
	ASEAN	37.6	60.6	2.8	100.0	21.9	73.7	4.4	100.0
	世界	29.8	61.9	8.3	100.0	29.8	61.9	8.3	100.0
	米国	9.9	10.2	21.7	11.1	19.5	14.5	16.2	16.1
	EU	28.3	25.2	41.4	27.5	37.5	27.7	34.4	31.2
	日本	5.8	10.5	13.1	9.3	5.1	4.7	5.4	4.9
	東アジア	50.7	47.2	12.3	45.3	24.9	39.1	25.4	33.7
	中国	19.6	10.9	2.6	12.8	7.5	10.3	7.6	9.3
	NIES	15.7	20.8	5.7	18.0	10.1	16.4	11.3	14.1
	ASEAN	15.4	15.5	4.0	14.5	7.1	12.4	6.5	10.3
	世界	100.0	100.0	100.0	100.0	100.0	100.0	100.0	100.0
IT／機械の比率	米国	29.1	74.3	51.0	49.9	43.2	70.7	39.0	54.5
	EU	21.7	60.4	40.4	37.5	33.3	64.7	38.0	46.1
	日本	22.1	78.0	42.8	49.8	54.4	73.5	32.4	60.0
	東アジア	70.8	83.5	23.3	74.7	42.6	85.1	38.0	65.6
	中国	69.5	68.1	15.2	64.0	39.1	83.0	35.3	60.5
	NIES	69.6	83.7	14.7	72.5	48.6	84.1	37.5	67.2
	ASEAN	82.9	86.7	33.8	83.0	47.0	87.8	51.3	71.9
	世界	34.7	73.0	38.5	52.0	34.7	73.0	38.5	52.0

(資料)　表6-2に同じ。以下表6-7まで同じ。

世界平均と同じであるが、東アジアは一般機械と電気機械では世界平均を上回るが、精密機械では極めて低い。④品目別に世界のIT関連財輸出の国・

地域構成では、東アジアが一般（50.7%）と電気機械（47.2%）はいずれも最も大きなシェアを有するが、精密機械では12.3%と極めて低い。東アジアがIT関連電気機械輸出で世界最大のシェアを誇るが、これは第3章第4節で分析したように、世界の電気機械輸出の41.2%（日本を含むと51.0%）を占めていることを反映したものである。一方輸出と比較しつつ輸入ベースでみると次のような特徴が挙げられる。⑤世界全体および3地域の3品目に占めるIT関連財の比率は概ね同じ水準である。⑥地域別IT関連財輸入の機種別構成では、共通して電気が最高で特に東アジアのそれは輸出に比べて高く、一般機械ではかなり低い。⑦品目別地域別輸入構成ではEUがIT関連製品の一般機械と精密機械で最も高く、東アジアは電気機械で最も高い。精密機械では東アジアのシェアは25.4%と輸出の約2倍の（12.3%）を大きく上回る。

太平洋IT三角貿易

日米東アジアEUを中心として機械およびIT関連財の世界貿易構造を分析した。ここでは日米東アジア3者間のIT関連財貿易の構造を機械（輸送機械を除く）との関連でみると［表6-4（2）］、次のような特徴を指摘できる。①東アジアの日米向け輸出のIT化率はそれぞれ69.2%、77.7%と世界平均（52.0%）を大きく上回る。②東アジア向け輸出のIT化率は、米国は67.7%と高いが、日本は50.3%と世界平均を若干下回る。③日米間では、日本から米国向け輸出は49.5%、米国から日本向けは50.5%と、いずれもほぼ世界平均並みである。④日米東アジア3者間の機械貿易は事実上IT関連財であるとみなしても良いであろう。3者は太平洋を挟み「太平洋IT三角貿易」と称すべき貿易構造を構築したといっても過言ではない。⑤東アジアの最大の輸出先である米国向けで規模の大きいのは、1国ベースで、中国を筆頭にシンガポール、韓国、マレーシアと続く。⑥3者間IT貿易において、ほぼ共通して、IT関連電気機械比率が最も高い。⑦2国間ベースでIT関連財比率が最も高いのは東アジアの米国向け輸出である。

表6-4（2）の背後の構造をより詳細にみたのが表6-4（3）および表6-4（4）で、前者は東アジアの日米両国向け輸出構造を、後者は日米の

東アジア向け輸出構造を、それぞれみたものである（両表ともマトリックスベースであるので、それぞれ日米の東アジアからおよび東アジアの日米からの輸入構造でもある）。

表6-4（2） 東アジアのIT財の対機械比率　　　　　　　　　　（単位：％、2004年）

輸入国	輸出国	一般	電気	精密	合計
日本	東アジア	71.3	75.4	21.4	69.2
	中国	73.6	73.8	14.3	67.9
	NIES	68.6	82.2	27.0	73.0
	ASEAN	70.1	70.9	23.8	67.2
	米国	33.5	74.6	47.0	50.5
米国	東アジア	80.1	79.6	40.7	77.7
	中国	79.0	74.3	40.3	75.2
	NIES	65.6	80.4	36.9	72.7
	ASEAN	92.4	84.0	47.5	86.0
	日本	30.7	74.7	46.2	49.5
輸出国	輸入国	一般	電気	精密	合計
日本	東アジア	16.3	78.9	41.8	50.3
	中国	17.5	73.7	40.6	45.7
	NIES	13.6	79.8	39.0	50.3
	ASEAN	19.0	82.1	54.2	54.9
米国	東アジア	28.4	86.8	84.6	67.7
	中国	22.4	78.9	80.2	54.6
	NIES	26.4	85.3	82.7	67.2
	ASEAN	34.9	90.8	91.1	74.4

　表6-4（3）から次の特徴が挙げられる。①機械ベースでの、東アジアの日米両国向け品目別構成はほとんど変わらない。電気機械が半分以上を占め、以下一般機械、精密機械と続く。②品目別国・グループ構成では、日本向け輸出では、一般と精密で中国が、電気でASEANがそれぞれ第1位である。米国向け輸出では、一般で中国が、電気でASEANが、精密でNIESがそれぞれ第1位である。③IT関連財でも、地域別品目構成は日米向けともほとんど変わらず、いずれも電気機械が最大でしかもその割合は機械ベースに比べて相対的に高い。精密機械の比率はいずれも1桁台で、しかも機械機器の構成に比べて低い。④IT関連財の品目別地域構成は、日米向け輸出とも、一般で中国が、電気でASEANが、精密でNIESがそれぞれ第1位である。表6-4（4）から次の特徴を指摘できる。①日米とも電気が最大の輸出品目である。IT関連財ベースではその比重がさらに高くなる。

表6-4(3)　東アジアの対日米機械・IT財の輸出構造　　　　　　　(単位：％、2004年)

財別		輸入国	輸出国	一般	電気	精密	合計
IT財	国別機種別構成	日本	東アジア	33.0	64.2	2.8	100
			中国	46.1	51.8	2.1	100
			NIES	25.3	70.9	3.7	100
			ASEAN	27.5	69.9	2.6	100
			米国	25.5	46.4	28.1	100
			合計	31.9	61.5	6.6	100
		米国	東アジア	43.4	53.8	2.8	100
			中国	53.2	44.5	2.4	100
			NIES	27.6	68.7	3.7	100
			ASEAN	47.3	50.1	2.6	100
			日本	30.1	57.5	12.5	100
			合計	41.0	54.5	4.6	100
	機種別国別構成	日本	東アジア	87.9	88.6	35.8	84.9
			中国	41.0	23.8	8.9	28.3
			NIES	21.7	31.4	15.4	27.3
			ASEAN	25.3	33.3	11.5	29.3
			米国	12.1	11.4	64.2	15.1
			合計	100	100	100	100
		米国	東アジア	86.7	81.0	50.8	82.0
			中国	37.8	23.8	15.0	29.1
			NIES	16.9	31.7	20.1	25.1
			ASEAN	32.1	25.5	15.8	27.8
			日本	13.3	19.0	49.2	18.0
			合計	100	100	100	100
機械	国別機種別構成	日本	東アジア	32.0	58.9	9.0	100
			中国	42.5	47.6	9.8	100
			NIES	26.9	63.0	10.1	100
			ASEAN	26.4	66.3	7.4	100
			米国	38.4	31.4	30.2	100
			合計	33.3	53.5	13.2	100
		米国	東アジア	42.1	52.5	5.4	100
			中国	50.6	45.0	4.4	100
			NIES	30.6	62.2	7.2	100
			ASEAN	44.0	51.3	4.7	100
			日本	48.6	38.1	13.3	100
			合計	43.7	48.8	7.4	100
	機種別国別構成	日本	東アジア	77.4	88.5	55.1	80.4
			中国	34.9	24.3	20.3	27.3
			NIES	19.8	28.8	18.8	24.5
			ASEAN	22.7	35.4	16.0	28.6
			米国	22.6	11.5	44.9	19.6
			合計	100	100	100	100
		米国	東アジア	71.5	80.0	54.0	74.3
			中国	31.6	25.1	16.1	27.3
			NIES	17.0	30.9	23.6	24.3
			ASEAN	22.9	23.9	14.3	22.8
			日本	28.5	20.0	46.0	25.7
			合計	100	100	100	100

②品目別で第1位の輸出先は、日米共通してNIESである（ただし米国の電気機械でASEANが第1位である）。

第6章　東アジア経済統合のインフラストラクチャとしての貿易構造　183

表6-4（4）　日米の対東アジア機械・IT財の輸出構造　（単位：％、2004年）

財別		輸出国	輸入国	一般	電気	精密	合計
IT財	国別機種別構成	日本	東アジア	12.0	75.8	12.2	100.0
			中国	16.0	72.0	12.0	100.0
			NIES	8.9	76.6	14.4	100.0
			ASEAN	13.5	77.8	8.7	100.0
		米国	東アジア	13.6	70.2	16.2	100.0
			中国	17.7	61.0	21.3	100.0
			NIES	11.9	69.4	18.7	100.0
			ASEAN	13.8	74.2	12.0	100.0
	機種別国別構成	日本	東アジア	100.0	100.0	100.0	100.0
			中国	32.8	23.3	24.2	24.5
			NIES	34.7	47.2	55.3	46.7
			ASEAN	32.4	29.5	20.5	28.7
		米国	東アジア	100.0	100.0	100.0	100.0
			中国	19.4	12.9	19.5	14.8
			NIES	37.1	41.8	48.8	42.3
			ASEAN	43.5	45.2	31.7	42.8
機械	国別機種別構成	日本	東アジア	37.0	48.3	14.7	100.0
			中国	41.9	44.6	13.5	100.0
			NIES	33.0	48.3	18.6	100.0
			ASEAN	39.1	52.1	8.8	100.0
		米国	東アジア	32.3	54.7	13.0	100.0
			中国	43.2	42.3	14.5	100.0
			NIES	30.2	54.6	15.2	100.0
			ASEAN	29.4	60.8	9.8	100.0
	機種別国別構成	日本	東アジア	100.0	100.0	100.0	100.0
			中国	30.6	24.9	24.9	27.0
			NIES	41.6	46.7	59.2	46.6
			ASEAN	27.8	28.4	15.8	26.3
		米国	東アジア	100.0	100.0	100.0	100.0
			中国	24.6	14.2	20.5	18.4
			NIES	39.9	42.6	49.9	42.6
			ASEAN	35.5	43.2	29.5	38.9

　日米間貿易の特徴は、次のとおりである［表6-4（2）、表6-4（3）］。①機械相互貿易の品目別構成はほとんど同じであるが、対東アジアに比べて、精密機械がそれぞれ相対的に高いシェアを有する。②品目別地域構成において、1国ベースでは、輸出先/輸入元としても、いずれも相互に第1位である。特に精密機械での相互比率はほぼ50％と極めて高く、ともに第1位である。③IT関連財相互貿易の品目別構成はほとんど同じであるが、いずれも電気機械の比率が一層高まり精密機械ではやや低下する。④品目別IT化比率は、相互取引のうち一般機械と電気機械では、対東アジア貿易とほとんど同じである。しかし精密機械では米国の日本向けは47.0％と東アジア向けを大きく上回るが、日本の米国向け46.2％と東アジア向けと比べ高くない。

こうした日米間貿易構造は東アジアを含めて、日米の対東アジア戦略や東アジアの外資戦略を反映したものであり、3者一体となって太平洋貿易を不断に変貌させている。

世界的IT化時代に突入して、その有力な舞台となりつつある太平洋地域において、日米東アジア3者間で「太平洋IT三角貿易」とも称すべき構造が形成され、世界貿易と経済のありようを変えつつある。「太平洋IT三角貿易」の基本的構図は次のようになろう。①その中核となっているのは、IT関連財の生産と輸出の有力な拠点としての地位を確立した東アジアである。特にIT関連電気機械と一般機械の一大輸出基地となった。②東アジアのIT関連財最大の輸出先は米国で、日本向けを大きく上回る。③東アジアはIT関連財の生産と輸出を拡大させるほど、ほぼ同時に輸入を誘発する構造をビルトインさせた。これは東アジアの生産形態が、機構部品や部品のモジュール化が進んでいる電気と一般機械の組立てを、基本としているからである。東アジアのIT関連財貿易に占める部品比率は輸出入それぞれ60.0％、75.8％（2004年）と極めて高い。しかし、製品比率は近年上昇している。④生産と輸出に必要な部品を中心に、IT関連財の主要な調達先は特に日本である。日本のIT関連財部品輸出の東アジア向けシェアは、1997年の56.2％から2004年には67.5％に上昇した。一方、東アジアの同部品輸入における日本のシェアは24.0％から15.6％に低下したものの、1国ベースでは依然最大である。また東アジアの同財最大の調達先は域内で66.3％という高さである。このうち多くは東アジアに進出した日本企業であるとみなしてよいであろう。さらに日本は米国とともに、一般と電気機械の生産に不可欠かつより技術集約度の高いIT関連精密機械の主要な供給者である。

太平洋IT貿易の基本的構造は、巨大な米国市場が最終消費地として、そこに製品を供給するのが世界最大の輸出基地である東アジアであり、両者を結ぶ仲介者としての日本の役割は、東アジアに優れた部品や組立て用IT精密機械を供給することである。まさに太平洋IT貿易において、需要者米国と供給者東アジアが構成する強力な導管こそが「太平洋IT三角貿易」のインフラストラクチャとなり、これがそれまでの日米間貿易を基軸とする「太平洋成長のトライアングル」を変質させ、日米から米国と中国を中心とした

東アジアを機軸とする新しい「太平洋成長のトライアングル」を構築した動因となった。

完成品の高い域外輸出比率

先に日本を除く東アジア域内貿易比率が高まっていることを指摘した。これは東アジアが地域単位として一見経済的強靭性を強化したかのようにみえるが、部品の域内貿易比率が急上昇したことによるものである。しかし、機械3品目をIT関連財に再編しかつ部品を分離した場合、とりわけ同財完成品の域内輸出比率が極めて低く、これは域外向け輸出圧力が強まるものであることも同時に示唆した。東アジアのIT関連貿易とりわけ同財完成品輸出が日米EUという3極を中心とする域外に依存する度合いを強めているということは、同財貿易が域内で完結していないということを示したものである。IT関連財完成品の最大の輸出先は米国である。この構造こそが既に指摘したように米国発IT不況がASEANを中心に東アジアを直撃したのである。

表6-5（1）は日本を除く東アジアの日米EU3極向けIT完成品の輸出構造の推移をみたもので、次のような特徴と変化を指摘できる。1）3極向けIT財輸出のうち製品比率は上昇しており、対世界平均を大きく上回る。2002年以降は50％以上となる。2）IT完成品輸出のうち3極向けシェアはほぼ60％である。3）IT部品輸出の3極向け比率は低下傾向にある。

東アジアのIT財別・グループ別の2004年3極向け輸出構造をみたのが表6-5（2）で、これより次のような特徴あげることができる。①3品目完成品の3極向けの割合は東アジア全体で60％以上である。②グループ別でも

表6-5（1） 東アジアのIT財の日米EU向け輸出構造　　（単位：％）

年次	世界向けIT財輸出のうち製品比率	3極向けIT財輸出のうち製品比率	3極向けの対世界輸出比率		
			IT財計	製品	部品
1997	41.7	45.6	53.5	58.7	49.9
1998	40.9	44.7	55.4	60.7	51.7
1999	38.4	43.5	53.6	61.0	49.1
2000	40.0	45.5	51.6	58.7	46.8
2001	37.0	48.8	49.0	64.8	39.7
2002	38.1	52.1	45.0	61.8	34.8
2003	39.3	54.2	43.4	60.0	32.7
2004	39.9	56.0	44.3	62.2	32.4

表6-5(2)　東アジアのIT関連財の日米EU向け輸出構造　　　　　　　　　　　　(2004年)

輸出財		輸出国	輸出先（単位：億ドル）				輸出の仕向け地構成（単位：%）			
			世界	日本	米国	EU	日本	米国	EU	合計
IT関連財		東アジア計	6,680	560	1,256	1,148	8.4	18.8	17.2	44.4
		中国	1,887	187	446	400	9.9	23.6	21.2	54.7
		NIES	2,656	180	384	415	6.8	14.5	15.6	36.9
		ASEAN	2,137	193	425	333	9.0	19.9	15.6	44.5
	完成品	東アジア計	2,668	225	774	661	8.4	29.0	24.8	62.2
		中国	1,119	109	338	289	9.7	30.2	25.8	65.8
		NIES	859	57	204	229	6.6	23.7	26.7	57.0
		ASEAN	690	59	231	143	8.6	33.5	20.7	62.8
	部品	東アジア計	4,012	335	482	487	8.3	12.0	12.1	32.5
		中国	769	78	108	112	10.1	14.0	14.6	38.8
		NIES	1,797	123	180	186	6.8	10.0	10.4	27.2
		ASEAN	1,447	134	194	190	9.3	13.4	13.1	35.8
一般機械		東アジア計	2,229	185	545	485	8.3	24.5	21.8	54.5
		中国	864	86	237	221	10.0	27.4	25.6	63.0
		NIES	690	45	106	147	6.5	15.4	21.3	43.2
		ASEAN	676	53	202	119	7.8	29.9	17.6	55.3
	完成品	東アジア計	1,297	123	383	331	9.5	29.5	25.5	64.5
		中国	622	69	189	173	11.1	30.4	27.8	69.3
		NIES	274	23	45	75	8.4	16.4	27.4	52.2
		ASEAN	401	30	149	84	7.5	37.2	20.9	65.6
	部品	東アジア計	932	62	162	154	6.7	17.4	16.5	40.6
		中国	242	17	48	48	7.0	19.8	19.8	46.7
		NIES	416	22	61	72	5.3	14.7	17.3	37.3
		ASEAN	275	23	53	35	8.4	19.3	12.7	40.4
電気機械		東アジア計	4,301	359	675	640	8.3	15.7	14.9	38.9
		中国	992	97	198	174	9.8	20.0	17.5	47.3
		NIES	1,897	128	264	258	6.7	13.9	13.6	34.3
		ASEAN	1,412	135	212	207	9.6	15.0	14.7	39.2
	完成品	東アジア計	1,221	86	355	307	7.0	29.1	14.9	51.0
		中国	465	36	138	110	7.7	29.7	17.5	55.0
		NIES	516	27	145	144	5.2	28.1	13.6	46.9
		ASEAN	240	24	71	52	10.0	29.6	14.7	54.2
	部品	東アジア計	3,080	273	320	333	8.9	10.4	10.8	30.1
		中国	527	61	60	64	11.6	11.4	12.1	35.1
		NIES	1,381	101	119	114	7.3	8.6	8.3	24.2
		ASEAN	1,172	111	141	155	9.5	12.0	13.2	34.7
精密機械		東アジア計	150	16	36	23	10.7	24.0	15.3	50.0
		中国	32	4	11	6	12.5	34.4	18.8	65.6
		NIES	69	7	14	10	10.1	20.3	14.5	44.9
		ASEAN	49	5	11	7	10.2	22.4	14.3	46.9

ほとんど同じ構造である。中国は3品目とも50%以上である。ASEANは精密機械を除き50%以上である。③3者とも米国が最大の輸出先である。

　東アジアのIT完成品輸出で最大の輸出国である中国ついて次のような特徴がみられる。①1国ベースでIT関連3品目でも全て中国は最大の輸出国である。②最大の輸出先はいずれも米国である。③中国の対米輸出において

第6章　東アジア経済統合のインフラストラクチャとしての貿易構造　　187

表6-6(1)　日本のIT財貿易の構造　　　　　　　　　　　　　　　　　　　　　　（単位：％）

	年次	IT財計		完成品		部品	
		輸出	輸入	輸出	輸入	輸出	輸入
世界での比重	1997	13.8	5.7	12.9	5.2	14.7	6.1
	1998	12.3	5.0	11.4	4.4	13	5.5
	1999	11.8	5.1	11.5	4.8	12.2	5.4
	2000	11.7	5.6	8.3	4.9	12.1	5.9
	2001	10.0	5.4	9.4	5.4	10.5	6.0
	2002	9.6	4.9	8.3	4.9	10.8	5.5
	2003	9.7	4.8	7.8	4.8	11.2	5.4
	2004	9.3	4.9	7.3	4.6	11.1	5.1
米欧向け貿易	1997	50.6	40.6	65.5	43.5	38.7	38.3
	1998	53.8	38.6	70.4	41.8	40.3	36.2
	1999	52.7	35.6	71.7	42.3	38.0	30.7
	2000	50.0	33.1	68.8	40.3	36.6	28.0
	2001	48.8	32.5	68.3	47.4	33.5	28.6
	2002	43.9	26.4	65.1	31.8	30.2	22.4
	2003	40.1	23.1	60.7	28.8	28.0	18.8
	2004	39.7	20.7	58.5	27.5	28.8	15.4

表6-6(2)　日本の対東アジアIT財貿易の構造　　　　　　　　　　　　　　　　（単位：％）

	項目	財	年次	相手先			
				東アジア	中国	NIES	ASEAN
日本の対東アジア貿易構造	輸出	IT財計	1997	42.4	8.2	46.5	45.4
			2004	55.0	24.5	46.8	28.7
		完成品	1997	24.9	9.7	54.5	35.9
			2004	33.1	22.6	54.7	22.7
		部品	1997	56.3	7.6	43.7	48.7
			2004	67.6	25.1	44.5	30.4
	輸入	IT財計	1997	57.1	14.7	37.4	47.9
			2004	78.2	33.3	32.2	34.5
		完成品	1997	53.2	15.8	29.2	54.9
			2004	70.8	48.2	25.5	26.3
		部品	1997	60.0	13.9	43.1	43.0
			2004	84.1	23.3	36.6	40.1
	項目	財	年次	日本	中国	NIES	ASEAN
東アジアの域内貿易の構造	輸出	IT計	1997	22.1	9.2	33.2	35.5
			2004	16.7	19.8	36.7	26.8
		完成品	1997	20.6	8.6	20.5	50.2
			2004	14.9	35.2	28.5	21.4
		部品	1997	29.4	6.6	36.0	28.1
			2004	17.2	14.8	39.3	28.7
	輸入	IT計	1997	15.7	13.7	29.7	40.4
			2004	12.3	25.8	37.3	24.6
		完成品	1997	17.9	11.3	32.9	37.9
			2004	20.2	19.7	40.2	19.9
		部品	1997	13.1	11.2	34.0	41.6
			2004	9.7	27.8	36.5	26.2

IT完成品の比率が極めて高く、他の東アジアに比べても高い。IT財合計の完成品比率は75.7％（対世界59.3％、日本を除く他の東アジア諸国の完成品比率は53.7％）、一般機械78.3％（各々72.0％、47.1％）、電気機械77.6％（各々46.8％、47.1％）である（いずれも2004年）。この構造が中国の対米輸出拡大の圧力になると同時に、「太平洋IT三角貿易」構築の動因となっているということである。

　IT完成品の先進国向け構造は、日本を含めた東アジアでもほとんど変わらない。表6-6［(1)の上段］は1997年から2004年にかけて世界のIT財輸出入に占める日本のシェアの推移をみたものである。同表から以下のような特徴と変化を指摘できる。

　1）IT財計、完成品および部品のいずれにおいても低下している

　2）日本の対東アジアIT財貿易は完成品、部品とも比重が高まっているが［表6-6（2）の上段］、IT財貿易の東アジア域内における日本のシェアは完成品輸入を除き全てで低下している［同表下段］。

　3）東アジアIT財域内貿易における日本のIT完成品輸入シェアの高まりは、日本がアブソーバーとして域外輸出圧力を低下させることを期待させるものである。東アジアのIT財完成品域内輸出比率をみると［表3-10］、1977年から2004年にかけて日本を除外した場合32.6％から27.0％に低下するのに対し、日本を含めると約36％に高まるが、その間わずかであるが低下している。残り60％以上は域外向け輸出であり、これは日本が域内でアブソーバー役をほとんど果していないことを意味する。

　4）それどころか日本のIT財の米欧との貿易比率は1977年以降低下の一

表6-6（3）　日本のIT財の東アジア向け部品比率　　　　　　　　　　（単位：％）

年次	輸出		輸入	
	対世界	対東アジア	対世界	対東アジア
1997	55.5	73.8	56.4	59.4
1998	54.9	77.0	56.9	59.9
1999	56.4	78.2	57.5	61.6
2000	58.3	77.4	54.5	63.3
2001	55.8	76.5	55.9	59.3
2002	60.7	78.6	57.1	60.6
2003	63.0	78.6	57.0	60.3
2004	63.5	78.1	55.5	59.8

途をたどっているものの、特に完成品の輸出比率は最も高く、2004年でも58.5％と他の東アジア合計と同じ水準である［表6-6（1）の下段］。

5）東アジアの統合メカニズムは、日本企業による直接投資を通じた国際生産ネットワークと、それによって励起された投入産出構造の国際的展開の2つである。その共通のファクターは中間財とりわけ機械部品である。既に多くの箇所で分析かつ指摘しているように、1980年代中葉以降日本製造業企業は大量かつ継続的に東アジアに進出したが、その主流は機械であり、進出先で部品などサポーティング・インダストリー（SI）が未成熟で、日本から部品を調達せざるを得なかった。日本の東アジア向け機械輸出の特徴は部品比率の高さに象徴される。その傾向は一層強まっている。それは既に第2章第4節でみたが、表6-6（3）はIT財貿易の日本の東アジアとの部品比率をみたものである。同表より次ぎの特徴を指摘できる。①日本の東アジア向け部品比率は対世界輸出に比べ高い。1998年以降ほぼ4分の3以上（78％以上）も占める。②日本の東アジア向け部品比率さらに部品輸出の東アジア向け比率がともに高まっているが、東アジア域内部品輸出における日本のシェアは1997年の29.4％から2004年には17.2％へと急速に低下している。③それでも日本は欧米に製品を輸出する東アジアに進出した日本企業と地場企業に部品の有力供給者であることに変わりない。④IT化の最先端に行っている特に米国のIT財の需要超過が続く限り、日本を含む東アジアのそうした構造は変わらない。日本は他の東アジア諸国のIT財特に完成品生産のための部品供給基地となり、それが同財域外向け輸出圧力を強めている。

以上のように日本を含めても除外した場合でも、東アジアのIT関連財輸出において、同財完成品の域外輸出比率が極めて高い。これと対極をみせるのがEUである。1997年から2004年にかけてEUのIT関連財のうち対世界完成品輸出比率はほぼ57％である。また同財完成品の域内輸出比率は約65％という高いものである。

第4節　オープン・リージョナリズム

日本を含む東アジアの域外向け輸出圧力に今後一層拍車を掛けるのが躍進

著しい中国であろう。2004年中国の輸出入額はともに世界第3位となった。中国の対東アジア貿易比率は輸入で上昇傾向にあるものの、輸出では低下している。両者は別個の動きではなく表裏一体で連動したものであり、この構造は特に機械貿易でみられる。それは中国が工業化しそのうち機械の比重を高めるほど、中間財としての部品の輸入を誘発するからで、こうした経済構造をASEANにみられ、それをhigh exchange economyであると既に指摘した。ASEANにとって部品など中間財調達先としての日本の比重は低下しているが、依然最大の輸入先である。中国もASEANと同じ産業構造を有し、中国の輸入先としての日本の比重は低下していない。特に世界のIT財輸出で、急速に世界市場で輸出シェアを伸ばしている中国の日本からのIT財輸入に占める部品比率は、1997年の69.0%から2004年には79.7%に高まった。これは対世界輸入に比べ高い（それぞれ61.5%、77.6%）。部品輸入に占める日本のシェアは1997年の17.3%から2001年までに13.4%に低下したものの、2004年には13.9%へとやや高まった。日本は中国にとってIT部品の最大の輸入先である。

日本を含む東アジアのIT関連財部品を中心にその国別構造をみたのが表6-7で、同表から次のような特徴を指摘できる。①対世界IT関連財部品輸入比率は日本を除き全て70%以上である。②IT関連財部品輸入先は東アジア域内が最大で、中国の89.9%を最高に平均82.2%である。③IT関連財部品の最大の輸入国は中国で域内諸国全体の27.8%を、次に香港が20.8%を占める（香港の輸出の97.4%が再輸出でそのうち中国向けが63.2%も占める）。

表6-7　IT関連財貿易の国別構造（2004年）　　　　　　　　　　　　（単位：%）

	部品輸入比率（対世界）	部品輸入の域内比率	部品輸入の国別シェア	製品輸出の域内比率	製品輸出の国別シェア
日本	55.5	84.1	9.7	33.1	14.9
中国	77.7	89.9	27.8	35.1	35.2
韓国	73.2	77.8	7.6	30.1	10.3
台湾	75.1	75.1	7.8	27.3	4.2
香港	70.5	88.8	20.8	51.0	14.2
タイ	77.4	81.4	3.8	39.4	3.5
マレーシア	85.2	71.0	7.9	26.6	5.4
シンガポール	76.0	76.7	9.8	34.8	8.5
フィリピン	86.5	66.3	3.3	54.6	2.6
インドネシア	71.4	86.5	1.0	38.4	1.2
東アジア計	73.3	82.2	100	35.1	100

④IT関連財最終製品の域内向け輸出比率は各国とも低い。域外向け輸出比率が高いということである。[10]

　東アジア各国とも最大の輸出先の米国である。しかし米国をはじめ日本、EUを含む先進国向け輸出シェアが低下しているということは市場をグローバル化に向けた動きであるとみてよい。そしてそれはこの先に東アジアの役割を示唆している。まずそれは世界が一段とIT化に向けて動く中で、東アジアがそれに必要なIT関連財供給基地の地位をより強固なものにするということである。東アジアの機械輸出のIT化率は2004年74.7％と日米のそれを大きく上回る［前掲表6-4（1）］。特に電気機械のそれは80％以上である。これらは東アジアがIT関連電気機械を中心に世界のIT関連財生産と輸出基地として一層強大になりうることを示すものである。「太平洋IT三角貿易」で分析したように、今後中国が牽引車としての役割を一段と果たしていくようになるであろう。

　2004年時点のIT関連財の米国向け輸出構成をみると、同財電気機械では、韓国の77.4％を筆頭にシンガポール（50.9％）、マレーシア（43.0％）、中国（23.8％）、日本（19.0％）と続く。このうち最大の輸出品目は共通してコンピュータで、IT関連一般機械の90％以上を占める。IT関連一般機械比率が相対的に高いのはマレーシアで53.8％を占め、以下シンガポール（46.4％）、中国（37.8％）、韓国（21.5％）と続く。IT関連精密機械の比率は日本の49.2％が群を抜き高く、中国が第2位で15.0％、他の国はいずれも一桁台前半である。東アジアの対米輸出構成は各国の現在の発展段階をみせたものであり、いずれ日本ついで韓国の輸出構成に近いものとなろう。今後IT関連財製品輸出で、中国は他の東アジア諸国と域外市場で激しい競争を展開していくことは間違いない。

　中国は機械製品を中心に域外に輸出を拡大させ2004年には世界第3位の輸出大国になったが、これにはIT関連部品に象徴される域内調達に大きく負っている。グローバルパワーを目指す中国は自国を巡る東アジア域内貿易において進行している構造変化を今後一段と活用していくであろう。中国がIT財を中心に機械の世界に向けて輸出を拡大させるほど、東アジア域内から部品の調達を増加させるという「磁場」の役割を果たしている。多くの東

アジア諸国は1国ベースで部品を供給できず、中国の機械製品輸出の拡大は東アジア域内諸国の中国向け部品輸出を一段と誘発するようになる。輸入を通じた中国の海外への生産誘発効果の帰属は東アジアが90％近くを占める。これは中国が部品の調達を通じて東アジア域内貿易比率を高め、同地域の経済的統合をこれまで以上に強化するのみならず、さらにある意味では他の域内諸国の製品輸出の代行の役割を果たしている。だからこそ現在中国の対外貿易で進行している構造変化を「集中」と「分散」であるとして、それの世界に及ぼす影響力の含意を第1章で分析したのである。第7章はそうした観点から再度中国の貿易構造の変化とその方向を詳しく分析している。

　　註
1) 世界総輸入から日本を含む東アジア域内貿易を除いた同地域の世界向け輸出の割合。
2) 青木健『変貌する太平洋成長のトライアングル』日本評論社、2005年、第4章で詳しく分析している。
3) 同上、第3章で詳しく分析している。
4) 青木健『アジア太平洋経済圏の生成』中央経済社、1994年、第1章、14頁。これに関連して、中本悟『現代アメリカの通商政策』有斐閣、1994年を参照。
5) 東アジア域内貿易比率の上昇は「主として国境を超える工業生産組織の複合性が増大していることを示している。要するに、二重計算の部分が非常におおきくなるために、東アジアの域内貿易は『バブル貿易』の強い兆候を呈しているのである」という（ボルフガング・パーペ編『東アジア21世紀の経済と安全保障』田中素香・佐藤秀夫訳、東洋経済新報社、1998年、22頁）。さらに、東アジア諸国の貿易主導型成長は先進工業国市場の需要に基本的に依存し、それぞれの国の開発ダイナミズムが対外的な要因によって本質的な損害をこうむることになると指摘している（同上、20-21頁）。
6) 木村福成「国際貿易理論の新たな潮流と東アジア」『開発金融研究所報』国際協力銀行開発金融研究所、2003年1月、第14号。
7) 青木昌彦・安藤晴彦編著『モジュール化』東洋経済新報社、2002年。
8) 多国籍企業は世界的な国際分業・貿易ネットワークを形成し、それを構成する部品、中間財さらに完成品などの分野に発展途上国が参入することによって、一段と貿易拡大に拍車が掛けられた。日米の機械関連の投資と貿易が拡大する過程で、東アジアは同地域の多国籍企業の生産ネットワークに参入する機会が格段に増え、これも同地域域内貿易を高める効果をもたらしたとみてよいであろう。これが最も進展し

ている分野は、UNCTAD（*Trade and Development Report 2002*）が指摘する非常に活発に伸びている品目（dynamic products）であるコンピュータ・事務機器、通信・音響機器・半導体、繊維製品の3大製品群である。UNCTAD前掲報告によると、dynamic products はほとんど多国籍企業の国際生産ネットワークの労働集約型プロセスに組込まれている。このパターンの取引規模は世界貿易の30％にもなる。このプロセスに組込まれると発展途上国の輸出シェアは急上昇する。集約度別にみた発展途上国の石油を除く輸出に占めるシェアは、労働集約および非資源ベース製造品で1980年の21.8％から1998年には23.2％へ、低位技術（low skill and technology）製造品で5.8％から7.3％へ、高位技術製造品で11.6％から31.0％へと、いずれも上昇している。世界の製造品輸出における発展途上国のシェアは1980年の10.6％から1997年には26.5％へ、うち東アジアのそれは7.1％から20.7％に上昇した。発展途上国のシェア上昇は専ら東アジアによるものであるということである。先進国のシェアはその間82.3％から70.9％に低下した。しかし製造品付加価値額ベースでみると、発展途上国のシェアは16.6％から23.8％に高まったものの、次のような問題がある。①製造業付加価値額は製造業輸出額に比べると、先進国は上回るが発展途上国は下回る。先進国の製造業付加価値額のシェアは1980年の64.5％から1997年には73.3％に上昇したのもならず、輸出シェアをも上回っている。②製造業輸入額は、発展途上国では輸出額を上回ったが、先進国は逆である。これら2点は発展途上国が多国籍企業生産ネットワークの末端の低技術組立作業に参加していることを反映していることを示したものであろう（UNCTAD, *ibid*., Overview pp. 73-83）。まさに高い輸出額と低い付加価値額の共存（coexist）である（UNCTAD, *ibid*., p. 33）。こうした動きをベースに発展途上国の経済発展の可能性を論じているのが、斎藤一夫『東アジア経済発展の持続性をめぐって』世界経済評論、1997年6月号である。

9） 青木健『変貌する太平洋成長のトライアングル』日本評論社、2005年、第2章および第3章で詳しく分析している。

10） 日本、韓国、中国および ASEAN 5 の4者の輸出上位20品目とその輸出先をみると、共通して次の点があげられる。①最終消費財の域内向けシェアは概ね低い。②中間財・部品は域内向け比率が高く、各国とも同じ中間財・部品、同じ産業分野が多い。その典型が熱電子管・半導体で、第1位（中国と ASEAN 5）か第2位（日本と韓国）でさらに域内向け輸出比率が3分の2以上である（トラン・バン・トウ「東アジアにおける分業と FTA の新展開」『日本の新通商戦略』馬田啓一・浦田秀次郎・木村福成編著、文眞堂、2005年、第9章、161-166頁）。一方、第3国（主に米国）向け輸出においては、ASEAN は特に一般機械や電気機械で中国にシェアを奪われ

ている（大西康雄編『中国・ASEAN 経済関係の新展開』アジア経済研究所、2006年、第 2 章）。

第7章

中国の対外貿易にみる
「集中」と「分散」の構造変化とその含意

　中国は1979年から開放政策に転じ、1984年以降現在にいたるまで連続して2桁近い成長率を維持し、歴史的高揚期を迎えている。高成長を支えているのが貿易で、世界の輸出入において2004年に中国は日本を抜き、ともに世界第3位を占めるに至った。

　中国のプレゼンスは東アジア域内貿易でも高まっている。東アジア域内輸入に占める中国の割合は2001年以降日本を抜き第1位となり、2004年には25.7％にまで上昇した。中国は中間財を中心に東アジアからの調達を急増させ、他の域内諸国の対中輸出を誘発するという「磁場」の役割を果たしている。並行して、中国は一次産品を世界中から調達している。さらに中国は製品を世界中に輸出し、東アジア向け輸出シェアは低下の一途をたどっている。第1章第3節で、中国の貿易において「集中」と「分散」という2つの構造変化が進行していることを示唆した。これらは域内諸国の経済成長、工業化や域内分業を一層促進しており、それ以上に重要なことは中国自身の工業化であるのはもとよりさらに中国をグローバルパワー（世界の経済、貿易大国）に向けて域内全体をインフラストラクチャの構築に向けた動きである。つまり中国は工業品とりわけ機械輸出を拡大するために、それに必要な部品を中心に中間財を東アジアから調達をするということである。世界最大級のIT製品輸出国となった中国の同財関連部品輸入比率は8割近くにも達し、しかもそのほぼ全量を（89.9％）東アジア域内から調達している。中国は日本にとってIT関連部品の最大の輸出先であり、中国にとって日本は最大の輸入先である。

　本章は中国の機械を中心に輸入における東アジアのシェアの上昇（「集

中」）と輸出における東アジアのシェアの低下（「分散」）の動態、そのメカニズムさらにその含意を中国に軸に詳細に分析する。[1]

第1節　東アジアにおいて高まる中国の影響力

　産業と貿易構造は1国の経済発展段階を反映したものである。経済発展の低い段階にある国は自国の製造業がほとんど存在しないため、工業製品や工業製品の生産に必要な部財や部品を輸入する。そのためその国は輸入製品を国産品で代替する工業化戦略を目指す（輸入代替工業化戦略）。しかし次第に工業品輸入依存度を低下させ、工業製品輸出を高める工業化戦略を目指すようになる。この構造変化を加速させる政策が輸出志向工業化戦略である。こうした工業化戦略を最も典型的に展開したのが東アジア諸国である。1960年代初頭香港、シンガポールは軽工業品を中心に輸入志向代替工業化戦略を展開したが、国内市場の狭隘さに直面するや直ちに輸出志向戦略に転換する。この後その他の東アジア諸国も続いた。現実には両政策は並行して実施された（二重工業化戦略）[2]。それ故、輸入も並行して増加するようになる。特に工業化を推進するほど工業品輸出を拡大させるほど、輸入を誘発させてしまう。こうした構造つまり輸出輸入がともに増加する経済は high exchange economy と称される。

　以上のような状況は次のような構造変化をもたらす。第1は輸入規模それ自体の拡大である。これは貿易の創出である（trade-creating impacts）。第2はそれに呼応して輸入国は輸出を拡大させる。これにより当事国は輸出入依存度を上昇させる。輸入は相手国の輸出であり輸出国の経済成長を加速させる。第3は輸出入商品構造の内部変化である。これは国際分業の再編をもたらす。これらは東アジアにおいて特に1980年代中葉からアジア通貨危機が発生する1997年までの10年間にわって進行し、同地域諸国の経済成長をはじめ産業構造高度化、域内分業の再編に大きく貢献した。その動因の第1は1985年の円高ドル安為替レート調整を機に輸出志向性の強い製造業である日本企業の大量かつ継続的な進出であり、第2はそれに誘発されて東アジア域内に進出し日本企業と同様な役割を果した NIES 企業である。こうした状

況が東アジアにおいて現在再び進行している。ただし前回に比べ今回は以下のような違いがある。

1）アジア通貨危機が発生するまでのリーダーはNIESとASEAN諸国など集団的であったが、1990年代以降特に2000年代に入ってからのリーダーは中国単独である。
2）貿易規模自体の大きさおよび急増。WTO統計によれば、2004年に中国の輸入額は5614億ドルと米国（1兆5264億ドル）、ドイツ（7175億ドル）に次ぎ世界第3位となり、第6位である日本の輸入規模（4545億ドル）を約24％上回る。一方、中国の輸出額も、前年の日本に次ぐ第4位からドイツ（9194億ドル）、米国（8190億ドル）に続く世界第3位（5934億ドル）となった。
3）中国はいわゆる「フルセット工業化」を目指しており、機械や部品、中間財をはじめ食糧、エネルギー、鉄鋼、基礎化学品、所得水準の向上に伴う高級消費財などあらゆる財の輸入を急増させている。

輸出入は国民経済を構成する重要なひとつの要素であり、世界各国経済を結合する最も有力なパイプラインの役割を果している。相互に及ぼす影響は主に対外依存度のうち特に輸入依存度（輸入の対GNP比率）の高さによる。つまり輸入依存度は相手国の輸出を経由して、相互に経済成長に影響を及ぼすチャネルの役割を果すからである。世界は2ヵ国より構成されているとして、それを定式化すると以下のようになる。

第1国から第2国への輸出をX_{12}とし、第1国の輸入をX_{21}とする。この添字の左と右の数字をそれぞれ第1国、第2国とし、YをGNP、消費をC、投資をIとし（政府はないとする。財政活動がないということ）、2ヵ国の経済活動を支出面からみると次のようになる（①式）。

$$Y_1 = C_1 + I_1 + X_{12} - X_{21}$$
$$Y_2 = C_2 + I_2 + X_{21} - X_{12}$$

消費と輸入はGNPに依存するものとすると、上記①式は次のように変形される（c_1とm_1は平均消費性向、平均輸入性向とする）。

$$Y_1 = c_1 Y_1 + I_1 + m_2 Y_2 - m_1 Y_1$$
$$Y_2 = c_2 Y_2 + I_2 + m_1 Y_1 - m_2 Y_2$$

上式はさらに以下のようになる。

　$(1-c_1+m_1)Y_1-m_2Y_2=I_1$
　$-m_1Y_1+(1-c_2+m_2)Y_2=I_2$

上式(②式)を図示すると図7-1となる。交点をE_1とすると、これに対応して両国のGNPが決まる(a, a')。第1国が投資した時、第1国の生産の増加はもとより、貿易を通じて相手国(第2国)の生産も増加させる。それに対応するのがE_2(b, b')であり、両者の生産はともに増加する。両国が同時に投資をすれば、貿易というチャネルを通じて、両国の生産は一層拡大する(E_3。c, c') その拡大効果の大きさは経済理論では乗数という形で表現され、$D=(1-c_1+m_1)(1-c_2+m_2)-m_1m_2$とすると、次のように定式化される(③式)。

　$Y_1=(1-c_2+m_2)/D*I_1+m_2/D*I_2$

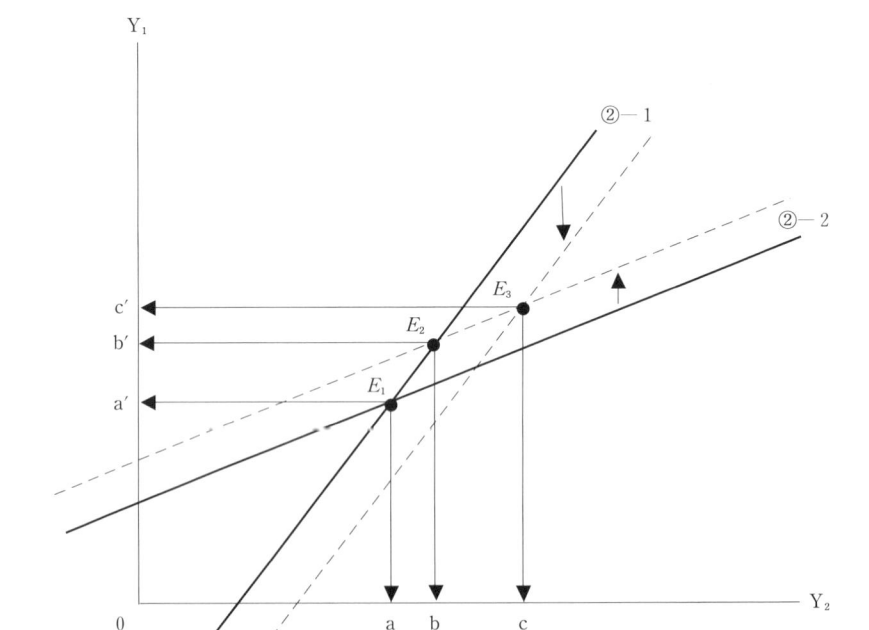

図7-1　成長の相互波及効果

$Y_2 = m_1/D * I_1 + (1-c_1+m_1)/D * I_2$

上記2式の右辺 I_1 と I_2 に係わるパラメータを（投資）乗数という。$(1-c_2+m_2)/D$ は自国の投資一単位が自国の生産に与える効果であり、他国（第2国）に及ぼす効果は m_1/D である。第1国が相手国から受ける効果は m_2/D である。

上記で定式化したのは2国モデルであり、3ヵ国モデルにすると第1国の輸入先は2ヵ国となり、別の含意を示唆してくれる。第①式の記号に準じると、第1国の第2国と第3国からの輸入はそれぞれ以下のようになる。

$X_{21} = X_{21}/(X_{21}+X_{31}) * (X_{21}+X_{31})/Y_1 * Y_1$ （④式）

$X_{31} = X_{31}/(X_{21}+X_{31}) * (X_{21}+X_{31})/Y_1 * Y_1$ （⑤式）

④式において、$(X_{21}+X_{31})/Y_1$ は第1国の輸入依存度であり、$X_{21}/(X_{21}+X_{31})$ は第1国の総輸入に占める第2国のシェアであり、$X_{31}/(X_{21}+X_{31})$ は第3国のシェアである。第①式を3ヵ国以上のモデルに拡張すると、輸入相手先毎の「重み」が陰伏的に必ず反映されているということである。つまり④式と⑤式で共通なのは $(X_{21}+X_{31})/Y_1$ すなわち第1国の輸入依存度であるが、第1国の総輸入における第2国のシェアが大きいとすると、当然のことながら第1国が景気の拡大に伴い第2国からの輸入増加あるいは第2国の第1国向け輸出を誘発することになる。

以上定式化したことは、再び強調すると、ある国の景気の対外的波及度合いは輸入依存度の高さに、またそれの輸出先への帰属は輸入国の当該国の輸入シェアに依存することを示している。つまり輸入先と有機的関係を構成している周辺・隣接諸国のシェアが高いほど、地域単位として景気波及の帰属が大きいものとなる。これはすぐ後で分析しているように、中国を軸に東アジアで実際に現在進行している。

輸入波及効果

中国の輸入依存度は上昇の一途をたどっている。1970年にはわずか2.8%であったが、その後傾向的に上昇し、2000年に20%を超え、2004年には32.4%になった。これは世界平均を上回る。しかし上昇テンポは極めて速い。輸出依存度も同様の推移をたどり、2004年には36.0%に高まった。このように

輸出入がほぼ並行して増大する貿易構造を有する経済を先に指摘したように"high exchange economy" と称し、この典型が1980年代中葉以降10年以上にわたって高度成長を達成した ASEAN である。ASEAN の輸入依存度は60％以上で、世界平均の3倍である。これは国内のサポーティング・インダストリー（SI）が脆弱であるからである。中国の場合、SI は ASEAN に比べ必ずしも脆弱ではないが、順調な経済発展を反映して輸入を急増させている。輸出1ドルに対し、ほとんど同規模の輸入（約0.98ドル）を必要とする。主要な輸入先は表1-2で確認したように東アジアである。

　中国の東アジアからの輸入急増に呼応して、東アジア諸国の中国向け輸出シェアは軒並み高まっている。中国向け輸出シェアを最も上昇させたのは香港で、以下韓国、台湾、日本と続く。これら諸国をはじめ他の東アジア域内諸国は輸入でも中国のシェアを高めている。この結果東アジア諸国は経済的相互依存関係を深めており、NAFTA と EU と並び域内諸国間は経済の統合化を強化している。特に東アジアの域内輸入比率は60.0％（域内輸出比率は51.3％）と NAFTA の39.9％（同55.9％）を上回り EU の63.6％（同61.7％）に匹敵する高さである（2004年、EU は2003年）。これは貿易というチャネルを通じて景気の波及が域内に帰属する度合いが一層高まるようになることを意味する。しかも特に域内輸入では中国が1国ベースで、2001年以降日本を抜き最大のシェアを占めるに至った［第1章表1-3］。しかもそれによって、中国は総輸入に占める東アジアからのシェアを高め、「磁場」の役割を果たしている。これは中国が輸入を増加させると他の域内諸国の輸出を誘発し、さらにそれを通じて経済成長を加速させる効果を持つ。

　そこで先に定式化したモデルにより、中国を中心に東アジアの景気の相互波及効果を分析する。

　それぞれの投資（独立需要）が自国と他国の生産に与える全乗数効果 $〈(1-c_2+m_2)/D+m_1/D=[(1-c_2+m_2)+m_1]/D〉$ をみたのが図7-2である。同表から次のような特徴がみられる。独立需要の発生による全乗数効果つまり企業が投資をした場合、それら100単位当たりの自国および外国に対する直接間接の生産誘発効果は、1980年から1995年にかけて、日米東アジア諸国のうち4ヵ国（中国、タイ、香港、韓国）を除いて、いずれも高まっている。

図７－２　100単位の独立需要の発生による全乗数効果

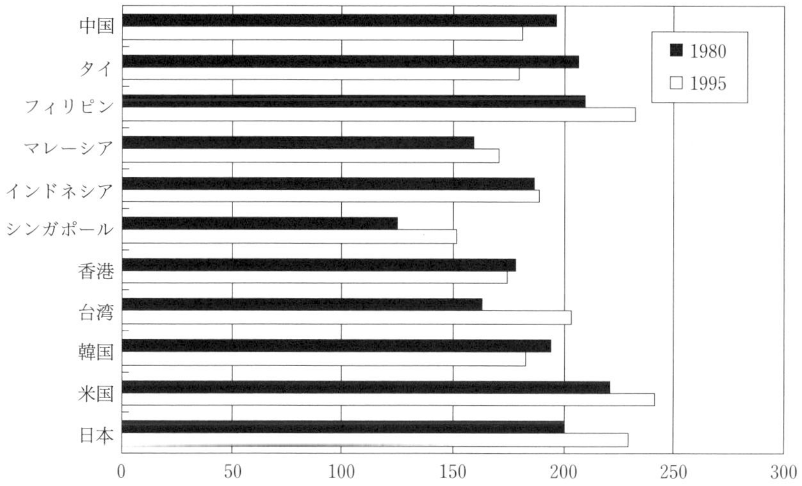
中国
タイ
フィリピン
マレーシア
インドネシア
シンガポール
香港
台湾
韓国
米国
日本
1980
1995
0
50
100
150
200
250
300

（出所）高中公男『外国貿易と経済発展』勁草書房、2000年より作成（101頁）

全乗数効果は自国および輸入を通じて他国への生産誘発という２つの効果を含む。両者を分離して、1980年から1995年にかけて、太平洋貿易を構成する日本、米国および東アジア諸国の独立需要がもたらす自国と他の諸国への生産誘発比率をみたのが表７－１である。これより次のような構造と変化を指摘し得る。①自国への生産誘発比率が最も大きいのが日本次いで米国で、いずれも90％以上である。両国の自国への生産誘発比率がともに高いのは、自動車産業を頂点にいわゆる機械ブロックを中心にフルセット型産業を擁する自己完結型経済であるからである。②自国生産誘発比率を高めたのは日本と韓国のみで、他はいずれも低下させた。③日本への生産誘発比率は韓国を除く全ての国が高め、しかも米国に比べて大きい。1995年の東アジア諸国の日本への生産誘発比率は、シンガポールの31.0％を最高にいずれも10％以上という高いものである（中国は7.8と最も低いが、1980年に比べ2.1倍という最も高い伸びをみせた）。一方、日本の対東アジア生産誘発比率はNIESの1.4％を最高に、その他に対してはさらに低い[3)]。

このように日本と東アジア諸国の相互生産誘発比率は非対称で、日本への

表7-1 東アジア諸国の独立需要がもたらす自国および他国への生産誘発比率

	年次	自国	日本	米国	NIES	ASEAN	中国
日本	1980	0.902	—	0.052	0.010	0.027	0.009
	1995	0.923	—	0.041	0.014	0.011	0.011
米国	1980	0.953	0.029	—	0.009	0.007	0.002
	1995	0.917	0.049	—	0.018	0.008	0.008
韓国	1980	0.668	0.149	0.145	0.010	0.023	0.003
	1995	0.676	0.139	0.129	0.017	0.018	0.022
台湾	1980	0.603	0.172	0.173	0.019	0.029	0.005
	1995	0.570	0.199	0.157	0.033	0.025	0.021
香港	1980	0.430	0.196	0.137	0.060	0.037	0.141
	1995	0.309	0.232	0.143	0.120	0.040	0.155
シンガポール	1980	0.307	0.246	0.219	0.053	0.134	0.041
	1995	0.213	0.310	0.220	0.102	0.117	0.038
インドネシア	1980	0.792	0.107	0.057	0.028	0.011	0.013
	1995	0.744	0.116	0.061	0.046	0.011	0.020
マレーシア	1980	0.608	0.157	0.128	0.055	0.032	0.020
	1995	0.404	0.257	0.176	0.105	0.024	0.018
フィリピン	1980	0.744	0.090	0.113	0.022	0.017	0.014
	1995	0.616	0.144	0.121	0.071	0.027	0.021
タイ	1980	0.748	0.106	0.080	0.027	0.015	0.022
	1995	0.592	0.212	0.098	0.055	0.024	0.018
中国	1980	0.921	0.037	0.033	0.005	0.003	—
	1995	0.788	0.078	0.051	0.071	0.013	—

(出所) 図7-2に同じ

生産誘発比率のほうが大きい。この理由のひとつは、海外に進出した日本企業が現地で生産するために、日本から中間財を大量に調達するためである。これは各国とも日本からの輸入シェアが高いことに反映される。④米国への生産誘発比率では、日本、韓国および台湾の3ヵ国は低下させたが、他の諸国は上昇させた。一方、米国の東アジア諸国への生産誘発比率は日本のそれとほとんど同じである。⑤NIESへの生産誘発比率は全ての国が高めた。これはNIESが対日米輸入シェアを傾向的に低下させると同時に、表裏一体で進行している東アジア域内貿易での比重を高めていることによるものである。⑥ASEANへの生産誘発比率は、日本をはじめ東アジア先進国である韓国、台湾、シンガポール、マレーシアの諸国が低下させた。⑦日本と米国への生産誘発比率を比較すると、東アジア合計(NIES、ASEANおよび中国)はいずれも日本を上回り、かつ1995年には一層大きくなっている。⑧日米間の生産誘発比率は、日本は低下させたが、米国は逆に高めた。[4)]これは

1990年代前半の期間、日米経済および両国間貿易に次のような変化が生じたことによるものであろう。第1に、輸入依存度で、日本が低下したのに対し米国は上昇した。第2は、日本の対米輸出シェアは低下したのに対し、米国の対日輸出シェアは約一割とほぼ一定であった［表1-6］。

中国の生産誘発効果については次の特徴を指摘しうる。①1980年から1995年にかけて自国への生産誘発効果は低下した。これは逆に他国への生産誘発効果を高めたことである。それらは中国の輸入依存度の上昇および東アジア諸国の中国向け輸出シェアの高まりに集約される。いずれも既に確認している。②最も生産誘発比率を高めたのは日本で以下NIES、米国、ASEANと続く。中国は東アジアの「磁場」となっており他の域内諸国の輸出を誘発していることを反映したものである。③東アジアの中国の輸入を通じた対中国生産誘発比率はシンガポール、マレーシアおよびタイを除き上昇している（1995年以降中国の輸入において3ヵ国のシェアが上昇している。中国への生産誘発効果は高まっているとみてよいだろう）。

高まる機械4品目の域内調達

上記分析は産業別分析がないので、国際産業連関表を用いて産業ベースで、中国の対外的影響力を分析してみよう。

第2章でみた表2-2は対外部門がない産業の投入産出関係を示したものであった。諸国民経済を結びつける最も有力なパイプラインである貿易を特に「後方連関効果」の対外的延長である輸入を産業ベースでみると、国民経

表7-2　日中国際産業連関表のイメージ

投入＼産出		日本		中国		日本		中国		国別輸出
		機械部門	運輸部門	機械部門	運輸部門	消費	資本形成	消費	資本形成	
日本	機械部門 運輸部門	A^{JJ}		A^{JC}		F^{JJ}		F^{JC}		E^J
中国	機械部門 運輸部門	A^{CJ}		A^{CC}		F^{CJ}		F^{CC}		E^C
所得 営業余剰		V^J		V^C						

済の結合の有様を一層鮮明に検証することができる。対外部門で相手先を特定して、産業ごとに貿易取引を媒介して当該国との関係をみるのが国際産業連関で、表7-2は日本（J国）と中国（C国）の産業連関表を結合したイメージを描いたものである。日本と中国両国における国産品取引（A^{JJ}とA^{CC}）および相互の輸入（A^{CJ}とA^{JC}）を中間取引（いずれも投入係数ベース）とみなし（第2章でAを全要素生産性として用いたが、記号は同じでも本節での意味は同じ第2章表2-2でみた投入係数［a_{ij}］行列であることに留意されたい）、各々に対応する部分のレオンチェフ逆行列をB^{JJ}、B^{CC}、B^{CJ}、B^{JC}とすると、これは日本のある産業に対し一単位の需要が発生した時、それを満たすため中国でどの産業が生産を波及するかを示す指標である。B^{JJ}とB^{CC}は国内後方連関、B^{JC}とB^{CJ}は国際後方連関である。相互の輸入（A^{CJ}とA^{JC}）は第②式の輸入依存度を産業別に分割したものであるとみなすことができる。日本と中国の最終需要による生産誘発額をそれぞれX^J_F、X^C_Fとし、両国の自国産品消費をF^{JJ}、F^{CC}さらに相互の最終消費向け輸入をF^{JC}、F^{CJ}とすると、

$$X^J_F = A^{JJ}X^J_F + A^{JC}X^C_F + (F^{JJ}+F^{JC})$$
$$X^C_F = A^{CJ}X^J_F + A^{CC}X^C_F + (F^{CJ}+F^{CC})$$

となる。さらに整理すると、

$$(1-A^{JJ})X^J_F - A^{JC}X^C_F = (F^{JJ}+F^{JC}) \quad ⑥$$
$$-A^{CJ}X^J_F + (1-A^{CC})X^C_F = (F^{CJ}+F^{CC}) \quad ⑦$$

となる。これは先にみた2国間の景気の相互波及を定式化した②式と形式的に全く同じであるので、図7-1の縦軸に第1国（日本）の生産誘発額（X^J_F）を横軸に第2国（中国）の生産誘発額（X^C_F）として、両国の最終需要があった時の交点がそれぞれの生産誘発額を示すことになる。交点E_1に対応して両国の最終需要による生産誘発額が決まる。さらに第1国の最終需要が増加した時、第1国の生産の増加はもとより、貿易を通じて相手国（第2国）の生産も増加させる（E_2）。両国とも最終需要を増加させると、貿易を通じて両国の生産は一層拡大する（E_3）。上式⑥と⑦より両国の最終需要による生産誘発額（X^J_F、X^C_F）を求めると、

$$X^J_F = B^{JJ}(F^{JJ}+F^{JC}) + B^{JC}(F^{CJ}+F^{CC})$$
$$X^C_F = B^{CJ}(F^{JJ}+F^{JC}) + B^{CC}(F^{CJ}+F^{CC})$$

となる。これは③式で定式化したものと形式的には全く同じである。つまり Y_1 の右辺の I_1 と I_2 に関わるパラメータに相当するのが B^{JJ}、B^{JC} であり、Y_2 についてはそれぞれ B^{CJ}、B^{CC} である。

中国の貿易構造は不断に高度化しさらに内部構成が変化している。これは製造品比率の上昇に象徴される。①製造品輸出比率は1980年代後半に50％を超え、その後上昇の一途をたどり、2004年には93.2％になった。これはNIES並みの高い水準である。②製造品輸出の内部構造の変化で最も著しい特徴は機械・輸送機器シェアの上昇で、2001年以降雑製品のそれを上回る3分の1以上を占め、最大となった。輸出と連動して輸入も内部構造を変化し高度化している。③製造品輸入比率は輸出よりはるかに先行して1980年から輸出を上回っていた。④機械・輸送機器比率は輸出のそれを上回り、製造品輸入の半分以上を占める。⑤processing import の総輸出に占める割合は1990年代初頭の35％から1997年には50％に達し、その後もその水準で推移している。processing import は中国輸出の40％以上に体化されている。以下上で定式化した国際産業連関表を用いて対外生産誘発効果（国際後方連関）の構造を分析する。

表7-3（1）は東アジア8ヵ国および日米の10ヵ国また産業を7部門に対象とした国際産業連関表のうち、対外生産誘発効果（国際後方連関）の最も大きい製造業のみ取り出した中間投入比率である。同表より以下のような構造と1990年から2000年にかけての変化を指摘できる。

①中間投入比率はフィリピン、タイ、台湾、中国および米国を除き低下した。100から中間投入比率を除いたのが付加価値率であるので、中間投入比率の低下は付加価値を高めたということである。②中間投入に占める国内比率を高めたのはシンガポールのみである。これは国内の中間財供給を高めた結果であるが、国内比率では日本が最も高く（88.8％）、シンガポールは日本の半分以下で38.2％と最も低い。③中間財の国内比率以外は製造業生産の輸入依存度とみなすことができ（中間投入の海外分）、シンガポールを除く9ヵ国は全部上昇している。シンガポールは中間投入に占める国内比率を高めたが、それでも中間投入の海外依存度は48.6％と最も高い。輸入依存度が1桁であるのは日本と米国のみである。④海外からの中間投入分の調達先は各

表7-3(1) 製造業の中間投入比率 (単位:％)

	年次	インドネシア	マレーシア	フィリピン	シンガポール	タイ	中国	台湾	韓国	日本	米国
インドネシア	2000	48.79	0.99	0.61	0.97	0.68	0.17	0.65	0.65	0.22	0.05
	1990	52.04	0.30	0.18	0.85	0.17	0.12	0.38	0.29	0.23	0.06
マレーシア	2000	0.64	34.26	1.12	5.87	1.57	0.19	1.16	0.59	0.19	0.19
	1990	0.30	46.06	0.66	5.11	0.93	0.14	0.4	0.51	0.13	0.06
フィリピン	2000	0.02	1.02	33.64	0.16	0.28	0.05	0.61	0.17	0.09	0.11
	1990	0.05	0.10	46.57	0.35	0.05	0.01	0.10	0.06	0.05	0.03
シンガポール	2000	0.40	6.47	1.81	30.05	1.41	0.15	0.90	0.34	0.07	0.14
	1990	0.40	3.27	0.69	26.60	1.25	0.06	0.34	0.15	0.07	0.09
タイ	2000	0.40	2.12	0.90	1.45	39.24	0.11	0.54	0.18	0.14	0.10
	1990	0.07	0.38	0.19	1.02	41.78	0.06	0.14	0.13	0.08	0.04
中国	2000	0.78	1.47	0.77	2.07	1.58	64.26	1.10	1.17	0.41	0.31
	1990	0.42	0.53	0.20	1.79	0.76	64.72	0.60	0.00	0.24	0.08
台湾	2000	0.45	2.67	1.71	1.33	1.22	0.97	46.89	0.57	0.31	0.34
	1990	0.55	1.18	1.17	1.78	1.15	0.31	52.49	0.36	0.17	0.18
韓国	2000	0.77	1.96	2.36	1.58	1.15	0.94	1.96	51.24	0.33	0.32
	1990	0.44	0.52	0.67	1.31	0.74	0.11	0.46	54.65	0.20	0.13
上記計 (除く自国)	2000	3.46	16.70	9.28	13.43	7.89	2.58	6.92	3.67	1.76	1.56
	1990	2.23	6.28	3.76	12.21	5.05	0.81	2.42	1.50	1.17	0.67
日本	2000	1.73	7.67	6.39	8.40	6.04	1.21	6.82	3.43	57.55	0.95
	1990	2.45	4.61	2.57	11.45	5.71	0.86	5.26	4.09	59.74	0.70
米国	2000	1.31	6.40	4.89	5.62	2.80	0.59	3.88	3.04	1.06	53.30
	1990	1.00	2.12	2.50	7.12	2.44	0.65	3.91	3.33	1.08	53.26
中間投入計	2000	64.6	68.6	68.5	78.6	71.9	74.3	75.9	72.3	64.8	63.2
	1990	66.8	69.8	68.2	79.1	67.9	71.8	73.3	72.4	66.0	60.1
中間投入の国内比率(%)	2000	75.5	49.9	49.1	38.2	54.6	86.4	61.8	70.9	88.8	84.3
	1990	78.0	66.0	68.3	33.6	61.5	90.2	71.6	75.5	90.5	88.7
アジアの比率(%)	2000	21.8	48.6	26.5	27.6	24.1	25.5	23.8	17.3	24.1	15.7
	1990	15.2	26.4	17.4	23.3	19.3	11.5	11.6	8.5	18.6	9.8
日本の比率(%)	2000	10.9	22.4	18.3	17.3	18.5	12.0	23.5	16.3		9.6
	1990	16.6	19.4	11.9	21.8	21.9	12.2	25.2	23.1		10.3
米国の比率(%)	2000	8.3	18.7	14.0	11.6	8.6	5.8	13.4	14.4	14.5	
	1990	6.8	8.9	11.6	13.6	9.3	9.3	18.8	18.8	17.1	
中間投入の輸入分(%)	2000	15.8	34.3	34.9	48.6	32.7	10.1	29.0	21.1	7.3	9.9
	1990	14.7	23.8	21.6	52.5	26.1	7.0	20.8	17.7	6.3	6.8

(注)アジアは日本を除く
(資料)アジア経済研究所、*ASIAN INTERNATIONAL INPUT-OUTPUT TABLE 1990,2000* より作成。
表7-3(4)まで同じ

国ともアジアの比率を高めた。一方1国ベースで、東アジア諸国の日本からの輸入調達比率は最も高いが、いずれも日本の比率を低下させた。日本を含めた東アジア全体を域内としてみると、2000年の域内からの中間調達比率は1990年に比べ大きく上昇している。

上記の製造業の投入比率の変化は逆行列に反映する。これをみたのが表7-3(2)で、これより次のような特徴的変化を指摘できる。①国内への生

表7-3(2) 製造業の逆行列表

	年次	インドネシア	マレーシア	フィリピン	シンガポール	タイ	中国	台湾	韓国	日本	米国
インドネシア	2000	1.761	0.026	0.015	0.025	0.018	0.006	0.017	0.070	0.007	0.002
	1990	1.774	0.009	0.006	0.018	0.005	0.004	0.010	0.010	0.008	0.001
マレーシア	2000	0.014	1.508	0.026	0.114	0.034	0.007	0.028	0.016	0.006	0.005
	1990	0.006	1.740	0.013	0.098	0.020	0.005	0.011	0.013	0.004	0.002
フィリピン	2000	0.001	0.021	1.490	0.005	0.007	0.002	0.014	0.005	0.003	0.003
	1990	0.001	0.003	1.733	0.007	0.002	0.000	0.003	0.002	0.002	0.001
シンガポール	2000	0.009	0.128	0.039	1.474	0.031	0.006	0.024	0.010	0.003	0.004
	1990	0.009	0.068	0.014	1.358	0.028	0.003	0.010	0.004	0.002	0.002
タイ	2000	0.009	0.049	0.020	0.034	1.628	0.005	0.015	0.006	0.004	0.003
	1990	0.002	0.010	0.004	0.021	1.656	0.002	0.004	0.004	0.002	0.001
中国	2000	0.027	0.059	0.030	0.073	0.056	2.501	0.045	0.049	0.018	0.013
	1990	0.013	0.022	0.008	0.057	0.027	2.463	0.002	0.001	0.010	0.003
台湾	2000	0.012	0.066	0.039	0.036	0.032	0.035	1.764	0.018	0.010	0.010
	1990	0.015	0.036	0.031	0.045	0.032	0.012	1.961	0.013	0.006	0.006
韓国	2000	0.022	0.058	0.061	0.046	0.034	0.039	0.060	1.936	0.012	0.011
	1990	0.012	0.018	0.021	0.034	0.022	0.005	0.017	2.021	0.008	0.004
小計	2000	1.855	1.915	1.719	1.809	1.840	2.603	1.967	2.058	0.062	0.050
	1990	1.832	1.906	1.831	1.638	1.793	2.493	2.018	2.068	0.042	0.021
日本	2000	0.054	0.244	0.178	0.244	0.180	0.061	0.221	0.124	2.111	0.034
	1990	0.074	0.171	0.089	0.317	0.178	0.039	0.194	0.153	2.204	0.025
米国	2000	0.040	0.187	0.129	0.158	0.086	0.031	0.125	0.104	0.038	1.987
	1990	0.030	0.077	0.077	0.182	0.075	0.030	0.137	0.118	0.040	1.998
合計	2000	1.950	2.346	2.026	2.211	2.106	2.695	2.313	2.286	2.211	2.071
	1990	1.936	2.154	1.997	2.136	2.046	2.562	2.349	2.338	2.286	2.044
生産誘発効果の国内比率(%)	2000	90.3	64.2	73.5	66.6	77.3	96.5	85.0	84.6	95.4	95.9
	1990	91.6	80.8	86.8	63.6	80.9	96.1	83.5	86.4	96.4	97.8
アジアの比率(%)	2000	49.7	48.5	42.9	45.1	44.3	52.5	36.9	34.5	62.0	59.5
	1990	35.8	40.0	37.1	36.0	35.1	31.0	14.7	14.7	50.9	45.0
日本の比率(%)	2000	28.5	29.1	33.2	33.1	37.6	31.4	40.2	35.4	/	40.4
	1990	45.8	41.4	33.8	40.7	45.6	39.0	50.0	48.2	/	55.0
米国の比率(%)	2000	21.1	22.3	24.0	21.4	17.9	15.9	22.7	29.7	38.0	/
	1990	18.4	18.7	29.1	23.3	19.2	30.0	35.3	37.1	49.1	/

産誘発効果が最も高いのは中国で、以下米国、日本、インドネシアと続き、いずれも90%以上である。最も低いのがマレーシアである。これまで10ヵ国中、シンガポールの国内生産誘発比率が最も低かったが、マレーシアのそれは劇的に低下した。それはサポーティング・インダストリー（SI）が未成熟の下で、輸出志向性の強い外資を大量に導入したために、輸入依存度を大きく高めたことによるものである。しかしマレーシアとシンガポールともSIが未成熟であるという産業構造は基本的には変わっていない。他の諸国の国内比率は大幅な変化をみせていない。②生産効果の国内比率変化は対外的に反映する。この製造業の対外的生産誘発効果つまり国際後方連関効果はアジ

アへの波及する割合を高め、日米を含む各国とも概ねアジアの比率を高めている。③それを反映して1990年代に入り各国とも日本の比率を低下させている。もっとも日本への波及効果が最大であるということには変わりない。④逆行列でみた日米相互の生産誘発効果は低下させている。

アジア経済研究所作成の国際産業連関表の製造業は12部門より構成されている。しかし機械関連産業は機械（machinery. 産業分類017）や輸送機器（transport equipment. 同018）さらに精密機械とプラスチックなどを含むその他製造品（other manufacturing products. 同019）の3つしかない。完成品と部品の分離もなされていないが、機械産業（017）を対象に、対外的生産誘

表7-3（3） 製造業の逆行列表（機械、分類017）

	年次	インドネシア	マレーシア	フィリピン	シンガポール	タイ	中国	台湾	韓国	日本	米国
インドネシア	2000	1.613	0.023	0.010	0.026	0.020	0.005	0.012	0.007	0.005	0.002
	1990	1.336	0.007	0.003	0.010	0.005	0.002	0.005	0.005	0.004	0.001
マレーシア	2000	0.021	1.320	0.039	0.135	0.072	0.014	0.042	0.025	0.009	0.011
	1990	0.004	1.563	0.012	0.090	0.023	0.003	0.014	0.009	0.002	0.003
フィリピン	2000	0.002	0.030	1.196	0.007	0.014	0.004	0.023	0.010	0.004	0.006
	1990	0.001	0.005	1.424	0.012	0.004	0.000	0.005	0.002	0.001	0.001
シンガポール	2000	0.022	0.178	0.075	1.494	0.078	0.013	0.041	0.023	0.006	0.012
	1990	0.016	0.116	0.063	1.404	0.097	0.003	0.018	0.008	0.002	0.006
タイ	2000	0.012	0.056	0.028	0.032	1.368	0.007	0.019	0.009	0.004	0.005
	1990	0.002	0.009	0.005	0.029	1.354	0.001	0.004	0.002	0.002	0.001
中国	2000	0.041	0.073	0.033	0.086	0.113	2.511	0.058	0.048	0.020	0.019
	1990	0.006	0.016	0.004	0.019	0.020	2.614	0.001	0.006	0.002	0.003
台湾	2000	0.028	0.091	0.061	0.052	0.060	0.054	1.672	0.039	0.021	0.021
	1990	0.019	0.048	0.050	0.066	0.052	0.011	1.871	0.018	0.008	0.011
韓国	2000	0.037	0.080	0.108	0.060	0.076	0.053	0.090	1.813	0.018	0.023
	1990	0.013	0.030	0.040	0.053	0.033	0.007	0.024	1.912	0.008	0.008
小計	2000	1.776	1.851	1.551	1.892	1.801	2.661	1.957	1.974	0.087	0.099
	1990	1.397	1.796	1.601	1.683	1.588	2.643	1.942	1.958	0.034	0.034
日本	2000	0.161	0.331	0.393	0.350	0.339	0.094	0.325	0.206	2.130	0.060
	1990	0.146	0.278	0.360	0.505	0.376	0.068	0.334	0.300	2.212	0.048
米国	2000	0.077	0.260	0.248	0.189	0.180	0.047	0.146	0.160	0.040	1.807
	1990	0.034	0.136	0.194	0.252	0.219	0.023	0.144	0.120	0.032	1.839
合計	2000	2.013	2.442	2.192	2.431	2.320	2.804	2.428	2.340	2.258	1.965
	1990	1.577	2.210	2.155	2.440	2.182	2.733	2.420	2.377	2.278	1.921
生産効果の国内比率(%)	2000	80.1	54.0	54.5	61.4	58.9	89.5	68.8	77.4	94.3	91.9
	1990	84.7	70.7	66.1	57.6	62.0	95.6	77.3	80.4	97.1	95.7
アジアの比率（%）	2000	40.7	47.3	35.6	42.4	45.4	51.1	37.6	30.5	67.9	62.6
	1990	25.2	36.0	24.3	26.9	28.2	23.7	12.9	9.8	51.4	41.3
日本の比率（%）	2000	40.2	29.5	39.4	37.3	35.6	32.0	42.9	39.0		37.9
	1990	60.7	43.0	49.2	48.7	45.4	56.8	60.8	64.4		58.7
米国の比率（%）	2000	19.2	23.1	24.8	20.1	18.9	16.0	19.3	30.3	31.2	
	1990	14.1	21.0	26.5	24.4	26.4	19.5	26.3	25.8	48.6	

発構造をみたのが表7-3(3)である。

表7-3(3)から次ぎのような特徴を指摘できる。①生産誘発効果の国内比率が高いのは、1990年に比べやや低下したものの日本を最高に米国、中国が続き、いずれも80％以上である。シンガポールを除く他の諸国も軒並み低下させた。②日本への生産誘発効果の比率はタイを除き低下したが依然各国とも最大のシェアを占める。東アジア各国とも機械関連の日本への生産誘発効果は製造業平均を上回っている。これは、工業化や工業品輸出に必要な資本財や機械部品の大半を日本に依存しているためである。③日本のシェアが低下した分、そのシェアを高めたのが東アジア諸国で、いずれも域内比率を大幅に上昇させた。④米国の比率は日本の半分以下であるがマレーシアと韓国で高まった。⑤日米は相互に低下させた。

さらに中国の機械中間投入比率（AC017）に占める東アジアからの輸入投入係数を国別にみたのが表7-3(4)であり、これから次のような特徴と変化を指摘できる。①全産業レベルの中間財投入比率は1990年の35.7％から2000年には42.1％に高まった。②製造業中間財投入比率のうち、国内比率は1990年の90.2％から2000年には86.4％に低下した［表7-3(1)］。③以上は海外から輸入投入財比率が上昇したことを意味する。輸入投入財調達のうち特に東アジアの比率が11.5％から25.5％に、日本を含めると23.7％から37.7％へと一層高まる。④そのうち機械産業（AC017）の中間輸入財比率は全産

表7-3(4) 中国の機械中間投入比率(AC017)に占める東アジアからの輸入投入係数

	全業種		機械のみ				1990	2000
	1990(A)	2000(B)	1990(C)	2000(D)	B/A	D/C	C/A	D/B
インドネシア	0.000035	0.000538	0.000003	0.000241	15.37	80.33	0.09	0.45
マレーシア	0.000106	0.005026	0.000069	0.004515	47.42	65.43	0.65	0.90
フィリピン	0.000054	0.001888	0.000006	0.001570	34.96	261.67	0.11	0.83
シンガポール	0.000397	0.003911	0.000316	0.003266	9.85	10.34	0.80	0.84
タイ	0.000034	0.002519	0.000019	0.002174	74.09	114.42	0.56	0.86
中国	0.645281	0.610876	0.229484	0.231997	0.95	1.01	0.36	0.38
台湾	0.002484	0.017736	0.001982	0.012133	7.14	6.12	0.80	0.68
韓国	0.001997	0.014207	0.001416	0.009831	7.11	6.94	0.71	0.69
日本	0.017236	0.019640	0.010282	0.011954	1.14	1.16	0.60	0.61
小計	0.667624	0.676341	0.243577	0.277681	1.01	1.14	0.36	0.41
（除く中国）	0.022342	0.065465	0.014093	0.045684	2.93	3.24	0.63	0.70
米国	0.004377	0.010847	0.003214	0.007275	2.48	2.26	0.73	0.67
総計	0.694343	0.752653	0.260884	0.330640	1.08	1.27	0.38	0.44
（除く中国）	0.026719	0.076312	0.017307	0.052959	2.86	3.06	0.65	0.69

業で、1990年の67.2%から2000年には68.7%にわずかながら高まった。⑤輸入調達を国別に1990年から2000年にかけて比率の上昇をみると、シンガポールの74倍を筆頭にマレーシア47倍、フィリピン34倍と続く。⑥機械部門中間財投入に占める日本を含む東アジアからの輸入比率は1990年の0.63から2000年には0.70に高まった。米国を含むと0.65から0.69に高まる。

　以上製造業について中間投入比率、逆行列およびそのうちの機械の逆行列は全て表裏一体の関係にある。これを先に指摘した中国の東アジアに対する「集中」と「分散」に焦点を合わせてみると、次のようになる（既に指摘した点を含める）。①輸入（中間投入の海外分）依存度の上昇。②海外からの中間投入分に占めるアジアの比率は1990年の11.5%から2000年には25.5%と2倍以上に高まる。日本を含めると23.8%から37.7%と一層東アジアの比率が高まる。③生産誘発効果では、その国内比率の低下と海外への波及への高まり、同時にそれの日本を含む東アジアへの割合が70.0%から83.9%への一段の上昇。④機械の波及効果の日本を含む東アジアへの割合は80.5%から83.1%へと高まる。⑤中国の対外波及効果の最大帰属先は一国ベースでは日本である。機械のそれは日本が半分以上を占める。これは中国にとって日本が最大輸入先であり、輸入品目も機械さらにそのうち部品比率の高まりを反映したものである。

　1990年代後半以降輸入における機械比率が高まっている。中国の総輸入に占める機械4品目合計シェアは1995年の46.3%から1999年に50%を超え、2004年には59.5%と過去最高となった［後掲表7-5（1）］。機械4品目いずれにおいても東アジアのシェアは高まっている。電気機械総輸入における東アジアのシェアは1995年の67.2%から2004年実に83.7%という高いものである。一般機械輸入に占める東アジアのシェアは1995年の51.2%から2004年には61.5%になった。輸送機器と精密機械輸入における東アジアのシェアは1995年それぞれ27.6%、62.1%から2004年には38.1%、79.0%に高まった。これは中国が東アジアからの輸入で「集中化」傾向や「磁場」の役割を一層強めていることをみせたものである。以下その実態をさらに詳しく分析する。

第2節　中国の機会

　2004年世界輸出において中国の輸出ははじめて世界第3位になり、プレゼンスを一層高めている。これは中国がグローバルパワー（世界の経済と貿易大国）になりつつあることを示したものであろう。同時にその過程で中国は輸出構造を高度化させている。両者は表裏一体で進行している。これらを機械4品目輸出［表7-4（1）］からみてみよう。

　1）全商品ベースで上位20ヵ国の累積シェアは80％と圧倒的に高いが、趨勢的に低下しており、1995年の87.5％からわずかであるが2004年には83.4％に低下した。2）総輸出に占める機械4品目のシェアは1995年の24.4％から2004年には50.4％へと大きく上昇した。3）機械総輸出に占める上位20ヵ国の累積シェアはいずれも80％以上であり、ほとんど低下していない。一般機械と輸送機器ではむしろ上昇している。これらは総輸出入レベルでの上位20ヵ国の累積シェアが低下しているのとは逆の動きである。

　機械輸出の上位20ヵ国累積シェアが大きいことについては、東アジア向けシェアが低下しているとはいえ依然高いということに加えて、米国を中心に欧米諸国向けシェアが上昇しているからである。機械以外の輸出品（化学品、繊維・同製品、雑製品）では、発展途上国（中南米、中東、アフリカ）向けが増加していて、これが総輸出レベルでの上位20ヵ国の累積シェアを低下させている。化学品輸出シェアは1999年の8.9％から2004年には11.7％に、繊維・同製品は8.6％から13.9％に、雑製品は6.1％から7.7％に高まっている。一方総輸入レベルで上位20ヵ国の累積シェアが低下しているのは、石油をはじめ鉄鉱石などの一次産品を世界中から調達しているからである（これに関しては輸入の「二層構造」の観点から本章第5節で詳しく分析している）。4）機械4品目の構成変化。一般機械と電気機械の合計比率は76％から88％以上に高まるが、後者が傾向的に低下し、2004年にはそれぞれ42.1％、46.0％になった。これは中国の産業構造高度化と輸出競争力の強化を反映したものであろう。

　5）上記に関し共通している変化は精密機械を除き東アジア向け輸出シェアの低下と米国向けシェアの上昇である。東アジア向け輸出を国別にみると、

表7-4(1)　中国の機械4品目の対世界輸出シェア　　　　　　　　　　　　（単位：%）

		1995	2000	2001	2002	2003	2004
輸出総額	世界合計	100.0	100.0	100.0	100.0	100.0	100.0
	上位20ヵ国計	87.5	85.4	84.7	84.8	83.6	83.4
	東アジア計	56.9	48.1	47.9	46.9	44.7	43.6
	日本	19.1	16.7	16.9	14.9	13.6	12.4
	NIES	30.8	24.4	24.0	24.7	24.0	24.0
	ASEAN	7.0	7.0	7.0	7.2	7.1	7.2
	米国	16.6	20.9	20.4	21.5	21.1	21.1
機械合計	世界合計	100.0	100.0	100.0	100.0	100.0	100.0
	上位20ヵ国計	87.5	87.4	86.9	88.0	87.0	86.8
	東アジア計	54.8	47.4	48.6	48.7	46.0	44.8
	日本	14.5	12.4	12.9	12.5	11.5	10.2
	NIES	31.4	25.8	26.4	27.4	26.7	26.8
	ASEAN	9.0	9.2	9.3	8.8	7.8	7.7
	米国	20.0	22.3	21.2	22.4	22.5	22.5
一般機械	世界合計	100.0	100.0	100.0	100.0	100.0	100.0
	上位20ヵ国計	84.4	87.4	86.5	88.8	89.7	88.8
	東アジア計	48.6	40.8	45.3	47.2	42.1	39.3
	日本	9.4	9.1	9.6	11.1	10.9	9.9
	NIES	24.5	22.1	26.2	26.8	23.6	22.6
	ASEAN	14.7	9.7	9.4	9.3	7.6	6.8
	米国	21.2	25.6	21.8	23.7	25.6	25.4
電気機械	世界合計	100.0	100.0	100.0	100.0	100.0	100.0
	上位20ヵ国計	89.6	88.9	88.1	89.3	88.3	88.3
	東アジア計	57.3	52.2	52.0	51.5	50.1	49.7
	日本	15.8	13.8	14.5	13.1	11.8	10.1
	NIES	35.2	29.4	28.2	29.3	30.3	30.7
	ASEAN	6.2	9.0	9.2	9.1	8.1	8.9
	米国	19.4	20.7	20.7	21.8	20.2	20.6
輸送機器	世界合計	100.0	100.0	100.0	100.0	100.0	100.0
	上位20ヵ国計	71.2	80.3	80.3	79.2	77.3	77.5
	東アジア計	51.6	41.4	42.2	38.3	32.1	29.0
	日本	7.9	7.6	9.8	11.6	9.2	9.0
	NIES	28.0	20.8	19.3	18.3	14.4	12.8
	ASEAN	15.7	12.9	13.1	8.4	8.6	7.3
	米国	20.9	19.1	19.2	21.4	23.2	25.6
精密機械	世界合計	100.0	100.0	100.0	100.0	100.0	100.0
	上位20ヵ国計	92.7	91.4	91.4	90.5	91.3	91.7
	東アジア計	59.2	49.2	48.3	49.9	59.4	63.2
	日本	24.5	21.4	19.6	17.4	16.9	14.7
	NIES	31.4	23.4	23.7	27.9	37.2	43.1
	ASEAN	3.3	4.3	4.9	4.6	5.3	5.4
	米国	19.1	24.4	24.0	20.7	16.6	14.2

（資料）China Customsより作成、以下表7-4(3)から表7-6(6-2)まで同じ

1国ベースでは輸送機器を除き日本が最大の輸出先であるが、全てでシェアを低下させている。6）域内外を含めて1国ベースでは米国がいずれも最大

表7-4(2) 中国の高・新技術製品輸出入　　　　　　　　　　　(単位：100万ドル)

	品目	2000	2001	2002	2003
輸入	高・新技術製品	37588	64115	82846	119301
	生物技術	42	66	108	105
	生命科学技術	1230	2230	2332	3062
	光電技術	615	1217	1476	2184
	コンピュータ・通信技術	14913	23585	28269	40306
	電子技術	11798	23275	35332	53590
	コンピュータ組立技術	4216	6636	8257	11350
	素材技術	620	1409	1600	2441
	航空宇宙技術	3678	5203	4965	5500
	その他技術	472	490	504	759
輸出	高・新技術製品	24701	46457	67865	110320
	生物技術	103	166	165	190
	生命科学技術	1066	1686	2029	2501
	光電技術	699	1108	1268	1803
	コンピュータ・通信技術	17248	36223	54532	91931
	電子技術	4206	5564	7917	11423
	コンピュータ組立技術	395	598	703	1027
	素材技術	132	295	226	412
	航空宇宙技術	662	621	737	755
	その他技術	185	188	283	275
収支	高・新技術製品	▲12887	▲17658	▲14981	▲8981
	生物技術	61	100	57	85
	生命科学技術	▲164	▲544	▲303	▲561
	光電技術	84	▲109	▲208	▲381
	コンピュータ・通信技術	2335	12638	26263	51625
	電子技術	▲7592	▲17711	▲27415	▲42167
	コンピュータ組立技術	▲3821	▲6038	▲7554	▲10323
	素材技術	▲488	▲1114	▲1374	▲2029
	航空宇宙技術	▲3016	▲4579	▲4228	▲4745
	その他技術	▲287	▲302	▲221	▲484

(出所)『中国対外貿易統計』

の輸出先である(ただし精密機械のみ2003年以降再び日本が第1位となった)。

7) 中国には「高・新技術製品」という分類がある。これにはIT関連財を中心に表7-4 (2) でみるような製品が含まれ、同表から次のような特徴が挙げられる。①機械(輸送機器を含む)に占める割合は2000年から2003年にかけて、輸出で11.0%から27.3%へ、輸入で21.0%から35.0%へ、いずれも大きく上昇した。②品目別構成をみると、輸出ではコンピュータ・通信技術(それぞれHS84およびHS85に相当)が最大で、高・新技術製品での割合は2000年の69.8%から2003年には83.3%へと一層高まった。③輸入では最大品目は2001年まで輸出と同様にコンピュータ・通信技術であったが、その後は電子技術となる(44.9%、2003年)。両者のシェアは合わせて76.7%になる。④前2項目は高・新技術製品の輸出入とも製品の幅が極めて狭いという

ことを意味している。⑤財別貿易バランスはコンピュータ・通信技術が圧倒的に大きく、続いてわずかに生物技術が黒字を計上するものの、他の品目は全て赤字で、高・新技術製品全体では一貫して赤字である。

以上のように中国の輸出構造は高度化しており、その背後で産業構造も高度化している。機械4品目のうち最大の生産品目である電気機械の世界生産に占める比率は極めて高い。世界生産で中国が半分以上のシェアを占めるのはDVDプレーヤーの80%を筆頭にステレオ（62%）、エアコン（53%）である。ポータブルCD/MD（48%）、電子レンジ（44%）、カラーTV（35%）、ノート型パソコン（35%）、携帯端末（34%）、VTR（31%）、冷蔵庫（31%）はいずれも世界生産の30%以上を占める。このうちカラーTVと冷蔵庫をはじめその他洗濯機、電話受話器、オートバイも世界のトップシェアを占める。これらを支える産業のうち粗鋼、原炭、セメント、化学肥料、綿布、化学繊維、コンクリート、化学肥料でも世界最大の生産国である。中国はまさに「世界の工場」になった。[7]

中国の機械輸出に関し、東アジアを日本・グループ別（NIES、ASEAN）さらに最大の輸出先の米国を含め、品目別構成と変化をみると次のような特徴が挙げられる［表7-4（3）］。①4ヵ国・グループ向け輸出で共通して機械比率が高まった。2004年日本向けを除き、いずれも機械比率は50%を超えている。②NIESとASEAN向けはいずれも電気機械が最大で、機械4品目に占めるシェアでは50%を超えている。ただし日本とNIES向けでは電気機械の割合は低下している。③日本、NIESおよび米国向け輸出では一般機械の比率が上昇している。米国向けでは2003年以降一般機械が最大になった。④ASEAN向け輸出のみ電気機械の比率が一貫して上昇している。これは中国のASEAN向け輸出構造が一貫して高度化していることを反映したものである（これらについては第6章第4節で既に指摘した）。中国のASEAN向け総輸出で最大の品目は電気機械（HS85）で、そのシェアは1995年の11.3%から2004年には27.1%になり、さらに一般機械（HS84）と光学機器（HS90）を含めると、機械関連財だけで24.6%から48.0%に高まる。

表7-4(3)　機械4品目の東アジア3国・グループおよび米国向け輸出シェアとその構成
(単位:％)

		1995	2000	2001	2002	2003	2004
世界	機械比率	24.4	37.1	39.4	43.2	47.6	50.4
	一般機械	23.0	29.7	32.7	37.9	42.9	42.1
	電気機械	53.6	51.9	50.8	48.8	45.0	46.0
	輸送機器	9.2	9.4	8.6	7.0	6.9	6.5
	精密機械	13.2	9.4	8.3	6.9	6.5	6.7
日本	機械比率	18.4	27.0	29.3	34.9	38.9	40.0
	一般機械	15.6	21.6	24.5	33.3	39.3	39.8
	電気機械	57.2	56.5	56.5	50.3	45.4	44.6
	輸送機器	6.2	6.3	7.0	7.2	6.2	6.4
	精密機械	21.1	15.5	12.0	9.3	9.1	9.2
NIES	機械比率	24.9	38.3	42.2	46.2	50.7	54.1
	一般機械	18.7	25.4	32.6	36.7	36.7	34.6
	電気機械	58.8	58.1	53.5	51.4	50.4	51.6
	輸送機器	10.1	8.3	6.8	5.2	4.2	3.5
	精密機械	12.5	8.2	7.1	6.8	8.7	10.2
ASEAN	機械比率	31.1	47.8	51.3	50.6	50.3	51.6
	一般機械	39.0	31.2	33.2	39.5	40.9	36.2
	電気機械	36.5	50.1	49.6	49.6	46.2	52.4
	輸送機器	19.9	14.4	13.1	7.4	8.6	6.9
	精密機械	4.6	4.2	4.2	3.5	4.3	4.5
米国	機械比率	29.4	38.6	40.0	43.4	48.7	51.7
	一般機械	25.4	34.0	33.8	39.7	47.4	46.4
	電気機械	50.9	47.3	49.0	46.7	40.0	41.3
	輸送機器	11.8	8.8	8.4	7.4	8.0	8.3
	精密機械	11.9	9.9	8.9	6.2	4.6	4.0

輸入構造の変化

　輸出と同様に輸入でも機械比率が1995年の46.3％から1999年に50％を超えて2004年には59.5％となり、輸入構造が高度化している。これに関し次のような特徴を指摘できる［表7-5（1）］。

　1）機械4品目輸入の上位20ヵ国の累積シェアは観測期間の1995年から2004年までほぼ一貫して95％という高いものである。2）総輸入に占める機械機器のシェアは46.3％から59.5％に高まった。3）機械4品目の構成は1995年の一般機械48.8％、電気機械33.9％、輸送機器9.5％、精密機械8.1％から2004年にはそれぞれ30.7％、48.9％、6.7％、14.4％になった。電気機械の比重が一段と高まった。4）東アジアからの輸入シェアはその間55.3％から73.1％に高まった。シェアは4品目とも上昇している。しかも東アジア

表7-5(1) 中国の機械4品目の対世界輸入シェア　　　　　　　　　　(単位:%)

		1995	2000	2001	2002	2003	2004
輸入総額	世界合計	100.0	100.0	100.0	100.0	100.0	100.0
	上位20ヵ国計	87.4	83.1	84.4	86.2	85.8	84.8
	東アジア計	56.7	57.3	55.4	60.0	60.6	59.7
	日本	22.0	18.4	17.6	18.1	18.0	16.8
	NIES	25.5	25.8	24.7	26.2	25.1	24.7
	ASEAN	7.5	9.9	9.5	10.6	11.5	11.2
	中国	1.7	3.2	3.6	5.1	6.1	6.9
	米国	12.2	9.9	10.8	9.2	8.2	8.0
機械合計	世界合計	100.0	100.0	100.0	100.0	100.0	100.0
	上位20ヵ国計	94.1	96.7	94.2	95.0	95.6	96.2
	東アジア計	55.3	62.9	59.0	67.4	71.4	73.1
	日本	30.1	25.1	22.6	22.8	23.1	21.5
	NIES	20.7	23.7	22.1	26.7	27.2	28.4
	ASEAN	3.4	9.4	9.2	10.5	12.1	12.4
	中国	1.1	4.7	5.1	7.4	9.1	10.9
	米国	12.4	12.5	13.8	10.5	7.8	7.5
一般機械	世界合計	100.0	100.0	100.0	100.0	100.0	100.0
	上位20ヵ国計	94.6	95.0	93.6	93.9	94.0	94.8
	東アジア計	51.2	58.0	54.7	58.8	61.7	61.5
	日本	28.7	23.7	22.2	22.3	23.5	23.7
	NIES	19.7	20.5	18.1	19.9	17.7	16.6
	ASEAN	2.6	10.2	9.3	9.4	11.5	11.0
	中国	0.2	3.5	5.0	7.3	9.2	10.3
	米国	11.7	13.1	13.3	10.6	8.4	8.6
電気機械	世界合計	100.0	100.0	100.0	100.0	100.0	100.0
	上位20ヵ国計	93.4	97.3	96.8	96.9	97.4	97.4
	東アジア計	67.2	70.8	69.9	79.7	83.6	83.7
	日本	35.0	25.0	23.3	22.2	22.4	19.9
	NIES	26.1	29.0	28.6	34.2	33.4	33.0
	ASEAN	4.0	10.8	11.7	14.1	16.6	17.5
	中国	2.2	6.1	6.2	9.1	11.2	13.3
	米国	9.8	9.3	10.7	7.7	5.2	5.4
輸送機器	世界合計	100.0	100.0	100.0	100.0	100.0	100.0
	上位20ヵ国計	94.6	97.0	97.4	97.5	97.4	97.8
	東アジア計	27.6	29.8	21.6	30.9	33.9	38.1
	日本	12.5	23.0	16.8	25.6	24.6	26.4
	NIES	6.8	5.8	4.0	4.3	8.2	10.7
	ASEAN	8.0	0.8	0.6	0.7	0.9	0.8
	中国	0.4	0.2	0.2	0.3	0.2	0.3
	米国	21.0	26.0	23.0	22.6	16.1	16.4
精密機械	世界合計	100.0	100.0	100.0	100.0	100.0	100.0
	上位20ヵ国計	97.1	97.5	96.7	97.7	98.2	98.6
	東アジア計	62.1	60.3	53.1	65.2	74.3	79.0
	日本	38.7	34.0	26.0	25.8	23.8	19.6
	NIES	19.9	18.0	19.4	31.4	40.9	47.3
	ASEAN	1.2	4.1	3.6	3.6	3.2	3.1
	中国	2.4	4.2	4.1	4.4	6.4	9.1
	米国	17.8	19.5	23.1	14.9	10.8	8.4

表7-5(2) 機械4品目の東アジア3ヵ国・グループおよび米国からの輸入シェアとその構成
(単位:%)

		1995	2000	2001	2002	2003	2004
世界	機械比率	46.3	51.5	53.6	56.5	59.1	59.5
	一般機械	48.8	33.9	34.5	34.1	32.1	30.7
	電気機械	33.9	51.2	49.1	49.4	48.3	48.9
	輸送機器	9.5	6.4	8.8	7.8	8.2	6.7
	精密機械	8.1	8.2	9.3	9.7	12.2	14.4
日本	機械比率	59.0	60.3	61.7	64.6	68.2	67.0
	一般機械	46.3	32.6	34.1	33.6	33.1	34.3
	電気機械	39.7	50.6	49.2	47.1	46.1	44.9
	輸送機器	3.9	5.9	6.3	8.5	8.5	8.1
	精密機械	10.1	11.0	10.4	10.7	12.2	12.8
NIES	機械比率	34.9	40.6	42.9	52.2	57.4	60.2
	一般機械	46.3	30.0	28.5	25.6	21.2	18.2
	電気機械	43.1	62.3	62.1	62.0	58.4	56.0
	輸送機器	3.1	1.6	1.5	1.2	2.4	2.5
	精密機械	7.5	6.2	7.9	11.1	17.9	23.3
ASEAN	機械比率	19.7	42.3	46.4	50.8	55.8	57.7
	一般機械	36.1	37.6	35.2	30.9	31.0	27.6
	電気機械	39.4	58.3	60.7	65.3	65.2	68.5
	輸送機器	21.9	0.5	0.6	0.5	0.6	0.4
	精密機械	2.6	3.6	3.5	3.2	3.2	3.5
米国	機械比率	43.7	55.6	61.4	58.4	50.3	49.5
	一般機械	45.8	36.2	33.6	34.7	35.3	35.4
	電気機械	27.0	37.8	37.0	35.6	31.7	34.5
	輸送機器	16.0	13.3	14.2	16.4	16.5	14.4
	精密機械	11.2	12.7	15.1	13.4	16.5	15.7

のシェアは輸送機器を除く3品目で60%以上も占める。電気機械輸入において東アジアのシェアは2004年実に83.7%という高いものである。これは事実上ほぼ全量東アジアからの調達であるといっても過言ではない。一般および精密機械でも東アジアの輸入シェアはそれぞれ61.5%、79.0%と高いものである（2004年値）。輸送機器輸入における東アジアのシェアは2004年38.1%と他の機械3品目に比べ最も低いが、1995年の27.6%より高まっている。
5) 東アジアからの機械輸入の品目構成は、1995年時点では一般機械44.9%、電気機械41.5%、精密機械18.7%、輸送機器4.7%であったが、2004年には電気機械が55.2%と半分を超え、以下一般機械26.1%、精密機械15.1%、輸送機器3.4%となった。この構成変化と2004年時点の構成は対世界輸入と同じである。

東アジアからの輸入を主要国・グループ別にみると［表7‐5（2）］、次のような特徴と変化がみられる。

6）日本のシェアは輸送機器を除く機械3品目で低下しているが、1国ベースではいずれも依然日本が最大の輸入先である。機械比率は1995年の59.0％から2004年には67.0％に上昇した。機械4品目輸入の内部構成も大きく変化している。①一般機械と電気機械の合計シェアは85％強から80％弱まで低下した。②電気機械が40％から45％にまで上昇し、第1位となった。③輸送機器と精密機械のシェアが高まっている。その他のグループからの輸入では次のような特徴があげられる。④日本、韓国、台湾をはじめASEAN（ブルネイを除く）の中で比較的工業化が進んでいるタイ、マレーシア、シンガポールの5ヵ国でも同様な変化がみられる。⑤精密機械ではNIESが半分以上も占める。NIES合計の輸入シェアは電気と精密機械で日本のそれを大きく上回っている。

貿易形態

中国の貿易方式をみると、貿易システムおよび地理的理由を反映して、一般貿易をはじめ輸入加工貿易、国境貿易、委託加工組立貿易などさまざまな形態がある。しかし長期的な貿易形態別シェアの変化をみると、主要なものは2つである。ひとつは「一般貿易」であり、他は「輸入加工貿易」である。「一般貿易」とは中国において輸出入経営権をもつ各種企業（公司）単位がおこなう貿易である。「輸入加工貿易」（進料加工貿易）は中国国内にある企業が外国から原材料、セット部品、部品、包装材料などを輸入して製品や半製品に加工して輸出する形態の貿易である（原材料の供給者と製品の販売先とは必ずしも一致しない。加工側と原材料供給側とは商品の売買関係にある）。1980年時点では輸出入とも「一般貿易」がほぼ全量占めていたが（それぞれ92.9％、93.8％）、その後その比重は低下したのに対し比重を高めてきたのが「輸入加工貿易」で2003年には輸出の42.8％、輸入の30.0％を占めるに至った。「輸入加工貿易」に似た形態の貿易に「委託加工組立貿易」（来料加工貿易）がある。これは原材料（および機械設備）を原則として委託側が提供し、中国側は対価として加工賃を受け取り製品は委託側が引取る。「輸入加工貿

易」は輸出入とも外資が圧倒的な比重を占める。「委託加工組立貿易」でも外資の比重は小さくない。両者の貿易形態を中心に2004年の中国の貿易に占める外資の比重は輸出で57.1％、輸入で57.8％と、ともに半分を超えている。中国は産業構造および輸出構造を高度化しているが、その内実を推進しているのは外国企業であるということである。先にみた「高・新技術製品」貿易[8]もおそらく大半は外資企業によるものであろう。中国に投資している外国企業による2000年のハイテク財輸出規模は298億ドルで、中国のハイテク財総輸出の80.5％も占める。その後も外資の比重は受賞し、2002年には82.2％にまで高まった。[9]

輸出と輸入の連動化

東アジアの貿易構造をみると、中国を含めほぼ共通して観察されるのは輸出と輸入の連動化である。これは各国とも機械関連のSIが未熟であるため工業化を推進さらに工業品の輸出を増加させるほど、中間財を中心に輸入を誘発するからである。特に輸出で機械比率を高めるほど部品の輸入を増加させる。日本を中心に域内の東アジアから調達している。これについては第6章第4節をはじめ他の箇所で指摘したが、以下中国に焦点を合わせ再度確認しよう。

近年機械機器（輸送機器を除く）は一段とデジタル機能を内蔵させIT化を強めている。世界貿易全体でIT関連機械比率は、1997年の46.2％から2004年には52.0％に高まった。総じて先進国の方が輸出入ともIT化率が低く、さらに輸出よりも輸入のIT化率が高い。一方、発展途上国（事実上東アジア）のIT化率は先進国に比べ、いずれも逆となっている。つまり発展途上国の機械のIT化率は輸出入とも先進国よりも高く、しかも輸出のIT化率が輸入のそれを上回る。中国も例外ではない。中国をはじめ特に東アジアの機械貿易はいささか乱暴なきらいがないわけではないが、輸送機器を除く機械貿易はほぼIT関連財であるとみてよいであろう。

中国の機械輸出のIT化率は1997年の56.3％から2004年には64.0％に高まり、世界平均を上回った。中国の機械輸入のIT化率は1997年の52.3％から2004年には60.5％に高まった。

IT関連財輸出のうち部品比率は世界平均で1997年の52.4％から2004年には53.3％へとわずかに高まった。部品比率は輸出入とも発展途上国のほうが先進国に比べ高い。中国の部品比率は輸出では1997年の49.1％から2004年には40.7％に低下したが、輸入では61.5％から77.7％に上昇した。2004年中国の主要国・グループからのIT財輸入における部品比率は東アジア平均で81.2％うち日本79.7％、NIES 82.7％、ASEAN 74.8％である。またIT財関連部品輸入で、東アジアのシェアは1997年の67.5％から2004年には89.9％へと一層高まった。中国のIT関連部品輸入における主要国・地域別シェアはNIESが64.7％（1997年62.9％）と最大で、日本13.9％（同16.0％）、ASEAN 11.0％（同4.5％）と続く。

　中国のIT関連財輸入の部品をコンピュータ部品、半導体等電子部品類およびその他の電気・電子部品の3つに分類すると、3部品とも東アジアからの輸入が80％以上を占める。東アジアの比率が最も高いのはコンピュータ部品で93.4％、半導体等電子部品類88.0％、その他の電気・電子部品90.0％と続く。事実上中国はIT関連財部品をほぼ全量東アジアから調達しているといって過言ではないであろう。

　中国の部品輸入の拡大は製品輸出増大の圧力となる。特にIT関連財製品の3極向けシェアが高いことは既に分析した［前掲表6-5（2）］。

　東アジアのIT関連貿易とりわけ同財完成品輸出が日米EUという3極を中心とする域外にますます依存する度合いを強めているということは、同財貿易が域内で完結していないということを示したものである。IT関連財完成品の最大の輸出先は米国である。この構造こそが既に指摘したように米国発IT不況がASEANを中心とした東アジアを直撃したのである。中国をはじめ東アジアの国・グループごとにIT関連財から部品と完成品に分離し一般、電気および精密の3機械品目に再編して輸出の3極向け構成で、いずれも3品目とも完成品が部品比率を大きく上回ることさらに日本を含む場合でも、そうした構造に変わりない（第6章第3節）。

　機械であれIT関連財であれ製品の生産や輸出が拡大するほど部品の輸入を誘発することになる。これは日本を除く東アジア諸国に共通にみられる構造である。しかしそうした構造は、中国の場合、大国のゆえ他の東アジア諸

国と比べると全く異なる様相を示す。中国はフルセット型工業化を目指し世界の生産基地となり、製品を全世界向けに輸出している。これが機械を中心に東アジア向け輸出シェアを低下させている（「分散」）。一方この「分散」と輸入における東アジアのシェア上昇（「集中」）は、既に示唆したように表裏一体の関係にある。この中国の動きが東アジア域内諸国の中国向け輸出を誘発し、特に域内輸入比率を高める大きな動因のひとつになっている。部品比率の高まりはそれに一層拍車を掛けている。中国は東アジア域内において、自らを hub に他の諸国を spoke とする貿易構造を構築する動きを一段と強めている。

　2004年の中国の1人当たりの所得水準は1486ドルと世界平均に比べ3分の1である。中国は高い経済成長率を必要としている。外資の導入と並行して輸出の拡大を目指している。2004年中国の輸出規模がドイツ、米国に次ぎ世界第3位となったことで自信を持ったことであろう。機械比率を高めつつある輸出が順調に拡大するためには、部品や中間財の安定的な供給が必要である。その調達先こそ東アジアである。さらに東アジアからの調達を安定とする「仕組み」が必要である。そのためには中国は東アジア域内で生じ自国に有利に展開している構造変化の組織化を目指した。その第1歩こそが2001年に ASEAN との FTA 締結合意であり、さらにその先に目指す「東アジア共同体」の構築である。これはグローバルパワー（世界における経済と輸出の大国化）を目指す中国が東アジア域内諸国をそのためのインフラストラクチャとすることを目指した動きであるといっても過言ではないだろう。

　上記の動きは第2章（第4節）および第5章（第2節）で指摘した日本企業や東アジアに進出した現地法人による「投入産出構造の国際的展開」が、第2段階に入ったことを示したものでもある。ただし次の点で異なる。第1は主役が日本から中国に代わったことである。第2は機械部品を中心に展開されていることでは同じであるが、日本の場合は部品の輸出を通じてであるのに対し、中国はその輸入によるものである。もうひとつある。それは中国企業の海外進出がまだ少なく「逆輸入」がほとんど無いということである。

第3節　対 ASEAN・FTA 締結合意にみる中国の戦略

　中国経済は順調に発展している。それは2004年に中国が輸出入とも世界第3位になったことをはじめ2004年まで20年以上長期にわたって2桁近い成長を続けていること、さらに2003年1人当たり年間所得が1000ドルを超えたことなどに象徴される。同時に中国は国内に多くの困難な課題を抱えている。その最重要課題のひとつが所得格差である。所得格差は地域間、都市と農村や都市内部など至る所で拡大している。特に所得の高い沿海省に比べ、西部地区は平均で10分の1以下という低さである。これに不満を持つ農民を中心に全国各地で抗議デモや暴動が頻発している。これに拍車を掛けているのが省政府幹部の汚職・腐敗である。特に中央・省政府の権力者や権力の中心に近い人間は権力を資本として市場で利益を追求し短期間に莫大な富を手にする（「権力市場化」）。一方、全社会労働者約7.4億人のうち約3分の2が農村労働者で、このうち余剰労働者が1.6億人であると推定されている。余剰労働者のうち「盲流」とか「民工」と呼ばれる移動人口は全国で1.3億人、約5000万人が都市臨時居住人口であるという[10]。都市に行っても仕事にありつけるとは限らない。都市部における失業率が1997年以降10%以上という推計もある（1999年は11.7%）。こうしたことが社会の安定性を損ないかねない状況になっている。中央政府は事態がこれ以上悪化させないように腐心している。

　西部地区開発のため、中国は自国の地政学的立場を活用しようとしている。その地政学的立場とは、第1に中国は内部的に諸地域より構成されているということであり、第2は北東アジア、東南アジア、南アジア、中央アジアなどの諸地域に囲まれているということである[11]。中国を囲む諸地域はもとよりそれらと密接に関係する中国内部諸地域も沿岸省や西部地区に代表されるように経済発展段階は大きく異なる。それに着目した中国は隣接や近接する国・地域のうち、相対的に発展して地域と内部で最も遅れている地区をリンクさせるという地域発展戦略を展開している。これは中国が自らの地政学的立場を活用して、近在の国・地域との間で相互補完関係を構築しようとする戦略である。この戦略の第1弾こそが中国初の ASEAN との FTA 締結合

意である。

　中国のASEANとのFTA締結合意にもうひとつの狙いがある。それは現在東アジア域内貿易において中国に有利に展開している構造変化を組織化することである。それは上記の中国の地政学的立場からしてまず「近くて易しい」という地域統合原則を具体化したものである。グローバルパワーを指向する中国がこの先にさらに目指す戦略目標はそれを支える後背地（東アジア共同体）を東アジアに構築することである。ASEANとのFTA締結はまず足下を固めるための第1歩であるということである。以下その観点から分析する。

中国の世界経済とアジア経済に対する認識

　中国は現在の世界経済は次ぎの3つの潮流が主流となっていることを認識している[12]。①グローバル化、②国内社会と政治環境の近代化、③国際ルールの浸透。とりわけ中国の前途に難題をもたらすのは世界経済の「グローバル化」と「国内環境の近代化」の2つである。両者は表裏一体である。つまり世界経済のグローバル化を前提として、そのダイナミズムを導入しつつも、その過程で生じるコストやフリクションの最小化を図り、安定した政策を維持し構造改革や都市化のプロセスを推進し、中国経済の発展を目指すことである。

　「経済のグローバル化、国際的な生産要素の最適化と再編は、アジア各国が国際市場を開拓し自国経済を発展させるために役立つ」[13]。「中国経済はアジア経済と世界経済の重要な一部となっている」。これは既に指摘した世界経済と世界貿易における恒常的なプレゼンスの高まりや東アジア域内貿易での輸出入シェアの上昇で明らかである。中国はそうした目覚しい経済発展を背景に、アジア政策の目的を「平和、安全、協力、繁栄」とする。中国は「多様、互恵の原則」に沿って地域協力を推進していく。「地域協力はアジア共同体勝利への道」であり、ASEAN・中国FTA（10＋1）はASEAN・中日韓（10＋3）、中日韓などとともに、その重要な一環である。2003年に続いて2004年4月中国海南省ボーアオで開催されたアジア・フォーラムに出席した湖錦濤国家主席は「中国の発展はアジアの平和と安定に寄与しており新

たな機会を与えている」と自信を示すとともに、「アジア域内で自由貿易ネットワークをつくりたい」と、これまで以上に意欲を鮮明にした[14]。

　以上のような中国のアジアに対する認識を背景に、中国は ASEAN との FTA 締結合意を皮切りに、その後相次ぎ他の諸国やグループと FTA の締結を目指している。中国の地域統合の原則は「近くから遠くへ、先に易しいものから始め、後に難しいものに手をつけ、積極的に溶け込み、着実に発展する」ことであり、それによって、周辺地域を重点とし、重要な経済貿易パートナーを突破口とし、積極的に地域統合のプロセスを推進することであるという[15]。この方針のもとに中国が東アジアにおいて目指す中期目標は「東アジア共同体」を創設し、その盟主となることであるが、まず「近くて易しい」目標実現である。

　そのために中国はとくに東アジアにおいて極めて効果的であるとみられる「3つの切り札」（FTA、地域協力、FDI）のうち既に2つを切り、さらに残りの1つを切ろうとしている。「近くて易しい」目標とは東アジアにおいて中国に有利に展開している構造変化を組織化し、それを一層自国にとって確実にすることである。それが第1の「切り札」である2001年11月の ASEAN との FTA 締結合意であった。

東アジアの貿易構造変化

　東アジア（日本を含む）域内貿易構造は急速に変化している。①1980年から2004年にかけて域内貿易比率は輸出で33.9%から51.3%に、輸入では34.8%から60.0%へと、いずれも大きく上昇した。②域内貿易に占める中国の割合は輸出入とも大きく高まっている。輸出では10.4%から21.4%とほぼ2倍となり、日本の22.5%に肉薄している。輸入では7.6%から25.7%へと急増し、2001年以降日本を凌駕し、東アジア域内で最大の輸入国となっている。③中国の総輸入に占める東アジアの割合は1980年の37.2%から2004年には59.7%に高まった（2003年は60.6%であった）。機械4品目総輸入に占める東アジアのシェアは73.1%を、電気機械でのシェアは83.7%にも達する。精密機械は79.0%である（いずれも2004年）。④中国の輸入構造の変化に呼応して、東アジア諸国の中国向け輸出シェアは軒並み上昇している。まさに中国は東

アジアにおいて東アジア諸国の中国向け輸出を誘引する「磁場」の役割を果しているといってよいだろう。

特にASEANの総輸出に占める中国向け輸出シェアは、1980年にはわずか1.0%にしか過ぎなかったが、その後一貫して上昇を続け2004年には7.4%にも達した。ASEANの総輸入に占める中国のシェアは1.8%から8.9%に高まった。一方、中国の総輸入に占めるASEANのシェアは1980年の3.6%から2004年には11.1%に、総輸出に占めるASEANのシェアは6.5%から7.3%になった。両者にとって相互の貿易シェアは必ずしも高くないが、急速に緊密化していることがうかがわれる。だからこそそうした相互貿易の趨勢を踏まえて、中国はまさに「近くて易しい」ASEANとのFTAを最初に締結合意したのである。ASEANも経済発展のためのブレクスルーの有力なテコとみなし、対中脅威を超えて、中国とのFTA締結を決断した。

西部地域と内陸部ASEAN諸国との連携強化を目指す

中国は東部沿海省が資源と環境から産業の受容能力がますます限界に近づいており、産業の中西部への移転さらに所得の地域格差の解消を目指していることはいうまでもない。第10次5ヵ年計画に続き、第11次5ヵ年計画（2006-2010年）でもそれを一段と目指す。中国がASEANとの最初のFTA締結に合意した背景には、さらに以下のようなASEANとの関係やASEANの特性があったからであろう。

中国は東アジア域内諸国の対中輸出を誘発する「磁場」となっている。特に中国のASEANからの輸入の急増これに呼応してASEANの中国向け輸出の拡大で、両者は急速に貿易分野での関係を深めている。しかも相互貿易は機械が中心で高度化している。さらにASEAN諸国を他の東アジア諸国と比べると、次のような特徴を挙げることができる。①内陸部ASEAN諸国と海洋部ASEAN諸国の2つのグループより構成されている。②前者は地理的に中国と隣接するか近隣に位置している。内陸部ASEAN諸国も地理的にほとんど相互に接している。③内陸部ASEAN諸国はタイを除き、経済発展段階では後発組で工業化の水準は先発組に比べ低い。④後発組の対中貿易規模は輸出入とも極めて小さいが、中国とは国境貿易という長い伝統

を持つ。⑤ASEAN内陸部諸国と国境を接する華南における対ASEAN貿易額は185億ドルに達し、中国全体の38.7％にもなるという（中国の総輸出入に占めるインドシナ半島4ヵ国（CLMV）のシェアはそれぞれ1.0％、0.5％である。2004年）。

　中国は上記のような特徴を有する内陸部ASEAN諸国との経済的連携を強化することによって、西部地区開発と安全の両方を解決し得る「鍵」を探し当てたと確信したのであろう。中国はASEANとのFTA締結で合意を得るために次の点で大きく譲歩した。①関税引き下げのツールとして、AFTAが域内関税率低下のために用いてきたCEPT（共通実効特恵関税）および関税引き下げプログラムの援用。②WTO未加盟のラオスとカンボジャの後発組への一方的に最恵国待遇の供与。③熱帯性農産物輸入のいわゆる「アーリー・ハーベスト・プログラム（EHP）」を認めたこと。中国はEHP[17]対象品目の関税率を2004年1月1日からゼロとした。一方ASEAN後発組に対しては関税率ゼロとする期間を最長2009年まで繰り下げた。④メコン川流域諸国に対する経済協力。[18]

　これら4つのうちASEANがもっとも関心を持ったのがEHPである。EHPはASEAN側からの要望からはじまった。それは、中国・ASEAN間貿易で機械そのうち電機の比重が高まるものの、そのほとんどが外資系企業によるもので、ASEAN地場産品で輸出拡大が期待できるものはトロピカルフルーツなどを除き多くなかったからである。さらに中国とASEANは気候が異なることから栽培される野菜と果物の種類が違うことから、相互補完的である。2000年から2004年にかけてEHPを含む農産物輸出シェアは中国から対ASEANで5.0％から8.9％に、ASEANの対中で4.7％から10.5％に上昇した。しかし中国の対ASEAN輸出入におけるEHPのシェアはわずか0.2％（10億ドル）と極めて低い。[19]さらに穀物などセンシティブ品目は除外されている。中国にとってEHPのコストを極めて低く、すぐ後で指摘するように、多分に政治的配慮の強い決定であったということである。

　第2は経済協力である。そのうちもっとも重視したのが全長4880kmの国際河川であるメコン川の活用と開発である。これによってその流域の中国、ミャンマー、ラオス、カンボジャ、ベトナムおよびタイの6ヵ国の経済発展

を目指す。中国は1人当たり年間所得が1000ドルを超えたばかりの発展途上国であるが、第2の「切り札」であるASEAN後発組への経済協力を図ることによって、国境貿易の拡大を通して中国の西部地区との連携を強化し同地区の経済発展を目指す。

メコン川流域でもっとも地の利を得ているのが中国とタイである。中国は雲南省を中心にミャンマー、タイおよびラオスの3ヵ国と国境を接している。タイはミャンマー、ラオス、カンボジャおよびマレーシアの4ヵ国と国境を接する。タイの1人当たり所得は2246ドルとメコン地域内で最も高い。タイは中国が自国の地政学的立場を活用して経済発展を目指す西部地区にとって格好のパートナーである。つまり中国は内部で最も発展の遅れている地区と相対的に発展している周辺や隣接地区とリンクさせるという地域戦略を展開するに最も妥当な舞台であるということである。

タイはASEAN・中国FTA締結合意で中国が支援しようとしている「メコン川流域」開発で、思わぬ「僥倖」を享受している。ASEAN域内先進国としてタイはかつて隣接・近在諸国を含む「バーツ経済圏」を創設しその盟主となり貧しい北部の産業振興を図ろうとしたが、1997年に発生したアジア通貨危機でその目論見は挫折した。しかし「メコン川流域」開発でその構想は息を吹き返したようにみえる。事実中国との国境貿易は活発化している。こうした動きに呼応して、タイはラオスに鉄道建設に協力しようとしている。中国は上海浦東新区の経験を生かしミャンマーに開発区の建設に協力する。タイはEHPとともに「メコン川流域」開発で「自分の居場所」を探し当てたといっていいだろう。タイに国境を接する周辺・隣接国に対する直接投資も急増している。例えば1988年に外国投資法制を制定して外資の積極的導入を図ってきたラオスにおいて、外国投資案件は2003年11月現在1000件近くにも達し、タイの比率は案件で35％、金額ベースで45％にも達する。またタイはASEAN域内で「アジアのデトロイト」として、自動車の生産拠点としての地位を確立しつつある。これに対してタイ以外のシンガポールを除くマレーシアをはじめ先発ASEAN諸国は「自分の居場所」を探しあぐねている状況であるようにみえる。ただし先発ASEAN諸国全体にとって、後発組への財政的負担が軽減されることは間違いないであろう。中国は上海浦東

新区の経験を生かしミャンマーに開発区の建設に協力すると同時に、ミャンマーのインド洋に面するシャットウェから昆明まで1500kmのパイプライン敷設構想を始動させた。[20]

中国にもEHPと「メコン川流域」開発は期待以上の効果をもたらした。これはタイを中心に国境貿易の活発化であり、西部地区の経済活動に動意をもたらしたことである。さらに特に中国で最も西部に位置する新疆ウイグル自治区のウルムチは中央アジア諸国との交易の活発化により、繊維製品や靴類、電化製品を中心に、往復貿易額は1991年の4.3億ドルから56.4億ドルに急増した。[21] カザフスタンとの交流では、中国は衣服、履物、調味料さらに住宅用レンガなどを輸出し、貿易額は2001年の3億ドルから2004年には2倍以上の6.6億ドルに達した。中国側輸出基地となったホルゴスに、生産型企業は44社を数え、今後3-5年の投資は100億元（1500億年弱）にも達する見通しだという。[22] この効果は限定的であろうが、社会的安定をそこないかねない西部地区からの膨大な「民工」の流出テンポを少しでも緩和させることになろう。事態がその方向に向うならば、社会的安定の確保はもとより中央政府の西部地区への財政的負担を大きく軽減することになる。中国にとって対ASEAN貿易におけるEHPの比重は極めて低い。さらにカンボジャに対し30億ドルの債権の放棄を決定したが、現在9000億ドル近い世界最大の外貨準備高を誇る中国にとって負担は小さい。2001年11月に中国はASEANとFTA締結に合意したが、その際朱鎔基首相は「お金で安全を買う」（中国語で「花銭買安全」という）、「ASEAN側に利益を譲って中国は安全を確保する」と語ったという。[23] ここに中国のASEANとのFTA締結合意の戦略性をみることができる。

以下ASEAN・中国FTA締結合意後の「メコン川流域」開発の動きをみよう。

2000年7月バンコクで開催されたASEAN外相会議はASEAN域内格差を是正するため「メコン流域開発」(Greater Mekong Subregion＝GMS) を提唱したが、その後中国はASEAN外相会議で雲南省（1人当り年間所得695ドル、人口4284万人）をGMSの一部として参加させることを表明した。[24] 同年11月ASEAN首脳会議はシンガポールと中国雲南省の（昆明）間の全

長5500キロメートルにおよぶ「アジア縦断鉄道建設計画」を承認した（事務局はマレーシア運輸省に設置された）。建設費用は25億ドルと見込まれ、韓国には資金と技術協力を要請した。さらに2002年11月プノンペンで開催されたASEAN首脳会議と並行して、中国をはじめタイ、ベトナム、ラオス、カンボヂャ、ミャンマーの6ヵ国が参加して「大メコン流通圏会議」が開催された。参加国首脳は今後10年間に11件、10億ドル規模の開発計画を発表した。このプロジェクトには、貿易促進のため国境通関の簡素化や電力取引、中国南部・タイ北部・ベトナム中部・ミャンマー南部をつなぐ幹線道路の建設、観光分野などが含まれる。中国は全面的な支援を表明した。中国は既にASEANに対する農業部門の経済協力として、収穫の多いハイブリッド米の栽培や化学肥料、利水さらに研修生の受け入れなどを実施しているが、これらに加えてバイオテクノロジーや漁業、林業などの分野での共同研究と人材育成を提案している。いずれも直接的には西部開発とのリンクを狙ったものである（日本も2003年12月東京で開催された日本・ASEANサミットで人材育成およびメコン川流域開発にそれぞれ3年間で15億ドル、合計30億ドルの協力を表明した。後者には約120の具体的措置が盛り込まれた）。

　内陸国で地理的に中国と隣接・近接しているASEAN諸国も積極的に呼応して、国境貿易さらに中国からの直接投資の増加を通じて中国との経済関係の強化を期待している。既に指摘したように中国とタイの国境貿易は活発化している。例えばメコン川上流にある河川港雲南省景洪につながるタイのメコン川最大の河川港であるチェンセンの2004年貿易の伸び率は中国を中心に輸出で前年比12.2％、輸入で実に89.7％という高いものであった。輸出品目は乾燥竜眼、ゴム、パーム油などであり、輸入はりんご、なし、加工木材、ニンニクなどいずれも野菜、果物、一次産品である。2004年タイにとって中国は米国を抜き日本に次ぐ2番目の輸入相手国となった。中国のASEANへの2003年までの直接投資累計額は9.41億ドルで、中国の対外直接投資の2.8％で、設立企業数は857社を数える。ベトナム、ミャンマー、カンボヂャ、ラオス向けが大きく、タイを含めるとインドシナ半島諸国への投資が74％も占める。2004年に入りハイアールをはじめ中国企業のインドシナへの進出が急増している。2004年11月中国はベトナム国境に近い南寧でASEAN企業

1500社を招き「中国ASEAN博覧会」を開催した。2005年10月には第2回目が開催された。もっともASEANの対内直接投資に占める中国の比重は1％以下と極めて低い。業種では製造業が圧倒的に多く、その動機は「市場開拓」である[26]。

中国は海外投資促進法（「走出去」＝外に出て行く）を1979年に制定し、2000年代に入ると一段と企業の海外進出を奨励している[27]。中国は膨大な外貨準備高を背景に経済協力と一緒になっていずれ第3の「切り札」である直接投資をとくにASEANに対し政治的かつ選択的に行使するだろう。なお経済協力に関し、中国政府は巨額な外貨準備高を背景に「中国版」ODAを本格的に展開しようとしている。中国の経済計画を立案する国家発展改革委員会のシンクタンクは、中国は潤沢な外貨準備高を外部に還流させる基金を創設し、13の隣接・近隣諸国を中心に中長期の借款で供与して、社会インフラストラクチャの整備を支援することを提言している[28]。

ASEANとのFTAで足元を固めた中国がその先に「東アジア共同体」を目指していることはいうまでもない。

「東アジア共同体」

日本最初のFTA締結調印のため、2002年1月シンガポールを訪問した小泉純一郎首相は「東アジア共同体」構想を発表した。メンバー国はASEAN＋3（日中韓）を中核に豪州、ニュージーランド（NZ）を含むものであった。日本はASEANの支持を確保するために、2003年12月域外初の東京ASEANサミットを主催したが、必ずしも積極的な支持を得られなかった。その後幾多の経緯を経て、「東アジア共同体」の実現を巡り、2005年12月マレーシアの首都クアラルンプールで2つの国際会議が開催された。ひとつはASEAN＋3の首脳会議である。その主たる狙いは「東アジア共同体」の形成を目指し、域内協力の連携強化である。現在既に17の分野で49の域内協力のための協議体が設立されている[29]。もうひとつは「東アジアサミット」である。その参加国はASEAN＋3に加えインド、豪州、NZも参加する16ヵ国である。その狙いも「東アジア共同体」の構築である。

2つの国際会議はいずれも「東アジア共同体」を目指しているが、東アジ

ア域内の大国である日本と中国との間で主導権争いが熾烈である。中国は主導権を握るため、「東アジア共同体」の構成国をASEAN＋3の13ヵ国に限定すべきであると主張する。これに対し日本は16ヵ国に拡大すべきであるという。しかし「東アジアサミット」直後、中国の温家宝首相は同会議に米欧(EU)さらにロシアの参加を促す発言をした。発言の狙いは「東アジアサミット」の場で「東アジア共同体」の議論をさせないためであることは明らかである。「東アジア共同体」のベースを16ヵ国とする日本は中国の影響力を削ぐために、さらに2004年末には米国のオブザーバー参加を要請したが（米国は「東アジアサミット」には不参加)、中国は日本のサミット拡大主義主張を逆手にとって、「東アジアサミット」の場での「東アジア共同体」形成議論の形骸化を狙ったということであろう。この中国の外交的奇策の背後に、中国は東アジア統合の4段階構想のうち既に2つを達成し、以下のような自らが目指す「東アジア共同体」構想を事実上構築したという自信があるのではないだろうか。

　1)「両岸四地」(台湾海峡を挟む中国大陸、香港、マカオ、台湾の4つの地域)のグレーターチャイナの統合を目指した第1段階で、香港とマカオと「経済緊密化協定」(CEPA)を締結し発効している。2)第2段階のASEANとのFTAも締結し、EHPをテコに、両者間の貿易は着実に拡大している。特に対ASEAN・FTAの最大の狙いである所得の低い中国西部地区とタイを中心とする内陸部ASEAN諸国との間で、経済交流活発化の動意がみられる。これに加えて東アジア域内貿易の構造が全て中国に有利に変化しているからであろう。それは既に分析したように次の2点に集約される。①中国の総輸出入における対東アジア貿易の集中(輸入におけるシェアの上昇)と分散(輸出シェアの低下)である。これは中国の対世界輸出戦線の拡大に呼応したものである。②世界経済大国第2位日本の総輸出入における中国のシェアは、輸入で第1位、輸出で第2位となった。一方中国からみると、日本のシェアは輸入で第1位、輸出で第3位である。つまり中国サイドからみると、世界経済大国第2位の日本を完全に中国経済にコミットさせたということである。これら2つの中国に有利に進行している東アジア域内貿易構造変化は今後も一層中国に向かうだろう。これらによって中国は既に東

アジアを自国の工業化と輸出拡大のインフラストラクチャと化し、新しい「太平洋成長のトライアングル」の事実上の主役になっている。さらに中国の対内直接投資額が2000年以降も引き続き順調に増加している。2003年中国の対内直接投資額は535億ドル、2004年606億ドルとなり、第2位の導入国であるシンガポール（160億ドル）の3倍以上である。国際収支ベースでは、中国の対内直接投資額（470.77億ドル）はルクセンブルグ（908.17億ドル）に次ぐ第2位の規模であった。外資の継続的流入で、少ないが内外企業が西部地区への進出もみられる。これ以上中国は国際会議の場で政治的に自己主張する必要がないと決断したのではないだろうか。

第4節　中国の鉄鋼貿易にみる域内分業促進効果

　中国の総輸入で東アジアの比重が高まる中で、日本、NIES、ASEAN別に機械4品目（一般、電気、輸送および精密機械）でのシェア変化は多様である。例えば輸送機器では日本のシェアは上昇しているが、他の3品目では全て低下している。電気機械ではNIESとASEANのシェアは上昇している。一般機械では日本とNIESのシェアは低下しているが、ASEANのそれは上昇している。こうした動きは東アジア諸国間の比較優位構造の変化を反映したものである。それと連動して東アジア諸国の対中輸出シェアの変化があることはいうまでもない。つまり中国の東アジアからの輸入を増加する過程で、東アジア諸国の工業化の進展を反映して財別構成が不断に変化し、同地域の分業構造を変貌させ再編を促進しつつあるということである。これをみるアングルはいくつかあるが、ここでは"a dual hub"として中国の役割を分析する。

　東アジアは日本から資本財や部品を輸入して、組立後米国を中心とする先進国にとりわけ機械製品を輸出するというネットワーク構造を基本的に有する。中国が経済を開放したことにより、そうしたネットワークにもうひとつの新たなリンクを付加した。NIESの産業と輸出構造の高度化によって、特に台湾と韓国が日本から資本財や部品を輸入して、中国やその他の域内諸国向けに労働集約的な加工組立用部品の供給国に成長している。NIESが日本

から部品などを輸入し、それによる製品を米国に輸出するという貿易関係を維持しつつも、日本が担ってきた役割を一部とって代わりつつあるということである。これは中国が"a dual hub"となったということを示すものである。[33)]中国は東アジア域内で別の分野でも"a dual hub"の役割を果たそうとしている。鉄鋼貿易である。同時に鉄鋼貿易でも機械貿易と同様に東アジア域内貿易において「集中」（鉄鋼総輸入に占める東アジアのシェアの上昇）と「分散」（鉄鋼製品総輸出における東アジア向けシェアの低下）の構造を形成しつつある。

東アジアの鉄鋼貿易の構造

東アジア全体の鉄鋼貿易の構造（2003年）として以下のような特徴が挙げられる。

①鉄鉱石の域内輸入比率は17.1％と極めて低い。鉄鉱石輸入の対中間財としての鉄鋼（HS72）輸入比率も19.3％と極めて低い。②鉄鋼の域内貿易比率は輸出で64.2％、輸入で63.2％である。鉄鋼製品（HS73）の域内貿易比率に関し、輸入は71.8％と極めて高いが、輸出は38.2％と低い。③HS72の対世界輸出入規模はほとんど同額である（それぞれ633億ドル、643億ドル）。HS73の対世界輸出入規模は輸出266億ドルに対し、輸入142億ドルである。④HS72とHS73の輸出入規模を比較すると、いずれも前者の方が大きい。⑤東アジアの鉄鋼貿易規模の大きい上位4ヵ国は中国、日本、韓国および台湾である。上位4ヵ国の合計シェアはHS72では輸出50.2％、輸入60.8％である。HS73では、輸出83.3％、輸入59.5％である。東アジア4ヵ国を世界規模でみると次のとおり。HS72の輸入では中国が第1位（14.9％）、韓国第6位（5.5％）、台湾第9位（3.7％）、日本第17位（2.1％）であり、HS73の輸入では米国がトップで（16.3％）、中国第8位（3.6％）、日本第12位（3.1％）、韓国第19位（1.5％）である。輸出ではHS72の最大の輸出国は日本で（10.9％）以下韓国第6位（4.9％）、台湾第10位（3.8％）、中国第16位（2.4％）と続く。HS73の輸出では、第1位がドイツ（14.1％）で、中国が第2位（9.1％）、日本第6位（6.0％）、台湾第8位（3.7％）、韓国第14位（2.5％）である（括弧内の数字は世界におけるシェア）。

表7-6(1) 中国・日本・韓国・台湾の鉄鋼の輸出入規模比較　　　　　（単位：100万ドル）

	HS	年次	輸出	輸入	収支
中国	72	1996	3083	6799	▲ 3716
		2003	3413	22229	▲ 18816
	73	1996	3129	1638	1491
		2003	9455	3377	6078
日本	72	1996	12338	4187	8151
		2003	15750	3102	12648
	73	1996	6292	2099	4193
		2003	6242	2859	3383
韓国	72	1996	4565	6781	▲ 2216
		2003	7136	8208	▲ 1072
	73	1996	2213	1557	656
		2003	2578	1444	1134
台湾	72	1996	2236	4901	▲ 2665
		2003	5449	5536	▲ 87
	73	1996	3468	815	2653
		2003	3894	736	3158

（資料）中国貿易統計より作成。以下表7-6（6-2）まで同じ。

表7-6(2) 鉄鋼輸出入の域内貿易比率　　　　　（単位：％）

		輸入		輸出	
	HS	72	73	72	73
中国	1996	54.5	60.3	73.9	31.9
	2003	49.4	61.6	65.4	20.3
日本	1996	51.5	58.9	75.7	43.3
	2003	60.0	68.7	82.3	45.5
韓国	1996	49.9	45.2	74.5	35.5
	2003	60.8	50.3	72.2	37.5
台湾	1996	38.6	61.7	82.3	22.4
	2003	38.0	68.6	86.0	21.4

⑥4ヵ国の鉄鋼輸出入規模は表7-6（1）でみるとおりである。HS72に関し、輸入では中国が、輸出では日本がそれぞれ圧倒的な規模を誇る。HS73では中国が輸出入とも最大である。⑦4ヵ国の鉄鋼輸出入の域内貿易比率は表7-6（2）で示すとおりである。共通点はHS72、HS73の域内輸入比率が高いのに対し、鉄鋼製品（HS73）の域内輸出比率が低いということである。特に中国のHS73の域内輸出比率が最も低い。

上記の構造は機械貿易と同様に東アジア域内の鉄鋼貿易は同財最大の輸出入国である中国を中軸に展開されていることを示唆している。つまり中国の域内輸入比率は高いのに対し、鉄鋼製品（HS73）の域内輸出比率は極めて低く、これが域外輸出圧力を強めることになる。後で詳細に分析しているよ

うに、鉄鋼製品の域外最大の輸出先である米国向けの比率が極めて高い。これを支えているのが東アジアからの中間財としての鉄鋼（HS72）の輸入である。まさに「集中」（東アジアからのHS72の輸入シェアの上昇）であり、米国を中心とした域外への鉄鋼製品（HS73）輸出シェアの高まりつまり東アジア向け輸出シェアの低下である（「分散」）。こうした過程を通じて東アジア域内で4ヵ国を中心に、中間財や製品間で多層な域内分業構造を形成し再編している。

鉄鋼生産と貿易における中国の地位

　世界の年間粗鋼生産量は1973年にはじめて7億トンを超えたが、その後石油危機の影響で先進国の経済成長が鈍化し、1999年まで8億トンを超えたことは1度もなかった。しかしその後世界全体の粗鋼生産量は上昇に転じ、2003年には9.68億トンになり、2004年には10億3500万トンに達した。中国は世界最大の粗鋼生産国で、生産量は1996年にはじめて1億トンを超え2003年の2.22億トンを経て、2004年には2億7246万トンになった。世界の粗鋼生産量に占める中国のシェアは26.3％で、第2位日本のシェア10.8％の2.4倍である。第3位は米国でシェアは9.5％である。国際鉄鋼連盟がまとめた2005年の世界の粗鋼生産量（速報）は前年比5.9％増の11億2936万トンである。これは過去最高である。価格の安定を目指し日本をはじめ先進国は軒並み減産をしたのに対し、中国は前年比24.6％増の3億4936万トンとなり、世界全体の約3分の1（30.9％）を占める。しかし、中国の生産設備能力は約4億7000万トンあるとみられるので、過剰生産能力はおよそ1億2000万トンにも達する。これは世界第2位の生産能力を持つ日本の生産量に相当する。

　中国の粗鋼生産量は8年間で約2.5倍になったということで、それは年間約3000万トンずつ増加していることになる。そのため中国はその分の原料を調達しなければならない。原料調達の方法として次の3つがある。①国内の鉄鉱石の増産。中国国内の鉄鉱石生産量は1997年の2億6862万トンをピークに減少していたが、2002年以降増加に転じ、2004年には3.10億トンになった。中国産出鉄鉱石の鉄含有量は50％で（30数％以下という説もある）、世界最高の65％はもとより世界平均を下回る。全体として国内の鉄鉱石生産量の増加

は今後期待できないであろう。②海外から鉄鉱石の輸入（HS26）。鉄鉱石の輸入は数量ベースで、1980年の701万トンから1985年に1000万トン、1997年に5000万トンさらにその後急増し、2002年以降1億トン台に乗り、2003年には1億4813万トンを経て、2004年には2億トンを超えた。2003年の輸入先上位3ヵ国は豪州、ブラジルおよびインドで、3ヵ国の輸入合計シェアは87％にもなる。鉄鉱石の輸入依存度は1992年に10％台に、1997年に20％台にそれぞれ乗るとともにその後上昇の一途をたどり、2003年には50％台に乗り、2004年には57.3％に達した。金額ベースでは中国は日本（世界シェアの20.9％）に次ぐ第2位（20.1％、72億ドル、いずれも2003年値）の輸入国である。③鋼材の輸入。鋼材の輸入量は1990年代初頭まで大きな変動がみられるが、その後はほぼ一貫して増加しており、2003年には過去最高の3717万トンに達したが、2004年には2930万トンに低下した。鋼材の輸入依存度（対鋼材生産）もほぼ同様な動きをみせ、1990年代以降10％台で推移し、2003年には16.7％になったが、2004年には9.8％に低下した。金額ベースでは中国は世界最大の輸入国である。2003年の輸入額は256億ドルで、世界輸入の10.5％を占める。日本の輸入シェアは2.4％で世界第14位である。一方輸出でも中国は世界でプレゼンスを高めおり、世界シェアは1999年の3.5％から2003年には5.1％となり世界第7位の輸出国である。日本（8.8％）はドイツ（11.8％）に次ぐ世界第2の輸出国である（いずれもHS72とHS73の合計）。

中国の鉄鋼貿易構造の変化

鋼材を中間財としての鉄鋼（HS72）と鉄鋼製品（HS73）に分離して両者を比較すると、前掲表7-6（1）から、中国の特徴的構造として次の点があげられる。中国は世界最大の鉄鋼関連財（HS72＋HS73）輸入国で、輸出でもプレゼンスを急速に高め、対外的に大きな影響力を及ぼしている。輸入では、鉄鋼（HS72）が鉄鋼製品（HS73）を大きく上回る。輸出では逆に鉄鋼製品が鉄鋼を大きく上回る。これは中国が鉄鋼を輸入し、鉄鋼製品を輸出するという構造をみせたものである。事実、HS73とHS72の輸入比率を比べると圧倒的に後者の規模が大きく、2003年では0.15と1995年の0.37に比べ半分に低下した。一方、輸出（HS73/HS72）では、1996年には両者の規模は

ほぼ同じであったが、2003年には鉄鋼製品（HS73）が素材としての鉄鋼（HS72）の2.8倍となった。

中国の鉄鋼貿易の基本構造は中間財としての鉄鋼（HS72）を日本、台湾および韓国の東アジア3ヵ国からほとんど輸入し、鉄鋼製品（HS73＝レール、パイプ、ガス容器、ケーブル、鋼板など）として米国さらに日本などに輸出することである。つまり中間財としての鉄鋼を東アジアから調達し、製品として米国を中心とする域外に輸出するということである。これが既に指摘した「集中」と「分散」のメカニズムである。この過程で、中国は東アジア域内で不断に分業構造を変化させている。HS4桁ベースで中国、日本、台湾および韓国を中心に分業構造の変化を分析すると、以下のような特徴を指摘しえる。

1）4ヵ国の対世界輸出入上位10品目のシェアおよび累積シェアをみたのが表7-6（3）である。次の特徴がある。①HS72の29品目中輸出入とも上位10品目の累積シェアは各国とも80％以上を占める。輸出では中国を、輸入では韓国を除き、むしろ上位10品目の累積シェアは高まっている。②HS73（26品目）でも輸出入上位10品目の累積シェアはいずれも80％以上である。輸入では4ヵ国とも1996年に比べ一層高まっている。輸出では日本を除き他の3ヵ国では低下。③HS72およびHS73のそれぞれ輸出入とも上位3品目の累積シェアはほとんど50％を超えるかそれに近い。つまり4ヵ国とも貿易財として両財の取引品目数は極めて少ないということである。

2）HS72およびHS73を4桁ベースでみて、4ヵ国の輸出入に関し次の特徴が観察される。①HS72で、4ヵ国共通して上位10位に入っているのは、輸入で7204（鉄鋼のくずなど）、7208（鉄又は非合金鋼のクラットロール製品）、7210（鉄又は非合金鋼のクラットロール製品、クラッドしたもの）および7219（ステンレス鋼のフラットロール製品、幅が600ミリメートル以下のもの）の4品目、輸出で7208、7209（鉄又は非合金鋼のクラットロール製品、クラッドしたものを除く）および7210の3品目である。②HS73においては、輸出で7306（鉄鋼製のその他の管及び中空の形材）、7307（鉄鋼製の管用継手）、7318（鉄鋼製のねじ、ボルト、ナットなど）および7326（その他の鉄鋼製品）、輸入で7307、7308（構造物及びその部分品）、7318および7326の各4品目であ

表7-6(3) 東アジア4ヵ国の鉄鋼の対世界輸出入上位10位品目の構成 (単位：%)

HS	輸入								輸出							
	中国		日本		韓国		台湾		中国		日本		韓国		台湾	
	1996	2003	1996	2003	1996	2003	1996	2003	1996	2003	1996	2003	1996	2003	1996	2003
7201			3.0	3.4	5.8	3.3	2.9	3.2	16.6	3.7						
7202			32.9	40.7	8.2	10.1	7.5	11.7	22.7	33.1						
7203					2.1										1.7	
7204	2.6	6.3	5.0	6.1	13.9	15.3	4.5	14.3			2.6	6.6		2.3		
7205			2.2	2.7												
7206																
7207		6.5	1.8		15.9	13.6	29.6	31.7	20.2	9.8		4.4	2.2			
7208	17.6	16.1	28.4	16.6	20.6	24.7	13.6	9.4	17.0	10.0	11.3	19.6	29.4	17.4	14.8	11.2
7209	24.2	18.9	9.4	8.8					3.4	2.6	17.3	9.8	18.1	17.3	23.2	18.0
7210	12.4	17.8	6.0	5.4	4.4	4.4	8.0	4.6	1.6	4.1	18.1	16.4	17.2	22.8	14.9	24.5
7211		1.2														
7212	2.6	1.3									1.9			1.5		
7213	10.6		1.7		3.6	3.6	3.4	2.9	2.5	8.9	2.7	2.2			4.0	2.3
7214	7.2					4.1			3.4	7.3		2.3				1.1
7215																
7216	2.2				5.4	2.8	3.5		4.7		3.9		4.0	4.3	2.4	1.7
7217				2.7					2.4	4.8			2.8	2.7		
7218																
7219	7.0	15.0	1.7	3.7	7.0	5.2	10.5	8.8			11.3	8.2	11.0	17.3	19.6	24.6
7220		1.8									2.8	2.2			1.8	1.7
7221													3.3		2.2	
7222											1.9					
7223				2.0							1.8	1.8				
7224																
7225	3.6	5.4						1.7		2.3	12.2	12.9		2.4	2.2	2.6
7226																
7227							2.5	2.3								
7228																
7229																
合計	90.0	90.3	92.1	92.1	86.9	87.1	86.0	90.6	94.5	86.6	84.1	84.6	88.4	89.8	87.9	89.9
7301											3.8					
7302		1.1					3.2	12.2								
7303																
7304	19.4	17.1	2.3		27.1	15.7	20.9	15.4	4.6	3.7	28.0	23.6				
7305	1.8	5.3									9.3	15.3		3.2		
7306	10.4	7.4	6.3	2.0	5.0		5.1	4.0		3.3	4.5	3.5	17.9	15.7	4.1	6.8
7307	4.7	4.9	11.9	11.1	8.6	8.8	11.7	6.6	9.3	5.5	4.6	3.7	4.1	8.5	4.3	3.3
7308	17.2	6.1	12.9	15.3	6.2	9.6	9.8	11.7	10.5	11.4	3.7	3.0	14.9	16.0		
7309	3.3															
7310							3.6									
7311					3.4											
7312	1.7	4.7		2.5	3.3	3.2	4.0	6.1			3.7	2.9	10.2	14.2		
7313																
7314									3.3							
7315			2.5	2.1		3.2	3.7	3.6	4.4		4.6	4.1			2.5	1.6
7316																
7317										3.0	5.2	5.1	1.6	2.4		
7318	9.6	22.9	12.0	12.6	6.1	7.6	10.0	11.5	8.4	8.5	19.0	21.3	5.7	4.4	36.6	43.2
7319																
7320	2.4	9.2									3.7	4.5				
7321			2.5	2.2					3.7	7.2				2.3	2.0	2.2
7322																
7323			10.1	11.3	3.2	4.4	4.2	3.3	16.5	18.2			10.3	3.8	9.1	8.4
7324															2.8	3.3
7325			4.0	3.0	4.8	5.8			12.1	6.4			5.5	4.1	3.2	2.3
7326	18.1	14.6	22.8	26.7	13.3	21.8	10.4	10.9	13.1	17.7	7.4	8.3	5.7	9.5	27.1	20.3
合計	88.6	93.3	87.3	88.8	81.0	83.7	83.0	85.3	85.9	84.9	88.5	90.2	83.3	86.8	93.6	93.8

る。③4ヵ国輸出入上位3品目に関し、HS72およびHS73のいずれにおいても、一部重なる品目があるがかなり異なる。④いずれも各国の比較優位構造を反映したものである。

3) HS72およびHS73の4桁ベースの品目名は別表のとおりである。ところで4桁分類の配列はどのような経済的意味が有するのであろうか。同表より次の特徴があげられる。①HS7201-7205は製銑から抽出された加工度の低い銑鉄を中心とする中間財。フェロアロイは鉄以外の成分を含む鉄鉱石である。②数字が大きくになるにつれて「鉄又は非合金鋼」→「ステンレス鋼」→「その他の合金鋼」と生産工程が川上から川下となっていき加工度が高まっている。③HS7301-7308は構造物とその部分品である。④HS7317以降は家庭用雑貨である。

4) 国別特徴

中国［表7-6（4-1）、表7-6（4-2）］：輸入については次の特徴がある。①HS72、HS73とも東アジアが最大の輸入先である。東アジアのシェアはHS72では1996年の54.5％から2003年には49.4％に低下したが、HS73では60.3％からわずかであるが61.6％に上昇した。品目別の東アジアのシェアは同表でみるとおりである。②国別ではともに日本が最大の輸入シェアを占める。日本のシェアはHS72では1996年の34.2％から2003年には19.2％へと大幅に低下したが、HS73では25.3％から31.8％に高まった。第2位と第3位はHS72、HS73のいずれにおいても台湾、韓国である。③上位3品目の最大の輸入先はHS72（7209、7210、7208）、HS73（7318、7304〔鉄鋼製の管及び中空の形材、継目なし〕、7326）のいずれも日本である（ただしHS7209のみ第1位が台湾18.5％で日本は第2位13.3％である）。輸出での特徴は次のとおり。④HS72の最大の輸出先は東アジアであるが1996年の73.9％から2003年には65.4％に低下した。国別輸出先順位は、第1位が韓国（22.0％）、第2位日本（15.9％）、第3位（10.6％）である（括弧内は2003年値）。HS73の最大の輸出先は米国で18.0％から29.1％へと一層高まり、東アジア向けシェアは31.9％から20.3％へと低下した。東アジアの国別向け輸出では、日本10.1％（第2位）、香港6.8％（第3位）である。④輸出先として日本の役割は大きくない。ただしHS7202（フェロアロイ）の日本向けシェアは3

表 7-6 (4-1) 中国のHS72とHS73の輸入上位10品目と第1位と東アジア上位3位の輸入先

(単位：%)

HS	年次	第1位		東アジア諸国						東アジア計
72	1996	日本	34.2	台湾	8.0	韓国	12.3			54.5
	2003		19.2		16.2		14.0			49.4
7204	1996	米国	20.5	香港	1.7	日本	36.1	台湾	1.0	38.8
	2003		32.4		18.9		15.9		2.0	36.8
7207	1996	ロシア	60.3	日本	46.7	韓国	4.0			50.7
	2003		26.5		5.2		1.4			6.6
7208	1996	日本	21.4	韓国	18.5	台湾	2.2			42.1
	2003		15.5		12.9		7.0			35.4
7209	1996	台湾	13.5	日本	35.0	韓国	14.7	タイ	0.0	63.2
	2003		18.5		13.3		12.5		2.7	47.0
7210	1996	日本	58.0	台湾	7.7	韓国	12.7	マレーシア	0.1	78.5
	2003		29.0		22.1		17.1		2.1	70.3
7211	1996	台湾	12.9	日本	48.9	韓国	7.8	中国	1.3	72.1
	2003		47.1		19.7		17.0		1.6	85.4
7212	1996	台湾	16.3	韓国	12.8	日本	55.5	中国	1.2	87.1
	2003		40.5		34.3		13.6		1.3	91.3
7219	1996	韓国	19.6	台湾	9.1	日本	53.0			81.7
	2003		23.4		22.9		16.1			62.4
7220	1996	台湾	8.1	日本	67.1	韓国	10.2	マレーシア	0.0	86.6
	2003		38.0		25.1		10.5		2.4	77.4
7225	1996	日本	65.6	韓国	3.0	台湾	8.6	中国	0.1	77.3
	2003		44.3		11.9		8.7		1.8	66.7
73	1996	日本	25.3	台湾	16.9	韓国	7.3	中国	1.8	60.3
	2003		31.8		11.6		10.9		3.7	61.6
7301	1996	日本	0.1	台湾	12.5	韓国	40.0			52.6
	2003		40.0		24.0		16.0			80.0
7304	1996	日本	44.3	台湾	3.8	韓国	1.9			50.0
	2003		50.4		2.3		1.4			54.1
7305	1996	日本	45.1	韓国	3.7	シンガポール	3.0			51.8
	2003		81.4		10.1		2.4			93.9
7306	1996	台湾	39.1	韓国	9.3	日本	15.9	シンガポール	2.2	66.7
	2003		37.5		23.4		13.5		2.0	78.4
7307	1996	ドイツ	7.2	日本	20.2	韓国	9.5	台湾	7.8	40.2
	2003		23.3		22.5		8.1		6.9	40.1
7308	1996	中国	0.1	韓国	8.4	日本	8.8			17.3
	2003		13.7		13.3		7.6			34.6
7312	1996	韓国	5.7	日本	33.8	タイ	0.0	台湾	5.7	45.2
	2003		51.5		20.3		3.0		1.7	76.5
7318	1996	日本	32.8	台湾	22.3	韓国	11.4	中国	2.4	81.4
	2003		33.0		15.2		7.4		3.3	64.5
7320	1996	米国	5.2	日本	41.2	韓国	5.6	台湾	18.6	69.9
	2003		35.8		21.1		9.1		8.9	47.9
7326	1996	日本	25.3	台湾	29.7	韓国	9	中国	4.8	83.6
	2003		30.7		15.8		10		7.2	69.6

(注) 順位は2003年時点。次表も同じ

表7-6(4-2) 中国のHS72とHS73の輸出上位10品目と第1位と東アジア上位3位の輸出先
(単位:%)

HS	年次	第1位	東アジア諸国			東アジア計
72	1996	韓国 29.5	日本 16.8	香港 9.8	台湾 6.7	73.9
	2003	22.0	15.9	10.6	8.1	65.4
7201	1996	日本 22.0	韓国 48.5	台湾 7.1	タイ 6.9	90.8
	2003	40.8	37.5	9.4	7.7	98.8
7202	1996	日本 31.8	韓国 20.6	台湾 1.9	タイ 2.4	58.8
	2003	32.1	17.1	11.0	2.2	64.0
7207	1996	台湾 21.8	韓国 38.5	香港 4.4	ベトナム 6.0	97.3
	2003	34.3	21.5	12.6	10.2	100.0
7208	1996	韓国 42.7	香港 4.8	日本 15.9	タイ 3.5	70.2
	2003	45.9	4.9	4.3	4.0	66.9
7209	1996	イタリア 0.0	フィリピン 0.9	ベトナム 4.0	インドネシア 6.9	69.3
	2003	15.5	13.5	10.6	8.5	53.0
7210	1996	香港 51.0	インドネシア 0.6	マレーシア 5.8	フィリピン 0.9	59.3
	2003	20.8	8.4	7.5	5.1	44.6
7213	1996	韓国 12.5	香港 58.4	日本 0.0	タイ 14.5	88.1
	2003	41.6	11.1	9.0	6.3	73.4
7214	1996	香港 52.0	韓国 3.6	シンガポール 5.1	ミャンマー 4.2	76.1
	2003	41.8	23.0	12.0	10.0	94.0
7217	1996	香港 18.2	インドネシア 1.0	マレーシア 5.7	日本 2.7	27.6
	2003	19.9	5.4	4.7	3.6	33.6
7225	1996	香港 43.1	マレーシア 1.7	北朝鮮 2.4	タイ 3.9	52.2
	2003	47.3	1.9	1.6	1.0	53.0
73	1996	米国 18.0	日本 13.7	香港 14.1	韓国 4.1	31.9
	2003	29.1	10.1	6.8	3.4	20.3
7304	1996	米国 16.4	台湾 10.1	韓国 9.6	シンガポール 5.4	35.5
	2003	24.3	7.9	6.8	4.2	23.0
7306	1996	スーダン 0.1	香港 36.9	フィリピン 0.2	ミャンマー 1.8	40.0
	2003	27.9	10.5	6.2	2.3	20.6
7307	1996	米国 20.1	日本 15.7	韓国 5.8	台湾 6.4	34.3
	2003	23.7	14.0	5.9	4.7	28.7
7308	1996	米国 5.9	香港 32.9	日本 26.9	韓国 1.7	69.3
	2003	19.7	15.9	15.7	4.4	38.0
7317	1996	米国 39.3	日本 4.3	韓国 1.2	インドネシア 1.7	7.2
	2003	52.6	6.6	1.8	1.7	10.1
7318	1996	米国 13.1	日本 10.1	香港 8.8		18.9
	2003	21.4	10.7	3.7		14.4
7321	1996	米国 26.8	日本 6.8	香港 12.5		19.3
	2003	57.0	5.9	3.5		9.4
7323	1996	米国 13.0	日本 4.0	香港 15.0		19.0
	2003	27.3	7.8	5.5		13.3
7325	1996	米国 27.1	日本 27.1	韓国 11.6	香港 4.8	47.7
	2003	22.7	18.0	9.6	3.1	33.5
7326	1996	米国 20.4	日本 19.2	香港 22.1	韓国 3.3	44.6
	2003	36.8	12.0	10.0	4.0	26.0

分の1以上（34.3％）と最大である。HS73では7306を除きいずれも米国が最大の輸出先。第2位は日本であるが米国向けシェアの約3分の1である。

日本［表7-6（5-1）、表7-6（5-2）］：①輸出入とも東アジアが最大の取引先である。東アジア向け輸出シェアは、HS72では1996年の75.7％から2003年には82.3％に、HS73では43.3％から45.5％へといずれも高まった。輸入における東アジアのシェアはHS72で51.5％から60.0％へ、HS73では58.9％から68.7％へと、いずれも高まった。②事実上の輸入先はHS72、HS73ともには韓国、中国であるとみてよい（ただし順位はHS72では韓国が、HS73では中国がそれぞれ第1位である）。両者合計シェアは両財とも50％以上かそれに近い。③HS72の輸出では韓国と中国を中心とする東アジアである。HS 4桁分類でみると、第1位は韓国か中国である（ただしHS7220は香港が第1位）。HS73の輸出は米国と中国を中心とする東アジアである。ただし米国向けシェアは1996年の22.7％から2003年にはわずかであるが20.6％に下がった。

韓国：①HS72の輸入先は事実上日本である。日本からの輸入シェアは1996年の32.7％から2003年には48.9％に上昇した（東アジアのシェアは49.9％から60.8％に高まった）。HS73の輸入先は中国と日本である。1996年には日本が第1位で34.4％を占め、中国のシェアはわずか9.6％しかなかったが、2003年には中国が24.6％を占め第1位となり、日本は第2位となった（24.4％）。②輸出先はHS72では事実上は中国を中心とする東アジアである。2003年の東アジア向け輸出シェアは72.2％と1996年の74.5％に比べわずかであるが低下したものの、依然圧倒的に大きい。国別では中国向け輸出シェアは1996年の16.2％から2003年には37.6％に上昇した。4桁分類でみると、10品目中7つで中国が第1位である（HS7204、7217〔鉄又は非合金鋼の形鋼〕、7223〔ステンレス鋼の線〕では日本が第1位）。HS73の輸出上位2ヵ国は中国と同じく米国をはじめ次いで日本である。米国向け輸出シェアは1996年の23.2％から2003年にはわずかであるが25.0％に上昇した。日本向けは19.9％から17.5％に低下した。

台湾：①HS72、HS73とも事実上の輸入先は日本である。HS72の東アジアのシェアは1996年の38.6％から2003年には38.0％とほとんど変化がなく、

そのうち日本のシェアは約28％である。HS73では東アジアのシェアは1996年の61.7％から2003年には68.6％に上昇し、日本からの輸入シェアはそれぞれ45.7％、46.8％である。②輸出先はHS72では事実上中国である（香港向けを含め3分の2以上）。HS73は米国向けが約4割である。東アジア向け輸出シェアは1996年の22.4％から2003年には21.4％へとわずかながら低下した。中国向け輸出シェアは0.1％から5.7％に上昇した。

上記東アジア4ヵ国の鉄鋼貿易の基本的構造は良質な中間財（HS72）を日本から輸入し、それを鉄鋼製品（HS73）として、一部は東アジア域内向けに輸出されるが（4ヵ国間の2003年の平均域内輸出比率はわずか18.9％である。表7-6（2）での4ヵ国の域内貿易比率は東アジアを対象としている）、他は域外に輸出される。4ヵ国のうち最大の輸出国は中国で、最大の輸出先は米国である。東アジアの域内鉄鋼貿易は中国を軸に展開されており比較優位構造がみられる。日本、韓国および台湾の中国向け第1位をはじめ上位品目（4桁ベース）は異なる。これを次にみよう。

5）対中輸出を巡る3ヵ国の競合状況

中国市場：1）日本、韓国および台湾の対中輸出第1位の品目が異なる（2003年では日本HS7225、韓国HS7220、台湾HS7210）。2）1996年の第1位の品目とも異なる。3）上位3品目の累積シェアは日本54.1％、韓国63.9％、台湾76.3％で、日本を除き高い。4）3ヵ国ともHS7208/7209/7210の輸出規模が多い（日本はこれらに加えてHS7207（鉄又は非合金鋼の半製品）も多い）。5）台湾が最も対中輸出を増加させた。6）HS73でもHS72と同様の特徴がみられる。①3ヵ国の対中輸出第1位の品目は異なる（2003年で日本HS7304、韓国HS7311〔圧縮ガス用又は液化ガス用の鉄鋼製の容器〕、台湾HS7326）。②1996年でも第1位の品目は異なりしかも2003年時点のそれとも違う。③前2項目は3ヵ国とも比較優位を生かしつつ、中国市場の変化に効果的に対応していることをみせたものである。④台湾が最も輸出を増加させた。⑤日本と韓国は対中輸出品目でかなり重なる。ただし両者の品目の順位や比重が違う。台湾は両国の品目と一部重なるが基本的にはむしろHS73後半の品目である家庭用品が多い。⑥上位3品目の累積シェアはむしろ3ヵ国とも高まった（日本32.4％→66.0％、韓国59.8％→61.9％、台湾60.2％→72.7

表7-6(5-1) 日本のHS72とHS73の輸出上位10品目と東アジア上位3位の輸出先

(単位：%)

HS	年次	第1位		東アジア諸国						東アジア計
72		韓国		中国		タイ		台湾		
	1996	16.7		13.0		11.4		10.3		75.7
	2003	24.2		23.6		9.6		9.5		82.3
7204		中国		韓国		台湾		ベトナム		
	1996	35.1		46.8		5.3		0.3		96.8
	2003	47		35		12.9		1.7		99.4
7207		韓国		台湾		中国		ベトナム		
	1996	44.9		31.3		1.5		0.0		78.2
	2003	52.1		34.9		5.9		5.5		98.8
7208		韓国		タイ		中国		台湾		
	1996	31.8		12		8.5		11.3		78.9
	2003	41.1		17.9		9.7		8.7		87.1
7209		中国		タイ		マレーシア		韓国		
	1996	16.8		26.2		10.8		8.3		81.1
	2003	34.3		12.6		7.8		7.8		84.3
7210		中国		タイ		韓国		香港		
	1996	15.3		7.4		9.2		10.5		64.5
	2003	24.3		9.6		9.5		6.1		67.1
7213		韓国		中国		タイ		マレーシア		
	1996	22.7		16.2		11.3		4.1		62.8
	2003	28.9		18.5		15.1		10.8		82.6
7214		韓国		タイ		中国		インドネシア		
	1996	12.3		22.0		14.0		6.1		78.8
	2003	60.2		9.6		5.8		3.9		86.7
7219		中国		香港		韓国		台湾		
	1996	3.3		29.9		19.4		13.4		81.3
	2003	29		18.2		16.6		9.2		83.8
7220		香港		中国		韓国		タイ		
	1996	22.0		7.5		14.3		7.4		76.6
	2003	17.2		14.8		13.9		8.6		75.1
7225		中国		韓国		タイ		香港		
	1996	22.3		9.6		8.4		3.5		67.4
	2003	42.3		13.0		6.1		5.4		80.8
73		米国		中国		マレーシア		台湾		
	1996	22.7		5.6		5.3		5.5		43.3
	2003	20.6		13.6		8.3		5.2		45.5
7304		中国		韓国		台湾		マレーシア		
	1996	7.7		11.9		6.2		3.9		42.0
	2003	19.7		9.9		4.3		4.0		47.8
7305		マレーシア		中国		シンガポール				
	1996	16.5		0.5		4.9				21.9
	2003	36.1		14.2		2.0				52.3
7306		米国		マレーシア		中国		台湾		
	1996	8.0		10.9		8.0		10.1		60.0
	2003	15.2		10.8		10.8		7.6		45.0
7307		米国		中国		タイ		台湾		
	1996	18.4		4.7		5.4		9.4		46.8
	2003	27.8		13.4		6.8		5.0		40.5
7308		台湾		中国		シンガポール		ベトナム		
	1996	5.5		8.2		3.4		2.7		59.1
	2003	31.1		9.1		7.2		5.6		71.0
7312		中国		台湾		韓国		香港		
	1996	6.9		6.7		8.9		3.9		34.3
	2003	22.3		8.6		6.1		4.1		46.9
7315		米国		シンガポール		タイ		韓国		
	1996	27.8		6.2		8.5		4.3		26.0
	2003	27.9		4.8		4.1		4.1		20.9
7318		米国		中国		タイ		インドネシア		
	1996	38.9		3.3		10.6		6.6		34.1
	2003	35.1		10.0		8.5		5.3		37.6
7320		中国		香港		タイ		インドネシア		
	1996	14.5		9.1		9.1		5.3		58.1
	2003	21.6		18.8		8.1		5.9		67.5
7326		米国		中国		タイ		台湾		
	1996	23.5		8.4		7.3		5.7		51.0
	2003	30.4		13.3		6.9		6.2		45.0

表7-6（5-2） 日本のHS72とHS73の輸入上位10品目と東アジア上位3位の輸入先
(単位：％)

HS	年次	第1位		東アジア諸国				東アジア計
72		韓国		中国		台湾		
	1996	31.5		12.2		7.8		51.5
	2003	30.6		19.2		10.2		60.0
7201		中国		北朝鮮		韓国		
	1996	62.1		2.6		0.0		64.7
	2003	63.0		4.1		3.0		70.1
7202		中国						
	1996	22.1						22.1
	2003	32.8						32.8
7204		韓国		台湾		シンガポール		タイ
	1996	4.7		15.4		3.9		9.1	42.2
	2003	46.2		15.5		6.8		4.9	82.8
7205		中国		台湾		韓国		
	1996	2.4		0.0		0.6		3.0
	2003	44.7		2.1		1.6		48.4
7208		韓国		台湾		中国		インドネシア
	1996	47.8		12.2		8.5		0.3	68.8
	2003	48.7		40.8		3.4		1.8	94.7
7209		韓国		台湾		タイ		中国
	1996	67.2		28.2		0.0		0.2	95.6
	2003	78.6		17.6		0.4		0.4	97.0
7210		韓国		台湾		中国		
	1996	89.3		2.8		0.2		92.3
	2003	73.1		10.4		1.2		84.7
7217		韓国		中国		インドネシア		台湾
	1996	49.2		2.6		0.1		15.1	68.4
	2003	61.7		9.6		6.1		5.6	83.9
7219		韓国		台湾				
	1996	65.0		0.5				65.5
	2003	82.7		2.3				85.0
7223		韓国		中国		タイ		台湾
	1996	28.9		25.2		16.7		7.1	77.9
	2003	52.2		14.8		10.0		3.5	80.5
73		中国		韓国		台湾		タイ
	1996	21.3		18.2		11.1		6.5	58.9
	2003	39.5		13.9		7.7		5.9	68.7
7306		韓国		タイ		インドネシア		中国
	1996	70.6		19.9		1.2		1.7	96.3
	2003	55.0		25.8		4.9		3.8	95.5
7307		中国		韓国		タイ		台湾
	1996	20.8		9.9		13.0		14.7	59.4
	2003	32.1		17.8		7.6		7.5	69.4
7308		中国		韓国		タイ		フィリピン
	1996	28.5		24.9		3.8		2.2	66.9
	2003	33.6		24.7		11.5		3.7	78.3
7312		韓国		中国		タイ		台湾
	1996	54.6		9.0		7.9		6.9	78.5
	2003	52.9		15.1		12.8		5.5	87.9
7315		中国		台湾		韓国		タイ
	1996	23.1		11.5		2.5		0.2	41.7
	2003	47.5		12.9		5.8		3.3	71.7
7318		中国		台湾		韓国		マレーシア
	1996	13.0		26.2		6.1		4.4	54.3
	2003	26.7		25.4		4.0		3.7	64.2
7321		中国		韓国		台湾		
	1996	12.5		8.6		22.4		43.5
	2003	59.3		13.3		7.6		80.2
7323		中国		韓国		タイ		台湾
	1996	18.0		9.2		13.6		8.1	49.7
	2003	57.7		6.0		4.2		3.1	72.7
7325		中国		韓国		台湾		タイ
	1996	64.6		19.1		7.7		2.5	94.8
	2003	73.4		15.6		2.8		2.5	96.4
7326		中国		韓国		台湾		タイ
	1996	30.1		8.7		13.0		3.0	57.9
	2003	49.8		8.3		5.4		3.9	72.2

(別表)

HS	品名
7201	銑鉄及びスピーゲル（なまこ形、ブロックその他の一次形状のものに限る。）
7202	フェロアロイ
7203	鉄鉱石を直接還元して得た鉄鋼その他の海綿状の鉄鋼及び重量比による純度が99.94％以上の鉄（ランプ、ペレットその他これらに類する形状のものに限る。）
7204	鉄鋼のくず及び鉄鋼の再溶解用のインゴット
7205	銑鉄、スピーゲル又は鉄鋼の粒及び粉
7207	鉄又は非合金鋼の半製品
7208	鉄又は非合金鋼のフラットロール製品（熱間圧延をしたもので幅が600ミリメートル以上のものに限るものとし、クラッドし、めっきし又は被覆したものを除く。）
7209	鉄又は非合金鋼のフラットロール製品（冷間圧延をしたもので、幅が600ミリメートル以上のものに限るものとし、クラッドし、めっきし又は被覆したものを除く。）
7210	鉄又は非合金鋼のフラットロール製品（クラッドし、めっきし又は被覆したもので、幅が600ミリメートル以上のものに限る。）
7211	鉄又は非合金鋼のフラットロール製品（幅が600ミリメートル未満のものに限るものとし、クラッドし、めっきし又は被覆したものを除く。）
7212	鉄又は非合金鋼のフラットロール製品（クラッドし、めっきし又は被覆したもので、幅が600ミリメートル未満のものに限る。）
7213	鉄又は非合金鋼の棒（熱間圧延をしたもので不規則に巻いたものに限る。）
7214	鉄又は非合金鋼のその他の棒（鍛造、熱間圧延、熱間引抜き又は熱間押出しをしたものに限るものとし、更に加工したものを除く。ただし、圧延後ねじつたものを含む。）
7216	鉄又は非合金鋼の形鋼
7217	鉄又は非合金鋼の線
7218	ステンレス鋼のインゴットその他の一次形状のもの及び半製品
7219	ステンレス鋼のフラットロール製品（幅が600ミリメートル以上のものに限る。）
7220	ステンレス鋼のフラットロール製品（幅が600ミリメートル未満のものに限る。）
7221	ステンレス鋼の棒（熱間圧延をしたもので不規則に巻いたものに限る。）
7222	ステンレス鋼のその他の棒及び形鋼
7223	ステンレス鋼の線
7225	その他の合金鋼のフラットロール製品（幅が600ミリメートル以上のものに限る。）
7227	その他の合金鋼の棒（熱間圧延をしたもので不規則に巻いたものに限る。）
7301	鋼矢板（穴をあけてあるかないか又は組み合わせてあるかないかを問わない。）及び溶接形鋼
7302	レール、ガードレール、ラックレール及びトングレール、轍差、転轍棒その他の分岐器の構成部分（鉄鋼製の建設資材で鉄道又は軌道の線路用のものに限る。）並びにまくら木、継目板、座鉄、座鉄くさび、ソールプレート、レールクリップ、床板、タイその他の資材で、レールの接続又は取付けに専ら使用するもの（鉄鋼製の建設資材で鉄道又は軌道の線路用のものに限る。）
7304	鉄鋼製の管及び中空の形材（継目なしのものに限るものとし、鋳鉄製のものを除く。）
7305	鉄鋼製のその他の管（例えば、溶接、リベット接合その他これらに類する接合をしたもの。横断面が円形のもので、外径が406.4ミリメートルを超えるものに限る。）
7306	鉄鋼製のその他の管及び中空の形材（例えば、オープンシームのもの及び溶接、リベット接合その他これらに類する接合をしたもの）
7307	鉄鋼製の管用継手（例えば、カップリング、エルボー及びスリーブ）

7308	構造物及びその部分品（鉄鋼製のものに限る。例えば、橋、橋げた、水門、塔、格子柱、屋根、屋根組み、戸、窓、戸枠、窓枠、戸敷居、シャッター、手すり及び柱。第94.06項のプレハブ建築物を除く。）並びに構造物用に加工した鉄鋼製の板、棒、形材、管その他これらに類する物品
7309	鉄鋼製の貯蔵タンクその他これに類する容器（内容積が300リットルを超えるものに限るものとし、内張りしてあるかないか又は断熱してあるかないかを問わず、圧縮ガス用又は液化ガス用のもの及び機械装置又は加熱用若しくは冷却用の装置を有するものを除く。）
7310	鉄鋼製のタンク、たる、ドラム、缶、箱その他これらに類する容器（内容積が300リットル以下のものに限るものとし、内張りしてあるかないか又は断熱してあるかないかを問わず、圧縮ガス用又は液化ガス用のもの及び機械装置又は加熱用若しくは冷却用の装置を有するものを除く。）
7311	圧縮ガス用又は液化ガス用の鉄鋼製の容器
7312	鉄鋼製のより線、ロープ、ケーブル、組ひも、スリングその他これらに類する物品（電気絶縁をしたものを除く。）
7314	ワイヤクロス（ワイヤエンドレスバンドを含む。）、ワイヤグリル、網及び柵（鉄鋼の線から製造したものに限る。）並びに鉄鋼製のエキスパンデッドメタル
7315	鉄鋼製の鎖及びその部分品
7317	鉄鋼製のくぎ、びょう、画びょう、波くぎ、またくぎ（第83.05項のものを除く。）その他これらに類する製品（銅以外の材料から製造した頭部を有するものを含む。）
7318	鉄鋼製のねじ、ボルト、ナット、コーチスクリュー、スクリューフック、リベット、コッター、コッターピン、座金（ばね座金を含む。）その他これらに類する製品
7320	鉄鋼製のばね及びばね板
7321	鉄鋼製のストーブ、レンジ、炉、調理用加熱器（セントラルヒーティング用の補助ボイラーを有するものを含む。）、肉焼き器、火鉢、ガスこんろ、皿温め器その他これらに類する物品（家庭用のものに限るものとし、電気式のものを除く。）及びこれらの部分品（鉄鋼製のものに限る。）
7323	食卓用品、台所用品その他の家庭用品及びその部分品（鉄鋼製のものに限る。）、鉄鋼のウール並びに鉄鋼製の瓶洗い、ポリッシングパッド、ポリッシンググラブその他これらに類する製品
7324	衛生用品及びその部分品（鉄鋼製のものに限る。）
7325	その他の鋳造製品（鉄鋼製のものに限る。）
7326	その他の鉄鋼製品

（出所）日本関税協会『実行関税率表』

%）。

　比較優位構造とその変化は第5章第3節で示唆したように、品目別貿易収支に反映される。鉄鋼貿易を4桁ベースで検証すると以下のようになる。

　まず日本、韓国および台湾3ヵ国の対中品目ベース貿易収支をみると［表7－6（6－1）］をみると次の特徴がみられる。①3ヵ国ともHS72の貿易収支は基本的には黒字である。最大の黒字計上国は日本である。HS73の対中貿易収支は赤字で、日本の赤字は最大である（ただし2003年に台湾は黒字を計上した）。HS73を品目別にみると、韓国と台湾はほとんど全ての品目で赤字

表7-6(6-1)　対中貿易バランス　　　　　　　　　　　　　　　　　　　　（単位：1000ドル）

	HS		1996	2000	2001	2002	2003
日本	HS72	72	1087	1578	1776	2321	3123
		7204	103	208	372	337	485
		7207	▲ 1	25	90	87	40
		7208	18	29	142	213	283
		7209	356	404	330	358	528
		7210	340	337	309	469	627
		7213	53	29	41	68	37
		7214	12	10	9	12	21
		7219	45	196	183	293	373
		7220	26	32	26	38	51
		7225	336	509	364	534	857
	HS73	73	▲ 96	▲ 258	▲ 242	▲ 71	▲ 282
		7304	134	182	245	282	286
		7305	3	6	44	238	135
		7306	21	11	23	19	22
		7307	▲ 37	▲ 60	▲ 55	▲ 58	71
		7308	▲ 58	▲ 77	▲ 24	▲ 122	▲ 129
		7312	12	15	20	19	28
		7315	▲ 8	▲ 9	▲ 17	▲ 15	▲ 18
		7318	6	8	2	9	37
		7320	32	42	36	44	57
		7326	▲ 106	▲ 172	▲ 201	▲ 243	▲ 311
韓国	HS72	72	▲ 343	445	845	1009	1902
		7204	1	3	10	61	66
		7208	▲ 23	▲ 22	2	▲ 4	297
		7209	156	261	225	257	417
		7210	117	187	227	285	460
		7212	11	20	20	27	44
		7216	8	10	▲ 9	▲ 8	67
		7217	8	15	12	17	23
		7219	113	416	438	478	793
		7223	3	5	7	7	6
		7225	8	28	29	57	117
	HS73	73	▲ 24	▲ 25	▲ 45	▲ 17	▲ 45
		7305	▲ 8	1	1	11	6
		7306	11	13	13	21	57
		7307	▲ 13	▲ 14	▲ 22	▲ 22	▲ 27
		7308	▲ 42	▲ 8	▲ 3	12	▲ 34
		7312	8	25	34	46	69
		7317	▲ 1	▲ 3	▲ 5	▲ 7	▲ 8
		7318	9	▲ 2	▲ 2	▲ 5	▲ 9
		7321	▲ 2	▲ 1	▲ 1	▲ 1	▲ 1
		7323	2	▲ 1	▲ 2	▲ 9	▲ 12
		7325	▲ 45	▲ 40	▲ 47	▲ 51	▲ 49
台湾	HS72	72	▲ 343	▲ 408	51	608	1640
		7208	0	3	7	45	167
		7209	1	106	134	200	535
		7210	0	30	61	316	651
		7213	0	14	11	9	34
		7214	1	1	2	2	6
		7216	1	▲ 1	▲ 1	2	28
		7219	2	30	41	172	326
		7220	1	2	1	4	19
		7221	▲ 1	10	11	28	35
		7225	0	0	1	4	34
	HS73	73	▲ 62	▲ 70	▲ 56	▲ 28	84
		7306	0	0	0	3	8
		7307	▲ 21	▲ 18	▲ 14	▲ 10	▲ 11
		7315	▲ 6	▲ 10	▲ 5	▲ 7	▲ 8
		7317	▲ 1	▲ 1	▲ 1	▲ 1	▲ 1
		7318	0	5	6	15	47
		7321	▲ 1	▲ 3	▲ 3	▲ 2	5
		7323	▲ 3	▲ 10	▲ 9	▲ 10	▲ 13
		7324	1	▲ 1	▲ 1	▲ 1	0
		7325	▲ 12	▲ 12	▲ 9	▲ 9	▲ 10
		7326	▲ 1	3	3	16	65

表7-6(6-2) 対日貿易バランス　　　　　　　　　　　　　　　　　　　　（単位：1000ドル）

	HS		1996	2000	2001	2002	2003
中国	HS72	72	▲ 181	▲ 2267	▲ 2305	▲ 3079	▲ 3726
		7201	113	82	▲ 16	▲ 9	51
		7202	221	261	256	269	361
		7207	33	3	▲ 95	▲ 117	▲ 56
		7208	▲ 174	▲ 222	▲ 245	▲ 420	▲ 541
		7211	▲ 49	▲ 42	▲ 42	▲ 50	▲ 52
		7217	▲ 13	▲ 27	▲ 37	▲ 43	▲ 35
	HS73	73	13	190	78	▲ 228	▲ 115
		7307	30	39	40	27	36
		7308	64	96	135	136	154
		7315	12	6	12	10	18
		7317	1	6	6	4	11
		7318	▲ 26	▲ 56	▲ 55	▲ 96	▲ 169
		7323	15	76	100	115	134
		7325	101	95	99	97	107
韓国	HS72	72	▲ 907	▲ 1487	▲ 1610	▲ 2591	▲ 3062
		7204	▲ 160	▲ 172	▲ 210	▲ 204	▲ 314
		7209	82	253	123	42	114
		7210	▲ 43	27	▲ 23	▲ 91	▲ 211
		7212	▲ 13	▲ 14	▲ 8	▲ 10	▲ 11
		7217	27	35	30	33	45
		7219	▲ 241	▲ 108	▲ 53	▲ 154	▲ 126
		7223	10	19	18	17	24
		7225	▲ 92	▲ 131	▲ 110	▲ 125	▲ 116
	HS73	73	▲ 94	31	97	93	100
		7305	▲ 5	1	2	7	▲ 2
		7306	51	38	18	25	18
		7307	▲ 8	8	19	18	33
		7308	49	36	84	74	65
		7312	▲ 1	17	18	21	29
		7317	11	9	6	6	7
		7318	1	▲ 2	▲ 2	▲ 2	▲ 4
		7321	▲ 5	▲ 2	▲ 1	▲ 4	▲ 2
		7323	8	16	20	14	13
		7325	52	41	34	40	44
		7326	▲ 33	18	47	43	37
台湾	HS72	72	▲ 1054	▲ 964	▲ 757	▲ 1029	▲ 1213
		7208	▲ 20	▲ 42	7	▲ 39	▲ 92
		7209	34	21	4	▲ 1	▲ 1
		7210	▲ 283	▲ 249	▲ 123	▲ 151	▲ 179
		7213	▲ 22	▲ 19	▲ 17	▲ 24	▲ 26
		7214	▲ 9	▲ 9	▲ 6	▲ 7	▲ 10
		7216	▲ 79	▲ 26	▲ 25	▲ 19	▲ 23
		7220	▲ 31	▲ 24	▲ 16	▲ 18	▲ 8
		7221	▲ 51	▲ 36	▲ 20	▲ 31	▲ 36
		7225	▲ 79	▲ 86	▲ 63	▲ 68	▲ 64
	HS73	73	▲ 75	▲ 42	5	▲ 12	▲ 98
		7307	▲ 16	▲ 23	▲ 4	2	4
		7315	▲ 14	▲ 10	▲ 4	▲ 5	▲ 7
		7317	6	3	5	5	4
		7318	3	17	30	25	
		7321	9	3	2	▲ 1	▲ 1
		7323	15	28	26	20	18
		7324	3	2	2	2	3
		7325	▲ 46	▲ 66	▲ 46	▲ 55	▲ 52
		7326	80	64	58	48	44

であるが、日本の赤字は特定品目である（HS7308、HS7326）。②HS72の対日貿易収支は中国、韓国および台湾の3ヵ国は大幅な赤字である［表7-6（6-2）］。HS73については、韓国は黒字であるが、他の2ヵ国は赤字であるが小さい。③対韓国貿易収支はHS72では日本と中国は黒字であるが、台湾が赤字である。HS73は基本的には3ヵ国とも赤字である。④対台湾貿易収支は、中国はHS72、HS73とも赤字であるが、日本と韓国はいずれも黒字である。

　上記5）対中輸出を巡る3ヵ国の競合状況および6）品目別収支からみた比較優位と分業構造は先に指摘した中国の"a dual hub"の構造を示したものである。

第5節　輸入の「二層」構造

　ダイナミックな経済発展を反映して、生産に必要な素材や中間財需要が急増し、それらにおいて中国のシェアは急速に上昇している。例えば、アルミ地金需要は1995年の170万トンから2002年には425万トンに増加し、世界需要に占めるシェアは8.5％から16.9％に上昇した。この間、天然ゴムの中国のシェアは13.0％から17.7％に、大豆も10.7％から17.7％へと、いずれも大きく高まった。1995年から2002年にかけてアルミ地金と天然ゴムの世界需要増加分のうち中国がいずれも半分を占め、中国のシェアは大きく上昇した。石油でも中国は需要を急増させ、国際エネルギー機構（IEA）の推定によると、2003年の中国の原油需要は前年比10.9％の日量549万バレルで、日本の2.3％増の542万バレルを初めて抜き、米国に次ぎ世界第2位となった。中国で原油需要が急増したのは、自動車の急速な普及をはじめ家庭暖房燃料の石炭から灯油への切り替え、石炭化学から石油化学への移行であるとみられている。原炭需要も2003年には世界の27.0％を占め世界最大の消費国となった。他の原材料需要も綿花（30.3％）、銅（19.8％）、亜鉛（19.8％）、ゴム（19.2％）、ニッケル（9.6％）も大きく上昇し、いずれも世界有数の需要国となった。

　こうした需要急増により、輸入も急伸している。原油は2004年に入ると一段と輸入の増加ペースを速め、前年比71.2％増となった。中国の輸入は既に

2000年以降急増傾向にあり、2003年石油を含む一次産品（17商品）の伸び率は前年比63.5％を記録した。このうち綿花の輸入伸び率は実に前年比547.0％増さらに穀物（小麦、トウモロコシ、大豆）の伸び率は112.3％、銅59.1％増という高いものである。特に輸出の拡大は入を誘発させ、輸出1.00ドルに対しほとんど同規模の輸入を必要とする（約0.98ドル）。

　上記の輸入品目は機械などの工業製品でなく一次産品である。一次産品の需要は他の東アジア諸国でも旺盛で、中国は同地域から輸入を増やすことはできない。主要一次産品は域外から調達することになる。一次産品の輸入先はいずれも集中している。

　鉄鋼需要が高まり鉄鋼（HS72、73）と並行して鉄鉱石（HS2601）の輸入も急増している。2004年には127億ドルと前年比2.6倍となった。鉄鉱石最大の輸入先は2003年までは豪州であったが、2004年にはインドとなった。インドの輸入シェアは31.8％で、以下豪州（26.3％）、ブラジル（22.5％）、南アフリカ（5.3％）。カナダ（2.4％）、ペルー（2.0％）と続き、上位6ヵ国のシェアは90.3％である（金額ベース）。銅鉱石（HS2603）の輸入も急増している。2004年には前年比1.7倍となった。最大の輸入先はチリ（35.9％）、第2位ペルー（17.9％）で、以下モンゴル（14.1％）、豪州（7.0％）、メキシコ（5.7％）と続き、これら上位5ヵ国の累積シェアは80.6％である（金額ベース）。石炭（HS2701）の最大の輸入先は一貫して豪州であるが、輸入シェアは1998年の74.7％から2004年には43.7％に低下した。代わってベトナムからの輸入が急増し、1998年のわずか10万ドル台から2004年には1億7710万ドルとなり、輸入シェアも約20％に上昇した。以下カナダ（18.3％）、インドネシア（6.0％）、北朝鮮（5.5％）、ロシア（3.8％）と続く。その後に続くモンゴル、NZを含む上位8ヵ国の累積シェアは99.8％となる。

　国内石油の生産量と消費量のバランスは1995年を境に崩れている（標準炭換算）。原油は1996年以降、石油製品は1993年以降いずれもネット赤字である。

　中国の石油（HS27）輸入額は1998年の67億ドルから2004年には480億ドルと7.2倍に増加した。総輸入に占める原油のシェアは4.7％から8.5％に高まった。中国の貿易統計では、石油は原油（HS2709）と石油製品（HS2710）

の合計であるが、両者を分離してその特徴と変化をみると、次の点を指摘できる。①石油輸入に占める原油の割合は1998年の47.7％から2004年には70.6％に上昇した。②原油輸入先の変化。最大の輸入先は2000年までオーマン、2001年イランとなりその後2003年までサウジアラビアとなり、2004年にはアンゴラ（13.9％）となる。2003年までの輸入先第1位はいずれも中東である。③2004年の上位10ヵ国までの合計シェアは79.0％であり、11ヵ国までは82.4％である。④東アジアからの輸入国はベトナム（第7位）およびインドネシア（第10位）のみで合計シェアは7.3％である。⑤数量ベースの輸入は1億2272万MTである（2004年）。最大の輸入先はサウジアラビア（14.0％）であり、以下オマン（13.3％）、アンゴラ（13.1％）、イラン（10.8％）、ロシア（8.7％）と続き、いずれも1000万MT以上である。その後にスーダン（4.7％）、ベトナム（4.4％）と続き、以上7ヵ国の累計シェアは69.1％である。⑥中国は原油を確保するため、海外石油鉱区の買収による自主開発に取組んでおり、2004年時点で海外で実施している原油・天然ガス生産プロジェクトは50件近くもなり、権益を確保した石油可採埋蔵量は4億トンにも達すると推定されている。[36]

　石油製品（HS2710）輸入では次のような特徴と変化を指摘できる。①石油輸入に占める割合は1988年の1.6％から2004年には19.2％に上昇した。②最大の輸入先は一貫して韓国で2004年のシェアは29.4％である。上位11ヵ国の合計シェアは93.2％に達する。③上位11ヵ国のうち東アジアのシェアは73.1％も占める。日本のシェアは6.4％（第4位）（いずれも2004年、金額ベース）。④数量ベースの輸入は3787万MTである。最大の輸入先は韓国（26.9％）で、以下シンガポール（24.4％）、ロシア（14.6％）と続き、これらを含み100万MT以上の輸入先数は8ヵ国で、合計シェアは88.4％となる。

　中国の総輸入に占める一次産品比率は1980年の34.5％から2004年には20.9％に低下した。しかし一次産品の輸入規模自体は大きくなっておりしかもその多くは世界輸入でのシェアを高めている。世界輸入における中国のシェアは、例えば鉄鋼（SITC 281）は2000年の14.1％から2003年には28.7％へ、非鉄金属（同288）は8.9％から16.4％に、銅（同682）は10.5％から16.8％へ、ニッケルは2.0％から8.8％へと、いずれも急上昇している（UN, *Interna-*

tional Trade Yearbook 2003)。主要一次産品の輸入先は鉄鉱石や原油にみられるように域外である。南米の中国向け一次産品が急増している。南米の中国向け輸出は鉄・銅鉱石、大豆・大豆油、石油などが中心で、これらの品目だけで7割を占める。南米の対中一次産品輸出で最も特徴的なことは各国とも異なる2品目に集中していることである。ブラジルの輸出の6割は鉄鉱石と大豆・大豆油が占める。アルゼンチンは大豆・大豆油と原油、チリは銅鉱石・精錬銅と木材パルプ、コロンビアはフェロニッケルと銅、ペルーは魚粉と銅鉱石、ベネズエラは鉄鉱石・還元鉄と石油で、それぞれ6-9割を占める。[37]

一方、東アジアからの輸入では機械のシェアが高まっている。機械産業と一次産業は産業連関構造では深いところで相互に関連しているが、両者は別個の動きをしているかのようにみえる。そうした機械産業と一次産業にみる輸入の動きを「二層」構造と称してもよい。

日本の輸入構造もそうであった。これは第5章「急増する製品『逆輸入』とその含意」で示唆した「生産体系輸入」に象徴される。しかしその後の日本の一次産品輸入において重要な構造変化を及ぼす2つのことが進行した。第1は粗原材料から製品原材料輸入への代替である。第2は省資源と省エネルギーである。中国の輸入ではどのようになっているのか。これをみる前に日本の経験を分析しよう。

日本の経験

戦後日本の鉄鋼関連輸入は国内の資源賦存状況や産業構造を反映して、鉄鉱石の比重がかなり高いものであった。しかし1973年の第1次石油危機発生を契機に、粗原材料から製品原材料輸入への代替と大きな転換をする。これは工業化を推進している周辺諸国に大きな影響をおよぼした。中国の輸入構造変化は日本と同様の軌跡をたどる可能性が強い。

表5-1は日本の財別輸入（特殊分類）構成の推移をみたものであった。再び同表をみると次のような特徴と変化があげられる。①日本は天然資源賦存に恵まれず、鉱物性燃料を中心に工業用原料が総輸入の70％近くを占める。1970年代には2つの石油危機で原油価格の高騰などを反映して、その割合は

さらに高まった。②1990年代中葉以降工業原材料の割合は40％前後まで低下するものの、依然最大のシェアを占める。③並行して工業原料内部で（鉱物性燃料を除く）、大きな変化が進行していることがうかがえる。粗原料シェアの低下と製品原材料シェアの上昇である。つまり粗原料から製品原材料への代替である。特に粗原料シェアは急速に低下した。

　粗原料から製品原材料への代替が急速に進行しているのをみたのが表7－7である。同表より次のような特徴的変化がみられる。①1970年代後半から粗原材料から製品原材料への転換が着実に進行している。②製品原材料のうち輸入品へのシフトが急速に進んだ。③それを反映して製品原材料への輸入依存度は急上昇している。原単位投入量はその後も一貫して低下している。粗原材料（指数、1995年＝100）は1981年の132.3から2000年には93.3に、製品原材料は114.2から97.8に低下した。前者の低下のほうが大きい。エネルギーを含む総合原材料消費量の原単位投下は119.9から97.1に低下した。粗原料から製品原材料への急速な輸入代替は個別商品でみると一層鮮明となる。鉄鋼、紙類・同製品、非鉄金属、織物用糸および繊維・同製品などは、共通して1970年代を通じて製品原材料へのシフトが急速に進んだ。これを促進した動因は、1970年代に発生した2つの石油危機により、原油価格の急騰およ

表7-7　2つの代替と原単位投下量の推移　　　　　　　　　　　　（1980年＝100）

	粗原材料から製品原材料への代替	製品原材料のうち輸入品への代替	輸入製品原材料	製品原材料輸入依存度指数	原材料消費量の原単位投下量	国産分	輸入分
1973	94.4	79.9	71.7	84.7	112.0	107.9	125.9
1974	94.1	77.3	65.4	80.4	110.7	109.7	126.3
1975	93.1	78.9	58.8	81.2	110.3	104.4	132.6
1976	94.6	86.9	71.6	88.9	108.1	104.0	124.7
1977	95.8	86.5	74.1	88.5	106.8	103.2	120.9
1978	97.0	98.2	87.9	98.8	103.7	101.3	112.9
1979	98.0	103.2	100.5	105.2	104.0	102.4	105.2
1980	100.0	100.0	100.0	100.0	100.0	100.0	100.0
1981	101.2	104.3	100.9	100.8	93.9	95.4	91.6
1982	101.5	127.4	119.5	117.9	90.2	92.3	92.3
1983	102.4	143.6	136.6	130.2	87.8	90.8	83.2
1984	104.0	129.1	136.1	118.6	86.8	90.9	78.1
1985	105.7	125.9	137.5	115.4	85.1	90.6	72.3
1986	105.4	139.7	146.7	123.5	81.9	90.2	72.1
1987	105.9	152.7	163.9	133.5	80.5	90.7	72.4
1988	107.2	150.9	176.7	131.3	79.3	91.2	73.3

（資料）『通産統計』より作成

びそれに連動して他の一次産品価格も上昇し、鉄鋼などの製品原材料（中間財）の輸入価格が相対的に安くなったためである。

　輸入先別の工業原材料に占める中間財（製品原材料）比率と製品原材料の輸入先シェアは既にみた［表5-2］。これを再び要約すると次のような特徴的変化があった。①NIES、ASEANおよび中国を含む東アジアのシェアが急増している。1970年には1割強のシェアでしかなかったが、2002年には3分の1を占めるまでにいたった。②工業原材料に占める中間財の割合を主要国・地域でみると、東南アジアの上昇が最も高く、次いで中国、米国が続く。西欧からの輸入では中間財比率は一貫して高い。③製品原材料シェアと工業原材料輸入に占める製品原材料比率の上昇で、ともに東南アジアが最も高いのは工業化の進展を反映したものである。東アジアの工業化の進展は日本の資本財、消費財の輸入において同地域からの輸入急増にもみられる。日本の輸入の拡大過程におけるとりわけ内部構造の変化つまり輸入商品構成の高度化は輸入先の工業化さらに国際分業の再編を促進する有力な要因となった。つまり第1次石油危機を契機とした日本の輸入構造変化の対外的帰属先は特に東アジア諸国であり工業化の促進であったということである。

原単位投下量の低下

　粗原材料から製品原材料への代替過程で、もうひとつの重大な構造変化が進行していた。それは原材料消費量の原単位が急速に低下したことである。原単位投下量とは生産一単位に必要な原材料であり、これが低下しているということは生産効率が改善しているということを意味する。

　原材料消費量の原単位投下量の推移をみると、1973年に発生した第1次石油危機以降着実に低下している。国産分と輸入分に分離してみると、後者の低下が極めて大きい。輸入分の原単位投下量は1973年から1988年にかけて40％以上と、国産分の16％を大幅に上回って低下した。これには例えば鉄鉱石から鉄鋼への代替という輸入構造の変化も大きく反映していることは間違いないであろう。

　原単位投下量の低下は現在に至るまで続いている。これはほぼ全量輸入に依存している原油をはじめとする一次エネルギーの低下にもみられる。

①1965年から2003年にかけて一次エネルギー総供給は7071（10^{15}J）から23076（10^{15}J）と3.3倍となった。②この間原油輸入量は4099（10^{15}J）から2003年には9340（10^{15}J）と2.3倍となった。しかし一次エネルギー総供給に占める原油の割合は58.0％から40.4％に低下した。③国内生産額（1990年価格）は1965年の1133619億円から2003年には5231105億円へと4.6倍となった。④国内総生産1単位当り一次エネルギー総供給は6237（10^9J/億円）から4411（10^9J/億円）へと29.3％も減少した。⑤製造業生産1単位当りエネルギー消費量（指数、1973年度＝100）は、1965年の107.6からその後低下の一途をたどり1990年を底に上昇に転じ2003年には63.6となるものの、1965年に比べ半分近い（59.1％）低い水準である。

上記の変化はエネルギー1単位の生産性が向上したことを示すものである。とりわけ製造業における生産性向上は著しい。省エネルギーが進行したということである。省エネは身近な新幹線でもみられる。新幹線が登場した時、主流であった車両0系の電力消費量を100とすると、その後投入された車両の電力消費量は100系79、300系73、700系66と低下の一途をたどっている。しかもその間最高時速は220キロから270キロに高まっている。省エネ研究や技術開発は間断なく続いている。燃料電池、超電導、太陽エネルギー、地熱エネルギーなどあらゆる分野でなされている。[40][41]

一次エネルギー供給構造

一次エネルギー供給源として石油、石炭、天然ガス、原子力、水力、地熱および新エネルギーなどがある。その構成比変化を1953年以降からみると以下の特徴をあげられる。

①上位3位までの順位は1958年まで石炭、水力、石油であった。②1959-61年に順位の入れ替えを経て、その後1977年まで石油、石炭、水力の順位は一貫して変わらなかった。③1978年から1986年まで天然ガスが第3位となる。④1987年に原子力が石油、石炭に続き原子力が第3位にとなり、この順位は1998年まで続く。⑤1998年以降第3位は天然ガスと原子力の入れ替えが頻繁に起こる。⑥シェアは小さいが地熱と新エネルギーが確実に供給源の地位を確実にしつつある。1998年以降の一次エネルギー供給源の構成をみたのが表

表7-8　日本の一次エネルギー供給構造　　　　　　　　　　　　　　　（単位：%）

年次	石油	石炭	天然ガス	原子力	水力	地熱	新エネルギー等
1990	57.2	16.5	10.2	9.5	4.2	0.1	2.4
1995	54.8	16.5	10.8	12.0	3.4	0.1	2.2
1996	54.2	16.4	11.4	12.3	3.3	0.1	2.2
1997	52.8	16.7	11.5	13.6	3.6	0.1	2.3
1998	51.6	16.3	12.2	13.6	3.8	0.1	2.3
1999	51.2	17.2	12.6	12.9	3.5	0.1	2.3
2000	51.0	17.8	13.1	12.3	3.3	0.1	2.3
2001	49.2	19.0	13.4	12.6	3.3	0.1	2.3
2002	49.7	19.5	13.5	11.6	3.2	0.1	2.4
2003	50.0	20.1	14.3	9.4	3.7	0.1	2.4

（資料）資源エネルギー庁総合政策課編『総合エネルギー統計平成16年度版』

7-8である。こうした順位の変化は日本の国内外の産業構造や国際エネルギー特に石油供給構造の変化を反映したものである。

　戦後高度成長がはじまった1961年以降一次エネルギー供給で一貫して首位にあるのが石油である。それにもかかわらずほぼ全量輸入に依存している石油量に関し次のような変化がみられる。①一次エネルギー供給に占めるシェアは1961年に石炭のシェアを上回り第1位になりその後上昇し、第1次石油危機が発生した1973年に77.3%とピークを画した以降若干の変動をみせつつも低下を続け、2000年には51.8%と1960年代初期の相対的水準に戻った。②ほぼ全量輸入に依存している石油輸入量（単位10^{15}J）は1960年の1287から1973年に1万1234とこれまでの最高を記録した後1978年まで1万以上を維持しつつも低下を続け、1986年には7238となった。③その後石油輸入量は上昇に転じ1994年から1997年まで1万（10^{15}J）を超えるが、2000年には9715となる。この水準は日本経済がバブルを経験した時の1990年代前半の水準と概ね同じである。

　石油に関するもうひとつの変化は石油製品輸入の増加である。これは粗原材料から製品原材料への輸入代替と同じ構造変化である。これについて次のような特徴があげられる。①1960年の276（単位10^{15}J）からその後ほぼ一貫して上昇して、1989年には3026をピークに下降して、2000年には2363となる。それでも1960年水準に比べ9倍近い。②石油製品輸入の対原油輸入比率は大きく変化している。最も大きくなったのは1989年の37.2%（＝3026/8144）であるが、1990年代以降20%で余り変動はないが、2000年で24.3%である。③

石油製品輸入の対原油輸入比率は1990年以降20%台で推移しているものの、原油輸入は増加しない中で石油輸入製品が増加するということは省エネを反映したものである。

最終エネルギー消費構造に関しては次のような特徴をあげられる。①最終エネルギー消費構造はほとんど変わっていない。つまり産業用が最も大きく次いで民生、運輸と続く。この順位は1960年以降変わっていない。②産業用の割合は1994年まで50%を割ることはなかったが、1995年以降50%以下となっている。これは先にみたように産業の省資源・エネルギーを反映したものである。③それゆえ民生、運輸の消費において相対的消費シェアが上昇した。これからの問題は日本全体でGDP1単位や製造業生産1単位当りでのエネルギーや石油消費量の低下を目指すことであろう。

日本の経験から再び中国の鉄鋼貿易の構造をからみると、次のような特徴を指摘できる。①数量ベースでみて、鉄鉱石の対生産比率つまり輸入依存度は1992年に10%を超え、その後上昇の一途を辿り2002年には48.6%になった。これは生産量が1995-1997年をピークに低下しているのに対し、輸入量が1992年以降恒常的に増加しているためである。②数量ベースの輸入における鋼材/鉄鉱石比率は1998年以降やや上昇傾向がみられるものの極めて緩慢である。金額ベースでも同じである（〔HS26/(HS72＋HS73)〕の相対比は1995-2003年で0.25-0.31、平均0.28である）。

中国のエネルギーは効率的に使用されているのであろうか。1978-2000年間にGDP（実質）は7.38倍になるが、エネルギー消費量は2.28倍であった。これはエネルギーがGDP生産に効率的に使用されたことを意味する。これを検証する指標として原単位投下量というものがある。エネルギー原単位（GDP1単位の生産に消費するエネルギー量）は、改革開放が行われた1978年には48.5であったが、2000年には実に15.0にまで低下した［表7-9］。

以上から中国のエネルギー効率は向上しているようにみえる。しかし仔細に点検すると次のような問題が存在する。①先進国に比べ依然使用効率が低い。発電用石炭消費量（gce/kWh）で、中国は383と国際先進水準の316に比べ20%以上も高い。鋼材トン当たりエネルギー消費量（kgce/t）では、国際先進水準の646に対し、中国は715と10%以上も高い[42]（いずれも2002年）。名目

表7-9　中国のエネルギー原単位

年次	GDP	エネルギー消費量	エネルギー原単位
1978	1178.5	57144	48.5
1979	1268.0	58588	46.2
1980	1367.0	60275	44.1
1981	1428.3	59447	41.6
1982	1546.1	62067	40.1
1983	1707.6	66040	38.7
1984	1956.2	70904	36.2
1985	2273.2	76682	33.7
1986	2474.8	80850	32.7
1987	2761.1	86632	31.4
1988	3072.2	92997	30.3
1989	3197.2	96934	30.3
1990	3319.7	98703	29.7
1991	3624.9	103783	28.6
1992	4141.1	109170	26.4
1993	4699.7	115993	24.7
1994	5294.8	122737	23.2
1995	5851.1	131176	22.4
1996	6412.0	138948	21.7
1997	6976.5	137798	19.8
1998	7520.9	132214	17.6
1999	8267.3	130119	15.7
2000	8934.1	130297	14.6
2001	9859.3	134914	13.7
2002	10789.8	148222	13.7
2003	12173.0	167800	13.8

(注)　①GDPは1995年価格（単位は10億元）、②エネルギー消費量は単位は万トン（標準炭換算）
(資料)　GDPはIMF/IFS、エネルギーは『中国統計年鑑』

　GDP 1000ドル当り原油消費量では、英国0.34、日本0.46に対し中国1.55と先進国の3-4倍も多い[43]（いずれもバレル当り）。中国の省エネルギーや環境保護のため、日本政府や日本企業は支援している。例えばAPECエネルギー相会議で、日本政府は電力、自動車、鉄鋼、電気機器などの産業部門ごとに、日本のノウハウや技術を活用する支援策を検討している[44]。日本企業はコークスで作る炉に取り付ける乾式消化設備や太陽光パネルと風車発電機に蓄電池を組み合わせた発電システムを販売しようとしている[45]。②エネルギー統計データに対する信頼性。1997年から2000年において、中国は8％前後の経済成長をしているのにもかかわらず、エネルギー消費量は毎年前年を低下している。これは国際的に疑念を生み、国際機関は修正値を発表している。例えば、IAEA（国際原子力機関）は1997年1383（中国国家統計局、1320）、1998年1324（同、1263）、1999年1397（同、1248）、2000年1404（同、1246）である[46]

（100万トン標準炭換算）。③エネルギーの源泉別消費構成の構成と変化。大きな趨勢変化は石炭シェアの低下、水力シェアの上昇さらに1980年代中葉から低下傾向をみせていた石油シェアが1990年代後半から上昇に転じたことである。こうした構成変化にもかかわらず、石炭が依然エネルギー消費量の3分の2を占め最大であることに変わりない［表7-10］。中国のその構成は世界平均に比べ大きくずれている。世界平均のエネルギー消費量の構成は石炭26.5％、石油37.3％、天然ガス23.9％、一次電力12.3％である（2003年）。④電力供給の急増。2004年夏中国は深刻な電力不足に悩まされたが、1990年以降実は電力供給は急増している。これは財政的理由で国有の大型発電所を建設できず大幅な規制緩和で、1基当りの発電量が100MW以下の小型発電所の急増である。それでも2003年のエネルギー供給の7.7％で、このうち水力は23.9％も占める。⑤石炭火力発電所などに伴う大量のSO_2やCO_2の大量排出の発生問題。1人当りでのCO_2は世界平均の半分であるが、1国全体の排出量は世界第2位、発展途上国の中では最大である。⑥風力発電の急増。世界風力エネルギー協会によると、2005年に中国の風力発電量は前年に比べ65％増加し49.8万KW（日本29.5万KW）となり、世界の風力発電量の4.2％を占めるに至った[48]（日本2.5％）。

表7-10 中国のエネルギー生産・消費構成　　　　　　　　　　　　　　（単位：％）

年次	生産					消費				
	生産量	石炭	石油	ガス	水力	消費量	石炭	石油	ガス	水力
1978	62770	70.3	23.7	2.9	3.1	57144	70.7	22.7	3.2	3.4
1980	63735	69.4	23.8	3.0	3.8	60275	72.2	20.7	3.1	4.0
1985	85546	72.8	20.9	2.0	4.3	76682	75.8	17.1	2.2	4.9
1990	103922	74.2	19.0	2.0	4.8	98703	76.2	16.6	2.1	5.1
1995	129034	75.3	16.6	1.9	6.2	131176	74.6	17.5	1.8	6.1
2000	106988	66.6	21.8	3.4	8.2	130297	66.1	24.6	2.5	6.8
2001	120900	68.6	19.4	3.3	8.7	134914	65.3	24.3	2.7	7.7
2002	138369	71.2	17.3	3.1	8.4	148222	65.6	24.0	2.6	7.8
2003	160300	74.2	15.2	2.9	7.7	167800	67.1	22.7	2.8	7.4

（注）標準炭換算（単位は万トン）
（資料）前表に同じ

中国のエネルギー需給は悪化の一途を辿っている。1）エネルギー消費量は1992年以降同生産量を一貫して上回り、2003年には需給ギャップは4.5％である（2002年には7.1％であった。標準炭換算）。2）石油（＝原油＋製品油、

数量ベース)は1993年以降一貫して輸入が輸出を上回っている。製品油は先行して1994年以降、原油は1996年以降いずれも輸入が輸出を上回っている。原油と製品油に分離すると次のような特徴がみられる。①石油輸入に占める原油のシェアは1996年の49.8％から2004年には76.4％に急上昇した。②原油の輸入依存度は14.3％から70.2％に高まった。

上記のような動きから判断して中国はまだ日本が経験したような段階にはまだ入っていないようだ。

註

1) 青木健『変貌する太平洋成長のトライアングル』日本評論社、2005年、第2章で詳しく分析している。
2) 大野健一・桜井宏二郎『東アジアの開発経済学』有斐閣、1997年。原田泰『図解アジア経済』東洋経済新報社、1999年。田中拓男『アジア経済の発展経路』文眞堂、2000年など。
3) 国別生産誘発比率は高中公男『外国貿易と経済発展』勁草書房、2000年、102-103頁。
4) 米国は日本への生産誘発比率を高めたものの、東アジア全体に対しては、1980年の0.018から1995年には0.034へと高め、東アジアとの関係では日本の比重は相対的に低下させた（同上）。
5) ③式の理論にしたがい、本文中で用いた記号で日中国際産業連関表を定式化すれば次のようになる（ただし世界は日本と中国の2ヵ国のみで構成されているものとする）。

X^J_F（日本の最終需要による生産誘発額）$= A^{JJ}X^J_F + A^{JC}X^C_F + (F^{JJ} + F^{JC})$

X^C_F（中国の最終需要による生産誘発額）$= A^{CJ}X^J_F + A^{CC}X^C_F + (F^{CJ} + F^{CC})$

$(1 - A^{JJ})X^J_F - A^{JC}X^C_F = (F^{JJ} + F^{JC})$

$-A^{CJ}X^J_F + (1 - A^{CC})X^C_F = (F^{CJ} + F^{CC})$

$D = (1 - A^{JJ})(1 - A^{CC}) - A^{JC}A^{CJ}$ として上式を X^J_F, X^C_F について解くと、

$X^J_F = [(1 - A^{CC})(F^{JJ} + F^{JC}) + A^{JC}(F^{CJ} + F^{CC})]/D$

$X^C_F = [A^{CJ}(F^{JJ} + F^{JC}) + (1 - A^{JJ})(F^{CJ} + F^{CC})]/D$

となる。ただし、

$(1 - A^{CC})/D = B^{JJ}$、$A^{JC}/D = B^{JC}$、$A^{CJ}/D = B^{CJ}$、$(1 - A^{JJ})/D = B^{CC}$

である。

6) David Hale & Lyric Hughes Hale, China Takes Off, *FOREIGN AFFAIRS*, Nov./Dec. 2003, p. 36. Thomas Rumbaugh and Nicolas Blancher, International

Trade and the Challenges of WTO Accession, *China Growth and Integration into the World*, IMF, July 2004, pp. 5-13.

7) 日本経済研究センター「5年、10年後の中国市場」『中国研究』2005年3月、第1-2章。『ジェトロ貿易投資白書2004』。21世紀中国総研編『中国情報ハンドブック2004年』蒼蒼社。中北徹『入門国際経済』ダイヤモンド社、2005年、167頁など。以下の行論で中国の一次産品や製品の生産、需要、消費に関する統計はこれらに依っている。

8) 中国の外資の比重は次のとおり。①GNPに占める割合は4.8％（1997年）。②製造業販売額での比重は1990年の2.3％から2000年には31.3％に高まった。③工業生産額に占めるシェアは30.6％（産出額ベース）。付加価値ベースでは27.2％（いずれも2003年）。④電子情報通信産業の輸出では86％と高い（UNCTAD, *World Investment Report 2003*, 『中国統計摘要2004』など）。産業別に外資の役割を分析したものに例えば Anthony Bende-Nabende "China's integration in international networks", *International Trade, Capital Flows and Economic Development in East Asia, The Challenge in the 21st Century*, Ashgate Chapt., 6, 2003 がある。技術でも海外依存度を強めている。2005年中国の海外からの技術導入は契約件数・金額とも過去最高を記録した。件数は9902件、金額は190.5億ドルであった。国・地域別ではEUが47.6％を占めそのうちドイツからの導入額がEUからの半分以上を占め、最大の技術導入相手国となった。日本は第2位で20.2％を占める。第3位は米国で17.8％を占める。これら上位3ヵ国がほぼ100％を占める。企業形態別では外資系企業が43.4％を占め国有企業の48.4％に次ぐ。産業別順位は鉄道運輸業（15.2％）、電子・通信設備製造業（11.1％）、鉄金属精錬・圧延加工業（10.3％）である。

9) Chien-Hsun chen & Hui-Tzu Shih, Regional Concentration of Multinational Corporation's R&D Activities in china, *High-Tech Industries in China*, 2005 Edward Elgar Chapt. 4. 中国に進出した日本企業の現地生産状況（化学、一般機械、電機・電子および自動車）を一般機械と電機・電子についてみると、「汎用品」では電機・電子が77.3％、一般機械が44.3％を生産している。「高付加価値品」では電機・電子は17.6％、一般機械は11.3％と低い。「最新技術製品」では電機・電子は19.1％、一般機械は4.8％である。「最新技術製品」の将来の量産化先（今後3年程度）では電機・電子は68.9％と日本国内向け（56.3％）を上回る（国際協力銀行『わが国製造業企業の海外事業展開に関する調査報告』2004年11月）。

10) 国連によると、「民工」を含む中国の流動人口は国内人口の約1割、日本の総人口に相当する1億2000万人いるという。また国連は2030までに中国の都市人口は2000年より4億人以上増え、農村人口は2億人以上減ると、推定している（『読売新聞』

2004年1月5日付け朝刊)。中国政府の基準によると、都市人口は既に全人口の40%を占めているとみられているが、戸籍ベースでは農村人口は減少していないだけでなく、逆に1億2000万人増加しており、都市化率は29%と低いものである(陳剣波「改革・開放下の農村発展の現状と課題」大西康雄編『中国湖政権の挑戦』アジア経済研究所、2006年、第3章。*The Economist, A Survey of China* pp. 3-20, March 25, 2006.)

11) 財務省財政総合研究所報告書(張蘊嶺・中国社会科学院アジア太平洋研究所長)『平成14年度 中国研究会』第2章。中国の指導部は自国の地理的優位性を良く理解している。王毅駐日大使は次のように指摘する。中国は「地理的に東アジアの真ん中に位置し、20近くのアジアの国々と隣接し、あるいは海を隔てる隣人であり、わりあい深い地政的、文化的繋がりがあること」(「アジア地域協力と中日関係」『国際問題』2005年5月、No.540、10頁)。

12) 温家宝首相の講演(ボーアオ・海南島。日本国際貿易促進協会「国際貿易」新聞2003年11月11日付け)。中国の前外務次官で現在駐日中国大使土毅氏も現在世界には多様化とグローバル化という2つの大きな流れがあると指摘する。「グローバル化とは各国の経済的国境を越えて世界単一市場を確立し経済効果を最大化させることだが、多国間貿易の枠組み作りが遅れていることが、地域経済の一体化を促進している」。地域協力の「本質」は、限定された空間で実現されるグローバル化であるとも指摘する。王毅大使は東アジアでも「地域協力」が進行しており、特にASEANが主導的役割を果し東アジア共同体推進の先行さらにそれによって日中韓3ヵ国がその枠組みの中でうまく収まるようになるべきだと提言している(「経済教室」『日本経済新聞』2005年2月22日付け朝刊)。

13) 同上。

14) 同上、『日本経済新聞』2004年4月25日付け朝刊。

15) 張漢林「中国の地域統合戦略とその将来性」『新興国の対外経済戦略(FTA等)と日本企業』ジェトロ、2005年3月、第2部、第2章、154頁。

16) 魏后凱「地域発展政策の転換と今後の課題」大西康雄編前掲書、第4章。

17) 国際統一商品分類(HS)の第1類から第8類まで対象とされ、生きた動物、食用くず肉、食肉、魚、酪農製品、その他の動物性製品、樹木、野菜、果物、ナッツを含む(同上)。美甘哲英「中国の対ASEAN貿易とFTA」第8章。

18) 中国の対ASEAN・FTA締結をみると短期的に2つの目標(西部開発、対ASEAN・FTA締結)と2つの政策手段(EHP、メコン川流域開発)がある。これは2つの目標を同時に達成するには異なる政策手段がそれぞれ最低ひとつ以上ないといけないという政策割り当ての理論を想定している。西部開発にはEHPとメコ

ン川流域開発を、対ASEAN・FTAにはEHPとCEPT（共通実効特恵関税）という政策が割り当てられている。

19) 阮慰「FTAと中国農業への影響」渡辺利夫編『東アジアの市場統合』勁草書房、2004年、第9章。
20) 『朝日新聞』2006年3月10日付け朝刊。
21) 『毎日新聞』2005年8月25日付け朝刊。
22) 『日本経済新聞』2005年12月5日付け朝刊。中国は1996年に発足した「上海ファイブ」から2001年に格上げした「上海協力機構（SCO）」（オブザーバーを含め10ヵ国）を活用して、西部開発を目指そうとしている。2006年6月上海で開催されたSCOは合同組織を設立して中央アジアで①タジキスタンとウズベキスタンを結ぶ道路整備、②タジクの高圧送変電線敷設、③キルギス初のセメント工場建設、④カザフスタンの水力発電事業のプロジェクトを実施する。これら共同事業は総額約20億ドルに達するが資金と技術は中国が供与する（『日本経済新聞』2006年6月15日付け朝刊）。中国は2006年7月に「青蔵鉄道」の一部である青海省ゴルムドーラサ間（1142km）を開通させた。これにより青海省西寧—チベット自治区ラサ間（1956km）が前面開通した（『日本経済新聞』2006年7月2日付け朝刊）。これらの狙いは中国主導の経済圏の形成であり、西部開発であるのは間違いないであろう。
23) 2005年6月19日拓殖大学（八王子）におけるシンポジウム「東アジアにおける地域統合——日本と中国の役割」における朱炎氏（富士総合研究所）の発表。筆者はASEANの対応について報告した。
24) 雲南については湯家麟・楊暁輝・張光平・干暁剛「雲南とメコン地域諸国との経済協力」石田正美編『メコン地域開発』アジア経済研究所、2005年、第12章が詳しい。同書はGMSを包括的に論じている。
25) インドシナ半島のメコン流域を東西回廊（ダナン-モーラシャイン、1450km）、第2東西回廊（バンコク-ホーチミン、900km）および南北（昆明-バンコク、2000km）を貫く3本の幹線道路が2年後に開通する予定である（『読売新聞』2004年3月22日付け朝刊）。農業部門での強力については『朝日新聞』および『日本経済新聞』2002年11月4日付け朝刊、『日本経済新聞』2002年10月18日・11月6日付け朝刊などがある。メコン開発に関し、ジェトロ『ASEAN・中国間のFTAを見据えた各国政府・企業の動き』（2005年3月）が詳しく報告している（第3部）。小笠原高雪「メコン地域開発をめぐる国際関係とASEAN」山影進編『東アジア地域主義と日本外交』日本国際問題研究所、2003年、第5章もある。日刊紙では、中国南部とメコン流域との連携に関する最近の動きについて、『日本経済新聞』「ASIA往還」（2006年2月3日付け朝刊より5回連載）、『産経新聞』2006年4月25日付け朝刊、『通商紙

第7章　中国の対外貿易にみる「集中」と「分散」の構造変化とその含意　265

報』（ジェトロ）2006年5月19日付けなどが報告している。

26) 大西康雄編『中国・ASEAN 経済関係の新展開』アジア経済研究所、2006年、第1章。

27) Ricard Lee York Wo, *A Glinpse of FDI in China and Related Issues, Globalization in the Asia Region* (eds.) G. Davis & C. Nyland Chapt., 11, EE 2004. 小島末夫「中国の〝走出去〟戦略と対外投資奨励」国際貿易投資研究所『季刊国際貿易と投資』2005年秋号、No.61 は詳しく紹介している（同上書は 'go-out strategy' という言い方をしている）。

28) 『産経新聞』2005年11月21日付け朝刊。

29) 『日本経済新聞』2005年12月10日付け朝刊。日本は国際場裏で徒に中国に抗するのでなく、日本企業が長年にわたって培ってきた日本の慣行を地道に広く浸透させるべきであろう。これを論じたのが「ゼミナール「日本の東アジア戦略」」である（『日本経済新聞』2005年10月20日からの連載）。

30) 『東京新聞』2005年12月15日付け朝刊、『日本経済新聞』2005年12月15日付け朝刊。

31) ストックベース（2004年末）でも中国は2454.7億ドルとシンガポール（1604.2億ドル）を大きく上回る（UNCTAD, *World Investment Report 2005*, Annex, Table B1, B2）。

32) 例えば日本企業の中国内陸地域への進出拠点数は全業種140（全体の6.0%）、化学18（同7.5%）、一般機械10（同6.2%）、電気・電子24（同3.6%）、自動車34（同11.3%）である（国際協力銀行「わが国製造業企業の海外事業展開に関する調査報告」『開発金融研究所報』2006年2月、第28号）。

33) David Hale & Lyric Hughes Hale, China Takes Off, *FOREIGN AFFAIRS*, Nov./Dec. 2003, p.36. 中国の貿易貿易構造を分析したものに Roger Strange, Jim Slater & Limin Wang, *Trade and Investment in China*, Routledge 1998, Anthony Bende-Nabende, *International Trade, Capital Flows and Economic Development in East Asia*, Ashgate, 2003 ; Xiao-guang Zhang, *China's Trade Patterns and International Comparative Advantage*, Palgrave 1999 ; Marshall Cavendish, *China : An Economics Research Study Series*, Eastern Universities Press 2004 などがある。

34) 本節での貿易統計は日本鉄鋼連盟『鉄鋼統計要覧2004』、日本経済研究センター前掲「5年、10年後の中国市場」第9章による。

35) 一般に鉄鋼産業（工場）は原料の収集と投入（鉄鉱石や石炭など）→製銑（銑鉄の生産）→容銑予備処理（銑鉄を転炉に運ぶ）→転炉での製鋼（炭素の除去）→鋳造（鋼を帯状に固め一定の長さに切断して鋼片にする工程）→圧延と熱処理という工程

をたどる。

　鉄鉱石をコークスや石灰石で蒸し焼きするところが高炉である。鉄鉱石中に存在する酸化鉄を、コークス中の炭素を還元剤として鉄に還元して取出す工程を製銑といい、抽出されたものを銑鉄という。銑鉄は最終製品が鋼材（steel product）であるか鋳鉄鋳物（iron casting）であるかによってそれぞれ製鋼用銑（pig iron for steel manufacturing）、鋳物用銑（pig iron for casting）と呼ぶ。銑鉄は4-5%の炭素を含有しているので脆く、炭素を除去するため転炉に投入する。除去工程が製鋼で、炭素含有量が1.7%以上の鉄を銑鉄、それ未満の鉄を鋼という。銑鉄は鉄鉱石から酸素を除去しただけで加工度が低い中間財である。中国の銑鉄/粗鋼比率は1999-2000年には100%を超えその後低下したものの、2003年でも91.9%と依然高い。日本はほぼ75%である（もっとも銑鉄/粗鋼比率は必ずしも比例や一定の関係があるわけではない）。転炉を持つ製鋼工場で生産された溶鋼は一般に鋼塊（steel ingot）と呼ばれる（鉄鋼の生産能力を粗鋼でみるが一般には鋼塊ベースである。インゴットのうちキルド鋼が大半を占め、中国では98.1%である。製鋼法では転炉鋼と電炉鋼を合計して粗鋼ともいう。中国の場合前者が83.2%を占める。いずれも2002年値）。現在最も信頼性が高く普及しているのが純酸素転炉であり、粗鋼生産に占める割合は中国72.7%、日本73.6%とほとんど同じである。一般に鋼は溶鋼を鋳型に鋳込んで鋼塊を作り、この鋼塊を分塊圧延機にかけて厚さ・幅・長さにしたがって「ビレット」や「スラブ」などと呼ばれる半製品である鋼片を作る。これに対して鋼塊を作らず直接「ビレット」や「スラブ」を作るのが連続鋳造法である。この方法は底なしの筒に溶鋼を注ぐと下から鋼は冷えて固まる。固まった鋼は順次引き下げるようにして、上部では連続して溶鋼を注入する。降下した鋼は必要な長さに切断して圧延する。この方法は建設費が安くかつ製品の均質性が向上する。日本の圧延用鋼塊に占める連鋳鋼片の割合は98.6%という高いものである。中国でも連鋳比率（＝連鋳生産/粗鋼生産）は92.5%と高い。鉄鋼産業を有する国の連鋳比率は若干の国を除き90%以上である（インド65.3%、ブルガリア24.7%と例外的に低い。以上いずれも2003年値）。中国の鉄鋼産業は『中国の鉄鋼産業2005』重化学工業通信社、2005年が詳しい。また鉄鋼産業の技術的解説は『商品大辞典』東洋経済新報社、1986年を参照した。

36)　堀井伸浩「エネルギー需給安定化に向けた課題」大西康雄編前掲書、第5章。
37)　戸塚隆友「対中輸出拡大で日本企業に商機」『ジェトロセンサー』2005年12月号。
38)　青木健『アジア太平洋経済の成熟』勁草書房、1991年、第1章。
39)　資源エネルギー庁長官官房企画調査課編『総合エネルギー統計』平成16年度版。
40)　『朝日新聞』2003年11月26日付け朝刊。

41) 『科学技術白書 平成14年版』223頁。
42) 精華大学核能・新脳源技術研究院、慶応義塾大学グローバルセキュリティ研究所訳『中国エネルギー展望2004』精華大学出版社、2005年、11頁。
43) 石油換算一次エネルギーのGDP1単位生産ベースで、日本を1とする基準で中国は9倍である。インドに至っては23.3倍である。他の東アジア諸国ではインドネシア5.6倍、マレーシア4.9倍、タイ4.7倍である（『日本経済新聞』ゼミナール「日本の東アジア戦略」第16回、2005年10月20日より連載開始）。長期的に中国を含む先進国のEI (energy intensity) をみると中国のエネルギー効率は低い（Vaclav Smil, *Energy at the Crossroad*, The MIT Press 2005）。
44) 『日本経済新聞』2005年10月19日付け朝刊。日本はエネルギー分野で太陽光発電技術、バイオマスエネルギー技術、燃料電池技術、高効率白色発光ダイオード（LED）の開発をはじめとする省エネルギー技術開発を推進しており（『科学技術白書』平成16年および平成17年版）、今後一層対中支援が強化されよう。
45) 『日本経済新聞』2005年12月23日付け朝刊。
46) 精華大学核能・新脳源技術研究院前掲報告書、7頁。同報告はその後中国のエネルギー消費上昇の要因に関し、同報告はまず統計データの改善を挙げ、さらに自動車保有による石油消費量の増加さらにそれに伴い高速道路、セメント、アルミ材などエネルギー多消費型産業の急速な膨張、一時的・局部的なエネルギーの供給過剰などを挙げている。さらに理由がある。改革開放期の規制緩和で地方政府や私有の「郷鎮炭鉱」が1990年代半ばまでの高成長期に、エネルギー需給安定の中心的役割を果たしたが、資源の乱掘をはじめ炭鉱死亡事故の多発、環境の悪化などの問題が発生する中で、出炭過剰で価格が低下し、国有重点炭鉱の経営が不振となる。中央政府は小型炭鉱の強制閉鎖を実施したが、閉鎖対象となった炭鉱がヤミで生産し、流通していた石炭の消費量が統計に計上されなくなった（堀井伸浩前掲論文第5章第1節、堀井伸浩他著『中国のエネルギー産業』重化学工業通信社、2005年、第2章、110-113頁）。
47) 堀井伸浩前掲論文、第5章第4節。
48) 『東京新聞』2006年3月1日付け夕刊。

第8章

日本の資産とその活用

　日本の世界貿易におけるプレゼンスは低下の一途を辿っている。財貿易における日本の地位は下降し、役割が相対的に縮小しているということである。この過程で日本は世界と東アジアにおいて自分の役割を変えつつある動きをみせている。

　日本の産業・輸出構造変化とその方向をみると次のような特徴を指摘できる。①産業・輸出構造の高度化。これは機械比率の一層の高まりにみられる。②機械生産や機械輸出における部品比率の高まり。このうち輸出で電気機械関連部品のシェアが最も高く、しかも電気機械輸出に占める部品の比率が高まる傾向にある。③こうした日本の産業と輸出構造変化の方向に拍車を掛けているのが世界的なIT化の動きである。日本はIT関連電気機械をはじめとするIT関連部品の重要な供給基地となっている。日本は「新3種の神器」であるといわれる液晶TV、デジタルカメラ、DVDプレーヤーの生産で世界シェアのほとんどを占める。さらに今後世界初めて日本発となる可能性のある多くの技術革新のシーズを有している。これには医療・健康、ユビキタス、安全、環境・エネルギーから教育支援技術など多くの領域を含む。これは1960年代日本が高度成長を担った技術をほとんど全て米国からの導入し白黒TV、洗濯機、冷蔵庫、電子計算機、抗生物質、ストレプトマイシンなどを製品化したのと根本的に異なる。

　以上のような現在日本で進行中の構造変化とその方向の動きは、日本の将来に新しい展望を開く可能性を秘めている。第1は新しい輸出財の生産である。第2は技術輸出でありロヤリティ収入の増加である。これら2つは、日本が物的生産の比重を低下させつつも、技術革新シーズを製品化して、高付

加価値財を輸出しさらに技術輸出を拡大することである。しかも両者は表裏一体である。つまり日本経済は人口減少に対応して、内外一体で「資源の効率的配分」を目指した動きであるということである。これは経済・貿易で関係を深めている特に東アジアとの間で展開されるであろう。日本が現在開発中の技術を製品化し輸出財としたならば、中国の台頭と伴に東アジアの可能性という新しいを開くものである。

　本章はこれまで論じてきた日本の産業と輸出入構造変化およびそれを牽引し日本経済再生の可能性を秘める資産である技術革新シーズから、日本経済の可能性を検討する。

第1節　高まる輸出依存度

　1980年代以降日本の輸出規模は一貫して米国、ドイツに次ぎ第3位であったが（2003年には米国はドイツに抜かれた）、2004年に中国が第3位となった。また世界総輸出における日本のプレゼンスは低下の一途をたどっている。世界輸出に占める日本のシェアは1996年の9.6％をピークにその後低下の一途を辿り、2004年には6.3％となりピーク時の3分の2となった。日本の輸出に関しさらに以下のような特徴と変化を指摘できる。

　1）日本の輸出依存度の上昇。①輸出依存度（輸出の対GNP比率）は1952年の7.6％からその後緩やかに上昇し1973年に8.9％となった。その間2桁を記録することは1度もなかった。1974年から輸出依存度は2桁台となるものの1987年以降再び1桁に戻る（最高は1984年の13.4％）。輸出依存度が2桁台を記録したのは例外であるとみなしてよいだろう。②物的ベースの輸出依存度は1970年の5.7％から2002年には7.9％過去最高になるものの、この間一度も2桁台を記録したことがない。③製造業の輸出依存度も全産業とほとんど同じ推移をたどるが、全産業のほぼ2倍の高さである。④製造業の業種別輸出依存度をみると様相が異なる。機械4業種のうち電気および輸送機械の輸出依存度は1970年時点で既に2桁台にあり、その後若干の変動みせつつも上昇を続け、2002年にはそれぞれ35.8％、31.2％に、精密機械は2003年に56.6％といずれも過去最高となった。精密機械の輸出依存度は平均を大きく上回

るが、製造業輸出に占める割合は3.7％と極めて小さい（2003年）。一般機械の輸出依存度は1990年までに2桁台に乗り、2003年には30.6％と過去最高になった。

　2）業種別輸出構造。日本の製造業に占める機械4業種の比重（産出高ベース）は傾向的に上昇し、1981年には素材型産業（パルプ・紙、化学、石油・石炭製品、窯業・土石製品、一次金属、金属製品）のそれを上回り、製造業総輸出に占める機械4業種のシェアは1970年の48.0％から2003年には75.9％に達した。これに一次金属と金属製品を含むいわゆる金属ブロックの輸出の割合は68.0％から83.2％にも高まる。つまり日本はほぼ全量機械を主とする金属関連財を輸出しているといっても過言ではない。しかもいずれも付加価値率が高い。

　3）財別輸出構造。日本の輸出工業化率は1965年時点で既に92.0％という高いものであった。しかも工業品の内部構造も不断に変化し高度化していった。その第1は重化学（化学品、鉄鋼、機械）工業化率の高まりである。重化学工業化率は1970年時点で72.4％に達しており、1974年に80％を超え、その後も上昇を続け、1985年の86.8％を経て、1990年には87.3％になった。第2は機械比率の上昇である。重化学工業品輸出のうち機械比率は1970年の64.0％から1984年には80％を超え、1990年には85.9％に達した。つまり重化学工業品輸出のほぼ全量機械であるということである。総輸出に占める機械4品目の割合は1985年までに70％を超え、以降一貫して総輸出の4分の3を占める。機械4品目の輸出構成と順位で、一時期第1位と第2位の交代があったが、基本的にはほとんど変わっていないといってよいであろう。輸送機器のシェアが1990年代後半から2000年前後までに電気機械に抜かれて第2位になったことがあったが、その後回復して第1位になっている。

　4）高い部品輸出比率。総輸出に占める機械比率の上昇と並行して、機械における部品の割合が、1990年の35.2％から2004年には45.8％に高まった。機械4品目のうち部品比率が最も高いのが電気機械で、1990年の50.8％から2004年には70.5％と一層高まった。一般機械では39.5％から48.7％（2003年は50.7％であった）に上昇した［表2-10（1）］。

　5）IT化率の高まり。日本の総輸出に占めるIT財比率は1997年の28.5

%から2004年には24.3％に低下した。しかし機械総輸出での割合は38.2％から49.8％に上昇した。機械3品目輸出のIT財比率は電気が最も高く78.0％、精密は42.8％、一般が22.1％である（2004年）。

6）国・地域別輸出構造。日本の対米および東アジアの輸出シェアの推移と変化は表1-5で既に指摘した。再び確認すると主要国・地域輸出先のうち米国向けシェアは1985年の37.2％をピークに、その後ほぼ一貫して低下し、2004年には22.4％になった（最も低かったのは2つの石油危機が発生した1970年代に記録した1975年の20.0％である。これは石佑収入の増大で中東向け輸出が増大したことを反映したものである）。米国向け輸出シェアの低下と対称的に東アジア向けシェアは上昇の一途をたどった。特に1990年代中葉以降中国向け輸出の増大を反映して、東アジア向け輸出シェアは40％台に乗り、2004年には47.5％と、日本の輸出の半分近く占めるに至った。中近東をはじめ中南米、アフリカ向けの輸出シェアは軒並み低下している。旧ソ連（ロシア）向け輸出シェアに至っては0.6％でしかない（2004年）。

輸出とは

輸出は乗数理論が教えるように、所得創出要因として経済成長を促進するように作用する。特に1960年代の日本において、輸出の生産拡大効果が最も発揮された重化学工業が強力に推進されたことによって、輸出価格が低廉化し対外競争力が格段に強まり、輸出が世界市場に吸収されていった。しかし、それ以上に重要なのは、価格競争力をつけ世界市場に乗り出した輸出が日本経済の「駆動力」ともいうべき中核部分（例えば技術進歩の速度、設備投資の伸びなど）に深く関わっていく過程で、世界市場で獲得した技術や情報が製品に体化されていくということである。[1]

「小国」にとって、海外はほぼ無限に開かれたマーケットである。輸出は約束されたマーケットの開拓かつ浸透戦略である。しかし、厳しい競争が展開される世界市場で、需要者が求める商品を供給しえない限り成功はおぼつかない。同時に輸出は世界市場における「対外接触」の接点となり、最先端の情報と技術を収集しうる場となる。輸出をとおして入手された情報と技術は輸出産業にフィードバックされ、同産業の効率化、競争力の強化はもとよ

り関連産業の生産を誘発し、多様化の契機となる。つまり貿易を通じて需要が拡大し、さらに生産規模の拡大過程で技術進歩と生産性上昇が実現される。これが国際経済でしばしば指摘される貿易の動態的利益であり、「小国」が海外市場つまり輸出成長によって経済的発展を目指す場合の論理である。NIES 諸国が「輸出志向型工業化戦略」により長期にわたって高い経済成長率を維持し、それにより1人当たり所得水準を不断に引上げさらに輸出と産業構造の高度化と多様化に成功した。

　NIES よりも早くさらに徹底的に「小国のケース」の経済発展パターンを採ってきたのが日本であった。日本はある意味では、明治以降第2次世界大戦が終了し貿易が再開される1950年代そして高度成長の1960年代まで、典型的な「小国ケース」の発展を追求してきたといっても過言ではない。[2)] とりわけ戦後日本経済発展の軌跡をたどると、典型的な「小国のケース」のそれである。経済「小国」日本はふところの深い米国の胸を借りてつまり経済「大国」のダイナミズムをテコとして輸出を伸長させた。1960年代の米国経済は開放的で、日本の急速な追い上げを受け入れる能力と余裕を持っていた。

　1955年当時、世界の GNP に占める米国の比率は3分の1以上（36％）と圧倒的に大きく、所得水準は群を抜いて高かった。消費需要も高度にして多様また極めて変化に富む。しかも消費者は世界の最先端を行く商品を求める。米国産業は世界最強の技術開発能力をもって、国民が求める需要を満たしていった。とりわけ1960年代は米国経済が最もダイナミックに成長を遂げた時期に、日本は TV をはじめペニシリン、レーダー、DDT、原子力、ジェット機、電子計算機、トランジスタ等、第2次世界大戦中から戦後にかけて開発された目覚しい技術を陸続として製品化し、生産と需要を不断かつ均衡的に拡大していった。

　米国以外の多くの諸国はそうした商品を生産できる能力を持ちあわせていなかったものの、米国における消費構造の高度化や変化をうかがいつつ米国向け輸出を拡大し、経済成長を図るテコとしてきた。その典型が1960年代では日本であった。さらに日本は米国が開発した技術を1950年代から1960年代にかけて次から次へと導入し、それによって製品化した商品を海外市場主に米国向けに輸出し経済成長をはじめ輸出構造の高度化を不断に推進してきた。

1970年時点の日本の総輸出における重化学工業化率は72.4％にも達し、そのうち機械の割合は64.0％であった。この過程で、日本は導入技術を長期にわたり蓄積すると同時に、次の飛躍を目指し内部で発酵させていた。

1973年に発生した第1次石油危機で、日本は先進諸国のうちで大打撃を被ったのにもかかわらず、最も効果的に対応した。石油危機で、1960年代の高成長をもたらした「重厚長大」である重化学工業を基盤とする産業構造の抜本的改革を迫られた日本であったが、次の技術パラダイムとしてそれまで営々として蓄積してきたマイクロエレクトロニクス（ME）技術を一挙に顕在化させ、その後の発展基盤を確立することに成功した。ME技術は加工組立産業の代表である機械産業に最も効果的に導入され、「軽薄短小」と称される機械産業は「重厚長大」産業に取って代わり、その後の日本産業の牽引力となった。

1970年から1986年にかけて世界（社会主義国は除く）のハイテク財輸出額は397億ドルから3871億ドルに増加した。[3]この間ハイテク財の輸出比率は13.3％から19.2％に高まった。上位3つのハイテク財をみると、第1位は電気機械、第2位は化学と変化がなかったが、第3位は精密機械から事務機械となり、構成比率も大きく変わった。電気機械のシェアは1970年の26.8％から29.5％に上昇したのに対し、化学は23.0％から19.1％に低下した。精密機械のシェアは17.1％から14.6％に低下したのに対し、1986年に第3位に浮上した事務機械は10.7％から17.5％に高まった。一般機械を含む機械4品目（輸送機械〔航空機〕を除く）の合計は66.6％から73.0％に高まった。世界ハイテク財輸出に占める日本のシェアは1970年の10.6％から1986年には18.4％になった。日本の第1位のハイテク財は一貫して電気機械であるが、そのシェアは1970年の53.2％から49.7％へとやや低下した。事務機械のシェアは7.8％から20.5％へと大幅に上昇した。

IC・半導体の集積度の向上およびこれにより素子の情報処理能力の飛躍的向上がもたらされ、これを格納したハイテク財のうち事務・計算機器および通信機器はIT時代の到来とともに、あるいはその招来をもたらす有力な役割を果すようになっていく。そこで両財の生産および輸出構造の特徴的な変化を以下みよう。

両財の輸出の動向は次のとおりである。①世界全体のハイテク輸出の占める通信機器の比率は1985年以降50％を超え、その後60％前後で推移し大きな変動はない。国別でこの割合が大きいのは日本と東アジア諸国で、いずれも4分の3（75％）以上である。②ハイテク財輸出に占める事務・計算機器と通信機器両財の比率は、日本と NIES ではいずれも90％以上と高いものである。③世界の事務・計算機器輸出構成の国別構成に関し、1980年時点では米国が3分の1以上（35.9％）と最大のシェアを占めていたが、その後低下の一途をたどり1997年には17.1％にまで低下したものの、依然として第一位の地位にある。これに次ぐのがシンガポールで、1980年にはわずか0.6％しか占めていなかったが、1990年までには2桁に達し、1997年には16.4％を占める。日本の輸出シェアは1980年代後半には15％台にまで高まり米国に肉薄するまで至ったが、その後低下し1997年には9％台である。④世界の通信機器輸出では、日本は米国が事務・計算機器でたどったのとほぼ同じ軌跡をみせた。1980年以降1990年まで日本が最大のシェアを占めていたが、1995年までに米国に逆転され、その後米国が首位を維持し、1997年には米国15.4％、日本12.3％となった。欧州のシェアは17.3％から14.5％に低下した。これに対して東アジアのシェアは16.9％から1997年には実に33.1％にも達した。日本がシェアを低下させた分のほとんどを東アジアが奪ったということである。

　日本の平均輸出依存度は先進国の中では最も低い。米国の6.9％とはほとんど同率であるが欧州諸国（ドイツ37.7％、イタリア24.0％、フランス22.0％、英国17.1％。いずれも2004年の財ベース）に比べてはるかに低率である。それゆえ日本経済は全般的にみて輸出依存体質でないと考えられてきた。しかし、産業と輸出構造がもたらした深層の変化に着目すると、平均的な輸出依存度でみる印象とは逆に、日本経済は一段と輸出（財）に依存する体質を強化してしまったという構造が浮かびあがる。しかも1980年前後から日本は Japan as No.1 と称される経済大国になり、その経済の対外的影響力は格段に高まり、それ以前の「小国」のそれとは全く異なるものとなった。その典型例が日本の対外投資に伴う東アジア経済の統合化であろう。以下日本の対外投資を契機とした東アジアにおける構造変化を、「大国」日本の観点から分析する。

表2-8（2）でみた産業別輸出依存度は、当該産業の生産と輸出という両者の直接的比率だけを求めたものである。しかし、ある産業が製品を生産する場合、当該産業はもとより他の産業から生産に必要な資材供給支援を受けなければならなし、一方当該産業が生産した製品や資材を他の産業に供給する。他の産業も同様の投入産出構造を形成している。こうした中間投入および中間需要を媒介に産業間の取引構造をシェーマ化したのが投入産出表［前掲表2-2］であった。特に中間投入比率が大きくなるほど産業相互間の結合が緊密化し、産業相互で生産を誘発する度合いを高める。これは既に定式化しそのメカニズムも確認した（第2章第2節）。これに従って日本の産業構造を投入産出の観点から特に機械4業種に焦点をあててみると、以下のような特徴と変化を指摘できる。

①製造業の中間投入比率は産業計や国内総生産計をいずれも上回っている。機械4業種も同様である［前掲表2-1］。②産業を機械関連、第1次部門およびサービス部門に分類し、その経済全体に及ぼす係数（「逆行列係数」）を比較すると、機械関連業種はほとんどの部門で第1次部門およびサービス部門を上回っている［表2-6（1）、表2-6（2）、表2-6（3）］。③輸出の生産誘発係数では電気機器関連（No.50、No.52、No.53、No.54、No.57）をはじめその他の一般機械（No.47）、船舶・同修理（No.59）で高まっている。自動車輸出の生産誘発係数は1985年の0.3609に比べ1999年には0.3079に低下しているが、機械関連の中では依然最大である。これは、自動車の部品点数は1万以上ともいわれるほど多く、さらに化学、繊維、窯業、鉄鋼などあらゆる産業に支援され、自動車産業は加工組立産業の頂点に立つ産業で、他の産業への波及効果が極めて大きいということを反映したものである。自動車をはじめ機械産業は製造業輸出の4分の3以上を占めかつ輸出依存度が突出して高い。これが平均輸出依存度でみる以上に日本経済を輸出に一段と依存させていることは間違いないであろう。

高い部品比率

日本経済は平均的な輸出依存度でみる以上に、機械諸産業による輸出を通して、輸出依存の体質を強めている。これに一段と拍車を掛けているのが、

機械産業の部品輸出比率の高まりである。部品は単体としてではなく、サブ・システムの機能を格納したいわゆる「機械部品」や「機能部品」さらに治具や周辺部品などを装着した「ユニット化」と呼ばれるものである。例えば、AV機器、電算機などでは半導体、集積回路、液晶、PCB、精密機械部品、工作機械ではNC装置、スパイラルギア、時計ではムーブメント、モジュールなどである。これは日本企業が本格的に東アジアに進出し生産拠点をシフトに伴い生産も本格化したことを反映したものである。

機械輸出における部品比率が高まっていることの含意として次の諸点を指摘しうる。[4] ①製品としての機械輸出の増大と一緒になり、日本産業に輸出に依存する体質を一段と促進した。②部品輸出需要の高まりで、これは輸入国の産業構造に深くインボルブされ、日本の機械産業の輸出を拡大させることになる。③輸出において生産工程の長距離化と分割可能性を高めている機械比率とさらにそのうち部品比率がともに上昇しているということは、とりわけ部品取引を媒介に、1国単位を超えて、投入産出構造が国際的広がりをもって展開かつ形成されるということである。それについて「投入産出構造の国際的展開」という観点から第1章第3節で示唆し第5章で詳細に分析したように、これが日本と東アジアが経済的に統合するメカニズムである。日本は東アジアとの間で、機械と部品輸出を拡大させると同時にそれらの輸入を増やしている。これは「日本貿易の地域化」とも称すべき現象であり、さらに第4章第4節で示唆した「資源の効率的配分」を東アジアという地域で実現しようとする動きに対応したものであるといえよう。

前章第1節で国際産業連関表により、部品を分離していないが、東アジア諸国の機械関連の海外への生産誘発効果は、日本への波及効果は低下しているものの依然各国とも最大のシェアを占めているということを分析した。これは東アジア諸国のSIが依然未成熟であるため、機械生産やその輸出を拡大させるほど、それに必要な部品を日本から調達するという構造を反映したものである。日本の東アジア向け機械部品の輸出規模は1990年の3兆8587億円（386億ドル）から2004年には11兆483億円（1021億ドル）と約2.9倍になった。品目別輸出規模は次のとおりである（カッコ内の数字は2004年）。

1) 一般機械2.50倍（2兆4367億円）

2）電気機械3.10倍（6兆5713億円）
   3）輸送機械1.72倍（8234億円）
   4）精密機械3.57倍（9650億円）

　機械部品（資本財ベース）輸出をさらに詳細にみたのが表8‐1である。同表より東アジアに焦点をあてみると次のような特徴があげられる。①電気・電子部品の比重が部品全体の3分の2近くを占め、対世界に比べ大きく上回る。②ほとんど全ての部品で東アジア向けの輸出シェアが高まっている。これは表2‐10（1）でみた東アジア向け輸出機械部品シェアは4品目全てで上昇していることに対応したものである。③東アジア向け部品輸出に占める中国の比重が機械4品目で高まっている。1995年から2004年にかけて、一般機械で12.2％から31.1％に、電気機械でほぼゼロから25.1％に、輸送機械で4.2％から31.5％に、精密機械で10.9％から22.7％へと、いずれも共通して1桁から20％以上に高まった。部品合計では8.0％から26.8％になった。これらは各機械輸出分野でも確認できる。④一方中国にとって日本が最大の輸入先である（これは既に第7章第2節で分析したように、機械4品目の最大の輸入先が日本であることに対応するものである）。④以上は日中両国で部品取引を通じて自ら相互に相手国の投入構造にインボルブする動きを示したものである。つまり両国は貿易を通じて一段と緊密の度合いを強めているということである。

　さらに機械部品輸出構造の特徴をIT関連財でみよう。これは次の理由による。①世界の主な情報通信機市場で日本がかなり大きなシェアを占めている。ルーターの89.0％を筆頭にW-CDMA方式携帯電話機（75.1％）、デジタルカメラ（74.2％）、DVDレコーダ（69.4％）、プラズマTV（54.1％）、カーナビ（66.2％）はいずれも50％以上を占め、以下液晶TV（44.4％）、携帯電話機（18.8％）などと続く。②これらを支える主な情報通信機器関連部品でも、日本は世界市場で大きなシェアを占める。携帯電話機関連では、RFモジュールは90.3％、アプリケーションは73.7％という高率である。DVD・テレビ関連でも、光ピックアップが83.8％、PDPドライバーは75.1％と高い。デジタルカメラ関連では、CCD受光素子と非球面ガラスレンズはともに100％である。③情報通信技術でも国際的にみて優位性がある。特

表 8-1 日本の部品輸出

部品の種類	対世界構成				対東アジア構成				東アジアの比率				中国の比率			
	1995	2000	2003	2004	1995	2000	2003	2004	1995	2000	2003	2004	1995	2000	2003	2004
資本財部品	100	100	100	100	100	100	100	100	45.1	45.9	53.9	54.5	8.0	13.5	25.9	26.8
一般機械部品	31.3	28.6	31.5	30.7	25.5	22.2	22.7	22.6	36.7	35.7	38.9	40.0	12.2	15.5	29.0	31.1
コンピュータ等部品	8.5	8.1	9.2	8.3	5.1	7.8	7.3	6.3	27.3	44.5	43.1	41.1	10.0	13.9	29.1	34.5
エアコン部品	1.3	0.8	0.6	0.6	1.4	0.5	0.4	0.4	46.5	26.2	37.5	36.0	14.9	13.5	35.9	35.6
冷蔵庫部品	0.1	0.1	0.1	0.1	0.1	0.1	0.1	0.1	50.0	35.7	28.6	33.3	11.1	20.0	33.3	42.9
工作機械部品	0.5	0.7	0.7	0.7	0.6	0.6	0.7	0.7	50.7	42.1	50.8	54.1	13.5	15.1	19.4	22.5
電気・電子部品	48.9	51.8	46.9	47.4	61.4	65.5	61.8	60.9	56.7	58.0	71.0	70.0	0.0	12.5	24.8	25.1
集積回路	19.0	18.3	17.0	16.2	24.3	27.3	26.7	25.2	57.8	68.7	84.8	84.6	2.3	6.6	20.1	19.3
コンデンサー、スウィッチ等	9.7	11.2	9.9	10.3	12.2	14.4	12.7	13.0	56.8	58.9	69.1	68.7	0.1	14.7	25.4	26.8
有線電話部品	1.3	2.5	0.7	0.6	0.8	0.9	0.4	0.3	28.6	16.7	26.6	24.3	20.4	21.9	20.6	21.4
TV等部品	1.5	2.4	4.6	5.6	1.3	2.6	5.4	6.0	40.8	49.9	63.3	57.9	0.0	27.6	37.0	34.2
輸送機械の部品	13.4	11.5	14.3	13.9	9.0	7.5	7.6	7.6	30.2	21.9	28.6	30.0	4.2	13.1	28.8	31.5
自動車部品	23.3	18.7	22.1	21.5	14.3	8.7	11.4	11.3	27.7	21.4	27.6	28.7	8.2	13.4	28.0	30.3
精密機械部品	6.4	8.1	7.3	8.0	4.1	6.8	7.9	8.9	29.0	38.8	58.1	61.0	10.9	16.6	22.8	23.8
耐久消費財部品	4.2	2.7	2.5	2.1	6.7	3.5	2.9	2.3	72.3	51.0	63.3	59.2	7.9	14.8	26.9	27.1
洗濯機部品	0.0	0.0	0.0	0.0	0.0	0.0	0.0	0.0	84.8	83.3	91.7	95.2	0.0	0.0	86.4	37.5
掃除機・ミキサー等の部品	0.0	0.0	0.0	0.0	0.0	0.0	0.0	0.0	51.3	44.0	89.2	92.0	0.0	0.0	31.8	82.6
CD・VTR・DVD等の部品	1.8	1.0	0.8	0.6	2.9	1.5	1.2	0.8	73.2	65.8	81.0	77.7	11.7	0.0	1.3	1.8

(注) ①「自動車部品」にはウインドウガラス、座席をはじめ可視信号用の機器、音響信号機器などを含むため「輸送機器の部品（資本財）」より大きくなっている。「資本財」としての「輸送機械の部品」(126ページ) と「自動車部品」(128ページ) の定義については下記資料を参照。②「資本財部品」は「一般機械部品」、「電気・電子部品」、「輸送機械の部品」および「精密機械部品」の合計。③中国の比率は東アジア向け輸出の占める割合
(資料) 国際貿易投資研究所『日本の商品別・地域別貿易指数』より作成

に「ユニバーサル・コミュニケーション技術」（実在型ネットワークロボット、ホームネットワーク、高精細映像技術など）では日本は圧倒的な優位を保持している。「新世代ネットワーク技術」（次世代携帯電話、FTTH、光スイッチ/ルーター技術など）では、日本は相対的に優位にある。「安心・安全のためのICT」でも日本は優位にある。[5]

表 8-2 (1) は日本のIT関連電機部品の東アジア向け輸出構成をみたもので、同表より次の特徴を指摘できる。①特定部品に集中している。HS8542（集積回路および超小型組立）のシェアが1998年の32.3%から2004年には42.6%と半分近くを、これにHS8541（半導体デバイス、発光ダイオードおよび圧電結晶素子など）、HS8473（コンピュータ部品。これはIT関連では一

表8-2(1) 日本のIT関連財部品輸出　　　　　　　　　　（単位：100万ドル、％）

HS	対世界輸出				対東アジア輸出					
	金額		構成		金額		構成		東アジアのシェア	
	1998	2004	1998	2004	1998	2004	1998	2004	1998	2004
8473	11864	15297	20.0	17.5	3740	6359	9.4	10.8	31.5	41.5
8540	3967	1545	6.7	1.8	2514	877	6.4	1.5	63.3	56.7
8541	5057	9398	8.5	10.8	3311	7107	8.4	12.1	65.4	75.6
8542	19361	29711	32.7	34.0	12799	25121	32.3	42.6	66.1	84.5
8504	2230	2364	3.8	2.7	1220	1426	3.1	2.4	54.6	60.2
8532	2852	3978	4.8	4.6	1685	3011	4.3	5.1	59.0	75.6
8533	968	890	1.6	1.0	535	631	1.4	1.1	55.2	70.8
8534	1848	3014	3.1	3.4	1280	2409	3.2	4.1	69.2	79.9
8535	473	483	0.8	0.6	236	249	0.6	0.4	49.8	51.5
8518	691	417	1.2	0.5	185	207	0.5	0.4	26.7	49.6
8522	1583	1037	2.7	1.2	1022	808	2.6	1.4	64.5	77.8
8523	2531	3411	4.3	3.9	8379	1178	21.2	2.0	33.0	34.5
8529	2254	10346	3.8	11.8	912	5986	2.3	10.2	40.4	57.8
8536	3603	5500	6.1	6.3	1759	3558	4.4	6.0	48.8	64.6
合計	59282	87391	100	100	39577	58927	100	100	66.8	67.4

（資料）国際貿易投資研究所データベースより作成。以下表8-3（2）まで同じ

般機械に分類される）が続き、3者のみで全IT関連部品の3分の2以上を占める。これは対世界輸出に比べ集中度が高い。②IT関連電機部品の東アジア向け輸出シェアは67.4％で、全IT関連部品の東アジア向け比率とほぼ同じである。

さらにIT関連電機部品14品目に関し、表8-2（2）より第1位の輸出先および東アジア向け輸出シェアをみると、次のような特徴を指摘できる。③14品目中日本の対世界輸出で、米国が第1位を占めていた数は1998年の11から2004年には2に減少したのに対し、中国が第1位を占める部品は2004年には9を数えるに至った。中国は「情報技術協定（ITA）」への加盟により2005年1月1日からコンピュータや通信機器などIT関連品目を無税化したので、今後一層中国向け輸出が増加するであろう。④中国、香港、台湾および韓国の「北東アジア」向け輸出シェアはHS8540およびHS8541を除きいずれも大きく上昇した。これは先に指摘した中国が"a dual hub"を構築したことを反映したものであろう。⑤「北東アジア」向け輸出シェアの上昇に対し、シンガポールやマレーシア向けシェアが低下している。

中国のIT関連財に占めるその部品輸入比率の高さ（77.7％）については前掲表6-7でみた。再度日本の最大の輸出先である中国について、同国の輸入サイドからみたのが表8-3（1）および表8-3（2）であり、2つの[6]

別表 品目表

HS分類番号	説明
8473	第84.69項から第84.72項までの機械に専ら又は主として使用する部分品及び附属品（カバー、携帯用ケースその他これらに類する物品を除く。）
8540	熱電子管、冷陰極管及び光電管（例えば、真空式のもの、蒸気又はガスを封入したもの、水銀整流管、陰極線管及びテレビジョン用撮像管）
8541	ダイオード、トランジスターその他これらに類する半導体デバイス、光電性半導体デバイス（光電池（モジュール又はパネルにしてあるかないかを問わない。）を含む。）、発光ダイオード及び圧電結晶素子
8542	集積回路及び超小形組立
8504	トランスフォーマー、スタティックコンバーター（例えば、整流器）及びインダクター
8518	マイクロホン及びそのスタンド、拡声器（エンクロージャーに取り付けてあるかないかを問わない。）、ヘッドホン及びイヤホン（マイクロホンを取り付けてあるかないかを問わない。）、マイクロホンと拡声器を組み合わせたもの、可聴周波増幅器並びに電気式音響増幅装置
8522	部分品及び附属品（第85.19項から第85.21項までの機器に専ら又は主として使用するものに限る。）
8523	録音その他これに類する記録用の媒体（記録してないものに限るものとし、第37類の物品を除く。）
8529	第85.25項から第85.28項までの機器に専ら又は主として使用する部分品
8532	固定式、可変式又は半固定式のコンデンサー
8533	電気抵抗器（可変抵抗器及びポテンショメーターを含むものとし、電熱用抵抗体を除く。）
8534	印刷回路
8535	電気回路の開閉用、保護用又は接続用の機器（例えば、スイッチ、ヒューズ、避雷器、電圧リミッター、サージ抑制器、プラグ及び接続箱。使用電圧が1,000ボルトを超えるものに限る。）
8536	電気回路の開閉用、保護用又は接続用の機器（例えば、スイッチ、継電器、ヒューズ、サージ抑制器、プラグ、ソケット、ランプホルダー及び接続箱。使用電圧が1,000ボルト以下のものに限る。）

（出所）日本関税協会『実行関税率表』

　表から次の特徴と変化を指摘できる。①IT関連電機部品輸入の品目構成は対世界と対東アジアでほとんど全く同じでありかつHS8542のみで過半を占める。②東アジアからの輸入シェアは平均86.6％と高い。③東アジアからの輸入のうち「北東アジア」がほぼ全ての品目で大半を占める。④4品目を除き残り全てで日本が最大の輸入先である。第1位でない品目でも日本は第2位である。④最大の輸入品目であるHS8542の最大の輸入先は台湾である。台湾のIT関連部品総輸入に占めるHS8542の比率は64.9％になり、同部品輸入の対日シェアは46.4％である。これらは韓国でも同じ構造である。[7]

　以上のように、東アジアの経済大国である日本と中国のIT関連材機械部品貿易でともに最大のシェアを占める同財電気機械部品において、日本のと

表8-2(2) 日本のIT関連部品の東アジアの主要輸出先　　　　　　(単位：％)

HS	年次	第1位	中国	香港	台湾	韓国	北東アジア計	シンガポール	マレーシア
8473	1998	米国40.7	4.4	3.6	6.3	0.9	15.2	5.8	1.1
	2004	米国29.2	14.1	6.3	4.1	1.9	26.4	4.5	1.0
8540	1998	台湾25.9	5.6	3.9		10.0	19.5	4.2	4.7
	2004	中国25.9		3.1	3.8	9.5	16.4	2.1	6.4
8541	1998	米国17.6	6.6	12.2	9.5	10.4	38.7	9.7	7.0
	2004	香港19.4	17.7		7.3	10.1	35.1	6.4	4.7
8542	1998	米国23.9	2.8	11.3	7.4	6.5	28.0	12.6	10.3
	2004	中国16.4		16.1	11.1	12.7	56.3	9.2	6.4
8504	1998	米国19.1	9.2	11.4	7.3	6.3	34.2	6.2	2.7
	2004	中国19.9		10.3	8.4	7.5	46.1	3.8	2.1
8532	1998	米国21.0	5.6	13.5	9.8	5.8	34.7	12.5	4.8
	2004	香港18.2	15.9		15.0	8.0	57.1	8.0	4.0
8533	1998	米国26.1	7.5	11.0	7.8	6.2	32.5	11.6	4.6
	2004	中国17.1		17.1	6.7	9.6	50.5	7.4	3.3
8534	1998	米国13.6	9.5	6.3	7.3	15.2	38.3	7.2	7.6
	2004	中国22.0		10.8	9.5	15.6	57.9	2.6	4.3
8535	1998	UAE14.6	14.4	10.7	9.7	1.6	36.4	4.2	1.0
	2004	台湾25.5	9.0	3.7		2.8	41.0	0.3	
8518	1998	米国19.1	4.2	8.3	3.4	3.1	19.0	3.8	2.2
	2004	中国19.9		12.1	2.2	5.5	39.7	4.0	2.2
8522	1998	Mシア15.0	13.4	11.0	2.4	4.4	31.2	7.7	
	2004	中国43.1		1.4	2.1	3.2	49.8	2.9	5.1
8523	1998	米国35.8	0.4	3.4	1.5	0.7	6.0	13.1	1.2
	2004	米国35.6	5.6	5.8	1.5	2.6	15.5	6.5	3.7
8529	1998	米国25.8	10.1	4.3	2.6	1.8	18.8	4.2	3.9
	2004	中国19.8		13.7	2.1	11.1	46.7	2.5	2.4
8536	1998	米国25.8	6.7	10.0	8.8	4.9	30.4	8.0	2.6
	2004	中国17.5		14.1	6.7	8.3	46.6	5.1	1.7

(注) UAEはアラブ首長国連邦、Mシアはマレーシア

って中国は最大の輸出先であり、中国にとって日本は最大の輸入元である。これらはコンテクストでそれぞれ異なるが、既に第2章（第4節）、第5章（第2節）さらに第7章（第2節）などで指摘した中間財を媒介とした投入産出構造の国際的展開の典型的な動きである。つまり日本の中国への部品供給は前方連関網の国際的展開であり、中国の日本からの部品輸入は後方連関網の構築に向けた国境を越えた国際的展開である。製品取引レベルでは、日本にとって中国は最大の輸入もとであり、中国にとって日本は米国に次ぐ第2位の輸出先という違いはあるが、両国経済は完全に相互依存関係にあるといえる。

第8章　日本の資産とその活用　283

表8-3（1）　中国のIT関連財部品輸入　　　　　　　　　　　　　　　（単位：100万ドル、％）

HS	対世界輸入				対東アジア輸入				東アジアのシェア	
	金額		構成		金額		構成			
	1998	2004	1998	2004	1998	2004	1998	2004	1998	2004
8473	3618	9303	19.4	8.8	3157	7913	20.8	8.6	87.3	85.1
8540	1587	2466	8.5	2.3	1472	2352	9.7	2.6	92.8	95.4
8541	1727	8496	9.3	8.0	1475	7558	9.7	8.2	85.4	89.0
8542	4754	58473	25.5	55.0	3844	51269	25.4	55.7	80.9	87.7
8504	1083	3019	5.8	2.8	783	2037	5.2	2.2	72.3	67.5
8532	718	3314	3.9	3.1	673	2915	4.4	3.2	93.7	88.0
8533	282	994	1.5	0.9	264	851	1.7	0.9	93.6	85.6
8534	809	3800	4.3	3.6	714	3632	4.7	3.9	88.3	95.6
8535	72	253	0.4	0.2	13	40	0.1	0.0	18.1	15.8
8518	209	709	1.1	0.7	187	566	1.2	0.6	89.5	79.8
8522	997	1177	5.4	1.1	993	1150	6.6	1.3	99.6	97.7
8523	234	1268	1.3	1.2	224	1095	1.5	1.2	95.7	86.4
8529	1812	9622	9.7	9.1	854	8294	5.6	9.0	47.1	86.2
8536	719	3349	3.9	3.2	507	2300	3.3	2.5	70.5	68.7
合計	18621	106243	100	100	15160	91972	100	100	81.4	86.6

表8-3（2）　中国のIT関連部品の東アジアの主要輸入先　　　　　　　　　　　（単位：％）

HS	年次	第1位	東アジアの主要輸入先							備考欄（日本のシェア）
			香港	台湾	韓国	北東アジア計	シンガポール	マレーシア	タイ	
8473	1998	日本26.1	4.9	10.0	3.6	44.6	29.3	3.6	20.2	
	2004	日本33.0	4.1	19.1	9.4	65.6	5.3	6.6	9.5	
8540	1998	韓国45.2	1.8	28.6		91.1	1.3	5.4	1.3	15.5
	2004	韓国51.6	2.9	4.1		78.4	0.3	11.8	4.5	19.8
8541	1998	日本43.1	13.9	25.8	8.5	91.3	1.8	4.5	1.0	
	2004	日本41.5	4.5	22.3	8.7	77.0	2.5	11.2	3.9	
8542	1998	日本42.1	11.8	20.7	9.2	83.8	6.8	6.2	0.9	
	2004	台湾28.6	3.2		16.2	65.8	6.1	14.3	2.5	17.8
8504	1998	日本47.3	15.1	18.4	12.9	93.7	3.0	1.7	1.2	
	2004	日本38.6	9.0	19.9	16.8	84.3	2.1	3.6	5.6	
8532	1998	日本46.3	12.3	25.0	10.0	93.6	3.9	1.8	0.4	
	2004	日本48.3	3.0	24.9	9.8	86.0	2.7	6.1	3.3	
8533	1998	日本45.2	11.8	27.4	10.8	95.2	2.4	1.1	0.6	
	2004	日本43.8	3.6	29.2	10.7	87.3	2.6	4.5	2.8	
8534	1998	台湾39.7	10.5		6.0	85.9	11.0	1.6	1.3	29.7
	2004	台湾47.1	6.3		16.7	90.4	5.7	1.2	1.7	20.3
8535	1998	日本55.7	8.4	31.3	2.3	97.7	0.8	2.3	0.0	
	2004	日本49.5	7.4	20.3	17.1	94.3	1.0	4.7	0.0	
8518	1998	日本33.6	13.0	23.4	19.5	89.5	1.3	7.3	0.9	
	2004	韓国35.3	12.5	19.0	.	92.8	2.8	6.9	7.2	26.0
8522	1998	日本55.1	11.2	3.7	14.8	84.8	6.1	6.1	1.4	
	2004	日本41.3	12.7	4.4	16.6	75.0	4.1	5	7.5	
8523	1998	台湾20.2	6.0		31.2	67.5	27.3	0.4	4.4	10.1
	2004	日本32.6	5.6	28.3	12.7	79.2	16.8	3.5	0.3	
8529	1998	日本55.8	9.1	7.5	16.6	89.0	8.1	1.8	0.6	
	2004	日本36.8	5.8	10.5	35.9	89.0	2.9	2.2	4.0	
8536	1998	日本52.7	17.8	16.6	7.7	94.8	2.7	1.0	1.0	
	2004	日本53.2	8.4	16.9	10.1	88.6	4.2	2.3	2.5	

日本と中国の技術格差

　中国はIT関連財を中心に機械部品など中間財の輸入を急増させその比率を高めている。この含意を投入産出分析からみよう。第2章第2節で示唆したように、投入係数は1国の技術レベルや技術構造を反映したもので、生産物1単位の生産に必要な中間投入物の割合を示し、この値が低いほど生産技術のレベルが高いことを意味する。ある2ヵ国の産業分類が同一であるとして、両者の投入係数を比較した場合、それが低い国の産業の方が技術水準はもとより付加価値率も高いことを含意する。1国の産業レベルの技術水準を最もよく示す国内投入係数を産業別に日本（A^{jj}）と中国（A^{cc}）についてみたのが表8－4（1）である。同表から以下のような特徴を指摘できる。

　①24産業の投入係数のうち、中国の方が高い産業数は1990年の16部門から2000年には18に増えた。②全産業平均で、日本に比べ中国の国内投入係数は1990年の1.2倍から2000年には1.3倍以上に高まった。それは産業全体の技術レベルで、日本が中国より一層上回ったことを意味する。③2000年での中国の投入係数が低い産業は家畜・家禽、林業、原油・天然ガス、その他鉱産物、パルプ・紙・印刷、輸送機器の6部門である。④輸入投入比率を比較しても、中国の方が概して高く、海外への生産技術依存度大きい。これは前掲表7－4（2）をはじめ前表8－3（1）、同表8－3（2）でみたように、高・新技術製品輸入の大きさやIT関連財部品輸入比率の高さに象徴される。

　同様な構造は日中間輸入でもみられる。表8－4（2）は、当該国の投入における相手からの輸入比率をみたものである（これは表7－2でみた日中国際産業連関表のA^{jc}、A^{cj}に対応するものである）。同表より次のような特徴を指摘できる。①中国の日本からの輸入投入比率（A^{jc}）を日本の中国からのそれ（A^{cj}）を比較すると（A^{jc}/A^{cj}）、全業種平均で1990年の4.2倍から2000年には4.4倍以上へと一層高まった。これは先に指摘した中国の産業レベルの技術的水準は日本を下回っていることの対外的反映でもある。さらに中国の日本からの輸入増加と日本の中国向け輸出の拡大を反映したものである。②中国の日本からの輸送機器の輸入投入は激減した。これは中国が外資をテコに自動車の生産を急拡大させたためである。③日本が中国を下回るのは、家畜・家禽、漁業、食料・飲料・タバコ、繊維・皮革・同関連製品、石油・同

表8-4(1) 日中両国の国内投入係数

産業	A^{cc}		A^{jj}		A^{cc}/A^{jj}	A^{cc}/A^{jj}
	1990	2000	1990	2000	1990	2000
米穀	0.274392	0.369511	0.276033	0.349475	0.994	1.057
その他農産物	0.253051	0.355193	0.300486	0.339712	0.842	1.046
家畜・家禽	0.459126	0.511806	0.673272	0.729945	0.682	0.701
林業	0.302368	0.267804	0.526205	0.306583	0.575	0.874
漁業	0.307464	0.397786	0.400845	0.395807	0.767	1.005
原油・天然ガス	0.473410	0.292375	0.300518	0.370390	1.575	0.789
その他鉱業	0.553343	0.496326	0.506305	0.575718	1.093	0.862
食料・飲料・タバコ	0.656712	0.649466	0.606283	0.546688	1.083	1.188
繊維・皮革・同製品	0.672053	0.648478	0.580029	0.557430	1.159	1.163
材木・木製品	0.555415	0.664999	0.533212	0.525031	1.042	1.267
パルプ・紙・印刷	0.663878	0.542672	0.567940	0.551967	1.169	0.983
化学製品	0.639703	0.663739	0.581931	0.593341	1.099	1.119
石油製品	0.627100	0.576215	0.146256	0.146296	4.288	3.939
ゴム製品	0.506148	0.677136	0.551073	0.568492	0.918	1.191
非金属鉱産物製品	0.652252	0.657555	0.554977	0.536985	1.175	1.225
金属製品	0.702902	0.697627	0.613226	0.588583	1.146	1.185
機械	0.645281	0.610876	0.597961	0.580032	1.079	1.053
輸送機器	0.604738	0.681418	0.720614	0.703733	0.839	0.968
その他製造業	0.580884	0.631067	0.595207	0.588068	0.976	1.073
電気・ガス・水道	0.539460	0.560443	0.335354	0.379423	1.609	1.477
建設	0.659550	0.679661	0.537131	0.524607	1.228	1.296
商業・運輸	0.483302	0.490141	0.333441	0.324940	1.449	1.508
サービス	0.411676	0.459272	0.320502	0.325224	1.284	1.412
公共活動	0.370798	0.517395	0.301170	0.275369	1.231	1.879
全産業	0.554225	0.573586	0.460102	0.427889	1.205	1.341

(出所) アジア経済研究所、*ASIAN INTERNATIONAL INPUT-OUTPUT TABLE 1990,2000*.次表も同じ

製品の5セクターで、いずれも一次産業である。

　日本はIT関連部品輸出で東アジアにおいて圧倒的なシェアを占めている。世界的なAVや情報技術という分野でデジタル化が進み、国や地域によるデザインやスペックの差が縮小し、製品の差がなくなっている。かつて韓国は日本に永久に追いつけないのではないかと言われたことがあったが、2004年の世界の携帯電話販売台数でサムスンとLGは世界のベスト5に入り、サムスンはDRAMとフラッシュメモリーで世界最大手の地位を確立し、液晶パネルやプラズマパネルの生産量でも世界の首位である[8]。日本の独占や先行は今やいかなる分野でも許されない。そのため日本は以下のような技術革新に邁進している。

　半導体はますます集積度を高め小型化している。これを踏まえ「微小電子機器システム（MEMS）」つまり半導体加工技術を使用して微小な機械や電子部品などを製造する技術で、次世界産業を支える「基盤技術」として期待

表8-4(2) 日中両国間の輸入投入係数

産業	A^{jc} 1990	A^{jc} 2000	A^{cj} 1990	A^{cj} 2000	A^{jc}/A^{cj} 1990	A^{jc}/A^{cj} 2000
米穀	0.000254	0.001182	0.000229	0.000867	1.109	1.363
その他農産物	0.000234	0.001186	0.000457	0.000830	0.512	1.429
家畜・家禽	0.000045	0.000408	0.000111	0.001027	0.405	0.397
林業	0.000277	0.001027	0.000174	0.000390	1.592	2.633
漁業	0.000188	0.002198	0.001469	0.003541	0.128	0.621
原油・天然ガス	0.000535	0.005210	0.000078	0.000095	6.859	54.842
その他鉱業	0.001174	0.006637	0.000534	0.000455	2.199	14.587
食料・飲料・タバコ	0.001121	0.001814	0.003100	0.004496	0.362	0.403
繊維・皮革・同製品	0.006194	0.012024	0.008311	0.012711	0.745	0.946
材木・木製品	0.001872	0.005993	0.001573	0.004991	1.190	1.201
パルプ・紙・印刷	0.005445	0.013329	0.000390	0.001153	13.962	11.560
化学製品	0.012675	0.011478	0.002986	0.004407	4.245	2.604
石油製品	0.000619	0.001961	0.025874	0.010739	0.024	0.183
ゴム製品	0.005114	0.011203	0.000744	0.002526	6.874	4.435
非金属鉱産物製品	0.000714	0.006234	0.002091	0.005715	0.341	1.091
金属製品	0.006943	0.010979	0.001519	0.004396	4.571	2.497
機械	0.017236	0.019640	0.000660	0.003940	26.115	4.985
輸送機器	0.028535	0.016733	0.000246	0.001831	115.996	9.139
その他製造業	0.010470	0.017330	0.001008	0.004733	10.387	3.662
電気・ガス・水道	0.000796	0.005723	0.002570	0.001474	0.310	3.883
建設	0.006116	0.009774	0.000534	0.002287	11.453	4.274
商業・運輸	0.000931	0.003711	0.000232	0.000166	4.013	22.355
サービス	0.000961	0.005280	0.000422	0.000729	2.277	7.243
公共活動	0.000210	0.002654	0.000146	0.000171	1.438	15.520
全産業	0.005272	0.008680	0.001255	0.001953	4.201	4.444

されている。これは1990年代の研究が進んだマクロマシーン（微小機械）の製造技術のひとつで、半導体製造技術を使用するため大量生産に向いているという。MEMS技術を応用して、既に実用化されている例として自動車加速度センサーをはじめインクジェット式プリンターのヘッド部、ハードディスクドライブの精密位置決め、DNAチップなどがあり、将来実用化が期待されるものとして、携帯電話に内蔵する部品、光通信用スウッチ、マイクロ化学チップ、パソコンや携帯電話用燃料電池などである。さらに超小型ガスタービンの開発もある（東北大学）。液晶ディスプレイの部品生産計画もある（東ソー）。血液や唾液などの成分調査で簡易健康診断研究もある（東京大学）。経済産業省は2003年度から、MEMS分野の大型研究計画を情報通信や医療・バイオ、自動車などの基幹部品作りに応用し、センサーや通信部品の実用化を目指している。以上のような、MEMSなどの開発を進めたが、それでも例えば世界最大のプラズマパネルやデジカメで目の役割を果たす電荷結合素子（CCD）、DVD・CDへのデータ書き込み・読み出しをする光学部

品の光ピックアップなどは供給不足となっている。

　コンピュータとネットワークを中心とした情報通信は社会全体に大きな変革を起こす機動力となるものである。日本の文部科学省はIT社会を構築する「e-Society基盤ソフトウェアの総合開発」、「ビジネスグリッドコンピューティングプロジェクト」などに取り組んでいる。次世代ヒューマンインターフェース技術、量子工学技術など新しい原理・技術を用いた次世代情報通信技術、宇宙開発（通信）、ナノ技術、バイオインフォマテックスなど融合技術において多分野との連携の下で行う高度な情報通信技術の研究開発の推進が求められている。東京大学を中心に情報通信の研究開発として、ディペンダブル情報基盤をはじめ2次元拡散信号伝送テクノロジー、光ネットワークデバイス、量子情報通信がある。並行して半導体の開発も行われており、それらにユビキタス半導体デバイス、超高密度メモリー、マイクロ-ナノ融合製造技術がある。これらの機器や技術はITのための共通基盤であり、その一層の強化を目指す動きである。

　そもそもITとはInformation Technologyつまり情報技術の略で(ICT=Information Communication Technology情報通信技術ともいう)、これは情報と通信が融合したインターネットを動因とする。1946年にプログラム制御ができる電子コンピュータが製作され、そのわずか2年後にトランジスタが開発され、その後のエレクトロニクス技術発展の大きな契機となった。それによりアナログからデジタル化時代の到来をつげるエポックを画するメインフレームコンピュータさらにマイクロプロセッサーが発明される。さらにその後シリコンチップ1個当たり半導体集積度が強化し、半導体による情報処理能力を飛躍的に高めた。それによりコンピュータの性能が他の製品では見られなかったスピードで向上し、加えてコンピュータ・周辺機器の価格は劇的に低下した。こうした技術革新により、コンピュータをはじめ関連機器は小型化し、猛烈な勢いで普及するとともにサービスの範囲を拡大させた。この技術変化に最も効果的に対応したのが、産業ではアナログからデジタルへという転換に最もなじむ電気機械であり、主要国・地域では東アジアであった。これについては既に指摘した。コンピュータ機器、世界標準コンピュータネットワーク網、電子メールやWWWなどの普及などにより一段と

ITが広く受け入れられるようになった。この背後に既に指摘した機器やシステムの普段の革新があったことは云うまでもない。

　現在の技術革新のタイプはcombinatorial innovationである。この意味は新しい製品が登場した場合、それに内臓されている部品ひとつずつをみると、必ずしも新奇（novel）でなく従来あったものでも、異なる方法で組合せると、新製品を生産することができるということである。これはJ.シュンペータのいわゆる「新結合」に相当するものである。ただしそのためには2つの条件がある。ひとつは最終製品のイメージが必要であるということである。第2はEli Whitneyの歩兵銃の分解と部品組立ての経験に象徴される画一化（standarnization）された部品の存在である。現在のIT化時代に相当する画一化された部品はICであり、その発展である。1960年代にICが登場し、その後10年間集積度を強化し情報処理能力を飛躍的に高めることになったICから組立てられた多くのデバイス（機器）が考案された。これらはPCやルーターに含まれ、現在のITの基礎を構築した。そして過去10年間に様々かつ異なるrecombinant growthを経験した。

第2節　日本の「資産」

　現在進行中の日本の貿易構造変化は以下のような方向に向けたものであるといえよう。

1） 輸出：①東アジア向けシェアの一層の上昇、②機械比率の高まり、③部品比率の上昇。
2） 輸入：①東アジアからの輸入シェアの一層の高まり、②製品比率の高まり、③機械比率の高まり、④最終製品比率の上昇。
3） 上記輸出入構造の変化はいずれも中国を軸に展開されており、今後その傾向は一段と強まる。

以上のような対東アジア貿易構造変化の方向をみると、日本は特に経済大国を目指す中国への部品供給基地はもとより、中国が生産する最終製品の消費地となってしまうのではないかという危惧を持たせるものである。しかし部品の内容はもとよりそれを支える背後の技術水準を子細に検討するならば、

全く杞憂である。

　戦後米国が開発した技術を導入して、日本はそれを製品化し高度成長はもとより輸出の拡大、産業と輸出構造の高度化のテコとした。しかしその当時の技術革新の数は、すぐ後で分析しているように現在日本が開発している技術イノベーションの件数に比べはるかに少なかった。それどころか戦後の時に比べ2つの決定的な違いがある。第1は日本自身が技術イノベーションの当事者であり、世界有数の技術イノベーターであることである。第2は開発の分野が「医療・健康、ユビキタス、安全、環境・エネルギーから教育支援技術」[15]まで多岐にわたっていることである。

　広範な科学技術分野の飛躍的発展のためには、その基盤となる材料分野で新素材が必要である。バイオテクノロジー（BT）を活用して、新素材を原料とした様々な素材が陸続として開発されている。主要紙で発表されたものを整理すると、例えば次のようなものがある。1）熱帯植物である1年草「ケナフ」から作った繊維素材。これはプラスチックと遜色のない耐熱性と耐衝撃性を持ち一般車の内装やボンネット用の素材。軽量化のためボディにも使用される。「ケナフ」を原料とする植物系樹脂は電機・情報機器にも採用が広がりつつある。2）「トウモロコシ」などを原料に透明な食品用包装フィルムの開発の成功。燃やしても有毒ガスが発生せず、土に埋めても微生物が分解。熱にも強い。「トウモロコシ」に含まれる糖類を発酵させてできる「ポリ乳酸」という原料から作る樹脂で電機・情報機器にも使用されようとしている。3）砂糖で携帯電話の電池を生産。砂糖を食べて糖のエネルギーを電力に変換する地下バクテリアの発見。将来家庭用電池としても有望。富士通はPC新機種でプラスチック部品の6割以上で同素材を使う予定であるという。4）「紙の糸」。地中に廃棄しても微生物が分解し環境に優しい。紙の糸は1910年代を中心に日本や欧州で盛んに生産された時期があったが安価な化繊にとって代われた。5）食品に添加するアミノ酸素材をもとに絶縁材料を開発（アミノ酸は従来医療や化成品に用いられてきた）。6）植物を原料とするプラスチック（ICカード）。

　上記の新素材の開発はいずれも企業によって開発されたものであるが、日本政府は物質・材料研究開発に関し、「環境保全材料」、「エネルギー利用高

度化材料」、「安全空間創成材料」、「評価・加工等基盤技術」、「新機能・高度な機能を生み出す物質・材料の発掘」を重点に開発を行っている。例えば「超鉄鋼」や「新規超伝導材料」の開発である。農林水産省は「21世紀最大の未利用資源活用のための『昆虫・テクノロジー』研究」により、「絹タンパクの一種であるフィブロインを加工し抗血栓性等を持つ各種素材や、絹の骨成分との複合化性を利用した人工骨、人工靱帯用素材の開発等の生物素材の利用拡大を目指す」研究開発を実施している。経済産業省は「シナジーセラミックス」、「金属ガラス」の研究開発を推進している。[16]物質・材料研究機構はナノデバイス新材料、ナノスケール環境エネルギー物質などナノ物質・材料に関する研究を実施している。[17]

　現在日本は技術イノベーションの当事者であり、世界有数の技術イノベーターであり、多くの分野でかつ多様なシーズを有している。しかし問題がある。その一例として、21世紀の技術といわれる「バイオテクノロジー」（BT）は、それに内在する本質的な技術の特性として、「市場は多様にして広範囲に及んでいるが、個別市場は相互に独立し、しかも限定された目的のために開発された技術は当然のことながら汎用性に乏しいため、マーケット・イノベーションを起こしにくい欠点を持っている」。「どちらかといえば広浅くという市場特性をもつバイオテクノロジーは、同時に関連産業の進歩に負うところも多い。のみならずその利用範囲は比較的古い伝統的な既存産業のなかに幅広く分布しているだけに、バイオテクノロジーはひとつの産業として独立した産業基盤をもたない技術である」[18]。これは自動車を考えれば明らかである。自動車は1万点以上の部品の組み合せから構成されているとはいえ、最終製品のコンセプトが決まっているので、そのうちひとつの部品やそれと関連する複数の部品生産分野の技術革新で軽量化が図られたら、最終製品として自動車に燃費の効率に反映する。

BT、NTおよびITの相互補完関係

　BTは「生物学」と「技術」を融合したもので、これにはカビや細菌、アルコールなどの発酵技術（「オールドバイオ」）をはじめ細胞や遺伝子を操作する最先端のものまである。またBTの応用範囲は野菜、穀物、果物、魚、

家畜、薬、医療、ゴミ処理、ロボット、コンピュータ、砂漠化、環境など極めて幅広いものである。それゆえある特定分野の最終財の改良を目指しても、それに対応できる BT が存在するかわからない。そこで BT に関するあらゆる産業の基盤となるものが必要となる。それがバイオツールでありバイオインフォマティックスである。前者は BT を活用した産業や BT の研究開発の基盤となる機器、試薬、分析チップなどである。後者は生物学と情報科学が融合した学問分野で、生物や生命現象を探るため、ゲノム情報のデータベース化やコンピュータによるシミュレーションなどの基盤となる。さらに BT は、その関わりが多分野にわたるため、BT の発展のためには、研究開発、知識、実用化などの面で、他分野との連携が不可欠である。

　BT とともに21世紀の社会生活を一変させまた多分野との関係では全く同じ認識を有しているのが「ナノテクノロジー」（Nanotechnology：NT）である。NT とは「物質の特性を決定する構造（例えば結晶の大きさ、膜の厚さ、粒子の直径など）の少なくともひとつがナノメートル（nm：1メートルの10億分の1）で定義できる大きさの持った物質を創製すること、およびそれらの物質を組み合わせて、コンピュータや通信装置、微小機械などを創製する技術である」。NT は今後新しい財や素材を生産することが期待されている。

　電子産業では、記憶媒体の高密度による高密度記録素子、カーボンナノチューブなどのナノ物質を利用した高輝度ディスプレイ、量子ドットを用いた高度情報処理デバイスなどがある。医薬品産業では、ナノマシンを利用した特定部位薬品注入、ペースメーカーなどの埋め込み部品、拒絶反応のない人工臓器などがある。エネルギー産業でも、低コスト高効率太陽電池、水素貯蔵材料、光触媒電池、バイオ燃料電池などがある（ナノエネルギー）。

　さらに NT は化学産業、宇宙産業、航空産業、環境産業などの生産構造にも大きな変化を及ぼすことになろう。これらは、当然のことながら、そうした産業からの需要のフィードバックがあり、それゆえ BT と同様に、研究開発、知識、実用化などの面で、他分野との連携は不可欠である。しかし特にバイオの研究開発は、先に指摘した自動車とは異なり、具体的な製品コンセプトが無いか不明確のまま開発が進められることが多いという。

　かくして両者つまり BT（バイオテクノロジー）と NT（ナノテクノロジー）

をつなぐ役割を果たすものが求められる。BTとNTの仲介や媒介の役割を果たすのがIT（情報技術）であろう。ITの基盤は基本的にはハード（機械）や素材であるが、そのうち最も重要なのが電機・電子産業である。日本の電機・電子産業の実力つまり国際競争力は既に既に分析した。ところがナノ材料技術はエレクトロニクスやメカトロニクスにも大きな影響を及ぼしている。前者では、量子コンピュータ、DNAコンピュータ、分子コンピュータ超メモリーなど（ナノエレトロニクス）、後者ではナノロボット、バイオ変換機など（ナノメカトロニクス）の開発が期待されている。そのうちナノエレトロニクスはIT技術のレベルを一段と引き上げることになろう。つまりBT、NTおよびITの3者は相互補完の関係にあるということである。[19] 既存の家電製品でも一層の性能の向上を目指して不断の技術革新がなされている。例えばNTを用いて液晶TVのため液晶パネル用の特殊プラスチック製フィルム新素材が開発された。[20] さらに次世代のブレークスルーとして期待される新産業の種となる情報通信技の開発を目指している。それは次世代ヒューマンインターフェース技術、量子工学技術など新しい原理・技術を用いた情報通信技術である。具体的課題は「山間部、ビル影等に影響されず、全国ほぼ100％カバーする高品質の通信・放送・測位サービスの提供を実現する「準天頂衛星システム計画」である」（『科学技術白書 2004年版』238頁）。まさに技術革新能力は工業生産力をはじめ科学技術など1国の総合力を動員するものである。

並行して、ネットワークインフラも整備されている。まずe-Japan戦略はインターネット通信の新しい規約であるIPv6（Internet Protocol version 6）で、ほぼ無尽蔵のIPアドレス空間、セキュリティ強化、QoS（Quality of Service）確保、各種設定簡素化なでを目指す。またu-Japan政策は2010年までに国民の100％が高速または超高速を利用可能な社会を目指す（『情報通信白書 2005年版』217頁）。

実は、先に指摘したバイオテクノロジーに対する考えは、1970年代に発生した2つの石油危機を、日本はハイテクにより克服し、それにより日本の到来を予感させた1980年代前半に指摘されたものである。これは現在でもかなり妥当するのではないだろうか。現在開発中の多くの技術は生産技術であり、

1960年代にみられたような量産的な民生用耐久消費財に直ちに結びつきにくいからである。[21] これは研究開発(イノベーション)と市場(製品化)までに時間の溝があるためで、一般に「死の谷」(death valley)と呼ばれる。かくして問題は明らかである。「イノベーションの産業化」を図ることである。[22]

日本は「失われた10年」を余儀なくされたが、依然経済大国である。日本の資産は高い技術革新能力に加えて世界有数の高い1人当り所得であり、加えて1200兆円以上もあるという個人資産という国内民間消費市場そのものであるが、現在構造改革で萎縮し未活用となっている。しかし国内外環境の変化をみるならば、日本が持続的成長を維持するならば、第2章(第3節)や第4章(第1節)で分析したように、不断に技術を革新していく以外ない。日本は既にその方向に歩み出している。これを技術貿易、特許出願、R&D支出などから確認しよう。

拡大する技術貿易収支黒字

日本は世界で米国に次ぎ技術革新のシーズを持ち、それを顕在化させる能力を持つ。その具体化は2つのチャネルを通じて、日本経済に大きく貢献する。ひとつは輸出構造の高度化である。これは既に指摘した。第2は技術貿易の拡大であり、その収支の改善であり黒字化である。技術貿易とは、科学技術に関する研究活動を通して生まれる成果を特許、実用新案、技術上のノウハウという形で取引することである。『科学技術白書 2005年版』により、技術貿易に関し以下のような特徴が挙げられる。

1)技術輸出額は増加の一途を辿っている。2003年の輸出額は130.4億ドルと(総務省。日銀ベースでは124.1億ドル)、世界最大の輸出国である米国(482.3億ドル)に次ぐ。2)日本の技術輸入額も増加の一途を辿り、2004年48.6億ドルで(総務省、日銀ベースでは111.2億ドル)、米国の200.5億ドルに次ぐ第2位の輸入国である。3)技術貿易収支は総務省ベースだと1993年以降一貫して黒字である(日銀ベースだと2003年に初めて黒字化する)。2003年の技術輸出/輸入比率は2.68倍である。4)主要地域別貿易では、1996年度までは欧州と北米で入超、アジアでは出超という傾向であったが、1997年度以降全ての地域で出超傾向が続いている。対北米は4772億円、対アジアは4066

億円の出超である（輸出4163億円に対し輸入97億円）。両地域のみで出超額のほぼ全部（93.2%）を占める。主要国との貿易比率（輸出/輸入）は、年度によっては若干のバラつきがあるが、長期的には上昇傾向（黒字化）を続けている。米国、ドイツ、英国に対しては黒字を計上しているが、フランスとは依然赤字である（2003年）。

　5）業種別に技術輸出をみると、自動車が8900億円と最大で、以下情報通信機械器具（1451億円）、医薬品（1359億円）と続き、これら上位3業種で総輸出の77.4%を占める。これに続くのが電気機械器具（554億円）、化学（546億円）、電子部品・デバイス（511億円）である。一方輸入では、情報通信機械器具の1511億円を筆頭に、以下情報通信機械器具（507億円）、医薬品（365億円）、電気機械器具（314億円）、化学（280億円）と続く。累積シェアは上位3業種で42.2%、上位5業種で52.8%である。6）技術輸入は技術輸出に比べはるかに分散している。技術輸出で上位2つが自動車と情報通信機械器具が大きな比率（68.4%）を占めるのは、製造業別財輸出でも上位2位で大きな比重を占めることに対応したものである［表2-8（1）］。7）技術輸出上位3業種の相手先をみたのが表8-5であり、それより次のような特徴を指摘できる。①自動車工業では圧倒的に欧米のシェアが大きいが、近年所得の向上で自動車の需要が高まっている東アジア諸国向けが12.1%を占める。②情報通信機械器具では東アジア諸国が実に41.8%と大きなシェアを占める。東アジアが世界のIT関連財の生産と輸出基地の地位を確立したのは、ひとつにはこうした日本からの技術輸入によるものであろう。③医薬品の取引相手国は先進国のみである。輸出入とも最大の取引相手国は米国である。

急増する特許出願や特許登録の件数

　以上の日本の技術貿易は現在の優位を示すものであり、将来の潜在的能力を示す指標が特許出願や特許登録の件数である。それは一般的に特許出願が多くなされている国は有用な特許発明が数多くなされるからである。『科学技術白書 2005年版』によると、以下のような特徴を指摘できる。

　1）日本における特許出願件数は1989年まで世界第1位であったが、1992年に米国に逆転された以降、米国を筆頭に日本、ドイツ、英国、フランスと

表8-5　日本の主要業種の技術貿易　　　　　　　　　　　　　　　（単位：億円）

業種	相手先	輸出	輸入	収支
自動車	米国	4626	54	4572
	英国	459	2	457
	タイ	528	0	528
	台湾	289		289
	中国	224	0	224
	韓国	41	2	39
	その他	2732	46	2686
	合計	8900	104	8795
情報通信機械器具	台湾	114	27	87
	中国	347	1	346
	マレーシア	123		123
	シンガポール	54	0	54
	韓国	83	5	78
	英国	24	29	▲6
	オランダ	130	58	72
	フランス	11	48	▲36
	米国	273	1201	▲928
	その他	293	142	151
	合計	1451	1511	▲61
医薬品	米国	886	118	768
	フランス	60	14	46
	英国	191	91	100
	オランダ	1	7	▲6
	スイス	21	35	▲15
	ドイツ	66	59	7
	スウェーデン	1	8	▲7
	その他	133	32	102
	合計	1359	365	995

（出所）『科学技術白書』2005年版、169頁

いう順位は変わっていない。2001年日本での特許出願件数は142万件で、米国の447万件の約3分の1である。ドイツは125.9万件である。2）日本での特許登録件数は概ね増加しており、2001年19.1万件で、米国の19.6万件とほぼ拮抗している。3）日本における外国出願・登録割合はそれぞれ73.2％、42.5％であり、いずれも他の先進国に比べ低い。ドイツの場合、外国人出願比率は93.7％、外国人登録比率は80.6％と、いずれも極めて高い（以上いずれも2002年）。4）日本人の外国での国別特許出願件数は、一貫して米国が第1位でかつ増加しており、2001年出願総件数105.8万件のうち6.66万件（6.2％）である。第2位はドイツで3.22万件、以下英国（2.98万件）、フランス（2.51万件）、イタリア（2.36万件）、韓国（2.27万件）と続く。登録件数も出願と同様に、米国が第1位でかつほぼ一貫して増加しており、2001年には3.32万件と総登録件数80891件の41.1％を占める。米国に比べ大きく下回る

が、以下ドイツ（0.77万件）、英国（0.71万件）、韓国（0.68万件）、フランス（0.62万件）、イタリア（0.28万件）と続く（いずれも2001年）。WIPO（世界知的所有権機関）によると、2004年世界の特許の国際出願件数は12.01万件で前年比4%増であった。日本企業の出願件数は19982件で前年に続き米国（41870件）に次ぐ第2位である。第3位はドイツ（14898件）である。5）主要国における日本人の特許出願および登録件数に占める割合は、1980年代後半から1990年代中葉にかけて韓国において最も高かったが、1990年代後半から米国で最も高くなってきており、2001年にはそれぞれ17.7%、20.0%である。6）日本での外国人の特許出願件数、登録件数とも近年横ばいにある（2001年それぞれ5.0万件、1.2万件）。国別では米国がともに最も多い（2001年それぞれ2.17万件、0.55万件）。7）日本の分類別特許出願件数（380342件）のうち最も多いのが「物理」（25.0%、94918件）次いで「電気」（22.7%、86430件）で、以下「処理・操作・輸送」（17.5%、66703件）、「化学・冶金・繊維」（11.6%、44112件）、「生活用品」（10.7%、40723件）、「機械工学」（8.5%、32368件）、「建設」（4.0%、15088件）と続く。

研究者数と論文

　研究をするのは研究者である。それについては以下のような特徴を指摘しうる（『科学技術白書 2005年版』）。

　1）日本の研究者数は2004年78.7万人で、これは米国の126.1万人（1999年）に次ぐ多さである。第3位はドイツで26.6万人（2002年）（いずれも人文・社会科学を含む。以下同じ）。2）人口および労働力人口1万人当たりの研究者数はそれぞれ61.7人、118.2人で、ともに主要先進国中最も多い。他の先進国についてみると、米国はそれぞれ45.2人、89.6人（1999年）、ドイツ32.2人、67.1人、フランス30.4人、69.0人（2002年）、英国27.0人、54.6人（1998年）である。3）日本の組織別研究者数は、産業界が最も多く（58.3%）、以下大学（36.1%）、政府研究機関（4.3%）、民間研究機関（1.3%）と続く。他の先進国も同じ順位で、いずれも産業界が50%以上であるが、米国は80.5%と最も高い。欧州諸国は政府研究機関に研究人材が集まっている（ドイツは14.7%、フランスは12.9%。米国は3.8%である）。

3）産業別研究者の構成をみると（2004年）、情報通信機械器具が最も大きく（18.1%）、以下電気機械器具（9.8%）、自動車（9.8%）、機械（8.8%）、化学（8.3%）、電子部品・デバイス（6.6%）、情報通信（5.2%）、食品（4.6%）、医薬品（4.5%）と続く。企業等における従業者1万人当たりの研究者数は情報通信機械器具の2102人を最高に、以下電子応用・電気計測（1840人）、油脂・塗料（1533人）、精密機械（1208人）、電子部品・デバイス（1127人）と続き、全製造業平均（679人）を大きく上回る。4）企業等の専門別研究者（49.8万人）の構成は工学73.8%、理学18.1%である。前者では、電気・通信が34.1%と最も大きく、次に機械・船舶・航空（24.4%）と続き、後者では化学（12.0%）が最大で、これら3分野で企業等全体の4分の3近くを占める。5）大学等の研究者数（人文・社会科学を含む）は28.1万人でうちわりは私立（13.13万人）、国立（13.11万人）、公立（2.2万人）である。専門別構成（自然科学のみ）は保健52.2%が最も高く、以下工学（31.0%）、理学（10.3%）、農学（6.5%）と続く（2004年）。専門別研究者のうち電気・通信が1990年代後半以降急増している。

　日本の高等教育に対する一般教育支出およびGDPに占める公財政教育支出の割合はそれぞれ1.6%、0.5%であり、いずれもOECD平均（3.0%、1.3%）を下回る。東アジアで日本とともにOECDの加盟国である韓国はそれぞれ1.4%、0.3%である。政府レベル別最終公財政教育支出（他の政府レベルからの資金移転後）の中央政府の割合は91%とOECD平均の81%を上回る（韓国は96%）。

　日本は全ての分野で最先端を行っているわけではない。日米が力を入れている重点4分野（ライフサイエンス、情報通信、環境およびNT・材料）についてみると以下のような特徴がみられる（文部科学省『科学技術基本計画と我が国科学技術の現状 2005年版』）。

　①4分野向け予算は全て米国の方が上回っている。特にライフサイエンス向けは日本の9倍以上の規模である（2004年度）。②日本の国立大学と民間企業の共同研究の急増。2001年度の3338件から2003年度には5445件に増加し、ライフサイエンスは1117件から2138件となった。③日本において重点4分野にエネルギー、製造技術、社会基盤およびフロンティアを加えた8分野の共

同研究は5078件から7796件に増加した。このうち4分野のシェアは全体の68％を占める。④日本の8分野の論文数は増加しているが、分野別論文のシェアの推移をみると、ライフサイエンスが最も大きく以下製造技術、エネルギーと続き、相互間に大きなシェア変化はない。⑤日本の米国での特許登録件数で高い比率は、第1位がNT・材料、第2位製造技術、第3位NT・材料と続く。しかし全般的に全ての分野でシェアは低下傾向にある。⑥重点4分野の日米EU（15）の論文数をみると、いずれの分野においても日本のシェアは最も低くかつ上昇傾向がもられない。最も日本の比率が高いのはNT・材料分野で10％強であるが、それでも欧米の2分の1から3分の1である。⑦論文の質を示す「相対被引用度」（各国の被引用度——論文1編当たりの被引用回数——を世界全体の被引用度で除して基準化した値であり、1.0であれば世界平均）はどの分野も世界平均を下回っている。これは、日本は先に指摘したように電気機械では現在やさらに近い将来にわたっても優位にあるが、基本計画の影響が実際に論文データに表れるまでには数年以上要するので、「相対被引用度」が低いからといってにわかに質も低いといえない。

急増する特許使用料収入

日本の技術輸出や特許出願が急増している。これに伴い特許使用料収入も増加している。

日本の特許使用料とりわけ「工業権・鉱業権使用料」を1985年以降の国際収支の中で位置づけてみると、表8-6（1）より以下のような特徴を指摘できる。

1）経常収支は一貫して黒字である。2005年の経常収支黒字額は18兆2591億円と4年振りに前年に比べ減少したが、第2位のドイツを大きく上回る世界第1位の黒字国である。2）そのうち貿易・サービス収支も一貫して黒字である。3）貿易・サービス収支を貿易とサービスに分離すると貿易は一貫して黒字であるが、サービスは逆に赤字である。ただし前者の黒字は増加傾向にあり、後者の赤字は縮小傾向にある。4）居住者と非居住者との間で行われた資産または負債の受払である資本収支は2003年以降黒字に転じた。しかし2005年には直接投資の大幅流出を反映して再び赤字となった。

表8-6(1)　日本の国際収支　　　　　　　　　　　　　　　　　　　　　　　　　（単位：億円）

年次	経常収支	貿易・サービス収支	貿易収支	サービス収支	所得収支	資本収支	投資収支	直接投資	証券投資	外貨準備増(－)減	誤差脱漏
1996	71532	23174	90966	▲ 67792	58133	▲ 33425	▲ 29888	25236	▲ 37082	▲ 39424	1317
1997	117339	57680	123103	▲ 65423	70371	▲ 151323	▲ 146445	27548	41402	▲ 7660	41645
1998	155278	95299	159844	▲ 64546	71442	▲ 170821	▲ 151508	27437	▲ 57989	9986	5558
1999	130522	78650	140155	▲ 61505	65741	▲ 62744	▲ 43655	▲ 11393	30022	▲ 87963	20184
2000	128755	74298	125634	▲ 51336	65052	▲ 94233	▲ 84287	25039	▲ 38470	▲ 52609	18088
2001	106523	32120	85270	▲ 53150	84007	▲ 61726	▲ 58264	39000	▲ 56291	▲ 49364	4567
2002	141397	64690	117333	▲ 52643	82665	▲ 84775	▲ 80558	28891	▲ 131486	▲ 57969	1348
2003	157668	83533	122596	▲ 39043	82812	77341	82014	26058	▲ 114731	▲ 215288	▲ 19722
2004	186184	101961	142977	▲ 41016	92731	17370	22504	25032	23403	▲ 172675	▲ 30879
2005	182591	76930	103348	▲ 26418	113817	▲ 134579	▲ 134579	▲ 47400	▲ 10700	▲ 24562	▲ 17960

（出所）『日本銀行統計』。以下同じ

　一般に経常収支（CA）が黒字を計上した場合、それは資本収支（FS）で同額の赤字となる（「黒字は必ず外部に還流する」命題）。しかし上記のように経常および資本収支とも黒字となる場合もある。これは短資が短期間に流入した場合に生じる。事実1997年アジア通貨危機の原因となったタイであった[23]。この場合BP＝CA＋FS－dFAG（＝外貨準備高の増減）となる。資本取引が無い場合や強い規制がある場合、貿易収支の黒字は即外貨準備高の増加をもたらす。戦後1970年代初頭まで資本取引が厳しく規制されていた日本はまさにそうした状況にあり、日本企業の経営者は外貨準備高の増減で景気判断をしたものだ。

　以上のような日本の国際収支項目の中で、今後日本の国際収支に大きな影響を及ぼすとみられるサービス貿易のうち「特許使用料」および所得収支のうち「投資収益」の動向をみよう。

　5）サービス収支で最も重要な項目は「その他サービス」のうち「特許等使用料」である［表8-6（2）］。「特許等使用料」の収支は1992年の赤字計上をピークにその後赤字幅は縮小傾向にあり、2003年に黒字に転じしかも拡大している。最大の要因は「工業権・鉱業権使用料」収支尻の黒字でありその増加である。それは日本の特許使用料の海外からの受取りであり、表8-4でみた自動車や医薬品の技術貿易収支の黒字化であり、黒字の拡大を反映したものである。ITをはじめバイオテクノロジー、ナノテクノロジーを駆使した日本発の技術革新のシーズが具体化したならば、特許使用料の海外からの受取り額は今後一層増えるであろう。さらに最終財や中間財として生産

表8-6(2) 「その他サービス」収支および所得収支　　　　　　　(単位：億円)

年次	サービス収支			所得収支		
	その他サービス	特許等使用料	工業権・鉱業権使用料	投資収益	直接投資	証券投資
1996	▲18844	▲3427	—	58136	11953	43589
1997	▲19569	▲2794	—	70358	14642	53477
1998	▲22471	▲2047	—	71419	12978	52762
1999	▲19492	▲1903	—	65697	4342	49364
2000	▲10367	▲838	1422	65056	6081	51124
2001	▲14816	▲800	2187	84056	15433	62269
2002	▲14421	▲733	2769	82769	14439	63455
2003	▲6966	1491	4831	82950	9431	68209
2004	▲390	2231	6662	92853	13674	74304
2005	6262	3289	8018	113958	23063	86097

が軌道に乗り輸出が増加したならば、貿易収支の黒字にも貢献しよう。6)「所得収支」は1985年以降一貫して黒字である。2005年の「所得収支」の黒字は過去最高の11兆3817億円となり、貿易収支の黒字を上回った。これは専ら「投資収益」の増加を反映したものである。最大の要因はそのうち「証券投資収益」をはじめ「直接投資収益」の増加である。これらを生み出すのは世界最大を誇る日本の対外純資産で、その規模は172.8兆円（2003年末）にも達する。日本の経常収支の黒字が今後も続くと、対外純資産はさらに膨らみ、これから生じる所得も増加していくことになろう。しかし対外直接投資収益率も対外証券投資収益率も先進国に比べいずれも低い。1980-2000年でそれぞれ平均4.7%、11.5%である。日本の対外直接投資収益率は他の先進国英国11.9%、米国8.6%などに比べ低いが、対外証券投資収益率はフィンランドの13.7%に次ぎ11.5%という高さである（米国4.8%、英国4.2%）。1996-2000年では16.2%と主要国中最高であった[24]。ここでも投資効率の改善が求められるのである。

　日本全体の国際収支構造の変化は表8-6(1)でみた。中国を中心に「アジア地域」との国際収支構造を分析すると［表8-6(3)］、1996-2004年にかけて以下のような特徴を指摘できる[25]。

　1)「アジア地域」との経常収支は一貫して黒字であり、2004年には過去最高の黒字を計上した。対中国では一貫して赤字であるが、2001年をピークに赤字幅は縮小傾向にある。2)貿易・サービス収支も経常収支とほぼ同じ

表8-6(3) アジアとの国際収支構造　　　　　　　　　　　　　　　　(単位：億円)

年次	経常収支	中国	貿易とサービス	中国	サービス	中国	所得収支	中国	特許等使用料	中国
1996	60149	▲19673	53068	▲19807	▲10271	▲2396	9955	949	2962	241
1997	70977	▲23782	62569	▲24117	▲8182	▲2909	13233	1297	3018	253
1998	39957	▲20867	34728	▲21608	▲12330	▲2472	8888	1558	2002	244
1999	28851	▲21355	30882	▲21631	▲12829	▲2092	1394	1051	1437	275
2000	38262	▲25414	40337	▲25367	▲8616	▲1975	1127	690	1994	334
2001	18894	▲30010	15392	▲30589	▲9902	▲1954	6508	336	2128	381
2002	43899	▲24637	39108	▲25117	▲10048	▲1960	8193	1527	2168	463
2003	66733	▲15906	59046	▲16677	▲6432	▲799	9361	1201	2605	564
2004	88623	▲14850	78301	▲16075	▲8033	▲199	11765	1521	3235	748

推移を辿っている。これは貿易とサービスの各収支に分離しても同じである。特にサービス収支はアジア地域諸国に対し全て赤字である。3）所得収支は2004年までに全てのアジア諸国に対し黒字を計上するにいたる。2005年には過去最高の黒字を計上した。黒字規模が最も大きいのはインドネシアで、以下タイ、中国、香港が続く。4）特許等使用料収支は対シンガポールを除き全てのアジア諸国に黒字を計上しかつ1999年以降拡大の一途を辿っている。

R&D強化を目指す中国

　中国のプレゼンスは至るところで高まっている。世界経済大国日本をいずれ凌駕する勢いである。その勢いはプレゼンスの高まりのみならず、産業と輸出構造高度化も確実に進展している。それの動因はハイテク財や新技術製品であるが、実はその半分以上が既に第7章で指摘したように中国に進出した外国企業によるものである。グローバルパワーを目指す中国は産業・輸出構造の高度化を自国企業で達成させようと、生産性センターをはじめインキュベーター、産学協力などを推進さらにR&D活動を強化している。R&Dに中心に中国の取り組みを以下みる[26]。

　1）2001年中央・地方政府傘下の科学・技術研究機関は1232あったが、民間企業に再編された。再編後最も多い形態は通常のハイテクセンターであり、次いでビジネスグループや企業との合併である。2）R&D支出額の増大。2001年中国全体のR&Dの対GDP比は1.1％であり、地方政府支出では2％である。3）R&D支出における企業の比重が高まっている。大企業のR&D支出額は1995年の427億元から2001年には1047億元に増加し、このうち自

己資金比率は71.5％から84.1％に上昇した。中国全体の企業のR&D支出額シェアは1995年の43.7％から2001年には60.4％に高まった。4）R&D活動の少数精鋭化。R&D活動の上位100機関は大企業（43）とビジネスグループ、主要大学（14）および政府研究機関である。全国のR&D支出額のうち上位100機関が26％を占める。5）R&D支出額の地域的偏在。GDPの62％を占める東部省が68％を占める。GDP10％の西部地区は14.1％である。6）商業化。特許申請の急増。2003年6月末までに176万件の特許申請がなされそのうち96.5万件が登録された。このほぼ5分の4は非居住者によるものであるとみられる。これを反映してロイヤリティーの受取・支払収支は大幅赤字である。7）論文数の急増。2001年に20万件の科学技術に関する論文が発表された。そうのうち6万4526件が3つの国際システム（SCI, ISTPおよびEI）に登録されたが、全世界の4.4％を占める。

　中国は自前のR&D拠点を創設を目指すとともに先行して外国企業のR&D拠点を誘致していた。1990年代後半以降からMNCを中心に外国企業によるR&D設置が急増し、2002年8月現在65ヵ国から82も数える。そのうち日本企業のR&D拠点数は16ある。米国は31のR&Dを有する。いずれもIT関連が多い。[27] そこで以下米国多国籍企業（MNC）の海外でのR&D拠点設置の背景をみよう。

　1）R&D拠点の設置が多くなっている。2）R&D設置の動機。①対外企業のアウトソーシング。②自社の海外子会社を通じるR&Dの活動。これらは主に米国多国籍企業によってなされている。さらに次のような特徴がみられる。3）米国国内へのR&D活動は減少していない。R&D活動の「国際収支」は米国の「黒字」である（R&D支出ベース）。4）米国MNCのR&D支出の地域別比率は、欧州が3分の2（65.4％）を占め、第2位のアジアは18.8％である（2000年）。5）アジア太平洋への業種別R&D支出シェアでは、コンピュータ・電子機器が半分以上を占め（58.3％）第1位で、以下化学（18.3％）、機械（5.4％）と続く。6）アジア太平洋の国別R&D支出比率では、日本が36.9％を占め第1位で、以下中国（16.6％）、シンガポール（15.1％）、インド（2.0％）、台湾（1.8％）と続く。7）現在中国には米国MNCを中心に外国企業はR&D拠点を400設置している。今後もR&

D支出の最有力候補地として、中国が第1位にランクされている（日本は第7位）。8）米国MNCのR&D海外シフトの動機。R&Dにおいて膨大な開発費とマンパワーを必要としており、豊富な人材確保と開発費の分担。特に米国MNCは人材のグローバルな調達・活用こそ競争力の源泉とみており、中国とインドから積極的に人材活用を目指している。

中国の年間の大学卒業生数（短大生を含む）は1978年の16.5万人から2004年には239.1万人に増加した。このうち工学が81万2148人、理学が20万7490人で、両者合わせて42.6％となる。新入生数は1997年に100万人を越え、2004年には447.3万人を数える。2004年の在校生数は1333.5万人である（いずれも大学院生を含む）。大学院の年間卒業数は1999年に5万人を越え、2004年には15万777人と3倍以上に増加した。このうち博士号取得者は2万3446人である。2004年の大学院卒業生のうち理学、工学および医学の3分野合計で8万9742人である（工学が5万6074人で、このうち博士号取得者は8054人）。年間の海外留学生は2002年以降10万人を越えた。一方帰国留学生は2001年に1万人を超え、2004年には2万4726人に増加した。中国の人口規模は日本のおよそ12倍である。日本人と中国人の能力分布が等しいならば、上位能力1割の絶対的人数では、中国は日本の12倍である。また中国の英語を学習する人数は日本の総人口と同じであるという。中国は人的にも日本の強力なライバルとなるのは間違ない。

人的資源能力向上を背景に、中国はR&D強化のためビジネスを中心にR&D支出額を急増させている。これについて以下のような特徴を指摘できる。

1）GDPに占めるR&D支出額は1996年の48.65億ドルから2003年には186.01億ドルに増加した。うちビジネス企業の額は2003年116.01億ドル（62.4％）である。2）中国の米国での特許申請件数は1991-1993年の平均130から2001-2003年には同849に増加した。発展途上国全体に占める比率は0.17％から0.56％に高まった。[28] 3）研究費は1991年の4035億円から2002年には1兆9506億円に増加した。GDPに占める割合は0.74％から1.22％に上昇した（日本はそれぞれ2.92％、3.35％）。4）組織別研究費は産業の比率が急上昇する。1991年には産業39.8％（70.7％）、政府研究機関49.6％（7.6％）、大

学8.6％（17.5％）であったが2002年にはそれぞれ61.2％（69.4％）、28.7％（8.9％）、10.1％（19.7％）となった。5）研究者数は1991年の47万1400人から2002年には81万525人に増加した（日本は1991年の60万3548人から2004年には78万7264人となる。両国とも人文・社会科学を含む）。組織別研究者の比率は産業が26.7％から54.7％（56.9％）、政府研究機関が42.6％から23.3％（4.5％）、大学が28.2％から22.0％（36.1％）になった（括弧内は日本）。[29]

　日本は直接投資から国内生産への回復に加え研究開発でも国内で充実する動きを強めている。これは以下の理由によるものである。

　日本国内ではIT化の進展により、機械4品目や家庭用電化製品のうちデジタル家電には電荷結合素子（CCD＝デジカメで目の役割を果す部品）をはじめとする中核部品などの電子部品が内蔵されるようになる。これはまず日本がデジタル家電である「新三種の神器」と呼ばれる薄型・液晶TV、DVDプレーヤーおよびデジタルカメラの生産で世界において圧倒的なシェアを占め、AV機器などの新旧交代に対応したものである。高度の電子部品の生産拡大はさらに中国をはじめ東アジアの経済成長で消費需要の高度化に伴う海外子会社に供給するためである。これらを反映してPC向けに80％以上をしめていた半導体需要がPC以外にも市場が広がっている（2005年には35％に上昇するとみられている）。これに対応して国内有力メーカーは国内での設備投資を急速に拡大している。2003年の国内用地取得は3年ぶりに増加し、1000件を超えた。その後も設備投資は拡大している。[30]

　以上一連の動きは次のような含意をみせたものである。①設備投資の拡大や用地取得件数の増加は海外直接投資から国内への回帰。②日本が再び「ものつくり大国」となる可能性を秘めた動きであること。③特に「新三種の神器」を中心に「高付加価値製品」は日本国内にとどめ生産品目の住み分けるという日本企業の行動を反映したものである。④以上のことは日本企業の国内でのR&D拠点強化の動きを促進している。ある調査によると、海外生産製造業や国内重視製造企業を問わず、「今後国内で拡大する機能」として研究開発（製品開発、デザイン）を重視する企業の比率は電気機械の73.3％を最高に医療品・化粧品、木材・木製品・家具・建材・紙・パルプ、精密機械、石油・石炭製品・プラスチック製品・ゴム製品、飲食料品、一般機械など50

％を超えている。[31]

第3節　中国との経済関係強化の含意

　中国は、世界貿易はもとより東アジア域内貿易においてますますプレゼンスを高めている。それに伴い他の域内東アジア諸国の中国向け輸出を誘発している。1国ベースでは日本にとって中国は米国に次ぐ輸出先であり、中国にとって日本は最大の輸入先（製品、全品目ベース）である。今や両国の貿易は完全に相互依存関係にある。中国が現在の成長率を維持するならば、経済規模でいずれ日本を上回るのは時間の問題である。これらは既に指摘した。こうした事態になれば、中国の輸入はこれまで以上に増加し、日本の中国向け輸出は増加することになろう。これは通常の輸出拡大と同じである。つまり日本の対中輸出拡大であり、中国の日本からの輸入増大である。それでも両国経済・貿易関係は一層緊密化しよう。さらに東アジアの大国である日本と中国両国の内外において進行している構造変化に照らし合わせてみると、格段に緊密化しよう。これまで分析してきた構造変化の進行と方向を日中関係の緊密化という観点から再度みると、以下のように指摘できる。まず日本については以下のとおりである。

　　1）輸入の増大、輸入依存度の高まり
　　2）日本企業の対外進出により「逆輸入」の増加
　　3）最終財輸入で消費財と機械製品比率の高まり
　　4）輸出では機械比率の高まりそのうち部品比率の一層の上昇
　　5）輸出依存度の上昇
　　6）日本の輸出入構造はもとよりその背後の産業構造の一層の変化
　　7）日本の輸出入比率の半分は東アジアが占める
　　8）日本発技術革新製品を多く生産できる可能性を秘める
　　9）R&D拠点の国内設置や製造業の国内回帰
　　10）日本の対外収支構造の変化

　以上のような日本経済と貿易にみられる動向は日本自身の国内要因はもとより、対外的には東アジアで進行している構造変化に起因している。対外的

要因では、とりわけ中国の台頭に伴い誘発された直接的要因さらに他の東アジア諸国経由の間接的要因である。上述の10の構造変化の規模や方向を検討すると、日本の将来は東アジアとの関係を抜きにしてはもはや考えられない。これは日本経済自身と特に中国を中心とする東アジアはもとより世界との関係を大きく変える可能性が極めて高い。

　世界をはじめ東アジアにとって構造変化推進の最大の動因である中国に焦点をあわせ、日本にとっての影響をみると次の点が挙げられよう。①「資源の効率的配分」は国内と対外的には東アジアと一体で推進すべきであると指摘してきたが、そのうち最も重要な相手は中国である。②日本は国内の資源を高付加価値部門にシフトさせつつあるが、1人当り所得の上昇が今後も期待できる中国向け輸出が人口減少で国内のマーケットの縮小を補って余りある効果を期待できる。③新技術が製品化された時に一定の規模を国内で確保できない場合、一部中国の消費層を加えたら、市場規模の拡大をはじめ量産効果も期待できる。つまり新技術製品化のリスクを軽減できるということである。

　一方中国の構造変化の特徴として以下の点が挙げられよう。

　　1）中国は世界の生産基地と大消費市場である
　　2）対外依存度の急上昇
　　3）中国にとって東アジアの比重は総輸出では低下、総輸入では上昇している
　　4）中国の総輸入で日本は最大の調達先
　　5）東アジア域内分業の再編とその促進
　　6）外国投資大国として登場
　　7）中国の産業と輸出構造の高度化は外国企業に進出によるもの
　　8）中国は外資導入の特に技術移転の限界を認識しR&Dに力を入れている

　上記の中国経済・貿易の変化は中国が2005年GDP規模で世界第3位に、2004年輸出入規模がともに世界第3位になったことによるものである。中国が今後現在のテンポで経済成長を続け貿易も拡大していくならば、中国の経済および貿易規模がさらに大きくなる。しかし1人当り所得は依然低い。所

得格差はあらゆるレベルで拡大している。中国は依然高い経済成長率を必要としている。これを確実にするには国内資源の動員だけではほとんど不可能である。中国は高い経済成長率維持を担保するインフラストラクチャを必要とする。このため、既に指摘したように、中国はある意味で自国に有利に展開している東アジア域内で進行している構造変化の組織化を目指す。経済学に目標とそれを実現するための政策が対応しなければならないという命題があり、この観点から中国の組織化の狙いを検討すると以下のように指摘できよう。

第1は2001年のASEANとのFTA締結である。これは所得が低い西部地区の経済発展を促進するためであり、併せて西部地区と地理的に近接や隣接している国際河川メコン川流域の後発ASEAN諸国に対し経済支援を行った。第2は輸出の拡大をテコに中国全体の持続的成長を維持する装置が必要である。東アジアの比重は総輸出では低下する一方総輸入では上昇しているという構造の組織化である。これは輸出拡大を目指す中国にとって、つまり機械をテコに産業と輸出の工業化さらにグローバルパワーを目指す中国はその製品の生産に必要な部品や中間財の調達先を、日本をはじめとする東アジア域内諸国に求めているということである。これは世界第2位の経済大国日本をほぼ完全に中国経済にインボルブしたということに加えて、直接投資の流入が依然続いておりさらに西部地区にも外国企業の進出も増加傾向がもられるということで、中国が目指す「東アジア共同体」は事実上構築されたとみられる。特に日本との関係では既に指摘したように、日本にとって中国は最大の製品輸入先であり、部品の最大の輸出先となったことで、ある意味で中国は日本経済の生殺与奪の権を握ったと称しても過言ではないであろう。さらに中国は日本の最大の投資先であり、技術水準の向上、経営の近代化さらのR&D拠点の創設を目指す中国にとって重要である。それにもかかわらずなお中国がその国際的認知を求めたのが「東アジア共同体」構想であろう。

まさに日本と中国は多層のチャネルを通じて緊密な関係を着々と形成しているのである。これは両国の産業と貿易構造変化を加速させ、他の域内諸国を含め域内分業の再編と促進するようになる。これらは総体として東アジアの経済的統合化を一層推進することになろう。

註

1） 森口親司『日本経済論』創文社、1989年、19、238頁。
2） 貿易立国と国内市場の狭隘さを強調することと必ずしも同一ではない。特に日本の場合、高度成長開始以降1人当たり実質GNPの成長とともに、国内市場は予想以上のテンポで拡大した。国内諸産業はさし当たり、国内有効需要をみたすのを目的にすればよかった。1960年代後半まで実質輸出依存度はむしろ低下さえしている（尾高煌之助「成長の軌跡（2）」『高度成長』日本経済史8、岩波書店、1989年、174頁）。
3） 青木健『変貌する太平洋成長のトライアングル』日本評論社、2005年、第1章を参照（原データはNational Science Foundation, *Science and Engineering Indicators 2001*）。
4） 青木健「変貌する日本の貿易構造」『日米経済関係』勁草書房、1996年、第1章。
5） 総務省編『情報通信白書 平成17年版』96-97頁。論文数では日本は米国に次ぎ第2位である。半導体分野のオリンピックといわれる学会ISSCC（国際固体素子回路学会）において提出された論文数（2006年）は米国の117件を最高に日本は39件と第2位である（『日本経済新聞』2006年1月20日付け朝刊）。ソニーはTV番組を外出先に送付し携帯TELでも視聴可能機器の商品化を目指している（『日本経済新聞』2006年1月1日付け朝刊）。松下電器産業はアルコールの一種であるメタノールを燃料とするパソコン用小型燃料電池を開発した。その体積は約400ccと他社の半分以下である（『日本経済新聞』2006年1月4日付け朝刊）。DVDでもブルーレイ・ディスク（23-27ギガバイト。ギガは10億）とHD・DVD（15-20ギガ）の規格（いずれも2層）が次世代に向けて主導権争いをしているが、8層で200ギガバイト光ディスク（リコー）が開発された（『日本経済新聞』2005年11月25日付け朝刊）。
6） 中国の輸入統計の相手国として「中国」がある。これは中国側が香港に輸出し再輸入することであるが、実際は書類上のことだけで、財の動きは中国内の事業所間である。加工製品（部品）を保税のまま工場から工場の直接動かす「転廠制度」というものがあり、これも財を書類上だけ輸出するカタチをとり中国に再輸入する扱いとなる（増田耕太郎「中国の「対中国」輸入にみる華南の生産品」『国際貿易と投資』国際貿易投資研究所、2003年、秋号）。中国の輸入において相手国シェアを計測するに際し、中国の「中国からの輸入」を除外した。
7） HS8542の中国最大の輸入先は台湾であり、その輸入規模は147億ドルである。一方台湾の中国向け同部品輸出額は319億ドルと2倍以上と、輸入国と輸出国からみて大きな乖離がある。これは輸出国の報告数と輸入国の報告数が違うことに起因する。

8) 『日経産業新聞』2005年7月9日付け朝刊。
9) 『科学技術白書 2004年版』238頁。
10) 動け！日本タスクフォース編『動け！日本——イノベーションで変わる生活・産業・地域』日経BP社、2003年、161-173頁。
11) 同上、173-175頁。
12) Hal Varian, The economics of innovation, *InfoWorld*, 24 nov., 2005.
13) Hal R. Varian, *Economics of Information Technology*, 23 March 2003（hal@sims.berkeley.odn）.
14) *ibid*., p. 7, p. 9.
15) 動け！日本タスクフォース編、前掲書、31頁。
16) 『科学技術白書 2004年版』前掲書、250頁。
    ひとつの車のモデルお開発した場合、10年経つとあらゆる問題が出尽くすといわれる。「失われた10年」を余儀なくされた日本経済は様々なる問題に直面し、その解決をしてきた。その間日本経済は今後の発展をするには何をするべきか明催に埋解するようになった。
17) 同上、251頁。なおナノテクノロジー・材料分野の主な研究課題は第3-2-7表（同、252-253頁）に掲載されている。
18) 権田金治「バイオテクノロジー・21世紀の技術への視点」『週間東洋経済』1983年12月3日号。
19) BT、NTおよびITの記述は電気通信審議会『21世紀の情報通信ビジョン——IT Japan for All』（HP）2000年3月、BT戦略会議『バイオテクノロジー戦略大綱』（HP）2002年12月、文部科学省ナノテクノロジー総合支援センター『ナノテクノロジーとは何か』（HP）2003年などに依る。
20) 『日本経済新聞』2006年1月20日付け朝刊。
21) 青木健『太平洋成長のトライアングル』日本評論社、1987年、第3節、82-83頁。
22) 動け！日本タスクフォース編、前掲書、17-18頁。
23) 青木健『アジア経済・持続的成長の途』日本評論社、2000年、第4章。
24) 『通商白書 2002年版』第2章第3節。対外純資産分析については日本銀行『2002年末の対外資産負債残高』（HP、2003年6月6日）がある。
25) 財務省HPデータ。
26) Chien-Hsun chen & Hui-Tzu Shih, Regional Concentration of Multinational Corporation's R&D Activities in china, *High-Tech Industries in China*, 2005 Edward Elgar Chap. 2 & 3. 平塚大祐編『東アジアの挑戦』アジア経済研究所、2006年、第7章。『通商白書 2005年版』など。

27) *High Tech Industries in China, op., cit.*, 112-115. 佐々木高成「米国多国籍企業のグローバルR&D戦略におけるアジア」『季刊国際貿易と投資』国際貿易投資研究所、2005年、春号。
28) UNCTAD, *World Investment Report 2005*, Annex A.
29) 『科学技術白書 2005年版』付表。なお中国のR&D活動(人材、支出額)については *China Statistical Yearbook 2005* (China Statistics Press) が詳しい。
30) 『日本経済新聞』2004年3月6日付け朝刊。
31) ジェトロ『平成16年度日本企業の海外事業展開に関するアンケート調査』2005年3月。

初出一覧

第1章 「中国の台頭と日米貿易構造の変化」(『日米経済関係論——米国の通商戦略と日本』青木健・馬田啓一編著、勁草書房、2006年、第3章)、『変貌する太平洋成長のトライアングル』(日本評論社、2005年、第2章、第5章)を本書の主旨に沿って再編さらに加筆・修正した。

第2章 「日本の産業構造の対外的発現」(『季刊国際貿易と投資』国際貿易投資研究所、2003年冬号、54号)を大幅に加筆・修正した。

第3章 「日本の産業構造変化が東アジアに及ぼした影響」(『季刊国際貿易と投資』国際貿易投資研究所、2004年春号、55号)を全面的に加筆・修正した。

第4章 「少子化・高齢化の経済への影響」(『季刊国際貿易と投資』国際貿易投資研究所、2004年冬号、58号)を大幅に加筆・修正した。

第5章 「急増する製品「逆輸入」とその含意」(『季刊国際貿易と投資』2005年春号、59号)を大幅に加筆・修正した。

第6章 「東アジア経済統合のインフラストラクチャとしての貿易構造」(『EFTAロードマップ案作成に向けての調査研究』国際貿易投資研究所、2005年1月)を全面的に修正し加筆をした。

第7章 前掲「中国の台頭と日米貿易構造の変化」、「中国の対外貿易にみる「集中」と「分散」の構造変化とその含意」(『杏林大学紀要』2005年6月号)、「中国の鉄鋼貿易と域内分業促進効果」(『季刊国際貿易と投資』2005年冬号、62号)などを再編し大幅に加筆・修正した。

あとがき

　日本は現在米国に次ぐ第2位の経済大国である。1人当り年間所得は3万6501ドルで、世界有数の豊かな生活を享受している。しかし、日本は少子化・高齢化さらに人口が減少していく中で、今後も現在の所得水準を維持していくことができるのであろうか。小著はその可能性を分析したものである。ここで意識的に前提としたことがある。それは日本の成長基盤が変化したことである。それには2つある。

　第1は戦後日本経済の発展のテコとしていた市場が米国から東アジアにシフトしたことである。これは特に日本の輸出において中国を中心に東アジア向けシェアが米国向けを上回ったことに象徴される。第2はリーディング産業が重厚長大にとって代わった軽薄短小を超えて、IT（情報技術）やNT（ナノテクノロジー）、BT（バイオテクノロジー）になりつつあることである。

　これら全ての分野において、日本は多くのシーズを持ち日本発の製品化する可能性を秘めている。「新3種の神器」はその先行指標である。情報通信機器市場でも日本は世界有数のシェアを占める。さらに日本は不断に技術革新を推進している。炭素原子が作る直径10億分の1メートルの筒である「カーボンナノチューブ」は日本人が発見した「ナノテクノロジー」の代表例である。最近日本は超高速コンピュータなどの実現につながる基礎技術である大規模集積回路（LSI）に発光ダイオードなどの発光素子の組込みに世界で初めて成功した。また日本は環境、省エネルギー・資源でも、世界に貢献できる世界有数の技術を有している。

　多くの分野で技術革新のシーズを有する日本がそれの製品化に成功するならば、日本経済の再生の可能性を一層高めることになろう。それはさらに東アジアはもとよりいわゆる世界経済の異質化（分業）を強力に推進するテコとなり得る。次の課題は日本はもとより東アジアの可能性を探ることである。

最後に本書刊行の機会を提供して頂いた谷口京延氏、編集と校正をしてくださった安井梨恵子氏の両氏にお礼を申し上げる。また、杏林大学2005年度の出版助成を受けたことに謝意を表する。

2006年8月31日盛夏

青木健

索　引

[あ行]

アーリー・ハーベスト・プログラム
　　（EHP）　226, 227, 228, 231
R&D　301, 302, 303
ICOR　123, 124, 127, 128
IT　97, 287, 292
　――化　95, 116, 119, 147, 167, 175, 177,
　　191, 219, 269
　――革命　30, 81, 95, 97, 170
　――関連財　98, 99, 102, 178, 180
ASEAN・中国 FTA　102, 167, 173, 222,
　　224, 226, 227, 228
ASEAN・日本 FTA　130, 173
a dual hub　232, 281
e-Japan　292
一次エネルギー　256
影響力係数（BE）　48, 51
A・ヤング　114
SI　76, 156, 176, 219, 277
NT・材料　298, 298, 298
FTA（自由貿易地域）　168, 171
MF化　43, 44, 46, 50, 274

[か行]

感応度係数（FE）　48, 51, 52
企業内分業　76, 153
技術革新　127
技術進歩率　127
逆行列係数　48, 276
逆輸入　10, 22, 68, 71, 76, 81, 82, 84, 86,
　　135, 136, 137, 141, 143, 145, 147, 149,
　　160, 162, 221
グローバリゼーション　15, 169, 170, 171,
　　223
経済活動人口　108, 110
限界資本産出比率　122
原単位投下量　255
工業権・鉱業権使用料　298, 299
合計特殊出生率　107
後方連関効果　48, 148, 282
国際後方連関　54, 204, 205, 207
国際産業連関表　102, 204, 205, 208, 277
国際生産ネットワーク　29, 30, 76, 145,
　　148, 171, 189
国内生産ネットワーク　29, 148
国民負担率　128
コンドラチェフ波　120

[さ行]

サプライチェインマネージメント（SCM）
　　116
サポーティング・インダストリー（SI）
　　71, 94, 135, 146, 163, 189, 200, 207
産業内分業　76
産業連関表　46, 47
CO_2　260
G5　43, 68, 81, 135, 144, 146
　――会議　28
資源の効率的配分　10, 11, 128, 129, 135,
　　149, 152, 164, 270, 277
死の谷　293
磁場　21, 203, 224, 225
資本生産性　58, 112, 125, 126
資本の限界生産力逓減　112
社会参加率　114
従属人口　110
自由貿易協定　129

集約度　126, 167, 175
需要体系輸入　143, 164
乗数理論　272
消費可能フロンティア　150, 151
女性の社会参加　115
所得収支　299, 300
新3種の神器　11, 121, 269
垂直的統合　77
水平的統合　77
生産可能フロンティア　150
生産関数　57, 111, 126, 127
生産体系輸入　136, 143, 154, 253
生産誘発係数　276
成長会計　112, 114
　——の基本式　58, 113, 123
設備年齢（ヴィンテージ）　125
全乗数効果　200
前方・後方連関網　145, 148
前方連関効果　48, 282
全要素生産性（TFP）　58, 112, 121

[た行]

対外生産ネットワーク　29, 145
「第3波」直接投資　74
第2次地域統合　170
太平洋IT三角貿易　30, 31, 33, 36, 104, 180, 184, 184, 188, 191
太平洋成長のトライアングル　7, 8, 27, 31, 33, 36, 92, 184, 231
団塊の世代　115
中間投入比率　44, 47, 205, 210, 276
直接投資関連輸出　22, 68, 71, 146
直接投資「第3波」　29, 81, 145, 163
TFP成長率　68, 121
デイビジア労働指数　119
同一企業グループ内取引　72
投資関連輸出　94
投資効率の改善　127
投資収益　299, 300
投資乗数　199
投入係数　47, 48, 55, 284
投入産出構造　276

　——の国際的展開　30, 76, 145, 148, 164, 171, 177, 189, 221, 277, 282
特許出願　294

[な行]

ナノテクノロジー　121, 291, 292, 299

[は行]

パーツ経済圏　227
high exchange economy　94, 169, 190, 196, 200
バイオテクノロジー（BT）　289, 290, 292, 299
ハイテク財　274, 275
"hub & spoke"　8
P・クルーグマン　114, 123
東アジア共同体　36, 221, 223, 224, 230, 231, 307
東アジアサミット　230, 231
双子の赤字　7, 28, 154
フルセット型工業化　136, 144, 220
貿易三角形　152
貿易の利益　151, 152

[ま行]

メコン川　226, 229
　——流域　227, 228
モジュール化　176

[や行]

u-Japan　292
輸出志向型工業化戦略　196, 273
輸入投入係数　209, 284
要素集約度　111, 114, 125
要素投入型　58, 114

[ら行]

リージョナリゼーション　15, 171

レオンチェフ乗数　48, 55, 153, 204
歴史的中国機会　37, 39
歴史的日本機会　28, 36, 37
労働生産性　58, 112, 125, 126, 127
労働増大的技術進歩　119
労働力人口　108

[著者紹介]
青木　健（あおき・たけし）

1966年、早稲田大学第一政治経済学部卒業
現在、杏林大学総合政策学部教授、経済学博士。
国際貿易投資研究所（ITI）客員研究員。
専攻は、アジア経済論
著書：『太平洋成長のトライアングル』日本評論社、1987年
　　　『アジア太平洋経済の成熟』勁草書房、1991年
　　　『アジア太平洋経済圏の生成』中央経済社、1994年
　　　『ASEAN躍動の経済』早稲田大学出版部、1995年（共編著）
　　　『日本企業と直接投資』勁草書房、1997年（共編著）
　　　『マレーシア経済入門 第2版』日本評論社、1998年
　　　『アジア経済持続的成長の途』日本評論社、2000年
　　　『日本の通商政策入門』東洋経済新報社、2002年（共編著）
　　　『日本の対アジア経済政策』日本評論社、2004年（共編著）
　　　『変貌する太平洋成長のトライアングル』日本評論社、2005年
　　　『日米経済関係論』勁草書房、2006年（共編著）

貿易からみる「アジアのなかの日本」——自分の居場所を探る

2006年9月25日　第1刷発行　　　定価（本体2800円＋税）

著　者　青木健

発行者　栗原哲也

発行所　株式会社日本経済評論社
　　　　〒101-0051　東京都千代田区神田神保町3-2
　　　　電話　03(3230)1661
　　　　FAX　03(3265)2993
　　　　振替　00130-3-157198

装幀者　奥定泰之

印刷・製本　中央精版印刷株式会社

Ⓒ Aoki Takeshi　2006 Printed in Japan
A5判（21.0cm）総ページ320
ISBN4-8188-1877-1　C3033
日本経済評論社ホームページ　http://www.nikkeihyo.co.jp

・本書の複製権・譲渡権・公衆送信権（送信可能化権を含む）は㈱日本経済評論社が保有します。

・JCLS ＜㈱日本著作出版権管理システム委託出版物＞
本書の無断複写は著作権法上での例外を除き禁じられています。複写される場合は、そのつど事前に、㈱日本著作出版権管理システム（電話03-3817-5670、FAX03-3815-8199、e-mail: info@jcls.co.jp）の許諾を得てください。

落丁・乱丁本のお取り替えは小社まで直接お送り下さい。